Wie Künstliche Intelligenz unser Leben prägt

Prof. Dr. Markus H. Dahm (Hrsg.)

Wie Künstliche Intelligenz unser Leben prägt

KI verständlich erklärt

1. Auflage

Haufe Group
Freiburg · München · Stuttgart

Bibliografische Information der Deutschen Nationalbibliothek

Die Deutsche Nationalbibliothek verzeichnet diese Publikation in der Deutschen Nationalbibliografie; detaillierte bibliografische Daten sind im Internet über http://dnb.dnb.de/ abrufbar.

Print:	ISBN 978-3-648-16204-0	Bestell-Nr. 10844-0001
ePub:	ISBN 978-3-648-16205-7	Bestell-Nr. 10844-0100
ePDF:	ISBN 978-3-648-16206-4	Bestell-Nr. 10844-0150

Prof. Dr. Markus H. Dahm (Hrsg.)
Wie Künstliche Intelligenz unser Leben prägt
1. Auflage, November 2022

© 2022 Haufe-Lexware GmbH & Co. KG, Freiburg
www.haufe.de
info@haufe.de

Bildnachweis (Cover): © lovemask, Adobe Stock

Produktmanagement: Bettina Noé
Lektorat: Helmut Haunreiter

Inhaltsverzeichnis

Geleitwort von Dr. Gunther Wobser

Künstliche Intelligenz polarisiert. Den stärksten Kontrast zwischen den beiden Sichtweisen der Chancen auf der einen und Gefahren auf der anderen Seite habe ich während meines einjährigen Aufenthaltes im Silicon Valley in den Jahren 2017 und 2018 gespürt. Einen Kontrast, den ich schließlich in meinem Buch »Neu erfinden« beschrieben habe. Ich gehe nach wie vor jede Wette ein, dass bei einer Diskussion über Künstliche Intelligenz (KI) – egal wo – die Frage nach der Datensicherheit und nach ethischen Aspekten immer von einem Deutschen im Publikum gestellt wird. Dann wird leidenschaftlich darüber debattiert, ob ein selbstfahrendes Auto »gewissenhaft« abwägen kann: Überfährt es nun das Kind oder die alte Frau?

Wir Deutschen sind leider Bedenkenträger per se. Wenngleich unsere kritische Haltung zu Technologie durchaus eine hörenswerte Stimme ist, blockiert sie doch meist. Das ist zermürbend und steht uns massiv im Weg. Vordenker im Silicon Valley tun sich leichter, denn für sie ist Technologie nicht von sich aus gut oder böse, sondern das, was wir Menschen daraus machen. Mag dies auch etwas naiv klingen, so ist es doch überlebenswichtig, denn diese grundsätzliche Offenheit ermöglicht Chancen, die nur ohne vorauseilende Verurteilung sicht- und greifbar werden.

Die drastischen Auswirkungen digitaler Technologien auf die Lebens- und Arbeitswelt und somit auch auf Innovationen selbst sind so umfassend, dass sie ohne Übertreibung als digitale Revolution bezeichnet werden können. Es findet meiner Meinung nach nicht nur die viel beschworene Transformation statt, denn viele Unternehmen transformieren nicht, sie gehen weit darüber hinaus. Engagierte Mitarbeitende bauen digitale Geschäftsmodelle völlig neu auf, oftmals mit Daten und Künstlicher Intelligenz. Der wichtigste Rohstoff für alle digitalen Technologien und die wichtigsten Innovationen unserer Gegenwart sind enorme Datenmengen. Technologie an sich macht nämlich auch hier noch nicht den Unterschied, sondern vielmehr erst die Anwendung der Technologie und ihr erlebbarer Nutzen für die Menschheit.

Entscheidende Innovationen im Bereich der KI, die heute von Entwicklern weltweit angewendet werden, kamen aus Deutschland, z. B. von der TU München. Die Verbreitung von KI ist in Deutschland leider aktuell unterdurchschnittlich, was auch mit der generell skeptischen kulturellen Haltung zu großen Innovationsschritten in Verbindung gebracht werden kann. Die Pioniere unserer Wirtschaft waren mutiger und haben über Wissen und Experimente Weltkonzerne aufgebaut.

Deutschland ist das Industrie-4.0-Land schlechthin, und wir sind richtig gut darin, Produktionsprozesse zu digitalisieren. Ich möchte aber nicht, dass wir das »China von morgen« werden. Wie meine ich das? Ich möchte nicht, dass die Welt Produkte erfindet und wir hier wie China vor einigen Jahren die Produkte zum günstigsten Preis herstellen. Das ist meine Hauptkritik an dem seit mehr als zehn Jahren wegweisenden Konzept Industrie 4.0. Konkret heißt das, wir müssen über den Grundgedanken von Industrie 4.0 hinausgehen und mit digitalen Geschäftsmodellen »echtes Geld« verdienen. Darüber hinaus kann die kluge Anwendung Künstlicher Intelligenz in vielen Bereichen den Mangel an Fach- und Hilfskräften zumindest abfedern und den aktuell Beschäftigten höher qualifizierte, besser bezahlte und erfüllende Aufgaben ermöglichen. Ohne die konsequente, offene Anwendung von Algorithmen in einem gesellschaftlich akzeptierten Rahmen werden wir unseren Wohlstand nicht halten können. Ineffizienzen im Wirtschaftssystem binden Menschen, die woanders dringend gebraucht werden und durch eine Aufwertung ihrer Arbeit besser bezahlte und erfüllendere Tätigkeiten ausüben könnten. Für mich wird KI zusammen mit einer parallel unbedingt benötigten Migration zum Haupttreiber des notwendigen Wirtschaftswachstums und der dringend benötigten gesellschaftlichen Erneuerung. Nur so können wir unsere Position in der Welt finden und unseren lieb gewonnenen Wohlstand sichern.

Wir müssen das Wissen über diese vernetzten Technologien in unsere Gesellschaft und vor allem in unsere Unternehmen bringen. Sensoren sind wichtig für das Sammeln von Daten – und Datenintelligenz macht so gut wie jedes Produkt für seine Nutzer besser. Daten sind der Schlüssel zur Wertschöpfung – in jedem Unternehmen. Wir brauchen mehr Promotoren sowie mehr Beispiele und Erfolgsgeschichten, wie KI tatsächlich funktioniert. Lobenswerte Initiativen wie der Innovationspark KI in Heilbronn nahe meiner Heimat und der 2019 gegründete Verein ARIC in Hamburg als zwei mir gut bekannte Beispiele weisen die richtige Richtung und müssen unterstützt werden. Wichtig ist es, die gesamte Bevölkerung mitzunehmen, sie aufzuklären, ja, aber vor allem für KI zu begeistern.

An der entscheidenden Umsetzung und der Bedeutung für jede und jeden Einzelnen setzt dieses wichtige Buch an. Sachkundig kuratiert von Markus H. Dahm, berichten hochkarätige Expertinnen und Experten gut verständlich von Grundlagen, ethischen und gesellschaftlichen Fragestellungen und vor allem von Anwendungen der Künstlichen Intelligenz in den relevanten Bereichen, der Wirtschaft allgemein und in wichtigen Branchen ganz speziell. Dabei steht nicht die Technologie an sich oder der Fachkundige, sondern jeder Lesende und sein empfundener Nutzen im Vordergrund. »KI für alle« ist mir eine Herzenssache, denn es ist höchste Zeit, dass wir uns in

Deutschland KI zunutze machen, unsere internationale Position festigen und basierend auf unseren Stärken gesellschaftliche, politische und wirtschaftliche Strukturen radikal erneuern.

September 2022

Dr. Gunther Wobser
Geschäftsführender Gesellschafter LAUDA DR. R. WOBSER GMBH & CO. KG
Autor der Bücher »Neu Erfinden« und »Agiles Innovationsmanagement«
Mitglied im Digitalrat der BDA

Vorwort des Herausgebers

Liebe Leserin und lieber Leser,

schön, dass Sie dieses Buch zur Hand nehmen. Ich hoffe sehr, dass Sie es als nützlich und hilfreich empfinden und dass Sie auch Spaß beim Lesen haben werden.

Künstliche Intelligenz – wir nutzen sie alle, fast immer auch tagtäglich. Ob es sich um Google Maps handelt, das im Hintergrund bei jeder Autofahrt mitläuft, oder um Spracherkennungssoftware wie Alexa oder Siri, mit der wir zu Hause unsere Musik oder die Beleuchtung steuern, oder um den DeepL-Übersetzer, der einen langen deutschen Text in weniger als einer Sekunde ins Englische übersetzt. Manchmal merken wir gar nicht, dass im Hintergrund eine Künstliche Intelligenz (KI) und Algorithmen arbeiten. Firmen in der Medizintechnik, der Gesundheitsbranche oder aus dem Maschinenbau kommen ohne sie nicht mehr aus. Mit KI machen wir uns als Bürger, Konsument und Arbeitnehmer das Leben einfacher.

KI ist in aller Munde, sie ist unendlich facettenreich und es gibt sehr viele unterschiedliche Perspektiven zu diesem gar nicht mehr so jungen Thema, das in der Öffentlichkeit zum Teil sehr kontrovers diskutiert wird. Ich möchte mit dem Buch mehr Klarheit in diese durchaus komplexe Materie bringen. Ein besseres Verständnis über den Nutzen und die Anwendung von KI im Privat- und Geschäftsleben kann für uns alle nur von Vorteil sein, davon bin ich überzeugt.

KI ist nicht neu. Der Begriff Artificial Intelligence wurde von John McCarthy bereits 1956 geprägt. KI ist ein Teilgebiet der Informatik. Sie hat das Ziel, menschliche Fähigkeiten wie lernen, lesen, hören und sprechen zu imitieren. Man kann sie unterteilen in sogenannte schwache und starke Künstliche Intelligenz.

Was wir heute kennen, ist die schwache KI, auch als methodische KI bezeichnet. Sie besitzt keine Kreativität und keine expliziten Fähigkeiten, selbstständig zu lernen. Ihre Lernfähigkeiten sind auf das Trainieren von Erkennungsmustern (sog. Machine Learning) oder das Abgleichen und Durchsuchen von großen Datenmengen reduziert. Starke KI ist noch lange nicht in greifbare Nähe gerückt: Die Zielsetzung des Konzeptes der starken KI ist es, dass natürliche und künstliche Intelligenzträger (bspw. Menschen und Roboter) beim Arbeiten im selben Handlungsfeld ein gemeinsames Verständnis und Vertrauen aufbauen können. Starke KI gibt es bis auf Weiteres nur auf der Leinwand zu sehen, z. B. im Film Terminator aus dem Jahr 1984 oder auch in dem jüngeren deutschen Film aus dem Jahr 2021 »Ich bin Dein Mensch«. Wenn wir heute von realer KI sprechen, sprechen wir immer von KI, die nur einen Verwendungszweck kennt, z. B. die Unterstützung des Arztes bei der Diagnose von Krebs auf Röntgenbildern.

Das Buch möchte dazu anregen, nachzudenken und neue Inspirationen zu bekommen. Es möchte aufklären und dabei helfen, eine kritische Sicht zu bewahren, aber auch dabei unterstützen, von Dystopien zur KI wegzukommen. KI ist nicht per se gut oder böse.

An dieser Stelle ein großes Dankeschön an alle Autorinnen und Autoren der vielen spannenden und inhaltsreichen Beiträge. Sie haben dieses Gemeinschaftsprojekt »Wie Künstliche Intelligenz unser Leben prägt« erst möglich gemacht.

Insbesondere danke ich auch dem Artificial Intelligence Center (ARIC) Hamburg für die gute Zusammenarbeit während der Vorbereitung des Buchprojekts. Viele Beiträge sind auch aus der Feder von Ambassadoren und Mitarbeitenden des ARIC entstanden. Mein besonderer Dank gebührt Jan Schnedler für die großartige Unterstützung bei der Autorensuche. Weiter bin ich dankbar, dass die FOM Hochschule für Oekonomie & Management den Rahmen für dieses Buchprojekt gestiftet hat und während der Erstellung jederzeit als Dialogpartner zur Verfügung stand. Auch und gerade in der akademischen Qualifizierung von Berufstätigen ist KI ein Schnittstellenthema von sehr hoher Bedeutung.

Zu guter Letzt möchte ich meinem Lektor, Helmut Haunreiter, danken, der jeden Artikel genauestens unter die Lupe genommen und kritisch geprüft hat. Auch gilt mein Dank dem Haufe Verlag und insbesondere der Programmmanagerin Bettina Noé für die Möglichkeit dieses Buch herauszugeben.

Hamburg, im Januar 2023
Markus H. Dahm, Herausgeber

KI – Grundlagen
und die gesellschaftliche Debatte

1 KI vor 40 Jahren

Von Carsten Hagemann

Was Sie in diesem Kapitel erwartet

Dieses Kapitel zeigt, welche Ideen in den 1980er-Jahren hinter der KI standen, welche Vorgehensweisen es gab und wie sich die technischen Möglichkeiten der KI damals von denen in den 2020ern unterscheidet.

In den 1980ern wurde mit der KI mithilfe von Expertensystemen das Ziel verfolgt, die menschliche Logik durch die Repräsentation von Wissen nachzubilden.

Unter anderem haben die technischen Voraussetzungen wie Rechengeschwindigkeit und Speicherkapazität die Möglichkeiten der KI in den 1980ern limitiert. Auch die Bild- und Spracherkennung als Schwerpunkte der heutigen KI waren noch in einem frühen Entwicklungsstadium.

Die KI hat sich als eine junge Wissenschaft und bereits sehr stark in ihren Ideen, Methoden und Vorgehensweisen verändert. Es gab zum einen Sackgassen, gleichzeitig aber auch Fortschritte, die aufgrund der Entwicklung neuer Theorien möglich waren. Ohne die technische Weiterentwicklung der Computer wäre die KI nicht auf ihrem heutigen Stand. Anhand dieses Kapitels kann der Leser die wesentlichen Entwicklungsschritte der KI nachvollziehen und den aktuellen Stand der KI für sich bewerten.

1.1 Einführung

Künstliche Intelligenz (KI – englisch Artificial Intelligence: AI) ist keine neue Disziplin oder Technologie. Es gibt sie schon seit den 1950er-Jahren. Sie ist eher als angewandte Mathematik zu sehen, die mit Rechenmaschinen (Computer) umgesetzt wird. Mit dem Entstehen des Fachgebiets Informatik wurde die Künstliche Intelligenz eines ihrer Teilgebiete.

Während der Anfänge der Künstlichen Intelligenz versuchte man ab 1957 in Forschungseinrichtungen in den USA – die USA waren damals führend im Bereich der KI –, ein Computersystem zu entwickeln, das alle ihm gestellten Probleme lösen konnte: den General Problem Solver (GPS). Der GPS versuchte nach dem Prinzip des Morphologischen Kastens die zu lösenden Probleme in Teilprobleme zu strukturieren und aufzuteilen, die dann wiederum in Teilprobleme strukturiert und aufgeteilt wurden. Dies wurde so lange gemacht, bis ein Teilproblem gelöst werden konnte. Aus den Lösungen der Teilprobleme sollte dann die Gesamtlösung hervorgehen. Nach über 10 Jahren vergeblicher Versuche wurde dieses Vorhaben eingestellt. Stattdessen verlegte man

sich auf Computersysteme, die gezielt spezielle Probleme lösen konnten, die sogenannten Expertensysteme. Dieser Schritt wurde Ende der 1970er-Jahre eingeleitet
und hatte seine Hauptzeit in den 1980er-Jahren.

An der KI wurde auch an den deutschen Hochschulen als Teilgebiet der Informatik intensiv geforscht. Dabei war die Informatik selbst noch sehr jung. Entsprechend klein war auch
die Anzahl der Personen, die sich mit Künstlicher Intelligenz auseinandergesetzt hatten.

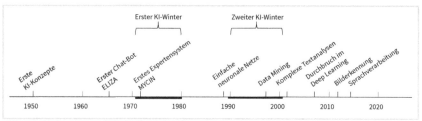

Abb. 1: Zeitleiste ausgewählte Meilensteine der KI

1.2   Expertensysteme – Forschungsschwerpunkt 1980er-Jahre

Das Hauptforschungsgebiet waren in den 1980er-Jahren die Expertensysteme (XPS)
oder auch wissensbasierenden Systeme (WBS). Dies sind Computersysteme, welche
die menschliche Logik durch die Repräsentation von Spezialwissen und Entscheidungsprozessen nachbilden, um ein Problem zu lösen. Expertensysteme können dabei nur Probleme für ein sehr eng definiertes Fachgebiet lösen.

1.2.1   Repräsentation von Wissen

Der eine wesentliche Bestandteil war die Erfassung des gesamten heuristischen Wissens
für das Fachgebiet, und zwar so, dass es mit Programmen verarbeitet werden konnte.

Das Wissen in der Wissensdatenbank besteht zum einen aus Fakten wie z. B.
Temperatur: (<-20 °C; sehr kalt)
(-10 °C; kalt)
(30 °C; warm)
(>30 °C; heiß)

und aus Regeln. Diese können als einfache Regel (Wenn <Bedingung> Dann <Aktion>)
bis hin zu strukturierten und komplexen Regeln mit Vorbedingung und Wahrschein-
lichkeiten der Aktionen vorliegen.

Das führte zu mehreren Herausforderungen.

- Zumeist handelt es sich um heuristisches Wissen, also etwas, das nicht scharf definiert ist, sondern einer Interpretation bedarf. Die Begriffe »kalt«, »warm« oder »heiß« kann ein Computerprogramm beispielsweise so nicht verarbeiten. Werden dafür Temperaturen angegeben (kalt: < -10 °C; warm: zwischen 0 und 30 °C; heiß: > 30 °C), so können diese in einem Programm verarbeitet werden.
- Dieses Daten sind jetzt in einer Struktur zu speichern, um das Wissen in den richtigen Bezug zu einem Objekt zu bringen. Luft z. B. fühlt sich bei 20 C warm an, während die gleiche Temperatur im Wasser als kalt empfunden wird.

Man musste also das gesamte Know-how bestehend aus Fakten und Regeln zu dem Fachgebiet erfassen und in einer Datenbank speichern, um alle möglichen Fälle in diesem Fachgebiet bearbeiten zu können. Das war somit eine kleine, in sich abgeschlossene Welt (Closed World Assumption). Hatte man jetzt einen Fall, der nicht mit dem gespeicherten Wissen abgedeckt wurde, konnte dieser Fall nicht bearbeitet werden bzw. führte zu keinem befriedigenden Ergebnis.

In dieser Zeit wurde die Rolle des Knowledge Engineers entwickelt. Ein Knowledge Engineer ist ein Fachmann, der sich mit der Entwicklung von fortgeschrittener Logik in Computersysteme beschäftigt. Seine Aufgabe war es, das Wissen von Experten so zu erfassen und zu strukturieren, dass es in einem Expertensystem verarbeitet werden konnte. Die Arbeit des Knowledge Engineers hatte entscheidende Bedeutung für die Qualität der Wissensbasis und somit auch für die Ergebnisqualität des Expertensystems.

1.2.2 Inferenzmaschine

Der zweite wesentliche Bestandteil für ein wissensbasierendes System ist die Inferenzmaschine. Die Inferenzmaschine ist der Teil des wissensbasierenden Systems, der das vorhandene Wissen verarbeitet und daraus neue Aussagen ableitet. Sie ist der Teil, der eine anzuwendende Regel auswählt und ausführt. Dabei entstehen neue Fakten, auf die wieder eine Regel anzuwenden ist. Ist keine Regel mehr anwendbar, ist ein Ergebnis gefunden. Die Inferenzmaschine sucht also in der Wissensbasis nach ausführbaren Regeln. Sind mehrere Regeln anwendbar, ist eine davon nach einer festzulegenden Auswahlstrategie anzuwenden.

1.2.3 Einsatz von Expertensystemen in der Praxis

Die ersten Expertensysteme wurden bereits in den 1970er-Jahren an amerikanischen Universitäten entwickelt. Ab Anfang der 1980er-Jahre begann die KI durch den Einsatz von Expertensystemen praxisnäher zu werden. Obwohl sich die Forschung an Expertensystemen noch in den Kinderschuhen befand, gab es bereits vereinzelt kommerzielle Einsätze in der Praxis. Das hauptsächliche Anwendungsgebiet für Expertensysteme war die Analyse und Diagnose von Problemen. Hier ein paar Beispiele:

ELIZA

ELIZA ist ein Chat-Bot-Programm, das 1967 von Josef Weizenbaum noch vor dem ersten Expertensystem entwickelt wurde. Es hatte sich mit seinem Anwender »normal« unterhalten. Heute nennt man das Chatbot. Dieses Programm hieß ELIZA – angelehnt an Eliza Doolittle aus Pygmalion von George Bernard Shaw. Das Programm ELIZA ist eine oberflächliche Simulation einer Psychotherapeutin, die eine bestimmte Methode verwendet. ELIZA verwendet ein strukturiertes Wörterbuch (Thesaurus). Ein eingegebener Satz wird danach durchsucht, ob ein Wort aus dem Thesaurus darin enthalten ist. Ausgehend von diesem Wort wird nach Synonymen und Oberbegriffen gesucht. Diese werden in eine Phrase passend zum Themengebiet eingesetzt und mit einer Frage oder Aufforderung zu einer weiteren Eingabe ausgegeben. Kommt in einem Satz kein Wort aus dem Thesaurus vor, antwortet das Programm mit »Das habe ich nicht verstanden. Können Sie mir das bitte erklären?« oder »Davon verstehe ich nichts. Lassen Sie uns das Thema wechseln.« ELIZA kommunizierte derart »menschlich« mit den Benutzern, dass sie tatsächlich glaubten, mit einer realen Person zu kommunizieren. Dieses »menschliche« Erscheinungsbild wird neben der fachlichen Komponente auch heute noch von Chatbots verwendet, womit deren Erfolg bei ihren Benutzern erklärt werden kann.

MYCIN

MYCIN ist ein seit 1972 an der Stanford University in der Programmiersprache Lisp entwickeltes Expertensystem, das zur Diagnose und Therapie von Infektionskrankheiten durch Antibiotika eingesetzt wurde. Zu der Zeit seiner Entwicklung begann man die übermäßige Anwendung von Antibiotika kritisch zu betrachten und suchte daher nach Methoden, ihre Anwendung in Abhängigkeit vom jeweiligen Krankheitsbild zu optimieren. Hierzu mussten zahlreiche Parameter ermittelt und zueinander in Beziehung gesetzt werden, darunter der Erregertyp, der bisherige Krankheitsverlauf, bestimmte Labordaten usw. Die Komplexität dieses Problems wurde so groß, dass man die Entwicklung eines Expertensystems vorantrieb. So entstand schließlich MYCIN, das als eines der ersten Expertensysteme überhaupt gilt.

Wenn es auch für die Informatik als einer der wichtigsten Meilensteine im Bereich der Expertensysteme gilt, so erlangte es in der medizinischen Anwendung nicht die Bedeutung, die man sich erhofft hatte. Dabei erreichte MYCIN in seinen Diagnosen durchaus sehr hohe Trefferquoten. Doch zu der Zeit seiner Entwicklung war die allgemeine

Akzeptanz von Computersystemen gering, sodass die Bereitschaft fehlte, sich auf die Diagnose eines schwer durchschaubaren Systems zu verlassen[1].

DART: Diagnosis of computer system malfunction

Der Zweck dieses Stanford-IBM-Projekts aus dem Jahr 1980 ist es, die Verwendung von kausalen, strukturellen und teleologischen Modellen von Computersystemen bei der Diagnose von Computersystemfehlern zu untersuchen. Die Hauptkomponenten der Forschung waren die Entwicklung einer angemessenen »Maschinendefinitionssprache« für die Kodierung eines solchen Modells und die Identifizierung allgemeiner Diagnosetechniken. Jedes Modell enthielt eine Beschreibung der »Anatomie« und »Physiologie« des Systems sowie Kenntnisse darüber, wie diese Struktur die Funktion des Systems in Bezug auf die allgemeinen Konstruktionsprinzipien realisiert. Das praktische Ziel der Forschung war die Entwicklung eines automatisierten Diagnostikers für ein modernes Computersystem, wie das IBM 4331. Weitere beabsichtigte Nebenprodukte der Forschung waren ein Programm zur Unterstützung menschlicher Außendiensttechniker, eine Schulungseinrichtung für Außendiensttechniker auf der Grundlage der Gerätemodelle und Feedback zum Hardwaredesign.

Es gab bereits zahlreiche weitere Expertensysteme, die auch in der Praxis eingesetzt wurden. Praxis bedeutet, dass die Expertensysteme auf den wenigen und teuren Computern, die es in der Zeit gab, liefen. Weitere Expertensysteme waren z. B.

- Medizin: PUFF (Dateninterpretation von Lungentests)
                     CADUCEUS (Diagnostik in der inneren Medizin)
- Chemie   DENDRAL (Analyse der Molekularstruktur)
- Geologie   PROSPECTOR (Analyse von Gesteinsformationen)
- Informatik-Equip- System R1 zur Konfigurierung von Computern, das der Digi-
  ment   tal Corporation (DEC) 40 Millionen Dollar pro Jahr einsparte.

1.3   Technik

Computer vor 40 Jahren

Auch wenn zu Beginn der 1980er-Jahre die ersten Personal Computer auf dem Markt erschienen, waren zumeist Großrechner (im wahrsten Sinne des Wortes) in der Forschung und Wirtschaft im Einsatz. Zugriff auf diese Computer hatte man über Terminals.

---

1   Diese Herausforderung existiert heute immer noch unter dem Begriff »Explainable AI«. Für bestimmte Anwendungen der KI wie z. B. autonomes Fahren ist die Herleitung des Ergebnisses einer KI-Anwendung zwingend notwendig.

Die Expertensysteme liefen auf diesen Computern, die sich in fast allen Belangen sehr deutlich von einem Computer der 2020er-Jahre unterscheiden. Die Rechenleistung und die Speicherfähigkeit waren um ein Vielfaches geringer (s. u.) und als User-Interface standen nur ein Monitor und eine Tastatur zur Verfügung. Mikrofone oder Kameras für Sprach- und Bildverarbeitung gab es in den Laboren der Universitäten. Die Forschung dazu war aber noch in den Anfängen.

Rechenleistung: Nach dem Gesetz von Gordon Moore verdoppelt sich die Transistoranzahl in einem Prozessor alle zwei Jahre. Ein Prozessor hat im Jahr 2020 ca. 5×10^{10} Transistoren, während der in den 80ern sehr weit verbreitete 80286Prozessor von Intel nur 10^5 besaß. Entsprechend gering war auf die Rechenleistung damaliger Computer. Mittlerweile ist Moore's Gesetz aber an seine Grenzen gestoßen.

Abb. 2: Moore's Law von Max Roser, Hannah Ritchie

Speicherkapazität: Einen ähnlichen Verlauf hat auch die Entwicklung der Kapazitäten des Haupt- und Massenspeichers genommen. Auch wenn es in den 1980er-Jahren bereits erste Massenspeicher mit einer Kapazität gab, die im Giga-Byte-Bereich lag, so waren die am meisten verbreiteten doch eher im mittleren Mega-Byte-Bereich angesiedelt.

Grob gesagt benötigte ein Computer inklusive Energieversorgung und Kühlung von 1985, der die Leistung eines Business-Notebooks von 2020 hatte, den Raum einer kleinen Sporthalle.

Zusätzlich war die Hardware in den 1980er-Jahren sehr teuer im Vergleich zu den Preisen, die in dem 2020er-Jahren gelten. Die Anschaffung und den Betrieb der für ein

KI-System notwendigen IT-Landschaft konnten sich somit nur Konzerne wie z. B. IBM oder gut ausgestattete Forschungseinrichtungen wie z. B. Stanford leisten.

1.4 KI-Community in den 1980er-Jahren

Verglichen mit anderen Disziplinen der Wissenschaften gab es in den 1980er-Jahren nur sehr wenige Personen, die sich mit der Informatik und speziell mit Künstlicher Intelligenz beschäftigt hatten.

Jahr	Studienanfänger[2]
1975	2.048
1980	4.827
1990	13.124
2000	38.083
2020	39.048

Auch wenn sich die Zahl der Informatik-Studierenden an Universitäten und Fachhochschulen Ende 1980er-Jahre verglichen mit 1975 vervielfacht hatte, waren die Absolventen noch nicht in der Wirtschaft oder der Forschung so angekommen, dass sie die KI dort nutzbringend einsetzen konnten.

Die Zusammenarbeit der KI-Experten beschränkte sich aufgrund fehlender digitaler Vernetzungsmöglichkeiten auf die Veröffentlichung von Arbeiten und den direkten persönlichen Austausch auf Konferenzen. Zudem war eine enge Zusammenarbeit von Forschung und Wirtschaft gerade erst am Entstehen, sodass auch hier die Austauschmöglichkeiten eher beschränkt waren.

Die gesamte KI-Entwicklung spielte sich mehr oder weniger in den USA, Japan und Westeuropa ab. Damit waren die Distanzen für einen schnellen Austausch oder eine Zusammenarbeit zu groß. Eine breite internationale Gemeinschaft an Forschern und Anwendern gab es somit nicht.

In Deutschland fehlten für die Gründung von Unternehmen direkt aus den Universitäten heraus neben dem Geschäftsmodell, einer öffentlichen Förderung und dem Wagniskapital auch die Vision in der Wirtschaft, mit Künstlicher Intelligenz »etwas Gewinnbringendes anzufangen«. Insofern wurden erfolgsversprechende Abschluss-

---

2   Quelle: Statistisches Bundesamt, Wiesbaden.

arbeiten oder Promotionen nicht in Form von Start-ups fortgeführt, wie das heutzutage der Fall ist. Und damit entstand auch keine KI-Community.

1.5   KI-Winter

Als KI-Winter bezeichnet man Phasen, in denen Forschungsförderung, Start-up-Finanzierung und Investitionen in die Künstliche Intelligenz sehr stark zurückgefahren werden. Der erste KI-Winter war Anfang der 1970er-Jahre, da sich die Forschungsrichtung neuronaler Netze zu dem Zeitpunkt in einer Sackgasse befand[3].

Ähnliches passierte auch Ende der 1980er-Jahre, da sich die Idee der Expertensysteme nicht durchsetzen konnte. Die hochgesteckten Erwartungen an den Erfolg von Expertensystemen wurden nicht erfüllt. Dies führte zum zweiten KI-Winter.

Was macht man, wenn eine Idee nicht funktioniert? Man zieht sich zurück und entwickelt neue Ideen bzw. verfolgt andere Ansätze. Dies hat man hinsichtlich der KI während der beiden Phasen des KI-Winter auch gemacht[4].

Bereits Mitte der 1980er-Jahre gab es in der Forschung wieder erste Arbeiten, die sich mit mehrschichtigen neuronalen Netzen beschäftigten, und dabei erfolgreich die Ursachen für den ersten KI-Winter beseitigten. Die neuronalen Netze waren damit wieder das Forschungsthema, in dem für die KI eine Zukunft zu sehen war. Die ersten neuronalen Netze waren noch sehr simpel, zumal die Rechenleistung keine komplexen Berechnungen zuließ. Dennoch gab es Erfolge in den Bereichen Bildverarbeitung und Spracherkennung.

1.6   Wie ging es weiter mit der KI?

Neuronale Netze haben sich heute in der KI etabliert, ebenso wie Kameras, Mikrofone und weitere Sensoren, die wie selbstverständlich als Benutzerschnittstellen dienen. Die Algorithmen in den KI-Systemen sind lernfähig geworden. Dazu beigetragen hat Mitte der 1990er-Jahre die Entwicklung des Data Mining – also der statistischen Auswertung großer Datenmengen – und die Entwicklung des Deep Learning Anfang der 2000er-Jahre. Deep Learning ist eine Methode des Machine Learnings in mehrschichtigen neuronalen Netzen, in der die KI lernt, mit der gestellten Aufgabe umzugehen.

---

3   M. Tim Jones: Artificial Intelligence: A Systems Approach. Jones & Bartlett, Sudbury (MA) 2015, ISBN 9781449631154, S. 8.

4   Amy J. Connolly, T. Grandon Gill (Hrsg.): Debates in Information Technology. Muma Business Press, Santa Rosa (CA) 2015, ISBN 9781681100005, S. 110–111.

Auch an regelbasierenden KI-Systemen wird wieder geforscht, denn man hat erkannt, dass regelbasierende Systeme ihre Vorteile haben und eine sehr gute Ergänzung zu datenbasierenden Systemen sind. Der wesentliche Unterschied von heute und den 1980er-Jahren ist die automatische Erzeugung der Regeln gegenüber der damaligen manuellen Arbeit des Knowledge Engineers.

Dies führt zu einer großen Zahl an unterschiedlichen Einsatzmöglichkeiten für KI-Systeme und damit einhergehend zu einer großen Zahl an Unternehmen, die KI-Systeme entwickeln und solchen, die sie einsetzen[5].

Auch in Deutschland hat sich eine KI-Community entwickelt. Durch die europäische, nationale und regionale Förderung gibt es eine Vielzahl von wirtschaftlich erfolgreichen etablierten Unternehmen, deren Geschäftsmodell auf KI-Anwendungen basiert.

Beim praktischen Einsatz von KI-Systemen gilt heute China neben den USA als führende Nation. Darüber hinaus haben viele weitere Länder Pläne zur Entwicklung der KI-Forschung und zum praktischen Einsatz in der Wirtschaft entwickelt[6]. Länder wie Indien und China, die heute die KI neben den USA und Japan vorantreiben, waren in den 1980er-Jahren noch technologisches Entwicklungsland.

Weltweit ergeben sich täglich neue Einsatzmöglichkeiten für KI, z. B. in der Prognose von Einkaufs- und Absatzmengen, als Entscheidungshilfe in Produktionsprozessen, als Unterstützung in der medizinischen Diagnose oder als Assistenzsysteme für autonomes Autofahren. Und es gibt Herausforderungen in der KI wie z. B. die »Explainable AI«, die sich mit der Erklärbarkeit von Ergebnissen, die durch eine KI erzielt wurden, beschäftigt. Die Erklärbarkeit von KI-Ergebnissen ist eine Voraussetzung insbesondere für den Einsatz in sicherheitskritischen Umgebungen wie autonomes Autofahren. Eine weitere Herausforderung ist die Frage, wie robust KI-Systeme auf fehlerhafte Daten reagieren und dabei keine Sicherheitslücken offenbaren oder zu Fehlfunktionen führen. Es gibt also noch sehr viel zu tun, um die Künstliche Intelligenz weiterzuentwickeln und die offenen Fragen zu beantworten.

---

5   Bundesverband Digitale Wirtschaft (BVDW) e. V.: KI-Monitor 2021.
6   Tim Dutton: An Overview of National AI Strategies.

2 Was ist KI?

Von Dr. Yasar Goedecke

Was Sie in diesem Kapitel erwartet

In den letzten zwanzig Jahren hat sich Künstliche Intelligenz (KI) von einer vielversprechenden Idee zu einem unverzichtbaren Hilfsmittel im täglichen Leben von Milliarden von Menschen entwickelt, auch wenn viele Menschen nicht einmal wissen, dass sie KI täglich einsetzen. Hinter den Kulissen hilft uns KI beispielsweise bei der Bereitstellung von Suchergebnissen über Google, bei der Aufnahme eines Selfies oder durch Sprachassistenten wie Siri, Alexa und Google Home.

Die Möglichkeiten der KI sind dabei jedoch noch lange nicht ausgeschöpft. Im Gegenteil: Künstliche Intelligenz hat das Potenzial, der Menschheit entscheidend dabei zu helfen, einige ihrer größten Herausforderungen zu bewältigen. Von alten Problemen wie Krankheiten und Ungleichheit bis hin zu neuen Bedrohungen wie dem Klimawandel kann KI einen bedeutenden Beitrag zur Lösung leisten.

Dieses Kapitel soll daher einen Eindruck davon vermitteln, was Künstliche Intelligenz ist, wie sie sich von menschlicher Intelligenz unterscheidet, warum sie so vielversprechend ist und wie sie funktioniert. Die Funktionsweisen und Prinzipien werden dabei teilweise stark vereinfacht dargestellt, da hier nur ein Überblick gegeben und ein Grundverständnis vermittelt werden soll.

2.1 Was ist Künstliche Intelligenz und was unterscheidet sie von menschlicher Intelligenz?

Bevor man verstehen kann, was Künstliche Intelligenz eigentlich ist und wie sie sich von menschlicher Intelligenz unterscheidet, muss man zunächst einmal beschreiben, was mit »Intelligenz« überhaupt gemeint ist.

Wenn man den Begriff »Intelligenz« hört, denken viele Menschen zunächst an den Intelligenzquotienten (IQ) und an die Fähigkeiten, die mit entsprechenden Intelligenztests gemessen werden sollen, wie Logik, mathematische und sprachliche Fähigkeiten und räumliches Vorstellungsvermögen.

2.1.1   Was ist Intelligenz?

Als »**Intelligenz**« bezeichnet man jedoch allgemein die **Fähigkeit, unterschiedliche Probleme zu lösen**. Dies können natürlich logische, sprachliche, mathematische oder sinnorientierte Probleme sein. Menschliche Intelligenz ist jedoch nicht auf diese Fähigkeiten beschränkt, sondern es gibt unterschiedliche Arten und Ausprägungen von Intelligenz.

Durch umfangreiche Untersuchungen zur menschlichen Intelligenz hat man herausgefunden, dass Menschen, die in einer Disziplin sehr gute Leistungen erzielen (z. B. bei sprachlichen Aufgaben) häufig auch in anderen Disziplinen stark sind (z. B. beim räumlichen Denken). Man spricht daher von einer Grundintelligenz[1].

Auf dieser Basis kann man Intelligenz allgemein durch folgende Fähigkeiten beschreiben:

- Die Fähigkeit, sich eine eigene Vorstellung von der Welt zu schaffen.
  Bei diesem internen Weltbild spricht man auch vom **Deutungsrahmen**, den jeder Mensch durch bereits gemachte Erfahrungen und erworbenes Wissen entwickelt. Diese Vorstellung ermöglicht es dann, auch unvollständige Informationen zu verstehen, da diese im Rahmen des erworbenen Wissens gedeutet werden können.
- Die Fähigkeit, Zusammenhänge und Sachverhalte zu **verstehen**. »Verstehen« bedeutet dabei, einen Sachverhalt inhaltlich zu begreifen, sodass die Funktionsweise und die Zusammenhänge von Teilen und dem Ganzen derart klar sind, dass sie jederzeit skizziert, erklärt, nachgebaut oder damit anderweitig gearbeitet werden kann.
- Die Fähigkeit zur **Verallgemeinerung** (Abstraktion) und **Transferleistung** (d. h. die Übertragung von Erfahrungen von einem bekannten Problem auf ein ähnliches anderes), wodurch neuartige und »kreative« Lösungen gefunden werden können.
- Die Fähigkeit zu **lernen**, d. h. neue Erfahrungen zu machen, diese im Rahmen des eigenen Weltbildes zu deuten und dann das bereits erworbene Wissen durch die neuen Erfahrungen zu ergänzen oder anzupassen.

Wie »intelligent« man ist, hängt somit davon ab; wie stark ausgeprägt diese Fähigkeiten sind, also wie groß der Deutungsrahmen, das Verständnis, die Abstraktions- und Transferleistung sowie die Lernfähigkeit sind. Dabei können durchaus einzelne Fähigkeiten im Allgemeinen oder in speziellen Anwendungsbereichen besonders stark oder schwach ausgeprägt sein.

---

1   Auch als allgemeiner Faktor der Intelligenz, Generalfaktor der Intelligenz oder g-Faktor der Intelligenz bezeichnet.

2.1.2   Was ist nun Künstliche Intelligenz?

Den gleichen Ansatz kann man auch bei der Künstlichen Intelligenz verfolgen: Man bezeichnet solche künstlichen Systeme als intelligent, bei denen alle vorgenannten Fähigkeiten vorhanden sind. Je nachdem, wie stark diese Fähigkeiten ausgeprägt sind, unterscheidet man bei der Künstlichen Intelligenz zwischen den folgenden Unterarten:

- **Schwache KI** (narrow AI). Damit werden Systeme bezeichnet, die grundlegend alle Fähigkeiten einer Intelligenz besitzen, aber nur eine einzige spezielle Aufgabe erfüllen können.
- **Allgemeine KI** (Artificial General Intelligence). Damit wird eine KI bezeichnet, die, im Gegensatz zur schwachen KI, eine Vielzahl unterschiedlicher Aufgaben lösen kann.
- **Human-Level-KI** bezeichnet eine KI mit ähnlicher Intelligenz wie die eines durchschnittlichen Menschen.
- Eine **Super KI** (Superintelligence) ist eine Maschine mit einer Intelligenz, die der eines durchschnittlichen Menschen weit überlegen ist.

Fast alle derzeit existierenden Künstlichen Intelligenzen (Stand 2022) gehören zu der Kategorie der schwachen KI.

Ein Beispiel dafür sind Programme, die z. B. unterscheiden können, ob es sich bei Fotos um Hunde- oder Katzenbilder handelt. Ein solches Programm bekommt anfangs sehr viele Beispiele von Hundebildern und Katzenbildern gezeigt. Anhand dieser Beispiele kann es dann selbstständig **lernen**, was die charakteristischen Unterschiede zwischen Hunden und Katzen sind. Das Programm hat am Ende also im Rahmen seines Weltbildes tatsächlich **verstanden**, wie Hunde und Katzen aussehen und wodurch sie sich unterscheiden. Dadurch kann das Programm dann **verallgemeinern** und Hunde und Katzen auch auf Fotos erkennen, die es zuvor noch nie gesehen hat und die nicht in den Beispielen enthalten waren, von denen das Programm gelernt hat.

Das Programm besitzt daher alle Fähigkeiten einer Intelligenz. Allerdings ist das interne Weltbild (d. h. der **Deutungsrahmen**) auf das Wissen beschränkt, wie Hunde und Katzen aussehen. Das Programm wird jedoch keine andere Tierart und kein anderes Objekt auf den Bildern erkennen können.

Man bezeichnet solche Programme daher als schwache Künstliche Intelligenz, da sie zwar – wie eben erwähnt – alle Eigenschaften einer Intelligenz besitzen, diese aber nur sehr schwach ausgeprägt sind.

Der Übergang von einer schwachen KI zur allgemeinen KI ist jedoch nicht ganz trennscharf und kann fließend sein. Beispielsweise lässt sich die KI, die Hunde und Katzen auf Fotos erkennen kann, durchaus erweitern. Man kann einer schwachen KI Beispiele anderer Tiere oder Objekte zeigen, sodass sie lernen kann, deren charakteristische Formen zu erkennen. Dadurch vergrößert man den Aufgabenbereich und den Deutungsrahmen und macht die KI intelligenter. Aber auch wenn sich der Aufgabenbereich von »erkenne Hunde und Katzen auf Bildern« zu »erkenne beliebige Objekte auf Bildern« erweitern lässt, ist damit noch keine allgemeine KI geschaffen. Denn von einer allgemeinen KI würde man einen deutlich umfangreicheren Aufgabenbereich erwarten. So sollten allgemeine KIs beispielsweise gleichzeitig über ein Seh-, Hör- und Sprachverständnis verfügen. Unabhängig davon, ob das Modell das Wort »Katze«, das Geräusch, wenn jemand »Katze« sagt, oder ein Video einer laufenden Katze verarbeitet, wird, analog zum menschlichen Gehirn, intern dieselbe Reaktion ausgelöst: das verallgemeinerte, abstrakte Konzept einer Katze. Das heißt, dass nicht nur der Deutungsrahmen einer allgemeinen KI deutlich umfassender ist, auch das Verständnis einer Sache ist deutlich allgemeiner und umfassender. Dadurch sollte es einer allgemeinen KI auch möglich sein, ein ganz neues Niveau von Transferleistungen und »Kreativität« zu erreichen, da sie bekannte Lösungsansätze von einem Gebiet verallgemeinern und auf ein anderes Gebiet übertragen kann.

Dies ist allerdings noch Gegenstand aktueller Forschung und auch wenn es bereits einige Erfolge auf diesem Gebiet gibt, haben selbst die größten und mächtigsten KIs heutzutage noch lange keinen derartig großen Funktionsumfang erreicht, dass man sie als allgemeine KIs bezeichnen könnte (mehr hierzu im Abschnitt 2.3 Ausblick).

Alle darüber hinaus gehenden Künstlichen Intelligenzen, also solche auf menschlichem oder übermenschlichem Niveau, sind entsprechend noch pure Phantasie.

2.2 Warum sind Künstliche Intelligenzen dann so besonders und interessant?

Wenn Künstliche Intelligenzen also noch weit davon entfernt sind, ein menschliches oder gar übermenschliches Niveau zu erreichen, stellt sich die Frage, warum derzeit so viel Wind um das Thema gemacht wird?

Die KI-Forschung hat in den letzten Jahren einige bedeutende Fortschritte erzielt, die unter anderem dazu geführt haben, dass es für spezialisierte KIs immer mehr praktische Anwendungsbereiche gibt und ebenso immer mehr Bereiche, in denen spezialisierte KIs die menschlichen Fähigkeiten übertreffen. Aber wie können schwache KIs menschliche Fähigkeiten übertreffen?

Alle Künstlichen Intelligenzen sind zunächst einmal lediglich Computerprogramme, die die oben beschriebenen Fähigkeiten besitzen. Wenn man sich nun fragt, was an Künstlicher Intelligenz so großartig ist und warum sie zunehmend in aller Munde ist, dann sind da zunächst einmal die Eigenschaften zu nennen, die im Grunde jedes Computerprogramm hat. Dies sind – verglichen mit menschlichen Fähigkeiten – beispielsweise Eigenschaften wie, mit enormer Geschwindigkeit zu arbeiten, nahezu beliebige Präzision in den Berechnungen zu erreichen, dabei wiederholgenau zu arbeiten (d. h. ein Programm macht praktisch keine Flüchtigkeitsfehler) und nahezu unendliche Ausdauer zu haben (d. h. nicht zu ermüden).

Diese allgemeinen Eigenschaften von Programmen machen die Computer zu nicht mehr wegzudenkenden Hilfsmitteln, da die Computer den Menschen in dieser Hinsicht weit überlegen sind. Zusätzlich zu diesen allgemeinen Eigenschaften kommen noch zwei spezielle Eigenschaften von Künstlichen Intelligenzen hinzu, die sie von anderen Programmen abheben:

- Die Fähigkeit, Muster, Zusammenhänge, Regeln und Gesetzmäßigkeiten in Daten erkennen (lernen) zu können.
- Die Fähigkeit, neue und »kreative« Lösungen für Probleme zu finden.

Die Fähigkeit, Muster, Zusammenhänge, Regeln und Gesetzmäßigkeiten zu erkennen, ist insofern besonders, als diese Strukturen in der Regel nicht offensichtlich sind, sodass sie ein Mensch nur sehr schwer (wenn überhaupt) erfassen und beschreiben kann.

Betrachtet man beispielsweise die Aufgabe, 10 Millionen Fotos nach den beiden Kategorien »Hunde« oder »Katzen« zu sortieren, so wäre das für einen Menschen eine sehr ermüdende und langweilige Aufgabe, mit der er mehrere Wochen beschäftigt wäre. Ein Programm könnte so etwas bedeutend schneller tun und würde dabei auch keine Flüchtigkeitsfehler machen. Man müsste dem Programm entsprechend nur beibringen, wie es Hunde von Katzen unterscheiden kann.

Aber wie macht man so etwas? Normale Programme funktionieren mittels Arbeitsanweisungen und Vorschriften, die Menschen in Form von mathematischen Formeln aufstellen. Aber wie kann man durch eine mathematische Formel beschreiben, was einen Hund von einer Katze unterscheidet? Das ist tatsächlich nur sehr schwer möglich und enorm aufwendig. Aus diesem Grund lässt man das Programm (d. h. die KI) diese Formel gewissermaßen selbst finden. Wenn man einer KI genügend Beispielbilder von Hunden und Katzen zeigt, kann sie selbst lernen, wodurch sie sich unterscheiden, was einen enormen Vorteil bringt, da der Mensch somit nicht vor der enorm schweren Aufgabe steht, die mathematischen Regeln zur Unterscheidung von Hunden und Katzen aufzustellen.

Diese Eigenschaft von KIs zur Erkennung von Mustern, Zusammenhängen, Regeln und Gesetzmäßigkeiten, die primär durch die Lernfähigkeit und die Fähigkeit zur Abstraktion bestimmt wird, ist natürlich nicht nur auf Fotos und Bilder beschränkt.

Stattdessen kann eine KI prinzipiell bei jedem Problem zum Einsatz kommen, bei dem viele Beispieldaten vorhanden sind, ein Programm nützlich wäre und der Mensch sich schwer tut, mathematische Formeln zu finden, um eine Gesetzmäßigkeit zu beschreiben.

Die zweite Fähigkeit – die Möglichkeit durch KIs neue Lösungen für Probleme finden zu können – ist eine Eigenschaft, durch die die KIs zuletzt zunehmend an Popularität gewonnen haben. In den letzten Jahren sind dabei insbesondere Nachrichten durch die Medien gegangen, die berichteten, dass Künstliche Intelligenzen gebaut worden sind, um Spiele zu spielen und dabei ein Niveau erreicht haben, welches das der besten menschlichen Spieler übertrifft.

Besondere mediale Aufmerksamkeit hat dabei das Programm »AlphaZero« erhalten (ebenso wie die Vorgängerversionen »AlphaGo Zero« und »AlphaGo«), das 2017 von der Google Tochter DeepMind entwickelt wurde und innerhalb weniger Stunden nacheinander die Spiele Schach, Go und Shogi erlernte und dabei jeden Menschen und jedes andere Computerprogramm übertraf.

Der ehemalige Schachweltmeister Garri Kasparow war beispielsweise erstaunt darüber, »was man von AlphaZero und grundsätzlich von KI-Programmen lernen kann, die Regeln und Wege erkennen können, die Menschen bisher verborgen geblieben sind.«[2]

Aber wie ist es möglich, dass eine KI neue Lösungen findet, auf die nie zuvor ein Mensch gekommen ist?

Um dies zu verstehen, muss man die Lernmethoden der KIs verstehen.

2.2.1   Wie lernen KIs?

Ein normales Computerprogramm wird von Programmierern geschrieben und anschließend ausgeführt, sodass es dann direkt nach der Fertigstellung arbeiten kann. Eine KI hingegen ist, auch nachdem sie vollständig programmiert wurde, noch nicht arbeitsfähig. Ähnlich wie ein Kind, das nach seiner »Fertigstellung« (d. h. der Geburt) erst einmal eine längere Lernphase braucht, bevor es selbstständig Aufgaben lösen kann, benötigt eine KI nach der Programmierung auch erst einmal eine Lernphase. Während dieser Lernphase wird die KI mithilfe unterschiedlicher Lernmethoden auf ihre spätere Aufgabe vorbereitet (man spricht davon, dass die KI »trainiert« wird), d. h.,

---

2   Künstliche Intelligenz beendet menschliche Dominanz, veröffentlicht am 13. Dezember 2017 auf Welt.de, https://www.welt.de/sport/article171541557/Kuenstliche-Intelligenz-beendet-menschliche-Dominanz. html, abgerufen am 18.8.2022.

sämtliches Wissen und das Verständnis wird, ähnlich wie bei Kleinkindern, erst während der Lernphase erzeugt.

Um die KI für ihre Aufgabe zu trainieren, gibt es im Wesentlichen zwei grundlegend unterschiedliche Lernmethoden:

- **Lernen anhand von Beispielen.** Bei dieser Methode wird der KI eine große Anzahl von Beispielen mit Lösung gezeigt. Im Fall der Hunde- und Katzenbilder würde man der KI während des Lernprozesses jeweils ein Bild geben, zusammen mit der Information, ob es sich auf dem Bild jeweils um einen Hund oder eine Katze handelt. Aus diesen Informationen kann die KI dann selbstständig lernen, welche charakteristischen Unterschiede es zwischen Hunden und Katzen gibt. Wenn die KI fertig gelernt hat, kann sie anschließend selbstständig neue Bilder den Kategorien »Hunde« und »Katzen« zuordnen (ohne die Lösung zu kennen). Diese Lernmethode wird auch als überwachtes Lernen oder »supervised learning« bezeichnet.

- **Lernen durch ausprobieren.** Diese Lernmethode eignet sich besonders für Aufgaben, zu deren Lösung mehrere Schritte und Aktionen notwendig sind und ähnelt dem, wie der Mensch als Kleinkind lernt. Die KI bekommt eine Aufgabe und eine Reihe von Handlungsmöglichkeiten, um diese Aufgabe zu lösen. Anfangs wird die KI dann willkürlich ihre Handlungsmöglichkeiten ausprobieren. Wichtig ist dabei, dass die KI eine Rückmeldung über den Erfolg oder Misserfolg ihrer Handlungen bekommt. Die KI kann dadurch lernen, welche ihrer Aktionen unter welchen Rahmenbedingungen, zu welcher Zeit und in welcher Reihenfolge zum Erfolg führen. Diese Lernmethode wird besonders gerne bei Spielen oder Simulationen eingesetzt, wenn die KI beim Lernen mit der Geschwindigkeit arbeiten kann, mit der der Computer rechnet. Auf diese Art ist es beispielsweise auch der Firma Deep-Mind gelungen, die KI »AlphaZero« im Schach so gut werden zu lassen, dass sie die Fähigkeiten jedes Menschen und jedes anderen Programmes übertrifft. Alpha-Zero hat während der Lernphase mehrere Millionen Partien Schach gespielt, was aufgrund der enormen Geschwindigkeit der Computer insgesamt nur rund neun Stunden gedauert hat[3]. Zum Vergleich: Wenn ein Mensch 34 Partien Schach pro Tag spielt, an jedem Tag im Jahr, dann würde es gut 80 Jahre dauern, bis er eine Million Partien gespielt hat. Es würde also eine Zeitspanne von mehreren Menschenleben brauchen, um so viele Spiele zu spielen, wie es die KI in den wenigen Stunden ihrer Lernphase tut.
  Durch Ausprobieren und die enorme Anzahl von Versuchen ist es der KI dann auch möglich, Ansätze und Lösungen zu finden, auf die zuvor nie ein Mensch gekommen ist.

---

3   Quelle: Deepmind, https://deepmind.com/blog/article/alphazero-shedding-new-light-grand-games-chess-shogi-and-go, abgerufen am 16.8.2022.

Wenn KIs in einzelnen Aufgaben mittlerweile derart leistungsstark geworden sind, stellt sich natürlich die Frage, ob es für jede Aufgabe, die ein Mensch erfüllen kann, spezielle KIs gibt, die ihn dabei übertreffen können.

Diese Frage kann man derzeit entschieden verneinen, denn um eine KI für eine Aufgabe zu trainieren, sind entweder sehr viele Beispiele oder ein »Lernen durch ausprobieren« notwendig. Für sehr viele Aufgaben ist das »Lernen durch ausprobieren« jedoch nicht möglich oder sinnvoll, insbesondere, wenn die KI nicht mit der Geschwindigkeit lernen kann, mit der der Computer rechnet (z. B., weil sie auf menschliche Eingaben angewiesen ist). Und für ein Lernen anhand von Beispielen sind für viele Aufgaben heutzutage schlichtweg keine Daten vorhanden oder die Qualität und die Menge der Daten ist nicht ausreichend, was in der Praxis tatsächlich auch das größte Problem darstellt.

Um diese Problematik zu umgehen gibt es derzeit mehrere Ansätze in der aktuellen Forschung[4]. Mit am vielversprechendsten und spannendsten ist die Konstruktion einer allgemeinen KI, die (durch einen entsprechend großen Deutungsrahmen) dazu in der Lage ist, Erfahrungswerte von einem Bereich auf einen anderen zu übertragen, wodurch es möglich wäre, bei vielen Aufgaben das Problem zu geringer Datenmengen zu umgehen.

Die Leistungsfähigkeit von KIs wird derzeit allerdings auch durch die Rechenkapazitäten der Computer beschränkt, sodass eine allgemeine KI schon aufgrund dieser Limitierung mit den heute gängigen Konzepten kaum umsetzbar ist. Um dies genauer zu verstehen, muss man jedoch die Funktionsweise von Künstlichen Intelligenzen kennen.

2.2.2   Wie funktionieren KIs?

Der technische Aufbau einer Künstlichen Intelligenz wird meist ihrer Aufgabe angepasst. Es gibt daher bereits eine Vielzahl unterschiedlicher KI-Systeme, die sich in ihrem Aufbau stark unterscheiden. Ein wesentlicher Bestandteil sind dabei aber praktisch immer sog. künstliche neuronale Netze, die in den letzten Jahrzehnten den

---

4   Neben der hier beschriebenen allg. KI ist das bspw. die Auslagerung von faktischem Wissen in eine Datenbank, auf die die KI zugreifen kann, sodass die KI das Wissen nicht implizit lernen muss. Dadurch kann ebenfalls die Größe der KI (und damit der Rechenaufwand) und die benötigte Menge an Trainingsdaten drastisch reduziert werden. Siehe hierzu z. B. https://arxiv.org/abs/2112.04426, abgerufen am 16.8.2022.

großen Fortschritt der KIs ermöglicht haben und ggf. für sich gesehen schon als KI bezeichnet werden können. Sie sind in ihrer Funktionsweise den echten biologischen neuronalen Netzen nachempfunden. Um ein Verständnis für die Funktionsweise künstlicher neuronaler Netze zu bekommen, ist es daher sinnvoll, zunächst die grundlegende Funktionsweise biologischer neuronaler Netze zu verstehen.

Das menschliche Gehirn hat um die 90 Milliarden Nervenzellen (Neuronen), die über winzig kleine »Kabel« (sog. Axone) miteinander verbunden sind und so das neuronale Netz bilden. Eine schematische Darstellung einzelner Neurone ist in Abbildung 1 gezeigt.

Die Nervenzellen haben Kontaktstellen (die sog. Dendriten), mit denen sich andere Nervenzellen über ihre Axone verbinden können. Über die Axone können die Neuronen dann ein elektrisches Signal an alle verbundenen Neuronen leiten, das diese über die Kontaktstellen aufnehmen können. Nahezu gleichzeitig bei einem Neuron einlaufende Signale addieren sich dabei in ihrer Wirkung auf, bis ein gewisser Schwellenwert überschritten wird und das Neuron selbst ein Signal über sein Axon an verbundene Neuronen leitet.

Es ist eine wichtige Eigenschaft aller biologischen neuronalen Netze , dass die neuronalen Verbindungen nicht starr sind, sondern je nach Nutzung ausgebaut und verstärkt werden können (sog. neuronale Plastizität). Diese Eigenschaft ist auch die physiologische Grundlage für die Fähigkeit zu lernen. Das heißt, wenn man etwas lernt, wie z. B. ein Musikinstrument zu spielen, dann werden dadurch neue neuronale Verbindungen geschaffen oder alte verstärkt, was in einer nachweisbaren Änderung der Hirnmasse resultiert.

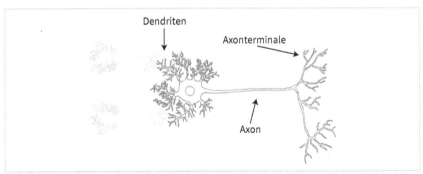

Abb. 1: Schematische Darstellung eines biologischen Neurons

Zur Abbildung 1: In grau dargestellt sind verkleinerte Input-Neurone, die eine Verbindung zu den Dendriten des Neurons symbolisieren sollen.

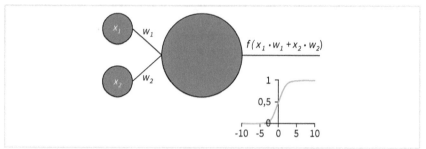

Abb. 2: Schematische Darstellung eines künstlichen Neurons mit zwei Input-Neuronen

In Abbildung 2 wird ein künstliches Neuron mit zwei Input-Neuronen dargestellt. Der Output wird durch die Aktivierungsfunktion f anhand der Inputwerte x_1 und x_2 und der Verbindungsstärken w_1 und w_2 berechnet. Hierbei können unterschiedliche Aktivierungsfunktionen gewählt werden. Eine Aktivierungsfunktion ist beispielhaft gezeigt.

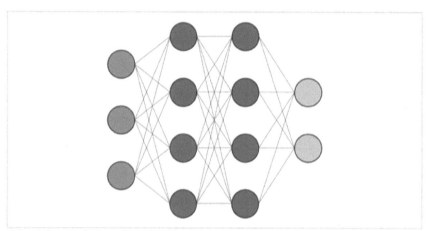

Abb. 3: Schematische Darstellung eines künstlichen neuronalen Netzes

Abbildung 3 zeigt ein künstliches neuronales Netz mit Eingabeschicht (Input Layer, links), versteckten Schichten (Hidden Layer, Mitte) und Ausgabeschicht (Output Layer, rechts).

Künstliche neuronale Netze stellen eine vereinfachte mathematische Variante der biologischen neuronalen Netze dar. Ähnlich wie biologische Neuronen können künstliche Neuronen eine beliebige Anzahl von Eingangssignalen aufnehmen und verarbeiten die Summe dieser Eingangssignale dann mit einer sogenannten Aktivierungsfunktion. Diese Aktivierungsfunktion ist prinzipiell frei wählbar, orientiert sich aber ebenfalls am biologischen Vorbild, wo das Ausgangssignal sprunghaft gegeben wird, wenn die Summe der Eingangssignale einen gewissen Schwellenwert überschritten hat (siehe

Abbildung 2). Das ggf. entstehende Ausgangssignal wird dann an eine ebenfalls nahezu beliebige Anzahl anderer Neuronen weitergeleitet.

In künstlichen neuronalen Netzen werden dabei aber i. d. R. keine Schleifen ermöglicht, was in biologischen neuronalen Netzen hingegen möglich ist (also z. B. Neuron A aktiviert B, B aktiviert C, C aktiviert A). Stattdessen werden die Neuronen in aufeinanderfolgenden Schichten organisiert (sog. Layer), wobei die Neuronen in einer Schicht nicht miteinander verbunden sind, dafür aber mit allen Neuronen der vorherigen und der darauffolgenden Schicht (siehe Abbildung 3). Die Anzahl der Schichten und die Anzahl der Neuronen pro Schicht sind frei wählbar und werden passend für die jeweilige Aufgabe gewählt. Die Schicht, die die zu verarbeitenden Informationen aufnimmt, wird meist Eingabeschicht oder Input Layer genannt und die Schicht, die ein interpretierbares Ergebnis ausgibt, wird als Ausgabeschicht oder Output Layer bezeichnet. Alle dazwischenliegenden Schichten bekommen keine Informationen von außen und geben keine Informationen nach außen, weshalb sie als versteckte Schichten oder Hidden Layer bezeichnet werden.

Zum besseren Verständnis kann man beispielsweise die Verarbeitung eines Bildes betrachten: Ein Bild besteht aus einer Vielzahl von Bildpunkten, den sogenannten Pixeln. Betrachtet man der Einfachheit halber ein Schwarz-Weiß-Bild, dann wird jedes Pixel durch eine Zahl beschrieben, die die Helligkeit des jeweiligen Pixels widergibt (ein Pixelwert von 0 bedeutet beispielsweise Schwarz und 1 bedeutet Weiß). Möchte man mit einem künstlichen neuronalen Netz nun Hundebilder von Katzenbildern unterscheiden, dann könnte man die Eingabeschicht derart wählen, dass man genauso viele Neurone in der Eingabeschicht hat, wie das Bild Pixel hat. Jedes Neuron bekommt dann einen Pixelwert, den es verarbeitet und an die nächste Schicht weitergibt. Für die Ausgabeschicht würde man hingegen nur zwei Neuronen wählen, eines für die Kategorie »Katze« und eines für die Kategorie »Hunde«. Entsprechend würde man die Werte der Neuronen aus der Ausgabeschicht dann so interpretieren, dass es sich auf dem verarbeiteten Bild um eine Katze handelt, wenn das Katzen-Neuron den Wert 1 gibt und das Hunde-Neuron den Wert 0 (und bei Hunden andersherum).

Ein Problem bei künstlichen neuronalen Netzen ist natürlich, dass – im Gegensatz zu den biologischen neuronalen Netzen – durch den Lernprozess keine neuen Verbindungen zwischen Neuronen »wachsen« können. Aus diesem Grund sind alle Neuronen einer Schicht mit allen Neuronen der vorherigen und der darauffolgenden Schicht verbunden. Jede Verbindung wird dann mit einer Zahl w »gewichtet«, welche die Stärke der Verbindung beschreibt und mit dem Ausgangssignal des vorherigen Neurons multipliziert wird. Eine Verbindungsstärke von $w = 0$ bedeutet beispielsweise, dass die entsprechenden Neuronen nicht verbunden sind, eine Verbindungsstärke von 1 bedeutet hingegen, dass das Signal des vorherigen Neurons unverändert das Neuron erreicht.

Der Lernprozess in künstlichen neuronalen Netzen wird somit, analog zum biologischen Vorbild, durch das Entstehen, Verstärken oder Abschwächen der neuronalen Verbindungen umgesetzt, indem die Verbindungsstärke während des Lernprozesses verändert wird.

Der große (auch evolutionäre) Vorteil von biologischen und künstlichen neuronalen Netzen ist der, dass sie nicht für **spezielle** Aufgaben und Anwendungsfälle geschaffen sind, sondern für eine **Vielzahl** von Anwendungsfällen genutzt werden können.

Dies ist jedoch gleichzeitig auch ein Nachteil, da die neuronalen Netze nicht sehr effizient sind im Verhältnis zu Systemen, die man speziell für die Lösung einer speziellen Aufgabe bauen würde. Dies gilt insbesondere für alle Fälle, für die man eine mathematische Formel hat, die die Realität bereits bestmöglich beschreibt. Beispielsweise könnte man ein künstliches neuronales Netz darauf trainieren, Zahlen zu addieren oder zu subtrahieren, indem man dem Netz viele Beispiele von Zahlenpaaren und deren Summe bzw. Differenz zeigt. Die KI würde aus diesen Beispielen dann natürlich lernen, wie man plus und minus rechnet, aber jeder Taschenrechner wäre dabei bedeutend effizienter, d. h. schneller, präziser und würde weniger Energie verbrauchen.

Für realistische Aufgaben, für die man wirklich die Fähigkeiten einer Künstlichen Intelligenz braucht, müssen die künstlichen neuronale Netze zudem häufig sehr groß sein, um die komplexen Aufgaben lösen zu können. Da diese künstlichen neuronalen Netze häufig aus hunderten oder tausenden versteckten Schichten bestehen, mit hunderten bis tausenden Neuronen pro Schicht, spricht man auch von »tiefen« neuronalen Netzen (»Deep Neural Networks«) und in diesem Zusammenhang auch von »Deep Learning«.

Das Problem dabei ist, dass die Anzahl der Verbindungen zwischen den Neuronen noch um ein vielfaches höher ist und damit auch die Anzahl der Verbindungsstärken, die während des Lernprozesses berechnet werden müssen. Die aktuell größten KIs haben hunderte bis tausende Schichten mit tausenden bis zehntausenden Neuronen pro Schicht und somit bis zu 1.000.000.000.000 Parametern[5], die während des Trainings berechnet werden müssen. Diese Berechnungen erfordern sehr viele Computerressourcen (häufig hunderte von Computern, die parallel rechnen), was zum einen sehr teuer ist und zum anderen auch einen sehr hohen Energieverbrauch mit sich bringt.

Die verfügbaren Rechenkapazitäten stellen somit derzeit noch eine Beschränkung bei der Entwicklung höherer KI dar, die in Zukunft aber durch leistungsstärkere Computer und vor allem durch die Entwicklung neuer, effizienterer Konzepte und Architekturen überwunden werden kann.

---

5   Siehe hierzu bspw. das Modell »Megatron« https://github.com/NVIDIA/Megatron-LM, abgerufen am 28.8.2022.

2.3 Ausblick

Die Entwicklung der Künstlichen Intelligenzen ist in den vergangenen Jahren enorm vorangeschritten, was einerseits an der Zunahme der Rechenkapazitäten liegt, andererseits aber auch an dem Aufkommen neuer Konzepte. Eines dieser Konzepte, das in den vergangenen Jahren einen Siegeszug angetreten hat und in nahezu all den Technologien vertreten ist, die derzeit den Rekord hinsichtlich der Leistungsfähigkeit bei einer bestimmten Aufgabe halten, ist das Konzept der Aufmerksamkeit. Dabei geht es darum, dass eine KI bei der Erfüllung einer Aufgabe nicht zu jeder Zeit sämtliche verfügbaren Informationen vollständig verarbeiten muss, um die Aufgabe optimal erfüllen zu können. Ähnlich wie beim Menschen ist es auch für eine KI deutlich effizienter, zunächst zu entscheiden, welcher Teil der verfügbaren Informationen für die Bewältigung einer Aufgabe relevant ist und anschließend auch nur diesen Teil zu verarbeiten. »Aufmerksamkeit« bedeutet in diesem Kontext somit, dass die KI die Fähigkeit hat, unwichtige Informationen auszublenden und daher nur die relevantesten Informationen für die Erfüllung einer Aufgabe verarbeiten muss.

Zudem gibt es neue Konzepte, die es den KIs u. a. ermöglichen sollen, ein bedeutend größeres Aufgabenspektrum mit höherer Qualität als bisher zu bearbeiten und dabei auch noch deutlich effizienter zu sein. Diese Konzepte orientieren sich wiederum überwiegend am menschlichen Gehirn, was hinsichtlich seines Leistungsumfangs und der Energieeffizienz weiterhin unübertroffen ist (verglichen mit Supercomputern, die eine vergleichbare Leistungsfähigkeit besitzen, haben diese einen 50- bis 5.000-fachen Energiebedarf).

Der nächste große Fortschritt wird vermutlich durch die Spezialisierung einzelner Bereiche innerhalb der KI auf einzelne Aufgaben erfolgen, analog zum menschlichen Gehirn, wo spezielle Aufgaben von spezialisierten Hirnarealen übernommen werden, woran derzeit aktiv geforscht wird[6] und wo auch bereits erste Erfolge erzielt wurden[7]. Dadurch wird aller Voraussicht nach nicht nur die Effizienz und Leistungsfähigkeit der KI deutlich gesteigert, sondern auch ihr mögliches Aufgabenspektrum. Damit einher gehen eine Erweiterung des Deutungsrahmens, die Vertiefung des Verständnisses durch Verallgemeinerung und die Erhöhung der Transferleistungsfähigkeit aufgrund der Möglichkeit, Lösungsansätze auf unterschiedliche Gebiete zu übertragen. Es ist daher zu erwarten, dass diese Systeme in den nächsten Jahren ein Niveau erreichen werden, das tatsächlich einer allgemeinen KI entspricht.

---

6 Siehe z. B. die Ankündigung von Jeffrey Dean, (Senior Vice President von Google Research): https://blog. google/technology/ai/introducing-pathways-next-generation-ai-architecture/, abgerufen am 28.8.2022.
7 Siehe z. B. https://ai.googleblog.com/2022/04/pathways-language-model-palm-scaling-to.htm, abgerufen am 28.8.2022.

Neben dem Einsatz von Künstlicher Intelligenz in der Wirtschaft wird KI in der westlichen Welt derzeit vor allem auch zum Allgemeinwohl eingesetzt, z. B. zur Vorhersage von Naturkatastrophen (z. B. Sturmfluten), zur Bekämpfung von Kriminalität (z. B. Kinderpornografie im Internet) oder zur medizinischen Forschung und Diagnoseunterstützung.

Durch die erreichbaren Transferleistungen einer allgemeinen KI, könnte es dann auch erstmals möglich sein, Aufgabengebiete zu erschließen, die derzeit aufgrund zu geringer Datenmengen von KIs nicht erfasst werden können. Das sollte es uns ermöglichen, Künstliche Intelligenz zu nutzen, um eine Vielzahl weiterer großer Probleme der Gegenwart zu adressieren, wie beispielsweise die Klimakrise und den Welthunger.

3 KI im Privatleben

Von Johnny Kessler

Was Sie in diesem Kapitel erwartet

Die Liste an Use-Cases für Künstliche Intelligenz im Privatleben ist genauso lang, wie sie vielseitig ist: Von Sprachassistenten wie Siri und Alexa bis hin zur Navigation mithilfe von Google Maps und zur Entsperrung des Smartphones mit Gesichtserkennung – KI ist ein großer Bestandteil des Alltags und aus diesem nicht mehr wegzudenken. Vieles davon passiert jedoch im Hintergrund der verwendeten Software, ohne dass Nutzer davon viel mitbekommen. Der folgende Beitrag beleuchtet, wo und von wem lernende Algorithmen heute genutzt werden und welche Aufgaben sie bereits erfolgreich erfüllen. Anhand einzelner Praxisbeispiele wird erläutert, für welche Situationen KI geeignet ist und welche Herausforderungen durch die Technologie gelöst werden können. Ferner wird ein Ausblick auf verschiedene Entwicklungsfelder der Künstlichen Intelligenz gegeben und gezeigt, wo sie künftig im Alltag Anwendung finden könnte. Der in den Medien intensiv behandelte Bereich selbstfahrender Autos ist hierbei nur die Spitze des Eisbergs, auch kreative Algorithmen und Fortschritte in der Robotik sind vielversprechende Technologien, die unseren Alltag in Zukunft maßgeblich verändern könnten.

Die Leser und Leserinnen lernen verschiedene Alltagsbeispiele der Künstlichen Intelligenz aus unterschiedlichen Bereichen des Privatlebens kennen und erfahren, wer die Fortschrittstreiber im Technologiebereich der Künstlichen Intelligenz sind. Außerdem wird auf die Funktionsweise anhand einzelner Use-Cases eingegangen, um zu erläutern, wie KI-Algorithmen in der Praxis funktionieren.

3.1 Einleitung

Dass Künstliche Intelligenz die Technologie der Zukunft ist, wird oft betont. Aber ist sie auch die Technologie der Gegenwart? Wo werden KI-Algorithmen bereits heute eingesetzt und wo begegnen sie den Menschen im Alltag? Neben vielen Use-Cases im unternehmerischen Aspekt gibt es auch im Privatleben Bereiche, in denen KI erfolgreich Anwendung findet. Besonders die großen Technologiekonzerne, beispielsweise Alphabet (Mutterkonzern von Google), Amazon und das ehemalige Facebook (jetzt Meta) benutzen schon seit Jahren KI im großen Stil und das mit großem Erfolg. Auch andere Unternehmen sind in den letzten Jahren nachgezogen und setzen ebenfalls selbstlernende Algorithmen ein, um unterschiedliche Probleme zu lösen.

3.2 Die großen Tech-Konzerne und KI

Um zu verstehen, in welchen Bereichen KI heutzutage überall Anwendung findet, muss zuerst auf die größten Nutzer der Technologie eingegangen werden: die weltumspannenden Technologiekonzerne. Facebook, Amazon, Apple, Netflix und Google (umgangssprachlich mit dem Akronym FAANG benannt) nutzen bereits seit Jahren KI, um ihre Produkte zu verbessern. Aber auch neue Social-Media-Riesen wie LinkedIn, TikTok und Co. bauen ihr Geschäftsmodell auf lernenden Algorithmen auf, deren Aufgabe es ist, die nächsten Beiträge auszuwählen, die ihren Nutzern angezeigt werden.

Hier stellt sich die Frage, warum gerade die im Silicon Valley entstandenen Tech-Konzerne so erfolgreich und vielseitig Künstliche Intelligenz einsetzen und was daraus über KI gelernt werden kann. Für die Beantwortung dieser Frage ist zuerst eine essenzielle Eigenschaft der Technologie zu betrachten: Um erfolgreich KI-Anwendungen zu realisieren, ist vor allem eine Ressource sehr wichtig – Daten. Eine Kernaussage dazu: Bei Daten gilt das Prinzip: »Je mehr, desto besser«. Dies spielt den Technologiekonzernen genau in die Hände, denn sie verfügen über einen enormen Datenschatz. Jedes Mal, wenn sich ein Nutzer ein Produkt auf Plattformen wie z. B. Amazon anschaut oder ein Video auf YouTube anklickt, wird dieser Besuch mitsamt Metadaten erfasst. Metadaten sind beispielsweise die Tageszeit und der Standort. Aber auch weitere Informationen wie der Gerätetyp, über den die Aktion ausgeführt wird, können Aufschluss über das Nutzerverhalten geben und werden aus diesem Grund auf den Servern der Plattformen abgespeichert, um später ausgewertet zu werden. Bei Millionen bzw. Milliarden von Aktionen täglich, fällt eine gewaltige Datenmenge an, die die Konzerne selbstverständlich nutzen möchten. Sie können nun beispielsweise dafür verwendet werden, um Algorithmen darauf zu trainieren, den Nutzern passende Vorschläge für Beiträge oder Produkte zu machen.

Ein fiktives Beispiel zur Veranschaulichung: Person A kauft über eine die Online-Shopping-Plattform ein neues Paar Motorradhandschuhe. Der Algorithmus erkennt dies und schließt daraus, dass Person A ein Motorrad besitzt. Aus diesem Grund wird Person A nun eine Handyhalterung für Motorräder, Motoröl und ein Helm vorgeschlagen.

Ein weiterer Grund, weshalb besonders die Technologiekonzerne so erfolgreich Künstliche Intelligenz nutzen, hat etwas mit den enormen Nutzerzahlen zu tun. Durch die Größe der Plattformen können kleine Veränderungen im Nutzerverhalten einen Millionenprofit für die Firmen bedeuten. Optimiert beispielsweise eine Online-Shopping-Plattform ihren Algorithmus dahin gehend, dass er besser personalisierte Produktvorschläge macht und dadurch eine Umsatzsteigerung von 1 % hervorruft, führt dies aufgrund der Größenordnungen, in denen die Konzerne operieren, zu Profitsteigerungen, die im Millionenbereich liegen. Dadurch lohnt es sich für sie in die kostspielige KI-Forschung zu investieren. Die Technologiekonzerne haben somit ein erhebliches Interesse an einer Verbesserung ihrer Algorithmen und verfügen über die erforderlichen finanziellen Mittel zur Umsetzung.

3.3   Wo begegnet uns Künstliche Intelligenz im Alltag?

Wo begegnet den Menschen KI im normalen Tagesablauf? Lernende Algorithmen sind mittlerweile fester Bestandteil der Gesellschaft und oft merkt der Nutzer gar nicht, wie tief integriert die Technologie im heutigen Alltag ist. Im folgenden Kapitel wird auf mehrere Use-Cases für Künstliche Intelligenz, denen viele tagtäglich begegnen, eingegangen.

3.3.1   Recommendation Engines

Mit dem ersten Beispiel interagiert fast jeder Mensch täglich, oft sogar, ohne es zu bemerken: Es sind die bereits angesprochenen KI-Algorithmen, deren einzige Aufgabe es ist, Nutzern von Internetplattformen möglichst passende Vorschläge für den nächsten Beitrag, das nächste Produkt, den nächsten Song oder den nächsten Film zu geben. Genannt wird diese Art Künstlicher Intelligenz auch »Recommendation Engines«. Sobald jemand heutzutage eine Website im Internet besucht, gibt es kein Vorbeikommen mehr an diesen Algorithmen. Nahezu alle großen Internetplattformen nutzen sie in der einen oder anderen Form: Sobald beispielsweise bei Google eine Suche gestartet wird, schätzt ein Algorithmus in Echtzeit und anhand verschiedener Aspekte, wie beispielsweise dem Standort, ein, welche Suchvorschläge am relevantesten sind. Mit der Eingabe des Wortes »Jaguar«, kann beispielsweise das Tier »Jaguar« gemeint sein, aber es kann sich auf auf die britische Luxusautomarke »Jaguar« beziehen. Befindet sich die Nutzerin aber direkt neben einem Autohändler oder wurde generell als Autofan erkannt, kann die Künstliche Intelligenz erkennen, dass Letzteres wohl näher liegt, und die Suchvorschläge dahingehend optimieren.

Ein weiteres Beispiel für Recommendation Engines ist der Streamingservice Netflix. Der Techkonzern wertet die Daten jedes Nutzers aus und versucht daraus ein Profil zu erstellen, um dem Nutzer passende Filme und Serien vorschlagen zu können.

Nachfolgend ein Beispiel für ein Experiment, dass jeder mit einem Netflix Abonnement nachmachen kann: Beim Erstellen eines neuen Nutzerprofiles fragt die Plattform »Was interessiert dich?«. Ein Auswahlfenster bietet die Möglichkeit, aus verschiedenen Filmen und Serien die anzuklicken, die einen am meisten ansprechen. Netflix nutzt diese Abfrage, um möglichst schnell ein Interessenprofil für den neuen Nutzer erstellen zu können. Erstellt man nun zwei verschiedene Profile, eines bei dem lediglich Action-Filme angekreuzt werden, und eines, bei dem die ausgewählten Filme ausschließlich aus der Kategorie Comedy sind, erkennt dies der Algorithmus und es werden, je nach Profil, verschiedene Vorschläge generiert. Sogar das Titelbild für die gleiche Serie kann sich unterscheiden, weil der Algorithmus unterstellt, dass es für den analysierten Nutzer ansprechender wirkt.

Systeme, wie Netflix sie einsetzt, sind keine Seltenheit. Im Gegenteil: Netflix hält sich mit ihrem Algorithmus eher auf der subtilen Seite. TikTok beispielsweise, eine rasant wachsende Social Media/Entertainment-Plattform des chinesischen Tech-Konzerns »bytedance«, stützt ihre komplette Plattform auf KI-gesteuerten Algorithmen. Während Netflix lediglich ihre Nutzer bei der Suche von interessanten Inhalten unterstützen möchte, geht TikTok einen Schritt weiter: Bei TikTok ist die KI maßgeblich, um zu entscheiden, welcher Content dem Nutzer gezeigt wird.

Das Prinzip funktioniert wie folgt: Der Nutzer bekommt Videos vom Algorithmus angezeigt. Wenn das Video bis zum Ende angeschaut wird, registriert das die KI und zeigt in Zukunft häufiger ähnliche Inhalte an. Überspringt der Nutzer das Video jedoch, ist das Gegenteil der Fall, und er sieht in Zukunft weniger Videos dieser Art. Hier liegt auch der große Unterschied zwischen dem ursprünglichen Modell der westlichen Social-Media-Seiten, bei denen die Nutzer größtenteils selbst entscheiden, welche Inhalte sie anschauen wollen. Bei TikTok ist dafür der Algorithmus zuständig und bestimmt, was Nutzern als nächstes gezeigt wird und was nicht. Das hat einen Vorteil: Situationen, in denen der Nutzer nicht entscheiden kann, was er schaut, gibt es nicht mehr.

Mittlerweile haben auch andere Techkonzerne erkannt, dass dieses Plattformdesign, das ohne Entscheidungstreffung von Nutzern auskommt, erfolgreich funktioniert. Aus diesem Grund bieten mittlerweile viele von TikToks größten Konkurrenten ähnliche Features auf ihren Plattformen an. YouTube bietet seit Juli 2021 global die sogenannten »Shorts« an, während Instagram das Modell mit ihren »reels« umsetzt und damit bereits erste Erfolge verzeichnen kann.

3.3.2 Computer Vision

Ein in den Medien äußerst prominenter Anwendungsbereich für KI sind selbstfahrende Autos. Dieser Technologie liegt ein grundlegendes Forschungsfeld im Bereich der selbstlernenden Algorithmen zugrunde – Computer Vision. Einen Forschungszweig, der sich besonders mit einer Frage beschäftigt: Wie bringen wir Computern bei, visuelle Signale so zu interpretieren, wie Menschen es machen? Bis vor wenigen Jahren war die Komplexität von Bildern noch nicht beherrschbar und ihre automatisierte Verarbeitung war Zukunftsmusik. Doch seit dem Zeitalter neuronaler Netze und der enormen Mengen an zugänglichen Daten, in Kombination mit der Verfügbarkeit von immer günstiger werdender Rechenleistung, konnten im letzten Jahrzehnt erhebliche Fortschritte erzielt werden.

Computer Vision begegnet uns überall im Alltag. Manchmal auf offensichtliche Weise wie beispielsweise beim Entsperren eines Mobiltelefons mittels Gesichtserkennung, aber auch überraschend und subtil, wie beim Fotografieren mithilfe eines Smartphones, bei dem hinter den Kulissen dutzende trainierte Algorithmen daran arbeiten, das Foto so realistisch wie möglich aussehen zu lassen. Laut dem Produkt Manager der Smartphoneserie von Google, werden in ihrem aktuellen Top-Gerät, dem Pixel 6, ungefähr 50 verschiedene lernende Algorithmen genutzt[1]. Diese sorgen beispielsweise dafür, dass verschiedene Bildaspekte wie die Farbdarstellung der Haut oder der Objektfokus der Kamera optimiert werden. Aber auch bei Videos unterstützt KI: So hilft ein trainierter Algorithmus dabei, Videos zu stabilisieren, um ein Verwackeln beim Aufzeichnen auszugleichen. Einige dieser Künstlichen Intelligenzen erlauben dem Nutzer sogar eine direkte Interaktion: Der sogenannte »Magic Eraser« des Pixel 6 ermöglicht es, ungewollte Objekte oder Personen aus einem Bild zu löschen. Dafür muss im Nachhinein lediglich das zu entfernende Objekt grob markiert werden. Die KI erkennt daraufhin eigenständig die genauen Umrisse und ersetzt das Objekt mit einem zu dem Bild passenden Hintergrund.

3.3.3   Natural Language Processing

Neben den angesprochenen Gebieten Computer Vision und Recommendation Engines gibt es eine weitere riesige Disziplin in der KI-Forschung: Sie beschäftigt sich damit, Computern Sprache beizubringen. Natural Language Processing (NLP) nennt sich die Disziplin, die dafür zuständig ist, dass Computer den Menschen immer besser verstehen können.

Das bekannteste Alltagsbeispiel für NLP sind Smart-Assistants. Mittlerweile haben viele Geräte wie Amazons Alexa oder Google Home bei sich zu Hause, aber auch Smartphones enthalten bereits seit Jahren integrierte Assistants. Fast jeder hat schon einmal einen solchen Assistenten gefragt, wie das Wetter morgen wird oder sich einen Wecker stellen lassen. Bei der Nutzung fällt oft gar nicht auf, was alles im Hintergrund abläuft, um dies überhaupt zu ermöglichen. Denn die dahintersteckende Technik ist komplex und besteht aus zwei Teilaspekten des NLP: Erst muss das Programm die rohen Audiosignale des Mikrofons interpretieren und daraus Wörter und Sätze ziehen

---

1   Stephen Shankland: Inside the Google Pixel 6 cameras' bigger AI brains and upgraded hardware, https://www.cnet.com/tech/mobile/inside-the-google-pixel-6-cameras-bigger-ai-brains-and-upgraded-hardware/, abgerufen am

(Fachbegriff: »Automatic Speech Recognition«) und anschließend muss es verstehen, was der Nutzer genau damit meint (Fachbegriff: »Natural Language Understanding«). Erst nachdem dies geschehen ist, kann die Software die vom Nutzer gewollte Aktion ausführen.

3.4   Fazit

Die KI-Forschung hat im letzten Jahrzehnt einen beeindruckenden technologischen Fortschritt erzielt. In fast allen Aspekten des Alltags begegnen den Nutzern heutzutage lernende Algorithmen. Beispiele wie Onlineshopping, Smartphonekameras und Smart-Speaker in der Wohnung sind nur die Spitze des Eisbergs. Häufig laufen Algorithmen im Hintergrund der Apps und Anwendungen, ohne dass der Nutzer dies registriert, und lösen Probleme, über die während der Nutzung nicht einmal nachgedacht wird. Besonders durch die großen Tech-Konzerne Google, Amazon, Netflix und Co. begegnen uns heute verschiedene KI-Algorithmen überall im Internet und sind mittlerweile maßgeblich dafür verantwortlich, welche Inhalte der Nutzer dort zu sehen bekommt.

3.5   Ausblick

Auch wenn offen bleibt, wie sich die Zukunftstechnologie der Künstlichen Intelligenz in Zukunft entwickeln wird, liegt es nah, dass sich die Entwicklung weiter beschleunigen und KI in Zukunft immer stärker unseren Alltag beeinflussen wird. Medienpräsente Anwendungen wie beispielsweise selbstfahrende Autos, aber auch Entwicklungen in eher unbekannten Bereichen, beispielsweise die beschriebenen Recommendation Engines, werden mit Sicherheit unser künftiges Leben verändern.

4 Was ist Bildverarbeitung und können KI-Systeme sehen?

Von Lothar Hotz, Stephanie von Riegen und Rainer Herzog

Was Sie in diesem Kapitel erwartet

Bilder und Videos sind allgegenwärtig. Für uns Menschen ist es ein Leichtes, das Abgebildete zu erfassen. Wir können Himmel, Wolken, Wasser, Gebäude aber auch Entfernungen, Reflexionen, Schatten, Verdeckungen erkennen sowie den Kontext von Bildern oder Videos verstehen und somit eine dargestellte Situation interpretieren. Aber wie wird dies durch ein Computerprogramm geleistet? In diesem Beitrag beschreiben wir die Arbeitsweise eines solchen Programms anhand eines für uns einfachen, jedoch für die Maschine komplexen Beispiels aus dem Verkehr (vgl. Kapitel 4.1). Die verwendeten Technologien werden im Teilbereich computerbasiertes Sehen (*Computer Vision*) des Fachs *Künstliche Intelligenz* (KI) erforscht und entwickelt. Computer Vision unterteilt sich in die *Bildverarbeitung* (vgl. Kapitel 4.2), die in den letzten Jahren eine große Aufmerksamkeit erworben hat, und das *Bildverstehen* (vgl. Kapitel 4.3). Abschließend betrachten wir die Frage, ob denn nun das, was der Rechner bei der Analyse von Bildern leistet, *Sehen* ist und damit die Unterschiede zwischen menschlicher und Künstlicher Intelligenz (Abschnitt 4.4).

4.1 Beispiel Verkehr

In den letzten Jahren hat die Zahl der Fahrzeuge kontinuierlich zugenommen, sodass die Regelung des Verkehrsflusses immer anspruchsvoller wird. Besonders gefährdete Verkehrsteilnehmer wie Fußgänger oder Radfahrer müssen verstärkt geschützt werden, indem kritische Verkehrssituationen erkannt und die Beteiligten rechtzeitig gewarnt werden. Darüber hinaus trägt ein optimaler Verkehrsfluss auch dazu bei, die Frustration der Menschen sowie die Umwelt- und Lärmbelastung zu reduzieren. Ein Lösungsansatz könnte die Echtzeitauswertung von Verkehrskameradaten sein, um komplexe Verkehrssituationen automatisch zu erkennen und einen optimalen Verkehrsfluss zu erzielen.

Um kritische Verkehrssituationen mithilfe von automatisierten KI-Verfahren zu erkennen, ist es notwendig, den Verkehr für Maschinen verständlich zu machen. Für die Klassifizierung einer komplexen (Verkehrs-)Situation oder Szene ist die Berücksichtigung mehrerer Verkehrsteilnehmer unterschiedlichen Typs notwendig. So müssen z. B. bei der Beurteilung einer Verkehrssituation hinsichtlich gefährdeter Verkehrsteilnehmer diese als solche erkannt werden, aber auch andere Verkehrsteilnehmer, die sich in räumlicher Nähe befinden, müssen berücksichtigt werden.

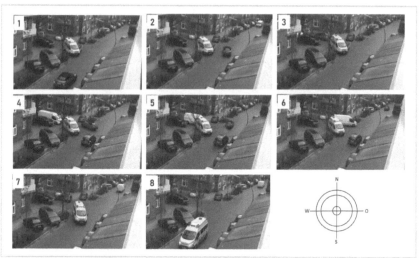

Abb. 1: Blockade an einer T-Kreuzung; Quelle: von Riegen 2021[1]

Abbildung 1 stellt ein Blockadeszenario dar. An einer T-Kreuzung ist ein Krankenwagen schräg am Fahrbahnrand geparkt (1) und ein Cabrio versucht, nach Westen abzubiegen (2). Das Abbiegen gelingt, aber die Weiterfahrt ist nicht möglich, weil ein weißer Lieferwagen die schmale Straße in östlicher Richtung entlangfährt (3). Das Cabrio fährt zurück, ebenso wie ein grauer Pkw, der inzwischen auf der Fahrspur des Cabrios aufgetaucht ist (4). Das Cabrio fährt weiter zurück und ändert seine Fahrtrichtung (5) und fährt in nordöstlicher Richtung davon. Der graue Pkw lässt den weißen Transporter einbiegen (6) und biegt dann selbst nach Westen ein (7). Der Krankenwagen fährt in südwestlicher Richtung davon (8).

Diese Szene kann nicht nur für die beteiligten Autofahrer kritisch werden. Zu den unklaren Sichtverhältnissen kommt noch eine Reihe von Rangiervorgängen hinzu. Wenn in dieser Situation auch noch ein Fußgänger oder Radfahrer die Kreuzung überqueren will, kann es leicht zu Unfällen kommen. Daher ist es wichtig, die Verkehrsszenen zu verstehen, um weitere Maßnahmen einleiten und die beteiligten Verkehrsteilnehmer warnen zu können, und zwar für verschiedene Anwendungsbereiche wie autonomes Fahren oder intelligente Verkehrslenkung.

---

1   von Riegen 2021, wird noch veröffentlicht, https://2021.itsworldcongress.com, abgerufen am 22.08.2022.

Die Aufgabe des Computer Vision ist es nun, solche Szenen in ihrer Bedeutung, wie sie z. B. oben beschrieben wird, zu erfassen. Dazu werden Verfahren der Bildverarbeitung (*Image Processing*, vgl. Kapitel 4.3) und des Bildverstehens (*Image Understanding*, vgl. Kapitel 4.4) verwendet.

4.2 Bildverarbeitung, Image Processing

Jedes digital erzeugte Foto, z. B. mit einem Smartphone aufgenommen, repräsentiert die Bildinformation in Form von einzelnen Bildpunkten, den Pixeln, die sich zeilen- und spaltenweise zu einem Rechteck zusammensetzen, dessen Größe i. d. R. das Auf- lösungsvermögen des Bildsensors darstellt.

Um Helligkeitswerte der Bildpunkte zu erfassen, diskretisieren[2] Bildsensoren die Stär- ke des einfallenden Lichts als analoges Signal in einen festen numerischen Wert. Bei- spiele für solche lichtempfindlichen Bildsensoren sind zum einen das Charge-coupled Device (CCD), dieser Sensor erzeugt für jeden Pixel eine elektrische Ladung, deren Intensität mit der Intensität des von diesem Pixel eingefangenen Lichts zusammen- hängt. Ein anderes Beispiel für einen solchen Bildsensor ist der Complementary-me- tal-oxide-Semiconductor-Sensor (CMOS-Sensor). Dieser Sensor wandelt bereits im Pixel die Ladungen in eine Spannung um, die verstärkt, quantisiert und als digitaler Wert ausgegeben wird. Bildsensoren können zunächst nur Helligkeitsunterschiede, aber keine Farbwerte erfassen.

Um nun Farbinformationen zu erhalten, muss das Licht, bevor es auf die Fotodiode trifft, nach den Grundfarben gefiltert werden. Vor jedem einzelnen Pixel befindet sich ein integrierter Farbfilter. Die Sensorelemente eines Filters nehmen unterschiedliche Lichtwellenlängen auf, diese Längen entsprechen den Grundfarben Rot, Grün und Blau (RGB) und setzen sie in Spannung um. Da sich Farben aus vielen Farbtönen zu- sammensetzen, werden die Farbwerte der benachbarten Pixel zur Berechnung des Farbwertes eines zentralen Pixels mit einbezogen. Ein Beispiel für einen solchen Pri- märfarbenfilter ist der Bayerfilter, der mit einem bestimmten Verteilungsschlüssel mosaikartig die Pixel mit Grün, Rot und Blaufiltern versieht.

In der Kameraelektronik werden dann diese drei Farben, auch als Subpixel bezeich- net, zu einem Farbpixel zusammengesetzt. Soweit keine besonderen Anforderungen vorliegen, werden die Farben Rot, Grün und Blau mittels einer Zahl zwischen 0 und 255 beschrieben, dem sogenannten RGB-Wert[3], das entspricht 8 Bit je Farbe. Damit

---

2   Zerlegung in kleine Abschnitte bzw. einzelne Punkte.
3   Es gibt noch andere Möglichkeiten der Darstellung eines Bildpunktes, zum Verständnis reicht es hier, die RGB-Darstellung zu beschreiben.

kann jeder Bildpunkt über 16,7 Millionen (256^3) unterschiedliche Farbkombinationen darstellen.

Die Bildverarbeitung erforscht und entwickelt nun mathematische Methoden, um diese Bilder oder »Signale« weiterzuverarbeiten. Videos werden dabei als eine Folge von Bildern betrachtet, die einzeln oder in kurzen Sequenzen analysiert werden. Beispiele für Bildverarbeitungsoperatoren sind das Unterdrücken von Störungen im Bild, auch Rauschen genannt, Änderung der Auflösung, Ermittlung der Farbverteilung, Auffinden von markanten lokalen Helligkeitsänderungen (sog. Kanten) etc.

Eine wesentliche Aufgabe der Bildverarbeitung ist die Objekterkennung. Hierbei sollen aus den Pixeln zusammengehörige Pixelgruppen gefunden werden, die ein Objekt beschreiben. Diese Pixelgruppe wird oft durch ein umgebendes Rechteck (Boundingbox) verortet (vgl. Abbildung 2).

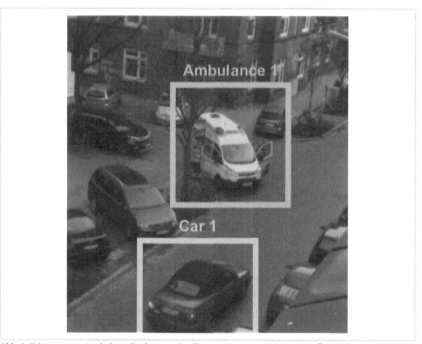

Abb. 2: Erkennen von Verkehrsteilnehmern; Quelle: von Riegen 2021 (s. auch Fußnote 1)

Seit ca. 2012 ist diese Aufgabe praktikabel durch performante, günstige Hardware und dem Vorhandensein großer Datenmengen im Internet (z. B. Imagenet[4]) mittels künstlicher neuronaler Netze zu bewerkstelligen. Damals hat Alex Krizhevsky in Zusammenarbeit mit

---

4   https://image-net.org, abgerufen am 22.08.2022.

Ilya Sutskever und Geoffrey Hinton[5] die bereits seit ca. 1943[6] bekannten Verfahren der künstlichen neuronalen Netze auf Algorithmen übertragen, die durch Grafikkarten berechnet werden konnten. Die Graphics Processing Units (GPUs), also die Prozessoren der Grafikkarten, sind besonders performant bei der Berechnung von parallelen Matrixmultiplikationen, diese Berechnungen machen das Training von neuronalen Netzen zum großen Teil aus. So wurde eine günstige und effiziente Basis für die Objekterkennung geschaffen.

Zuvor waren Implementationen auf CPUs einfach zu langsam, um praktikabel eingesetzt werden zu können, GPUs waren mit zu wenig Speicherbausteinen ausgestattet, um größere Bilder vorhalten zu können. Die Arbeiten von Alex Krizhevsky und Kollegen haben so wesentlich bessere Ergebnisse bei gleichzeitig viel schnellerer Berechnungszeit erreicht und sind somit der Meilenstein zur praktischen Anwendung dieser Verfahren. Künstliche neuronale Netze sind ein Teilgebiet des maschinellen Lernens, das wiederum ein Teilgebiet der KI ist.

Ein künstliches neuronales Netz bildet die Signalübertragung über Nervenzellen nach. *Neuronen*[7] bilden dabei die Grundeinheiten, die durch Verknüpfungen flexible Flüsse innerhalb des Netzes erlauben. Hochfrequente Wege durch das Netz werden verstärkt, wenig frequentierte werden abgeschwächt. Die Neuronen im Netz sind in Schichten (*Layern*) angeordnet, nehmen Informationen auf und geben sie gewichtet an die nächste Schicht weiter. Die Gewichte werden auf Grundlage der Stärke und der Bedeutung des Neurons gebildet. Ein künstliches neuronales Netz berechnet so letztlich eine mathematische Funktion mit teils Millionen von Koeffizienten[8]. Dies geschieht durch die sukzessive Anpassung der Koeffizienten, sodass vorgegebene Daten klassifiziert werden. Diese Anpassung der Koeffizienten nennt man *maschinelles Lernen* und sie wird beim sogenannten *Trainieren* des künstlichen neuronalen Netzes durchgeführt.

Objekterkennung wird letztlich als eine Klassifikationsaufgabe betrachtet, d. h., eine Pixelgruppe wird einer Klasse wie z. B. Krankenwagen oder Auto zugeordnet. Eine wesentliche Operation dabei ist die Faltung (*Convolution*), die den für die Objekterkennung häufig verwendeten *Convolutional Neural Networks* (CNN) ihren Namen gibt. Bei der Faltung, zunächst ein einfacher Bildverarbeitungsoperator, wird ein kleines Pixel-Fenster (der *Kernel*) von z. B. 3×3-Pixeln über das Bild geschoben. Dabei werden neue Pixelwerte und damit ein neues Bild berechnet. Bei einem 3×3-Kernel z. B. wird der neue

---

5   https://proceedings.neurips.cc/paper/2012/file/c399862d3b9d6b76c8436e924a68c45b-Paper.pdf, abgerufen am 22.08.2022.

6   http://link.springer.com/article/10.1007/BF02478259, abgerufen am 22.08.2022.

7   (Künstliche) Neuronen, auch Knoten genannt, nehmen Informationen auf, modifizieren diese und geben sie an das nachfolgende Knoten weiter.

8   Sie erinnern sich sicher an eine Funktion wie z. B. $f(x) = ax^2 + bx + c$. Die Koeffizienten sind hier a, b und c, also eine zu einem anderen rechnerischen Ausdruck (hier x) als Faktor hinzugefügte reelle Zahl. In künstlichen neuronalen Netzen werden je nach Wahl unterschiedliche Teilfunktionen verwendet, nicht nur die Quadratfunktion.

Pixelwert aus der gewichteten Summe von neun benachbarten Pixeln im Ursprungs-
bild berechnet, wobei die Werte des Kernels den Gewichten bzw. Faktoren entsprechen
(vgl. Abbildung 3). Unterschiedliche Kernel können für die Erkennung unterschiedlicher
Bildmerkmale verwendet werden wie z. B. Linien, Kanten, Formen.

Bis hierhin ist die Faltung eine altbekannte Operation der Bildverarbeitung. Das Besondere ist nun, dass in einem CNN die Werte im Kernel erlernt werden. Beim sogenannten *Training* eines CNN wird diesem z. B. eine Menge an Bildern mit Objekten
(beispielsweise mit Autos und Booten) vorgegeben und gleichzeitig die Information
gegeben, welche Bilder welcher Klasse (»Auto«, »Boot«) entsprechen. Ziel des Trainings ist es, die Kernelwerte so einzustellen, dass für eine Klasse »Auto« notwendige
Bildmerkmale erkannt werden und von Bildmerkmalen der Klasse »Boot« unterschieden werden können und umgekehrt. Später sollen dadurch auch zuvor unbekannte
Bilder mit Autos oder Booten erkannt und klassifiziert werden können.

Ein CNN besteht aus mehreren unterschiedlichen Schichten (*Layern*), die jeweils aus
verbundenen Knoten (Neuronen) aufgebaut sind. Jeder Knoten definiert dabei eine
Teilkomponente der oben genannten Funktion.

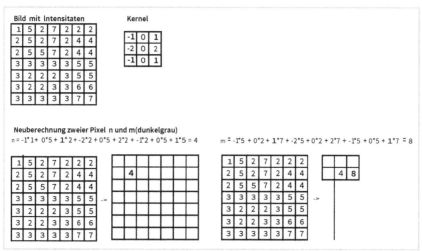

Abb. 3: Beispiel einer Faltung

Zur Abbildung 3: Ein Kernel wird über das Bild geschoben. Die Intensitäten des Ein-
gangsbildes links werden mit dem Kernel verrechnet (gewichtet) und erzeugen neue
Intensitäten im Ausgangsbild. Für die Ränder gibt es besondere Berechnungen, die
hier nicht gezeigt sind.

Die Aufgabe einer Faltungsschicht ist es z. B., in Eingabedaten (in Form einer Matrix)
Merkmale wie Linien, Kanten oder andere Formen zu erkennen und zu extrahieren.

Durch die Pooling-Schicht werden unwichtige Informationen verworfen und die Datenmenge herunterskaliert. Erkannte Merkmale werden also verdichtet und deren Auflösung wird reduziert. Die Faltungs- und Pooling-Schichten können wiederholende Abfolgen bilden. Die vollvernetzten Schichten verbinden alle Merkmale mit den klassifizierenden Ausgangsknoten (jedes Merkmal kann zu einer Klasse beitragen). Diese Schicht kommt am Ende eines Netzes zum Einsatz, hier sollen Beziehungen zwischen wenigen hoch aggregierten Daten abgebildet werden.

Durch diese Anordnung (oder *Architektur* vgl. Abbildung 4) des CNN werden zunächst also einfache Strukturen (Kanten, Ecken) in den ersten Schichten, dann komplexere Strukturen, die aus einfachen Strukturen bestehen, bis hin zu einer Klasse (z. B. Auto) erkannt. Im Vergleich zu nicht-neuronalen Verfahren der Bildverarbeitung sind CNNs gegenüber Verzerrung unempfindlich und robust gegen unterschiedliche Lichtverhältnisse und Perspektiven. Dies wird hauptsächlich dadurch erreicht, dass den Netzen in den Trainingsphasen tausende Beispielbilder mit jeweils unterschiedlichen Lichtverhältnissen und Perspektiven präsentiert werden und dieses daraufhin tausende Parameter so an die gegebenen Bildklassen anpasst, dass diese möglichst optimal klassifiziert werden können. Klassische Verfahren der Bildverarbeitung setzen dagegen lediglich eine für Menschen überschaubare Menge von Parametern und Schwellenwerten ein und eignen sich daher eher für wenig komplexe Strukturen.

Die Bildverarbeitung bildet so die Basis (nämlich u. a. die Objekterkennung) für die Aufgabe des Bildverstehens (Image Understanding).

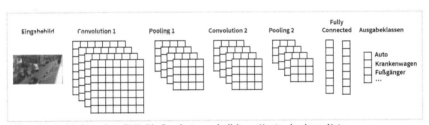

Abb. 4: Die Architektur eines CNN. Die Quadrate symbolisieren Knoten in einem Netz.

4.3   Bilder verstehen, Image Understanding

Eine zusätzliche Herausforderung ist die Szeneninterpretation. Beispielsweise müssen in der Blockadeszene in Abbildung 1 nicht nur die einzelnen Verkehrsteilnehmer als Objekte erkannt werden, sondern auch die Orte, an denen sie sich genau befinden, und zeitlichen Abfolgen der Bewegungen (also die *Ereignisse* der Szene) um die Szene beschreiben zu können. Eine Szene ist eine zeitliche Abfolge von Aktionen oder Zuständen eines oder mehrerer Akteure, z. B. Autos, Radfahrer und Fußgänger, unter

Umwelt- oder Zeitbedingungen und in einem bestimmten räumlichen Gebiet. Bilder verstehen hat also das Ziel, die Bedeutung eines Bildes zu erfassen.

Bilder zu verstehen ist ein Forschungsgebiet der Computer Vision, das versucht, eine Datenquelle, d. h. Bilder oder Videos, durch eingehende Analyse der dargestellten Daten oder Situationen zu interpretieren. Verstanden ist eine Situation dann, wenn ein System eine umfassende, kontextualisierte, formale Beschreibung des Geschehens erstellen kann und die Beschreibung zur Beantwortung von Fragen in Bezug auf die Situation verwendet werden kann. Kontextualisiert bedeutet, dass unterschiedliche Aspekte der Situation berücksichtigt werden, wie z. B. aktionsbezogene (das Anhalten eines Fahrzeugs in einem Stau hat eine andere Bedeutung als in einer Blockade) oder umgebungsbezogene (das Anhalten in einer Stadtteilstraße hat eine andere Bedeutung für den Verkehr als auf einer Autobahn). Dabei konzentrieren wir uns auf ein *systemisches* Verständnis und nicht auf ein *menschliches* oder *kognitives* Verständnis. Wie weit diese Beschreibung durch das System gehen soll, hängt von den Bedürfnissen einer Anwendung ab. Im hier vorgestellten Anwendungsfall Verkehr geht es um die Bewertung einer bestimmten komplexen Verkehrssituation, d. h. um eine Vielzahl von Ereignissen, die in einem bestimmten Zeitbereich und an einem bestimmten Ort auftreten. Beispiele hierfür sind eine Blockadesituation an einer engen Straße oder zeitlich kurze Situationen wie ein Fußgänger, der geht, anhält, schaut und beginnt, eine Fahrbahn zu überqueren, oder komplexere Situationen wie ein Unfall oder eine kontinuierliche Situation wie eine Verlangsamung der Verkehrsgeschwindigkeit für eine Zeitdauer von über 20 Minuten.

Das Erkennen einer Szene ist recht einfach und teilt sich in folgende Schritte: Zunächst werden einzelne Objekte mittels Verfahren des datenbasierten maschinellen Lernens erkannt (vgl. Abbildung 2 und Kapitel 4.1). Bei feststehenden, örtlich kalibrierten Kameras ist die Ortsbestimmung von Objekten recht einfach, da Pixelgruppen durch die zuvor erfolgte Kalibrierung sofort Weltkoordinaten (wie GPS) zugeordnet werden können (soweit sich die Objekte in Bodennähe befinden). Weiterhin sind zeitliche Einschränkungen von Bedeutung; eine Blockade ist z. B. erst dann kritisch, wenn sie länger andauert. In einer zeitlich sortierten Bildfolge kann die Position eines Autos über mehrere Bilder hinweg erkannt werden, wobei z. B. anhand von einfachen Eigenschaften wie Farbe, Form und Größe die Identität von Objekten wie eines Autos festgestellt werden muss. Befindet sich dasselbe Auto also über mehrere Einzelbilder hinweg, deren Aufnahmezeitpunkte bekannt sind, an bestimmbaren Positionen im Bild, kann auf die Geschwindigkeit oder sogar auf Beschleunigungswerte geschlossen werden. Die »Blockade« einer Spur ist z. B. unkritisch, wenn sich das Auto mit situationsbezogen normaler Geschwindigkeit bewegt, bei längerem Stillstand könnte dagegen eine kritische Blockadesituation bestehen. Diese Art von Vorwissen über Verkehrssituationen, auch über den Verlauf von Straßen und die Aufteilung einer Straße in Zonen und Spuren (Lane) (vgl. Abbildung 5), wird verwendet, um letztlich einfache Ereignisse wie ein »Wagen fährt« oder ein zusammengesetztes Ereignis wie eine Blockade (vgl. Abbildung 6) zu erkennen. Die Blockade einer Spur (Lane) wird aus den einfachen Ereignissen ein »Wagen fährt (Drive)« und ein »Wagen steht (Stand)« in einer Zone zusammengesetzt (vgl. Abbildung 6). Es wird also eine Datenstruktur erzeugt, die die Situation beschreibt und für die weitere Verarbeitung verwendet werden kann (vgl. Abbildung 6 rechts).

Das Vorwissen wird dem System durch Modelle bekannt gemacht, d.h., es wird »Wissen« aus einem Bereich (hier dem Verkehrsbereich) als formale Beschreibung eingegeben, wodurch ein *wissensbasiertes System* entsteht. Diese Modelle entsprechen letztlich einfachen logischen Regeln der Art »Wenn A gilt, dann gilt auch B«, oder »aus A folgt B«. In unserem Beispiel wäre dies etwa: »Wenn ein Auto auf einem Straßenteil steht, dann blockiert es diese Straße«. Wird nun durch die Objekterkennung aus einem Bild eine Pixelgruppe mit »Auto« klassifiziert an einer Position, die einem Straßenteil entspricht, wird ein Fakt A festgestellt, d.h., es gilt A. Mit dem Modell »aus A folgt B« gilt damit B, d.h. »Das Auto blockiert diesen Straßenteil«. Diese Schlussfolgerung (auch Inferenz genannt) wird durch ein Interpretationssystem geleistet, welches das Modell und den Fakt miteinander verbindet und die logische Regel (den sogenannten *Modus ponens*[9]) anwendet. Durch die Verbindung der datenbasierten Objekterkennung und der wissensbasierten Szenenerkennung entsteht ein sogenanntes *hybrides* KI-System, das Daten und Logik verbindet.

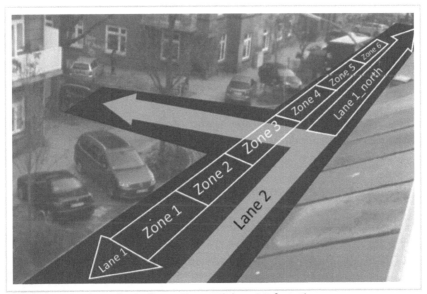

Abb. 5: Wissen über die Straße; Quelle: von Riegen 2021 (s. auch Fußnote 1)

---

9   Ursprünglich kommend aus dem hypothetischen Syllogismus nach Chrysipp.

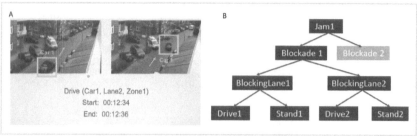

Abb. 6: Wissen über die Szene, Quelle: von Riegen 2021 (s. auch Fußnote 1)

4.4   Was ist Künstliche im Vergleich zur menschlichen Intelligenz?

In den vorangegangenen Abschnitten wurde erläutert, wie in einem KI-System aus einem Pixelbild Ereignisse erkannt und aus diesen Szenenbeschreibungen erzeugt werden. Auffallend ist bereits, dass für das Erkennen einer Situation die pixelbasierten Methoden der Bildverarbeitung und der datenbasierten Methoden des maschinellen Lernens nicht ausreichen. Stattdessen sind kontextuelle Modelle notwendig, die die Ergebnisse der Bildverarbeitung (z. B. die erkannten Objekte) einordnen. Aber ist dies nun dem menschlichen Sehen oder auch einem anderen biologischen Sehen ebenbürtig? Sicher nicht! Ein Flugzeug fliegt auch anders als ein Vogel, so »sieht« ein KI-System auch anders als ein Mensch. Es ist eben ein »künstliches« System, eine »künstliche« Intelligenz, ein »künstliches« Sehen. Computer Vision zielt auf eine Ingenieurslösung ab, um ein gegebenes Problem wie die Erkennung von Verkehrssituationen zu lösen. Biologische Systeme können dabei Anreize und Ideen liefern, jedoch nicht immer beste Lösungen für das technische Problem.

KI-Systeme aus dem Bereich Bildverarbeitung und Bilder verstehen sind jedoch in einer Vielzahl von Anwendungen nützlich wie z. B.
*   industrielle Bildverarbeitung z. B. für Prozesskontrolle, Qualitätsmanagement, geometrische Messungen,
*   Robotik z. B. beim Zusammenbau, der Navigation, der Kooperation oder für autonome Systeme wie dem autonomen Fahren,
*   Überwachungsaufgaben (Monitoring) z. B. Ereigniserkennung, Sicherheitssysteme, Datensammlung, Smart Homes,
*   Luftbildauswertung z. B. in GIS[10]-Anwendungen, ökologische Auswertungen, Verteidigung,

---

10   Geoinformationssystem

- Dokumentenanalyse z. B. die Handschriftenerkennung, Layoutbestimmung, Analyse von Grafiken,
- medizinische Anwendungen, z. B. Strukturerkennung und Diagnosen oder Operationsunterstützung
- Bildabfrage (Image retrieval), z. B. aus Bilddatenbanken, Multimediasystemen, Webinformationssystemen,
- virtuelle Realität (Virtual reality), z. B. Bildgenerierung, Modellkonstruktion.

4.5 Fazit und Ausblick

In diesem Beitrag wurden KI-Technologien für die Verarbeitung von Bildern vorgestellt. Dabei starteten wir mit Pixeln, beschrieben mathematische Operatoren wie die Faltung, CNNs für die Objekterkennung bis hin zu hohen, abstrakten Schlussfolgerungsmethoden für die Erzeugung eines Verständnisses über das Gesehene. Diese Methoden der Bildverarbeitung und des Bildverstehens werden in unterschiedlichen Anwendungsgebieten von der Medizin über den Verkehr bis hin zur Robotik eingesetzt. Es entsteht ein maschinelles Sehen, das sich stark vom Sehen biologischer Systeme unterscheidet. Letztlich haben die Forschungsergebnisse aus den KI-Bereichen Bildverarbeitung und Bildverstehen neue Möglichkeiten für Anwendungen in den genannten Bereichen gebracht und werden das auch in Zukunft tun.

5 KI-Kompetenzen in der Schule vermitteln

Von Uwe Neuhaus

Das erwartet Sie in diesem Kapitel

Anwendungen der Künstlichen Intelligenz (KI) durchdringen immer mehr Bereiche unserer Lebens- und Arbeitswelt. Um unsere Kinder zu kompetenten KI-Nutzern und kreativen KI-Mitgestaltern zu machen, muss dieses Thema auch im Schulunterricht behandelt werden. Dieser Beitrag zeigt Herausforderungen, die dabei bestehen, und beschreibt anhand von drei Praxisbeispielen, wie KI-Kompetenzen erfolgreich an Schülerinnen und Schüler vermittelt werden können. Aufbauend darauf werden Handlungsempfehlungen für eine gelungene Integration von KI-Inhalten in den Unterricht erarbeitet. Der Beitrag schließt mit einer Aufstellung ergänzender Ressourcen, um interessierten Lehrkräften den Einstieg in die KI zu erleichtern.

Leser lernen konkrete Ansätze kennen, mit denen Ideen, Konzepte und Herausforderungen der Zukunftstechnologie KI im Unterricht behandelt werden können. Die beschriebenen Lehrmaterialien lassen sich bereits in frühen Klassenstufen einsetzen, erfordern kein vertieftes KI-Verständnis und sind auch mit geringem Technikeinsatz nutzbar. Außerdem werden zusätzlich Hilfsmittel aufgezeigt, die Lehrkräfte schnell in ihren Unterricht integrieren können.

5.1 Einleitung

Anwendungen der Künstlichen Intelligenz haben längst die Labore der Forscher verlassen und sind in die Büros der Unternehmen, die Fabriken der Industrie und unsere eigenen Wohnzimmer vorgedrungen.[1] Häufig unbemerkt steigern sie die Effizienz unserer Arbeit, erleichtern uns lästige Pflichten und bereichern unsere Freizeitgestaltung. Ein Ende dieser Entwicklung ist nicht zu erkennen, Experten rechnen in der absehbaren Zukunft mit stark steigenden Umsätzen im Bereich KI und mit der Durchdringung weiterer Anwendungsbereiche. Unterstrichen wird diese Entwicklung durch die KI-Strategie der Bundesregierung, deren Ziel es ist, den Standort Deutschland bei der Erforschung, Entwicklung und Anwendung von KI zu stärken.[2]

---

[1] Einen guten Überblick über die vielfältigen Einsatzbereiche der KI in Unternehmen und zuhause bietet die interaktive Karte KI.WELTEN (https://welten.ki.nrw).

[2] Die Strategie ist über die Website https://www.ki-strategie-deutschland.de verfügbar. Hier finden sich auch ergänzende Informationen zu den zwölf Handlungsfeldern der Strategie sowie Verweise auf die KI-Strategien der einzelnen Bundesländer.

Während die KI zunehmend Einzug in unsere Lebens- und Arbeitswelt hält, stellt sich die Frage, wie wir unsere Kinder auf diese Entwicklung vorbereiten. Welche Kenntnisse und Fertigkeiten müssen sie besitzen, um in der sich stark verändernden beruflichen Landschaft bestehen zu können? Was müssen sie lernen, damit aus ihnen sachkundige KI-Anwender werden? Welche Kompetenzen müssen Sie erwerben, um fundiert beurteilen zu können, welche gesellschaftlichen und wirtschaftlichen Auswirkungen der Einsatz von KI-Anwendungen hat?

Ein Teil dieser Fragen muss auch in der Schulausbildung thematisiert werden und stellt damit die Lehrkräfte von heute vor nicht unerhebliche Herausforderungen. Die Wirkungsweise und die Potenziale dieser Technologie müssen diskutiert werden ebenso wie ihre Grenzen und möglichen Gefahren. Neben einem aufgeklärten und verantwortungsbewussten Umgang mit KI-Werkzeugen und -Diensten kann so auch die Grundlage geschaffen werden, um aus KI-Nutzern zukünftige kompetente und kreative KI-Mitgestalter zu machen.

Dieser Artikel beschreibt praktische Ansätze. Er zeigt, wie man bereits jetzt beginnen kann, Schülerinnen und Schüler verschiedener Altersstufen an das Thema KI heranzuführen. Zunächst werden Herausforderungen beschrieben, denen man sich stellen muss, um schon heute Fragen zur KI in den eigenen Unterricht einzubinden. Wie dies gelingen kann, wird anhand von drei konkreten Beispielen aufgezeigt. Alle drei Ansätze setzen weder vertiefte KI-Kenntnisse noch eine aufwendige Technik voraus. Sie befassen sich auch mit den ethischen und gesellschaftlichen Fragen, die sich durch den Einsatz von KI häufig ergeben, und können leicht in die eigenen Lehrveranstaltungen übernommen werden. Aufbauend auf den Beispielen werden anschließend Handlungsempfehlungen herausgearbeitet sowie Verweise zu weiterführenden Materialien bereitgestellt, die Lehrkräften einen einfachen Einstieg in das Themengebiet KI ermöglichen und Inspirationen für die Gestaltung des eigenen Unterrichts liefern.

5.2 Herausforderungen bei der Vermittlung des Themas KI im Unterricht

Möchten Lehrkräfte ihren Schülerinnen und Schülern aktuelle Kompetenzen im Bereich KI vermitteln, so stehen sie gleich vor einer ganzen Reihe von Herausforderungen. Die Ursachen sind inhaltlicher, technischer und organisatorischer Natur.

Inhaltliche Herausforderungen
Inhaltliche Herausforderungen bestehen zum einen aufgrund der **Komplexität der Inhalte**. KI ist ein sehr umfangreiches, anspruchsvolles und vielseitiges Themengebiet. Für ein vertieftes Verständnis sind in vielen Teilbereichen eine umfangreiche formale

Ausbildung und Spezialkenntnisse notwendig. Zum anderen stellt die *schnelle Weiterentwicklung* der Inhalte Lehrkräfte vor Probleme. Obwohl im Bereich KI seit mehr als 70 Jahren geforscht wird, sind die aktuellen Entwicklungen – auch getrieben durch die Verfügbarkeit von immer größeren Datenmengen und immer leistungsfähigerer Hardware – sehr dynamisch. Um auf dem aktuellen Stand zu bleiben, muss man sich kontinuierlich weiterbilden.

Technische Herausforderungen

Technische Herausforderungen entstehen einerseits durch die notwendige **Anschaffung von Hard- und Software**. Zur Vermittlung bestimmter KI-Aspekte bedarf es spezieller Hard- und Software (z. B. Roboter, Bausätze mit Sensoren und Motoren, Simulationssoftware, Analysesoftware). Die mit der Anschaffung verbundenen Kosten sind für Schulen häufig ein Hindernis. Andererseits ist die notwendige *Administration der angeschafften Hard- und Software* oft ein Problem. Um die Einsatzfähigkeit der erworbenen Hard- und Software dauerhaft sicherzustellen, muss sie kontinuierlich gewartet werden (wiederherstellen des gewünschten Grundzustands, schließen von Sicherheitslücken, einspielen neuer Versionen usw.) Das dafür benötigte Personal fehlt an Schulen häufig.

Organisatorische Herausforderungen

Organisatorische Herausforderungen ergeben sich aus mindestens drei Gründen. Der erste Grund sind **statische Lehrpläne**. Der Entwicklungsprozess von Lehrplänen ist komplex und erfordert, dass sich viele Gremien miteinander abstimmen. Dadurch hinken Lehrpläne häufig aktuellen Entwicklungen hinterher. Gerade sich sehr dynamisch entwickelnde Themengebiete wie die KI sind davon betroffen. Ein zweiter Grund sind **fehlende Informatik-Lehrkräfte**. Zu wenig junge Menschen entscheiden sich für eine Informatikausbildung oder ein Informatikstudium. Dadurch können viele IT-Stellen nicht besetzt werden. Schulen sind – aufgrund der guten Verdienstaussichten von Informatikern in der Wirtschaft – davon besonders stark betroffen. Wo es Informatik-Lehrkräfte gibt, sind sie häufig durch die informatische Grundbildung ausgelastet. Für fortgeschrittenere Themen wie die KI bleibt häufig keine Zeit. Der dritte Grund ist die *begrenzte Interdisziplinarität*: Informatiknahe Themen wie die KI werden meist exklusiv dem Schulfach Informatik zugeordnet. Da die KI aber stark interdisziplinär ausgerichtet ist und in sehr vielen Anwendungsgebieten zum Einsatz kommt, greift dieser Ansatz oft zu kurz.

5.3   Praxisbeispiele für KI im Unterricht

Anhand von drei konkreten Praxisbeispielen soll gezeigt werden, wie sich trotz der oben beschriebenen Herausforderungen die Grundzüge der KI erfolgreich an Schülerinnen und Schüler vermitteln lassen. Die vorgestellten KI-Lehrmaterialien sind für

Lehrkräfte größtenteils frei verfügbar und können in den eigenen Unterricht integriert werden. Detaillierte Informationen dazu finden Sie im letzten Abschnitt dieses Artikels.

5.3.1 AI unplugged

AI unplugged (deutsch etwa KI ohne Strom) sind Aktivitäten und Unterrichtsmaterialien, die von Annabel Lindner und Stefan Seegerer von der Friedrich-Alexander-Universität Nürnberg-Erlangen, Lehrgebiet Didaktik der Informatik, entwickelt wurden. Bei den unplugged Aktivitäten wird bewusst auf den Einsatz von Computern verzichtet. Stattdessen werden einfache, haptische Materialien wie Papier, Schnüre und Schokolinsen genutzt, um Ideen und Konzepte der KI direkt erfahrbar zu machen. AI unplugged umfasst fünf Aktivitäten (vorwiegend für die Sekundarstufe I und II, teilweise aber bereits auch für die Primarstufe), in denen KI-Grundprinzipien vermittelt und auch Fragen von gesellschaftlicher Relevanz aufgeworfen werden.

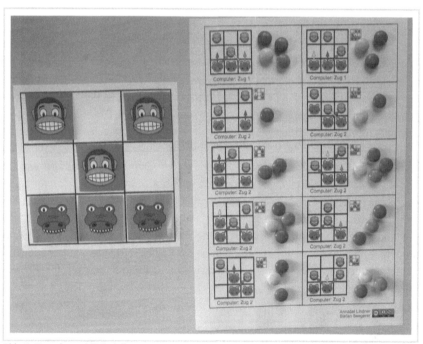

Abb. 1: AI-unplugged-Materialien

Klassifikation mit Entscheidungsbäumen: Wie ordnet eine KI-Objekte auf Basis von Mustern in ihren Eigenschaften vorgegebenen Klassen zu? Anhand eines anschaulichen Beispiels (der Einteilung von Äffchen im Zoo in die Klassen »beißt« und »beißt nicht«) können Schülerinnen und Schüler selbst ein Klassifikationsmodell mithilfe eines Entscheidungsbaums erstellen und testen. Dabei wird das Vorgehen der KI verdeutlicht und die Grenzen dieses Ansatzes werden aufgezeigt.

Deep Learning: Wie kann eine KI Dinge auf Fotos erkennen? Schülerinnen und Schüler simulieren mit einfachen Mitteln die Arbeitsweise eines künstlichen neuronalen Netzes und können so Fotos von Häusern, Autos und Katzen unterscheiden. Dazu übernimmt jeweils ein Schulkind die Aufgabe einer Verarbeitungsschicht des neuronalen Netzes. In der ersten Schicht wird das Foto zu einer Strichzeichnung verarbeitet (Identifikation von Kanten im Bild). In der zweiten Schicht wird analysiert, ob die Strichzeichnung dreieckige, rechteckige oder runde Formen enthält. Die dritte Schicht entscheidet schließlich aufgrund dieser Informationen, ob es sich bei dem Bild um ein Haus (Rechtecke und Dreiecke), ein Auto (Rechtecke und Kreise) oder eine Katze (Dreiecke und Kreise) handelt. Außerdem werden die Stärken und Schwächen dieses Ansatzes herausgearbeitet. So werden etwa Bilder von Tieren oder Gegenständen, für die das Netz nicht trainiert wurde, falsch zugeordnet.

Reinforcement Learning: Wie kann eine KI nur durch »Belohnen« und »Bestrafen« ein Spiel erlernen? Schülerinnen und Schüler interagieren mit einer simplen KI aus Papier und Schokolinsen, die gegen einen menschlichen Gegner eine einfache Form von Schach spielt. Die KI wird auch hier durch ein Schulkind simuliert. Das Kind muss zunächst identifizieren, in welcher Spielsituation es sich gerade befindet. Für jede Situation ist die Menge gültiger Spielzüge vermerkt. Jeder dieser Züge wird dabei durch eine verschiedenfarbige Schokolinse repräsentiert. Das Schulkind wählt rein zufällig eine dieser Schokolinsen und tätigt den entsprechenden Spielzug. Führt dieser Spielzug zum Gewinn des Spiels, wird eine weitere Schokolinse derselben Farbe zur Spielsituation hinzugefügt. Dadurch steigt die Wahrscheinlichkeit, dass später in der gleichen Spielsituation wieder der erfolgreiche Spielzug ausgewählt wird. Führte der Spielzug jedoch zu einer Niederlage, so isst das Schulkind die entsprechende Schokolinse auf. Somit wird verhindert, dass in der gleichen Spielsituation erneut dieser schlechte Zug gewählt werden kann. Die KI lernt so aus ihren Siegen und Niederlagen. Mit jedem Spiel wird sie etwas »klüger« und so allmählich zu einem ernstzunehmenden Gegenspieler.

Klassische KI: Was ist ein Expertensystem und wie kann es Wissen generieren? Anhand des einfachen Schach-Beispiels aus der vorigen Aktivität wird erläutert, wie KI-Forscher traditionell Wissen in Form von Fakten und Regeln darstellen und wie eine KI daraus neues Wissen ableiten kann. Diese klassische Form der KI wird mit der zuvor betrachteten selbstlernenden KI verglichen.

Turing-Test: Kann eine KI tatsächlich intelligent sein? Und wie könnte man dies herausfinden? Ein berühmter Ansatz ist der von Alan Turing entwickelte Test, bei dem ein Mensch bestimmen muss, welcher von zwei Gesprächspartnern, mit denen er per Text-Nachrichten kommuniziert, ein Mensch ist und welcher eine Maschine. Um den Turing-Test zu simulieren, werden zwei Schulkinder in separate Räume gesetzt und es wird ihnen von der Klasse eine Auswahl von vorbereiteten schriftlichen Fragen gestellt. Das eine Kind (»der Mensch«) beantwortet die Fragen nach eigenem Ermessen. Das andere Kind (»die KI«) beantwortet die Fragen mithilfe eines vorbereiteten Antwortkatalogs. Die Fragen und die gegebenen Antworten werden in Form von Zetteln übermittelt. Diese Aufgabe übernehmen zwei weitere Schulkinder, die dabei nicht verraten, ob sie ihre Antwort vom Menschen oder von der KI erhalten haben. Wenn es der Klasse gelingt, durch die Fragen die KI zu entlarven, hat sie gewonnen, ansonsten ist die KI der Sieger. Durch die Simulation dieses Tests reflektieren Schülerinnen und Schüler die Definition und Bedeutung von (künstlicher) Intelligenz.

5.3.2 IT2School KI-Module

IT2School ist ein vielfältiges und handlungsorientiertes Unterrichtsmaterialpaket zu grundlegenden Themen der Informatik. Herausgegeben wird es von der Wissensfabrik, einem gemeinnützigen Verein, der sich in Form eines Mitmach-Netzwerks für die Stärkung der technischen, naturwissenschaftlichen und wirtschaftlichen Bildung einsetzt. Im Herbst 2021 wurde IT2School um Module zum Thema KI erweitert. Ziel ist dabei, Schülerinnen und Schüler über diese Zukunftstechnologie aufzuklären, damit sie zu mündigen und selbstbestimmten KI-Nutzern und -Mitgestaltern werden.

Abb. 2: IT2School KI-Module; Quelle: Wissensfabrik – Unternehmen für Deutschland e. V.,

Das Themengebiet wird durch insgesamt sieben Basis- und Aufbaumodule erschlossen und ist dabei in zwei Bereiche eingeteilt: »KI erkunden« (drei Basismodule) und »Mit KI gestalten« (ein Basis- und drei Aufbaumodule). Basismodule können flexibel und ohne tiefergehende Vorkenntnisse der Lehrkräfte eingesetzt werden. Sie können teilweise auch ohne zusätzliche Technik genutzt werden und führen so schnell zu Erfolgserlebnissen. Aufbaumodule erfordern mehr Vorkenntnisse oder Vorbereitung, beschäftigen sich mit komplexeren KI-Aspekten und erzeugen ein tieferes Verständnis bei Schülerinnen und Schülern. Alle Module enthalten eine ausführliche Modulbeschreibung, Arbeitsblätter und Zusatzmaterial. Meist wird dabei auf haptische Materialien wie Pappfiguren, Brettspiele und andere Gegenstände zurückgegriffen, um die Arbeitsweise der KI plastisch, niederschwellig und kurzweilig zu vermitteln. Geeignet sind die Basismodule häufig bereits ab der 4. Klasse, die Aufbaumodule ab der 8. Klasse.

In Basismodul 1 lernen Schülerinnen und Schüler zu erkennen, welche vielfältigen Phänomene ihrer alltäglichen Lebenswelt bereits einen Bezug zur KI besitzen. Basismodul 2 thematisiert die Funktionsweise von Sprachassistenten und Chatbots. Durch das Nachspielen des Turing-Tests werden dabei die operativen Grenzen solcher Systeme aufgedeckt. Außerdem zeigt ein Exkurs zu Captchas, welche Art von Aufgaben für eine KI auch heute noch schwierig sind. In Basismodul 3 schlüpfen die Schülerinnen und Schüler in die Rolle einer KI, die ein einfaches Brettspiel gewinnen soll. Spielerisch wird so die Arbeitsweise von regelbasierten und von lernenden KI-Systemen verständlich. Auch die Grundprinzipien von überwachtem, unüberwachtem und verstärkendem Lernen werden in diesem Modul behandelt. Basismodul 4 befasst sich damit, wie große Datenmengen mithilfe von Verfahren des maschinellen Lernens analysiert werden können. Dies geschieht zunächst manuell anhand eines einfachen, visuellen Beispiels, das ähnlich aufgebaut ist wie das Klassifikationsbeispiel von AI unplugged. Auch hier soll anhand der Gesichtsausdrücke von Äffchen im Zoo entschieden werden, welche Kombination von Merkmalen (Lächeln, Zwinkern usw.) darauf hindeuten, dass das Äffchen die Tierpfleger beißen könnte. Die Schülerinnen und Schüler erarbeiten dazu gemeinsam einen Entscheidungsbaum, der möglichst gut zwischen beißenden und nicht beißenden Äffchen unterscheiden kann. Anschließend wird die gleiche Aufgabe mithilfe der graphischen Analysesoftware Orange gelöst. Orange ist eine Open-Source-Software, mit der Daten visualisiert und analysiert werden können. Um Data Mining oder Machine Learning zu betreiben, werden in Orange visuelle Komponenten konfiguriert und zu Daten-Workflows miteinander verknüpft. Eine textbasierte Programmierung ist nicht notwendig. Abbildung 3 zeigt den Datenanalyseworkflow und den entstandenen Entscheidungsbaum des Äffchen-Beispiels in der Orange-Software.

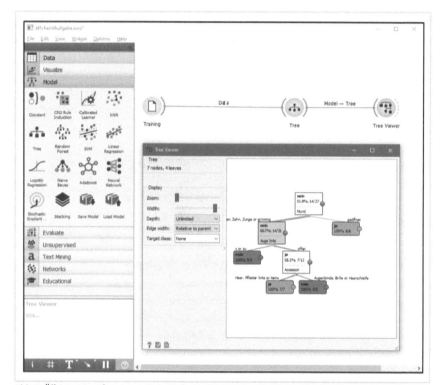

Abb. 3: Äffchen-Klassifizierung mit der Software Orange, Quelle: Wissensfabrik – Unternehmen für Deutschland e. V.

Im Aufbaumodul 1 lernen die Schülerinnen und Schüler einige der Algorithmen, die sie in den Basismodulen kennengelernt haben, mithilfe der blockbasierten Programmiersprache Snap! in einfache, aber lauffähige KI-Programme zu überführen. Ziel von Aufbaumodul 2 ist es, verschiedene KI-Methoden zur Konzeption eines eigenen KI-Assistenzsystems anzuwenden. Dabei werden zugleich auch die sich daraus ergebenden persönlichen und gesellschaftlichen Implikationen analysiert. In Aufbaumodul 3 lernen die Schülerinnen und Schüler schließlich, wie man ein lernendes System programmiert, das Gesten erkennen kann.

5.3.3   KISS*

KISS* (KI für Schüler*innen und Studierende) ist eine Online-Lernumgebung der Hamburg Open Online University (HOOU), die umfangreiches Material zum Verständnis und zur Auseinandersetzung mit der Zukunftstechnologie der Künstlichen Intelligenz bereitstellt. KISS* erläutert dabei nicht nur die vielfältigen Einsatzbereiche und zentralen Mechanismen der KI, sondern diskutiert auch ihre gesellschaftlichen und ethischen Folgen. Die Darstellung der Inhalte und ihre Erklärungen ist in leicht verständlicher Sprache gehalten, orientiert sich an der alltäglichen Erlebniswelt der Lernenden und setzt nur geringe mathematische und technische Vorkenntnisse voraus.

Abb. 4: KISS*, Quelle: Hamburg Open Online University/Joshua Gentes, Lizenz CC BY 4.0

KISS* richtet sich an Schülerinnen und Schüler höherer Klassenstufen, aber auch an Studierende aller Fachrichtungen, die ein Grundverständnis von KI erlangen wollen. Lehrenden aus Schule und Hochschule stellt KISS* eine systematische Sammlung von KI-Themen für eine einführende Lehrveranstaltung zur Verfügung. Die Lernumgebung lässt sich sowohl zum Selbstlernen (allein oder in Gruppen) als auch zur Integration in den Unterricht verwenden. Bei den angebotenen Lernmaterialien handelt es sich um eine Open Educational Ressource (OER).

Die KISS*-Inhalte gliedern sich in über ein Dutzend Lerneinheiten, die in drei Themenbereiche aufgeteilt sind: »Einführung«, »KI-Technik und Anwendungen« und »KI und Philosophie«. Ein vierter Teil mit ergänzenden Materialien rundet das Angebot ab. KI-Themen werden fachübergreifend behandelt, also nicht nur aus einer technischen, sondern auch aus einer wirtschaftlichen und gesellschaftlichen Perspektive betrachtet. Komplexe Aspekte werden durch anschauliche Beispiele, Schaubilder und Videos verständlich gemacht. Außerdem gibt es Onlineübungen, um den eigenen Lernerfolg zu überprüfen.

Im Einführungsteil beschäftigt sich KISS* damit, in welchen Bereichen KI bereits alltäglich geworden ist, wie sie in den Medien dargestellt wird, wie sie sich definieren lässt und welche Grundbegriffe man zu ihrem Verständnis kennen muss. Der Teil »KI-Technik und Anwendungen« bildet den Schwerpunkt des Angebots. Nach einer Einführung in regelbasierte KI-Systeme und in die Grundzüge maschinellen Lernens wird auf verschiedene Formen des überwachten, unüberwachten und verstärkenden Lernens eingegangen. Lerneinheiten zu künstlichen neuronalen Netzen, Empfehlungssysteme sowie Chatbots und Sprachassistenten vervollständigen diesen Abschnitt. Im Teil »KI und Philosophie« werden gesellschaftliche Folgen des Einsatzes von KI beleuchtet. Es geht dabei beispielsweise darum, wer intelligente Maschinen überwacht, wer für Entscheidungen von Maschinen verantwortlich ist oder welche Auswirkungen KI auf unser Selbstbild hat.

5.4   Empfehlungen für die Praxis

Anhand der vorgestellten Praxisbeispiele kann nun herausgearbeitet werden, wie auf die in Abschnitt 5.2 beschriebenen Herausforderungen reagiert werden kann. Die hier vorgestellten Empfehlungen erheben keinen Anspruch auf Vollständigkeit. Abhängig von den vorhandenen Kenntnissen, verfügbaren Ressourcen und verfolgten Zielen sind weitere Vorgehensweisen denkbar und sinnvoll.

Die zuvor dargestellten **inhaltlichen Herausforderungen** bestehen in der Komplexität und der schnellen Weiterentwicklung von KI-Inhalten. Die geschilderten Praxisbeispiele zeigen gleich vier mögliche Ansätze, um mit der Komplexität der Inhalte umzugehen:

- **Existierende Berührungspunkte nutzen:**
  Kinder und Jugendliche haben in ihrem Alltag bereits vielfältige Berührungspunkte mit KI-Anwendungen. Lehrkräfte können dadurch Schülerinnen und Schüler mit konkreten Beispielen aus ihrer Lebenswelt für das Thema KI interessieren und Einstiegshürden senken.
- **Auf einfache Verfahren konzentrieren:**
  Für zahlreiche Problemstellungen der KI gibt es mehrere Lösungsansätze, die sich in ihrer Komplexität teilweise stark unterscheiden. Zur Einführung in das Thema reicht es, sich zunächst auf die einfachen Verfahren zu konzentrieren. Sind so die Grundlagen gelegt, können später bei Bedarf und Interesse weitere Lösungsansätze hinzugenommen werden.
- **Mit überschaubaren Problemen beginnen:**
  Die Grundprinzipien von KI-Verfahren lassen sich häufig auch an kleinen, vereinfachten Problemstellungen aufzeigen. Meist kann die Arbeitsweise der Verfahren dabei sogar von Hand an der Tafel oder auf Papier nachvollzogen werden. Sind die Prinzipien verstanden, können sie auf größere und realistischere Problemfälle übertragen werden, die dann mithilfe von Computern gelöst werden.
- **Metaphern und Analogien nutzen:**
  In vielen Fällen kann der Zugang zu KI-Verfahren und -Grundprinzipien mithilfe von Metaphern und Analogien vereinfacht werden. Dabei werden Bilder, Geschich-

ten und Erfahrungen aus der Lebenswelt der Schülerinnen und Schüler genutzt, um die Arbeitsweise der KI begreifbarer zu machen. Ist auf diese Weise ein Grundverständnis entstanden, können anschließend bei Bedarf formalere und technischere Aspekte ergänzt werden.

Der inhaltlichen Herausforderung der **schnellen Weiterentwicklung** der KI-Inhalte begegnen die Praxisbeispiele, indem sie sich **auf Grundkonzepte konzentrieren**: Während sich spezifische KI-Verfahren und ihre technische Umsetzung rasch weiterentwickeln, verändern sich die Grundkonzepte der KI wesentlich langsamer. Anders als KI-Forscher und -Entwickler können sich Lehrkräfte auf die Vermittlung dieser Grundkonzepte konzentrieren. Um über die aktuellen Anwendungsmöglichkeiten der KI auf dem Laufenden zu bleiben, ist eine regelmäßige Beobachtung des Themenfeldes aber dennoch ratsam.

Die einleitend beschriebenen **technischen Herausforderungen** bestehen in der Anschaffung der benötigten Hard- und Software sowie der anschließend notwendigen Administration. Hinsichtlich der **Anschaffung von Hard- und Software** lassen sich in den geschilderten Praxisbeispielen zwei Ansätze identifizieren:

- **Ohne Technik beginnen**:
  Obwohl geeignete Hard- und Software die Vermittlung von KI-Inhalten unterstützen kann, ist sie keine notwendige Voraussetzung für den Start in dieses Themengebiet. Auch mit einfachen Hilfsmitteln wie Papier, Schnüren und Spielfiguren können bereits vielfältige KI-Grundlagen unterrichtet werden.
- **Frei verfügbare Software nutzen**:
  Während Hardware in der Regel erworben werden muss, gibt es verschiedene KI-Software-Produkte, die von Schulen kostenfrei genutzt werden können. Typischerweise handelt es sich dabei um Open-Source-Lösungen oder um Software, deren Hersteller die unentgeltliche nicht kommerzielle Nutzung gestatten.

Zur Vereinfachung der **Administration der benötigten Hard- und Software** setzen einige der beschriebenen Praxisbeispiele auf den **Einsatz von kostenlosen Online-Ressourcen**: Während Hardware von ihren Besitzern administriert werden muss, kann man bei Software-Produkten teilweise auf Ressourcen zurückgreifen, die online bereitgestellt werden. Voraussetzung ist dabei häufig nur ein Browser mit Internet-Zugang und ggf. noch das Anlegen eines Nutzerkontos. Die Wartung und Aktualisierung der Software übernimmt der Anbieter. Neben kostenpflichtigen Angeboten gibt es für bestimmte KI-Aspekte auch kostenlose (z. B. Demos, Simulationen, kostenfreie Basiskonten).

Als **organisatorische Herausforderungen** wurden in Abschnitt 5.2 **statische Lehrpläne, fehlende Informatik-Lehrkräfte** und **begrenzte Interdisziplinarität** identifiziert. Für jeden dieser Punkte findet sich in den geschilderten Praxisbeispielen ein konstruktiver Ansatz, um existierenden Problemen zumindest teilweise zu begegnen:

- **Anknüpfungspunkte finden:**
  Falls im Lehrplan das Thema KI noch nicht enthalten ist, besteht die Möglichkeit, nach verwandten Themen zu schauen, in die sich die Thematik integrieren lässt. Naheliegend sind etwa die Bereiche Computer- und Mediennutzung sowie Digitalisierung. Da der Einsatz von KI-Anwendungen häufig auch ethische und gesellschaftliche Fragen aufwirft, ergeben sich auch hier weitere potenzielle Anknüpfungspunkte.

- **In andere Fächer integrieren:**
  Stehen keine Informatik-Lehrkräfte zur Verfügung, können sich auch Lehrkräfte anderer Fächer des Themas KI annehmen und zumindest Grundlagen vermitteln. Wie die vorgestellten Praxisbeispiele zeigen, ist dies mit vertretbarem Aufwand möglich und kann bereits ab den höheren Grundschulklassen geschehen. Aufgrund des breiten Einsatzfeldes der KI lassen sich häufig Anknüpfungspunkte zum eigenen Fach identifizieren. Dieses Vorgehen würde auch die Interdisziplinarität der KI unterstreichen.

- **Fachübergreifende Kooperationen anstreben:**
  Falls es in der Schule ausreichend Informatik-Lehrkräfte gibt, sollte dennoch eine fachübergreifende Behandlung des Themas KI angestrebt werden. Nur dadurch wird man den umfassenden Auswirkungen dieser neuen Technologie gerecht. Informatik-Lehrkräfte könnten die KI etwa in den anderen Fächern, die sie lehren, wieder aufgreifen oder sie könnten sich mit Lehrkräften anderer Fächer zusammenschließen und gemeinsame Angebote erarbeiten (z. B. im Rahmen von Projektwochen).

5.5 Fazit und Ausblick

Die geschilderten Praxisbeispiele zeigen, dass das Thema KI erfolgreich im Schulunterricht thematisiert werden kann, sogar bereits in frühen Klassenstufen, im Rahmen unterschiedlicher Fächer und mit geringem Technikeinsatz. Neben den genannten Beispielen gibt es noch zahlreiche weitere Ressourcen, die genutzt werden können, um Schülerinnen und Schülern an Ideen und Konzepte der Künstlichen Intelligenz heranzuführen. Außer speziellen KI-Lehr-/Lernmaterialien zählen dazu etwa Online-Simulationen, grafische Analyse-Software oder Apps mit KI-Funktionen. Die folgende Aufstellung beschreibt einige dieser ergänzenden Ressourcen. Sie ist selbstverständlich nicht abschließend, bildet aber einen guten Startpunkt für Lehrkräfte, die sich schon heute mit der Zukunftstechnologie KI auseinandersetzen und sie in ihren Unterricht behandeln wollen.

Hilfreiche Ressourcen zur Vermittlung des Themas KI im Unterricht
Im Beitrag beschriebene Praxisbeispiele:
- Stefan Seegerer, Annabel Lindner: AI Unplugged
  https://www.aiunplugged.org/

- Wissensfabrik: IT2School KI-Module
  https://www.wissensfabrik.de/mitmachprojekte/weiterfuehrende-schule/it2school/
- Hamburg Open Online University / Werner Bogula: KISS*
  https://www.hoou.de/projects/kiss-ki-fur-schulerinnen-und-studierende/preview

Weiterführende KI-Materialien
- Elements of AI (etablierter, zweiteiliger Onlinekurs der Universität Helsinki)
  https://www.elementsofai.de/
- KI-Campus (Lernplattform für KI mit Onlinekursen, Videos und Podcasts)
  https://ki-campus.org/
- App Camps Unterrichtsmaterial Künstliche Intelligenz (Scratch, App Inventor, Python)
  https://appcamps.de/unterrichtsmaterial/kuenstliche-intelligenz/

KI-Simulationen und -Experimente
- I AM A.I. (Künstliche Intelligenz erklärt mit Experimenten, Spielen, Music und Comics)
  https://www.i-am.ai/de/index.html
- AI Experiments with Google (zahlreiche KI-Experimente mit Bildern, Sprache, Musik, ...)
  https://experiments.withgoogle.com/collection/ai
- Tensorflow Playground (Google-Experimentierumgebung für neuronale Netze)
  https://playground.tensorflow.org/

Open Source-Software-Werkzeuge für Datenanalyse/maschinelles Lernen
- Orange (grafisches Werkzeug für maschinelles Lernen und Datenvisualisierung)
  https://orangedatamining.com/
- KNIME Analytics Platform (grafisches Werkzeug für Data-Science-Aufgaben)
  https://www.knime.com/software-overview
- Jupyter Notebook/JupyterLab (webbasierte Programmierumgebung für KI-Projekte)
  https://jupyter.org/

KI-Apps
- Evolution: Eine Simulationssoftware von Keiwan Donyagard, mit der Kreaturen geschaffen werden können, die durch ein neuronales Netz und genetische Algorithmen lernen, bestimmte Aufgaben zu lösen.
- *Deep Art Effects*: Verwandelt Fotos mithilfe von leistungsfähigen neuronalen Netzen in Kunstwerke im Stil verschiedener Künstler.
- *Google Translate*: Im Bild der Handykamera werden Texte (z. B. Schilder oder Plakate) fast in Echtzeit in eine gewünschte Sprache übersetzt.

6 Golem im Handy – die menschliche Zukunft im Metaversum

Von Jiří Janoušek und Bohumil Kartous

Das erwartet Sie in diesem Kapitel

Die Künstliche Intelligenz ermöglicht es, dass beispielsweise in der Lebensmittelproduktion, im Transportwesen, in der Krankheitsdiagnose und Heilung und in vielen anderen Bereichen noch vor gar nicht so langer Zeit Undenkbares unser heutiges Leben wesentlich erleichtert. Das Verständnis für diese Technologien sowie ihre lokale Kontrolle und Beherrschung durch die Nutzer gehen verloren, die Gesellschaft wird immer tiefer gespalten, das Internet wird oligopolisiert und so die Entwicklung in Richtung Metaversum eingeschlagen. Um solchen Entwicklungen etwas entgegenhalten zu können, bedarf es bestimmter Grundvoraussetzungen, damit künftig eine positive gesamtgesellschaftliche Bilanz des technologischen Fortschritts möglich ist. Damit wird sich dieses Kapitel auseinandersetzen.

Den Leserinnen und Lesern werden anhand mehrerer Beispiele sowohl positive als auch negative Folgen des technologischen Fortschritts und die sich daraus ergebende Fragen und Aufgaben dargelegt. Die Parallele mit der Legende des Golem bezeugt, dass es solche Fragestellungen bereits vor der KI gegeben hat.

6.1 Golem/Technologien: un-/verständlich, un-/ kontrollierbar, un-/ersetzbar?

Die jüdische Legende vom Golem, deren Ursprung in Prag zu finden ist, ist Hunderte von Jahren alt. In ihrer Mitte steht eine geheimnisvolle Maschine, die mit einer mysteriösen Energie ausgestattet ist, unvergleichbar mit allem, was der mittelalterliche Mensch kannte. Neben anderen Bedeutungen, die diese Legende trägt, verweist ihre Nacherzählung auf ein Risiko, das vor etwa einem Jahrhundert noch völlig hypothetisch war, heute ist es jedoch eines der größten globalen Dilemmata überhaupt: Die Konstellation Mensch, Technologie und die Macht der Technologie bedeuten auch, dass die Technologie möglicherweise außer Kontrolle gerät.

Es ist das Zusammenspiel zwischen der Technik selbst und ihren verschiedenen Aspekten – etwa ihrer Perfektion, ihrer Entwicklungsgeschwindigkeit, ihrer Orientierung, ihrer sozialen Anpassungsfähigkeit sowie ihrer sozialen Kompetenz –, das nicht nur die Kontrolle über diese Beziehung behält, sondern auch eine entscheidende Rolle dabei spielt, den Verlauf des technischen Fortschritts zu bestimmen. Genauso wie im Fall des geheimnisvollen Golems, der sowohl zerstören als auch helfen konnte, stehen wir vor der besonders schwierigen Frage: Wie kann man Technologien, die viel komplexer, mächtiger in ihrem Einfluss und präsenter in ihren alltäglichen Auswirkungen sind als ein lehmiger Dampfgolem – eine vor allem in Tschechien bekannte ikonische Figur, die zum dampfenden Backautomaten mutierte und als solcher dem Prager Volk half –, wie also kann man solche Technologie in einem Zustand halten, in dem sie helfen und nicht schaden oder gar die Kontrolle zugunsten der Minderheit, die das technologische Eigentum besitzt, übernehmen.

Das Leben im 21. Jahrhundert ist so stark technologisiert, dass wir oft – genau genommen sogar meistens – nicht fähig sind, den ganzen Prozess genau genug zu beschreiben, um zu beweisen, dass wir die jeweilige Technologie wirklich verstehen. Und was noch wichtiger ist, wir sind zumeist unfähig, die Technologie zu ersetzen, wenn sie ausfallen sollte.

Meistens wird auf den Cyberspace verwiesen und auf die völlige Unkenntnis der technologischen Prozesse, durch die seine einzelnen Elemente entstehen, sowie auf die Unkenntnis dessen, wie diese Elemente miteinander kompatibel gemacht werden können und was notwendig ist, um ihre Funktionalität zu sichern. Fast jeder von uns ist ein Benutzer von Suchmaschinen, Kommunikationsplattformen, sozialen Netzwerken und vielen verschiedenen Applikationen, über deren technologischen Hintergrund wir wenig oder gar nichts wissen. Es gibt jedoch keine Möglichkeit, sie zu überbrücken oder zu umgehen, außer durch völlige digitale Askese, die den Einzelnen von der Teilnahme an allem, was in sozialen Interaktionen auf digitaler Ebene geschieht, ausschließt. Leben an der Peripherie kann sicherlich nicht als ein Äquivalent bzw. als eine Alternative zum Leben in der Mitte der Gesellschaft betrachtet werden, sondern nur als eine Form der Ablehnung.

6.2 Fortschritt in Transport, Lebensmittelproduktion und Gesundheitswesen durch KI-Technologien

Es geht aber nicht nur um den Cyberspace und die Kommunikation. Jeder andere Bereich des menschlichen Lebens wurde in den vier Phasen des industriellen Fortschritts tiefgreifend technologisiert, was innerhalb von nur Jahrzehnten dazu geführt hat, dass sich die Menschen in einer zivilisatorisch hochentwickelten Gesellschaft vom Selbst- oder Koproduzenten zum Nettonutzer entwickelt haben.

Nehmen wir die Lebensmittelproduktion als Beispiel. Noch im Leben der Eltern der Menschen, die sich heute im mittleren Alter befinden, gab es oft Elemente einer teilweisen Selbstversorgung mit Lebensmitteln. Bei den Großeltern waren sie oft vorherrschend. Jeder Erwachsene und jedes Kind wussten, woher die Lebensmittel, die sie täglich essen, kommen und wie sie zubereitet werden. Heutzutage können nur wenige den Herstellungsprozess beschreiben und die Zutaten nennen, die für die Herstellung des Joghurts, der Kekse oder der Salami verwendet werden, die sie jeden Tag essen. Und zwar auch nicht, wenn sie detaillierten Zutatenangaben auf der Verpackung lesen.

Etwas Ähnliches gilt auch beim Transport. Die Generation der Großeltern der heutigen Bevölkerung im mittleren Alter hat noch die Dominanz der Pferde und die Abwesenheit eines Motors erlebt. Die Generation der Eltern ist mit Autos gefahren, die man mit einiger Hilfe zu Hause in der Garage reparieren konnte. Bei heutigen Autos benötigt man eine raffinierte digitale Assistenz, die mit der integrierten Recheneinheit kommuniziert, die immer leistungsfähiger wird und es ermöglicht, ein Auto ohne menschlichen Eingriff zu fahren. Das Gleiche gilt, in unterschiedlichen Formen, für den Flugverkehr, den Bahnverkehr und die Schifffahrt. Eine Entwicklung vom Antrieb, der gefüttert und auf die Weide gelassen werden musste, bis zu Elektro- und Wasserstoffantrieben mit Computersteuerung, die den Menschen zum bloßen Zuschauer machen. In Verbindung mit dem öffentlichen Verkehr entsteht eine technologische Kluft zwischen dem Nutzer und dem Anbieter, die für die große Mehrheit der Menschen de facto auf einem Missverständnis beruht: Es wird davon ausgegange, dass die Technologie, mit der man sich täglich von Ort zu Ort bewegt, selbstverständlich ständig fehlerfei funktioniert.

Wir können auch das Gesundheitswesen betrachten, dessen Technologisierung zu einem Anstieg der durchschnittlichen Lebenserwartung in der Größenordnung von Jahrzehnten geführt hat, wenn wir unseren historischen Horizont wieder auf etwa ein Jahrhundert ausweiten. In diesem Bereich hat es atemberaubende epochale Veränderungen gegeben. Diagnostische und therapeutische Methoden und Mittel in Verbindung mit der Entwicklung der Biochemie, der Werkstofftechnik und der Digitalisierung ermöglichen es, Leben und Gesundheit auch in solchen Fällen zu erhalten, in denen es vor nicht allzu langer Zeit noch völlig undenkbar gewesen wäre. Komplexe Operationen können mithilfe von Robotern aus der Ferne durchgeführt werden. Operationen, die früher umfangreiche chirurgische Eingriffe erforderten, können jetzt minimalinvasiv durchgeführt werden und hinterlassen nur kleine sichtbare Spuren. Die pharmakologische Entwicklung, die zweifellos sehr kostspielig ist, eröffnet allmählich die Möglichkeit, Krankheiten zu behandeln, die bis vor kurzem noch völlig unheilbar waren. Die vor kurzem erfolgten Transplantationen von Organen, die durch genetische Veränderung in Tierkörpern gezüchtet wurden, bevor sie den Empfängern implantiert wurden, eröffnen bis vor Kurzem unvorstellbare Möglichkeiten in der Medizin. Die Züchtung von Proteinen unter Laborbedingungen, also die »Produktion« von sogenanntem künstlichen Fleisch, macht nicht nur große Hoffnungen auf eine Lösung der globalen Nahrungsmittelkrise, sondern sogar der globalen Ökologiekrise. Die Fleischproduktion ist doch, zumindest was den Wasserverbrauch angeht, die intensivste landwirtschaftliche Tätigkeit, und der Fleischkonsum nimmt weiter zu.

Schaut man sich andere Lebensbereiche an, ergibt sich etwa das gleiche Bild: Auf der einen Seite gibt es eine Produktions- und Handelskette, die oft aus vielen Teilen und Prozessen besteht, und auf der anderen Seite steht der Nutzer, dessen alltägliche und oft auch ungewöhnliche Bedürfnisse auf technologisch komplexe Weise häufig auf globaler Ebene gedeckt werden. Anders gesagt, es bedarf eines Netzes aus vielen hochentwickelten Technologien und wirtschaftlichen Prozessen, das sich auf viele verschiedene Länder der Welt erstreckt, damit man mit dem Auto fahren kann, um etwas zum Essen zu besorgen, und dabei ein paar Telefonanrufe erledigt. Vor hundert Jahren fand das Leben noch mehr oder weniger in einem überschauberen Raum und einer entschleunigten Zeit statt – unter Verwendung lokaler Mittel und im Rahmen einer lokalen Zusammenarbeit.

6.3   Weitreichende Ausbreitung von Technologien

Man kann natürlich argumentieren, dass die eben geschilderten Bilder nur das Stadtleben in zivilisierten Ländern zeigen und daher wahrscheinlich nicht das Leben der Mehrheit der heutigen Weltbevölkerung widerspiegeln. Dies ist zum Teil richtig, die Trends und Vorhersagen sind jedoch unerbittlich: Technologien, insbesondere die digitalen, dringen in weniger entwickelte und bisher oft industriell-ländliche Gesellschaften ein, und zwar de facto mit der gleichen Geschwindigkeit wie in Gesellschaften mit dem höchsten wirtschaftlichen und sozialen Lebensstandard. Es ist beispielsweise ganz normal, im relativ rückständigen Kuba mit einer Pferdekutsche zu fahren und dabei eine WhatsApp-Nachricht zu lesen, obwohl dies sicherlich genauso gefährlich ist wie beim Autofahren, sofern es sich nicht um ein selbstfahrendes Auto handelt. Es ist nur eine Frage der Zeit, bis dieses »urbane Leben «, in dem der Mensch Nutzer der Produktion vieler Technologien ist, überall vorherrschend wird. Im Bereich der Kommunikation und des Informationsaustauschs ist dies bereits mehr oder weniger geschehen, da das »www«, das sogenannte World Wide Web, alle Gesellschaften, unabhängig von ihrem Reichtum, zu relativ geringen Kosten erfasst hat. Je nach Perspektive, aus der man es betrachtet, ist ein größerer oder auch kleinerer Teil des Lebens der Weltgesellschaft bereits in einem solchen Maße von den Technologien abhängig, dass ihr Wegfall eine kaum zu kompensierende Einschränkung, oft sogar eine völlige Paralyse zur Folge hätte.

6.4   Gefahren: Unersetzlichkeit und Kontrollverlust

In gewisser Hinsicht handelt es sich um eine völlige Revolution in der Beziehung zwischen Mensch und Technologien. Betrachten wir den Unterschied zwischen dem Feuerstein, einem einfachen, scharfen Stein, der als eine der ersten vom Menschen erfundenen Technologien anzusehen ist (und dessen Äquivalent auch bei einigen

Tierarten, Vögeln oder Säugetieren zu finden ist), und dem Handy, das eine ähnliche Größe hat: Mit einem Feuerstein konnte man Holz bearbeiten oder ein Tier häuten. Im Handy haben wir einen Kommunikator, entweder einen Empfänger oder einen Sender, ein Multimedia-Studio, eine globale Bibliothek, einen globalen Marktplatz, den größten Konzertsaal und das größte Kino, alle Fernseher und Radios, ein Büro und auch eine Bank.

Jede Technologie, jede Innovation ist eigentlich eine Erweiterung der menschlichen Hände, Füße, Sinne und in letzter Zeit vor allem des Gehirns. Oder, wie beim Handy, eigentlich eine Erweiterung von allem. Seit langer Zeit, vom Feuerstein über Metallwerkzeuge, den Buchdruck, den Dampf bis hin zu den elektrischen Geräten des späten 20. Jahrhunderts, hat sich der Mensch eine bestimmte Fähigkeit bewahrt, die ihn umgebende Technik nicht nur zu nutzen, sondern auch zu verstehen und in ihr Inneres, ihre Anatomie, einzudringen. Er war fähig, sie zu kontrollieren, in Zusammenarbeit mit den anderen auf lokaler Ebene.

Was mit dem Ausbruch des digitalen Raums geschehen ist, der nicht nur die gesamte bestehende menschliche Existenz betrifft, sondern ihr auch eine neue Dimension verliehen hat, ist auch der Beginn einer Epoche, in der der Mensch nachweislich seine Fähigkeit verliert, die innovative Erweiterung seiner Hände, Füße, Sinne und vor allem seines Gehirns zu kontrollieren. Stattdessen stellt er mit Besorgnis fest, dass ihm dieser »Golem« in vielfacher Hinsicht aus den Händen gleitet. Der Mensch stellt fest, dass die Erweiterungen beginnen, sich ihm selbst zuzuwenden, und teils mehr, teils weniger damit beginnen, ihn in seinem Handeln zu kontrollieren oder ihn in seinem Handeln zumindest maßgeblich zu beeinflussen. Das, was Martin Heidegger in seiner Denkschrift »Die Frage der Technik« als »die Bindung an die Technik/Technologie« bezeichnet, ist nach fast einhundert Jahren keine philosophische Frage mehr, sondern eine ganz existenzielle und sehr viel dringendere.

Wir sprechen hier natürlich vor allem über digitale Technologien, die besonders schnell und tief in unsere Lebensweise eingreifen. Dies liegt insbesondere an dem hohen Grad an Interaktivität, die nicht nur zwischen den Menschen, sondern auch zwischen Mensch und Technologie stattfindet – und auch in ihrer langfristigen Wiederholung authentisch ist und bleibt. Wenn wir uns im digitalen Raum für die Informationssuche und Kommunikation täglich und langfristig verwirklichen, entstehen die »großen Daten«, die durch die maschinelle Analyse von Informationen in Echtzeit ausgewertet werden können und die digitale Welt entsprechend in ihrer Form und – bildlich gesprochen – in ihrem Geschmack und Geruch modellieren, so, wie es ein bestimmter Mensch erwartet.

Dies hat viele Auswirkungen, die manchmal leichter, manchmal schwerer zu erfassen sind. Dank der Psychografie, einer praktischen Methode zur Erstellung fast exakter

Profile auf der Grundlage des digitalen Verhaltens, die sich aus Tausenden von Merk-malen zusammensetzen, ist es möglich, Suchinformationen und natürlich auch die Werbung zu verfeinern. Auf diese Weise betrachten wir die Welt jedoch durch den digitalen Filter und sie erscheint uns eher so, wie wir sie gerne sehen würden – und basiert damit rein auf unserer überwiegend frei emotionalen Identität. Eine solche für uns »maßgeschneiderte« digitale Existenz hat jedoch verschiedene Effekte: So wer-den beispielsweise Menschen, die zu radikalen Positionen neigen, extremisiert. Zu-dem wirkt sich die »maßgeschneiderte« digitale Existenz auf den gesellschaftlichen Diskurs aus, was zu unüberbrückbaren Differenzen und einem Schwinden des gesell-schaftlichen Zusammenhalts führen kann.

6.5   Oligopolisierung des Internets und angestrebtes Metaverse

Ein weiteres Dilemma der rasanten technologischen Entwicklung ist die Oligopoli-sierung des Internets, die angesichts der kurzen Entwicklungszeit der verschiedenen Bereiche der digitalen Wirtschaft blitzschnell erfolgt ist. Die Dominanz von ein paar »Big tech«-Unternehmen in den Bereichen der Suche, der Kommunikation, des e-Commerce oder der Nutzer-HW und SW liegt in den Händen weniger Eigentümer und hat einen enormen wirtschaftlichen Einfluss, der dank der Fähigkeit, große Daten zu lesen, weit über die bloße Begrenzung eines gesunden Wettbewerbs hinausgeht. Es handelt sich um eine fortschrittliche Methode zur Beeinflussung des Verhaltens und, dank ihrer Vorhersage, auch der Richtung der weiteren technologischen Entwicklung, die dank der Kumulation von Ressourcen in Big-tech-Korporationen konzentriert ist und zwangsläufig vor allem deren Geschäftsinteressen widerspiegelt. Genau so kann man die relativ neue Entscheidung von Meta (Facebook, Instagram, WhatsApp und andere) interpretieren, die Weiterentwicklung von Technologien in Richtung des so-genannten Metaversums zu lenken – das heißt in Richtung einer funktionellen Ver-schmelzung von virtueller, erweiterter und physischer Realität. Dieser Schritt zeigt, dass wir – unabhängig davon, ob wir einen solchen Wandel mit Begeisterung oder mit Besorgnis betrachten – im Hinblick auf die Möglichkeit, echte Wirkung zu erzeugen, derzeit nicht über die Instrumente verfügen, mit denen die Gesellschaft oder das öf-fentliche Interesse künftige technologische Entwicklungen dieser Art steuern könn-ten.

Es ist natürlich wichtig, dass vor allem auf gesamteuropäischer bzw. EU-Ebene bedeu-tende Veränderungen in den Bemühungen stattfinden, die Produktions- und Nutzer-umgebung des Cyberraums zu regulieren, sei es der so genannte Digital Service Act und die Pflicht der Betreiber digitaler Services (Suchmaschinen, soziale Netzwerke), die algorithmische Anzeige von Informationen auf Anfrage der Nutzer abzuschalten, oder der Digital Markets Act, der eine Steigerung des Wettbewerbs garantiert, da er das Oligopol dazu zwingt, seine App-Stores für kleinere und oft absichtlich versteckte Wettbewerber zu öffnen.

Das alles sind wichtige Verschiebungen von einem quasi digitalen Anarcho-Kapitalismus hin zu sozial und wirtschaftlich vorteilhafteren und gleichberechtigten Bedingungen in dem digitalen Dschungel. Wir können uns jedoch nicht nur damit begnügen, dass wir mit einiger Verzögerung auf technologische Entwicklungen reagieren, die sich an völlig neuen Zielen orientieren, wie etwa dem Metaversum. Man muss sich allerdings darüber im Klaren sein, dass wir, wenn der heutige Zustand der »Technologieverbundenheit« zu einer Reihe von negativen externen Effekten führt, wie zum Beispiel Abhängigkeiten, Fehlinformationen zur Beeinflussung der öffentlichen Meinung oder Manipulation des Verbraucherverhaltens, mit einer weiterentwickelten Technologie auch einen weiteren Rückgang des gesellschaftlichen Widerstands gegen mögliche negative Auswirkungen erwarten können.

Die in der Einleitung erwähnten dystopischen Geschichten der Serie Black Mirror stellen zwar nur eine geringfügige technologische Veränderung dar, zeigen aber in Bezug auf die Folgen die oft katastrophalen hypothetischen Probleme, mit denen wir konfrontiert werden. Dazu gehören:

- der Einfluss von Technologien und das Auslesen unserer innersten Motive durch Künstliche Intelligenz,
- die Kontrolle durch die Technologie, die unsere Bewegung lokalisiert und oft bereits in den menschlichen Körper integriert ist, zusammen mit der bereits realen Möglichkeit der direkten Verbindung des Gehirns mit digitalen Werkzeugen,
- die Einschließung in die virtuelle Realität und
- die Abhängigkeit von einer veränderten Identität oder
- die Kastenbildung als Ergebnis der sozialen Bewertung, ein Konzept, das auch im totalitären China bereits im realen Leben angewendet wird.

Dies ist nicht nur ein Problem der »attention economy« selbst, das heißt einer Wirtschaft, die auf dem ständigen Bemühen aufgebaut ist, die Aufmerksamkeit des Verbrauchers auf sich zu ziehen und dafür die modernsten digitalen Werkzeuge einzusetzen. Es geht um die Notwendigkeit, ein Gleichgewicht zwischen technologischer Entwicklung, Gesellschaftsanpassung und Management von Gewinnen und negativen externen Effekten, die die Gesellschaft erwirbt oder aufnimmt, zu finden.

6.6 Fazit: Demokratie bewahren

Es zeigt sich die Notwendigkeit, Demokratie zu bewahren, denn nur Demokratie kann ein Optimum ähnlich dem, wie es im letzten Satz vor diesem Fazit beschrieben wurde, mit Zugang zu allen Akteuren und ihren Interessen anstreben. Nur Demokratien kön-

nen einen rechtlichen Rahmen erstellen, der diesen Interessen sowie dem Gesamt-
interesse der Gesellschaft gerecht wird. Andererseits zeigt sich, dass totalitäre und
autoritäre Regime auch das Internet auf totalitäre oder autoritäre Weise kontrollieren
können. Sei es das Beispiel der Bestrebung Chinas, die Bevölkerung durch Sozialkredi-
te restriktiv zu kontrollieren, oder der wahrhaft grausame Propaganda-Zensur-Terror
des derzeitigen Kreml-Regimes, mit dem es sich bemüht, seine Kriegsverbrechen in
der Ukraine zu rechtfertigen.

7 KI fressen Seele auf – Motive und Hintergründe zu Dystopien über Maschinenintelligenz

Von Prof. Dr. Friederike Müller-Friemauth und Dr. Rainer Kühn

Was Sie in diesem Kapitel erwartet

Aufgrund der Dominanz kalifornischer Tech-Unternehmen ist der Diskurs über Künstliche Intelligenz US-amerikanisch geprägt. Dabei schüren technologische Fortschritte wie ein immer präziser werdendes Gefühlstracking oder eine situationsgerechtere »Response« intelligenter Maschinen in Europa, insbesondere auch in Deutschland, Ängste über eine Zukunft, in der wir uns den KI-Maschinen womöglich »ausliefern«.

Das folgende Kapitel beleuchtet aus der Perspektive wissenschaftlicher Zukunftsforschung die Frage, woher die europäische Skepsis speziell gegenüber dieser Modernisierung stammt. Die These: Wenn die untergründige Distanzierung nicht aus der Tabuzone herausgeholt, bearbeitet und abgetragen wird, bleibt die Digitalisierung stockend. Volkswirtschaftliche Befürwortungen mit Hinweis etwa auf Markterfordernisse oder Innovationsdruck sind argumentationslogisch hilflos, weil sie die Dimension, in der die Skepsis gründet, gar nicht erreichen.

Das Kapitel dechiffriert einerseits die Motive für die kulturellen Vorbehalte gegenüber KI, die tief in der europäischen Ideengeschichte wurzeln. Andererseits bietet es auf genau dieser Basis und Ebene praktische To dos an, derer sich Unternehmen, die digitale Produkte oder Dienstleistungen anbieten, zwingend annehmen müssten (in welcher konkreten Umsetzungsvariante auch immer), wenn sie auf diese Skepsis adäquat antworten wollen.

7.1 Einleitung

Derzeit ist es nicht *en vogue*, im »westlichen Lager« Differenzen auszumachen – und erst recht nicht, diese dann auch noch öffentlich zur Schau zu stellen. Stehen wir nicht vereint gegen einen »barbarischen Feind« im Osten? Wir gießen Wasser in diesen mitunter trüben Wein: Gerade mit Blick auf Künstliche Intelligenz bzw. Artificial Intelligence lässt sich nicht übersehen, wie sehr die Vereinigten Staaten Amerikas und Europa in ihren soziokulturellen Bewertungen dieser Entwicklung auseinanderfallen. Glauben

US-amerikanische Tech-Vordenker in tiefem, ernst gemeintem Sinn, mit KI[1] Unsterb-
lichkeit ermöglichen zu können, steht Kontinentaleuropa solchem Streben fassungs-
los gegenüber.

Illustration: Die US-amerikanische Sichtweise

Sam Altman ist ein Fan von Menschenbildern, die durch Künstliche Intelligenz (KI)
erzeugt werden; genauer von Veränderungen unserer westlichen Vorstellungen
darüber, was Menschen zu Menschen macht. Das US-Start-up Netcome gilt als
Spezialist für solche Veränderungen – genauer für Kryonik, die Konservierung
von Organismen und Organen. Und Altman ist der ehemalige Präsident. Durch
eine Hightech-Einbalsamierung des menschlichen Gehirns sollen sogenannte
Konnektome konserviert werden, die sämtliche Erinnerungen beinhalten. Das
Unternehmen kooperiert mit der renommierten US-amerikanischen Forschungs-
universität Massachusetts Institute of Technology (MIT), die seit Jahrzehnten
für ihre kreative wie kommerzstarke Science-Fiction bekannt ist. Auch das
National Institut of Mental Health beteiligt sich mit einer Millionenförderung an
dem Projekt. In einem Hasenhirn konnte bereits jede einzelne Synapse durch die
Prozedur erhalten bleiben, mit einem Schweinehirn soll es auch funktioniert haben – sowie an einer menschlichen Leiche. Allerdings: Die »Aldehyd-stabilisierte
Kryokonservierung« ist eine tödliche Injektion, die bei lebendigem Leib erfolgt,
da das Gehirn noch nicht abgestorben sein darf. Zu einem späteren Zeitpunkt soll
der konservierte menschliche Geist dann in einer Computersimulation zu digitalem Leben erweckt werden (Mind-Upload), freilich nur als Kopie des Originals.

Inzwischen ist Altman CEO von OpenAI LP. Das Unternehmen hat er 2015 mit Elon
Musk gegründet, der inzwischen ausgestiegen ist und seine eigene KI-Firma betreibt. OpenAI LP erhielt u. a. eine Milliarde Dollar von Microsoft, will Profit mit
»Doing Good« auf neue Art verbinden und eine »AGI« (»Artificial General Intelligence«) entwickeln: eine »starke« menschenadäquate KI. Altman zahlt, neben ca.
zehn anderen, 10.000 US-Dollar für seinen Platz auf der Warteliste für das Kyonik-
Projekt[2]. Er glaubt an das große kommerzielle Potenzial der digitalen Unsterb-
lichkeit. Denn wenn diese Technologie anwendungsreif wird, könnten wir über

---

1   Unter KI's verstehen wir informationstechnologische (»IT«-)Systeme, die weit mehr als
    algorithmenbasierte einfache oder komplexe Probleme lösen. Zeitgemäße KI's können Emotionen
    erfassen, verstehen, lernen und handeln. Sie verfügen über Fähigkeiten wie Bild- und Gesichtserkennung,
    können sprechen und aus dem Input, den sie erhalten, oder in Verbindung mit anderen KI-Systemen,
    Muster erkennen sowie Analysen und Vorhersagen erstellen. In der Ära von Big Data bekommen KI's
    eine neuartige Wirkungsdimension, weil sie für viele praktische Anwendungsfelder erschlossen werden;
    insbesondere die Prognosefähigkeit von KI's steigt rasant.
2   Dazu gibt es zahlreiche Medienberichte, z. B. Regalado, A. 2018: A startup is pitching a mind-uploading
    service that is «100 percent fatal», https://www.technologyreview.com/s/610456/a-startup-is-pitching-a-
    mind-uploading-service-that-is-100-percent-fatal/, abgerufen am 28.2.2022.

Generationen hinweg unsere Daten speichern, unsere Ahnen würden aus unseren Verhaltensmustern lernen und versuchen, es besser zu machen. Wir wären in der Lage, Mind-Uploads zu poolen, diesen gemeinsamen menschlichen Code auszulesen, gemäß unserer Gattungsziele zu optimieren und durch diese kollektive Bewusstseinsspeicherung unseren biologischen Organismus ewig überleben.

Der Brite Charlie Chaplin sagte in seiner »Rede an die Menschheit«[3]: »Wir lassen Maschinen für uns arbeiten – und sie denken auch für uns … Wir sprechen zu viel und fühlen zu wenig. Aber zuerst kommt die Menschlichkeit und dann erst die Maschinen … Ohne Menschlichkeit und Nächstenliebe ist unser Dasein nicht lebenswert …«. Diese Rede ist nicht nur deshalb weltberühmt geworden, weil sie die verbindende Substanz zwischen Europa und den USA in einem dezidiert politischen Freiheitsverständnis pathetisch inszeniert, sondern noch wegen etwas anderem: Was hier »nur« nach Moral klingen mag, hat tiefe Wurzeln in der spirituellen Tradition und den Glaubenssätzen insbesondere von *Europa*. In säkularen Gesellschaften, für die derlei Themen uninteressant geworden zu sein scheinen (was hat das überhaupt mit Wirtschaft zu tun …?), verschwindet allmählich das Bewusstsein über tiefe kulturelle Überzeugungen, die die Basis für Handeln wie Nichthandeln sind. Im KI-Diskurs fällt uns das ganz konkret und direkt vor die Füße – darum geht es in diesem Beitrag. Warum blockieren Teile Europas den digitalen Fortschritt mit Dystopien? Wo kommt die häufig stumme Skepsis her? Das Informationsniveau über technologische Entwicklungen in den Unternehmen ist nachweislich hoch – trotzdem hinkt Deutschland dem digitalen Fortschritt in wichtigen Feldern hinterher. Woran liegt das? Und vor allem: Lässt sich diese Haltung verändern – und falls ja, wie?

7.2   Fachdiskurs und Stimmungslage zu KI

Die innerdisziplinäre, wissenschaftliche Informatik-Debatte ist für das hiesige Forschungsinteresse ein Totalausfall. Dystopische Erzählungen über KI speisen sich nicht aus technologischem Detailwissen, etwa aus Sorge vor Fehlern (»Bias«-Strukturen), Unkenntnis o. Ä., sondern aus Bewertungen: Glaubenssätzen, Überzeugungen, Normen und Menschenbildern. Genauer: Was den Schrecken provoziert, hängt mit einer schwer fassbaren Zentralkategorie der europäischen Geistesgeschichte zusammen, dem Bewusstsein. Sachlogisch auf den Punkt zu bringen ist dieser Begriff nicht, er changiert.

Der naturwissenschaftliche Sektor ist in unserem empirieversessenen Zeitalter der Platzhirsch der Debatte, zudem Anschlusspunkt für die Informatik und läuft auf einen binnensektoralen »Streit der Fakultäten« hinaus. Die einen (Global Neuronal Work-

---

3   Vgl. https://www.youtube.com/watch?v=KdCPK0hoGwQ, abgerufen am 7.4.22.

space-Theory) behaupten, Bewusstsein entstünde durch eine bestimmte Art der Informationsverarbeitung. Schafft es eine Information auf die zentrale »Informationstafel« (Großhirnrinde), haben die anderen Hirnbereiche also Zugriff darauf, dann ist die Information bewusst – ansonsten machen oder können wir viele Dinge, zum Beispiel schnell auf einer Tastatur tippen, ohne zu wissen, wie wir das zustande bringen. Die anderen (Integrated Information Theory) behaupten, dass ein System über umso mehr Bewusstsein verfügt, je mehr Informationen es in sich integrieren und vielfältig verarbeiten kann. Bewusstsein ist hier von vornherein quasi eingearbeitet und in seinem Grad abhängig von der informationellen Komplexität.[4]

Für die ingenieurswissenschaftlichen und kybernetischen Diskurse ist die naturwissenschaftliche Forschungsmentalität zentral, weil sich die Informatik an ihr orientiert. Hinsichtlich von Wertungsfragen gibt sie bloß kaum etwas her, da hier Bewusstsein im wesentlichen dadurch erklärt wird, dass seine neuronalen Korrelate identifiziert werden, also diejenigen neuronalen Strukturen, die ihm zugrunde liegen. Bewusstsein entspricht dabei geradezu idealtypisch der üblichen Verkürzung auf wissende, strukturell immer besser messbare Reflexion im Kopf; die Embodimentforschung und neuere Kognitionswissenschaft in diesem Feld bleiben unberücksichtigt. Wenn Wertzusammenhänge aber im blinden Fleck der Forschung liegen, muss sich niemand wundern, dass man sowohl visionäre Euphorie, typisch für das US-amerikanische Mindset, als auch defätistisch-depressive Tonlagen, nicht typisch, aber wesentlich häufiger empirisch relevant für Europa, kaum erklären kann: Der Punkt, um den es geht, wird gar nicht erst erfasst.

Angst- und Schreckensszenarien über KI sind in Europa verbreitet; ein Blick auf die aktuelle diesbezügliche Stimmungslage zeigt die Relevanz von Bewusstseinsfragen. Die »European Tech Insides 2021« vom IE Center for the Governance of Change beispielsweise, spiegeln Ambivalenz und Vorsicht der Europäer in mehreren Items wider. Auf die Frage etwa, ob Gesichtserkennung im Alltag eingesetzt werden sollte oder nicht, vor allem aus Bequemlichkeitsgründen (Schlüssel, Bankkarten, Zugang zum Sportstudio usw.), stehen sich Pro- und Contraseite ausgewogen gegenüber. Befragt nach der Reaktion Europas auf das Wachstum von »GAFA« (Google, Apple, Facebook, Amazon), votieren jedoch 42 Prozent für Limitierungen, 34 Prozent für Unterstützung; vgl. Abbildung 1. Ähnlich zu Facebook: Auf die Frage, wie Facebooks Integrationswünsche von WhatsApp, Instagram und Messenger – alles Deep Learning-Systeme, die mit jedem Post, »Like« oder Emoticon besser werden – von der EU aufgenommen werden sollten, forderten 42 Prozent eine Größenbegrenzung, nur 34 Prozent möchten Unterstützung.

---

4   Zahlreiche Überblicke, etwa bei Krauss, P./Maier, A. 2021: Der Geist in der Maschine, in: Gehirn & Geist 11/2021, S. 54-61; Mainzer, K. 2018: Künstliche Intelligenz – wann übernehmen die Maschinen? Springer: Berlin/Heidelberg, 2. Aufl.; Young, E./Robson, D. 2022: Bewusstsein – ein ewiges Rätsel?, in: Gehirn & Geist 3/2022, S. 12-19.

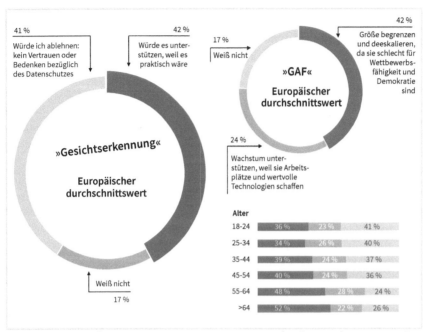

Abb. 1: Zwei beispielhafte Items aus den European Tech Insights 2021 (Quelle: ie 2021). N = 2.769, 11 Länder: Estland, Frankreich, Deutschland, Italien, Niederlande, Polen, Spanien, Schweden, UK, China, USA.

Das SZ-Digitalbarometer des bidt (vgl. 2021; Institut der Bayerischen Akademie der Wissenschaften) hat zudem in Deutschland speziellere Items zu KI abgefragt. Von 9.044 Personen sind zunächst 50 Prozent der Auffassung, dass sich Chancen und Risiken von KI die Waage halten, weitere 21 Prozent sehen eher Chancen, 22 Prozent eher Risiken. Dabei werden die Risiken im Kontext von KI weniger bei Aktienmarktinvestitionen oder bei Krankheitserkennung gesehen als bei Entscheidungen, die Recht, Moral und menschliche Urteilskompetenz erfordern (Planung und Durchführung von Polizeieinsätzen oder, herausstechend, bei Urteilen und Entscheidungen in Gerichtsverfahren – bei letzterem lag der Prozentanteil der Ablehnungs- beziehungsweise Risikobewertungen bei bemerkenswerten 56 Prozent). Hier schimmert eine normative Barriere durch: sich von nicht-humanen Systemen vorgeben zu lassen, was human angemessen sei. Bestätigt wird dies auch im KI-Zukunftskompass (Bosch, 2020). Von den 36 Prozent der Bundesbürger, die KI eher negativ gegenüberstehen, haben 82 Prozent Angst vor Überwachung und Gefühllosigkeit, 81 Prozent vor Kontrollverlust und fehlendem Datenschutz, 79 Prozent vor unethischen Entscheidungen, 75 Prozent vor einem Sicherheitsverlust.[5]

---

5   Quellen: bidt (Bayerisches Forschungsinstitut für digitale Transformation, Hrsg.) 2022: Das bidt-SZ-Digitalbarometer, München. (vgl. https://www.bidt.digital/studie-digitalbarometer/); Bosch-KI-Zukunftskompass. So denkt Deutschland über die Schlüsseltechnologie von morgen, Robert Bosch GmbH/ Stuttgart 2020, https://www.bosch.de/news-and-stories/ki-zukunftskompass/, abgerufen am 8.3.22; ie, Center for Government of Change 2021: European Tech Insights 2021, Part II, https://www.ie.edu/cgc/ research/european-tech-insights/, abgerufen am 25.2.22.

Die unentschiedene bis skeptische Meinungslage – mit ausgeprägter Sensitivität für soziomoralische Effekte der KI – ist der Humus, auf den dann Berichte wie der Kündigungsschock beim US-Finanzunternehmen better.com im Dezember 2021 treffen. Der Chef lud zu einer Videokonferenz auf Zoom, deren Botschaft er dort selbst so zusammenfasste: »Wenn Sie in diesem Call sind, gehören Sie zu den Pechvögeln, die entlassen werden. Ihr Arbeitsverhältnis ist mit sofortiger Wirkung beendet.« Die mehr als 900 verdatterten Mitarbeiter beschrieben ihre Kündigung später als »Exekution«. Hintergrund: Das Verhalten der rund 9 Prozent der Belegschaft ging auf eine Datenanalyse zurück, in der Telefonate, Meetings und Kundengespräche analysiert und zu Produktivitätsprofilen gebündelt worden waren. Der Chef Vishal Garg begründete seine Entscheidung mit der »Faulheit« der Mitarbeiter.[6]

Das Beispiel illustriert den zentralen Punkt des Themas: Die hiesige Expertenkultur ignoriert die Motivationsgrundlage für das breite Erschrecken über solche Fälle nahezu komplett. Das seien Einzelfälle, unternehmerische Degeneration, Führungsversagen oder Ähnliches. Im Wirtschaftsumfeld gehört zum Reaktionsritual gegenüber dystopischen Positionen zudem eine Art Küchenpsychologie aus der Glücksforschung. »Positive Psychologie« (Martin Seligman u. a.) und eine alltagstauglich heruntertrivialisierte Gehirnforschung werden zu neumodischen Glaubenssätzen zusammengerührt, denen zufolge wir Menschen evolutionsbiologisch-genetisch auf Angst und Übervorsicht getrimmt seien – demzufolge gelte: »Train Your Mind!«. Dabei herauskommt die recht unterkomplexe Botschaft, die Sache optimistischer zu betrachten. Überzeugend ist das nicht, wissenschaftlich ohnehin nicht. Darüber hinaus sind Ethikkommissionen zu nennen, Manifeste oder Netzwerke wie das »Human Friendly Automation Network«, das Siemens, Bosch, IBM und einige andere Unternehmen zusammen gegründet haben. Ihre Charta für den Einsatz von KI in der Arbeitswelt[7] soll sicherstellen, dass zuallererst und immer dem Menschen gedient werde. Man errichtet ein moralisches Stopp-Schild und beendet die Debatte mit einem Basta – parallel zu gefühlt wöchentlich neuen Brüchen dieser Versprechen von globalen Tech-Firmen.

Es ist genau dieser blinde Fleck im Zentrum des Themas, der der KI fließend Legitimität entzieht – in der Bewusstseinskulisse, auf der Hinterbühne der Debatte. Die Implementierung dieser Technologie fußt auf einem Tabu: Fragen zu sich womöglich *unbemerkt* vollziehenden Veränderungen der menschlichen Verhaltens- und Gefühlswelt, zu Desensibilisierungen in menschlichen Beziehungen, die Automaten triggern können, sind die, die nicht gestellt werden. Wird dieses schwarze Loch nicht ausgeleuchtet, dürfte sich die Akzeptanz kaum verbessern, denn das Verdachtsmoment

---

6   Ursprünglicher Bericht bei CNN, https://edition.cnn.com/2021/12/05/business/better-ceo-fires-employees/index.html, abgerufen am 27.2.22.

7   Vgl. https://www.ibm.com/blogs/think/de-de/2021/09/human-friendly-automation-werte-charta/, abgerufen am 27.2.22.

wird noch nicht einmal zur Kenntnis genommen (und falls doch, banalisiert und damit lächerlich gemacht), geschweige denn ausgeräumt. Die ökonomischen Entscheidungseliten, so scheint es, wollen sich mit diesem »philosophischen Komplex« schlicht nicht herumärgern: Wir müssen schließlich weiterkommen. Kann das funktionieren?

7.3 Amerikas Werk und Europas Skepsis

Manche Europäer fürchten eine »Disruption«[8] des Menschenbildes; genauer: *ihres* Menschenbildes. Denn KIs vermitteln zunehmend unsere sozialen, kulturellen, wirtschaftlichen und politischen Interaktionen: Sie tracken uns, setzen kontextuell Reize, lassen Dinge attraktiv oder unattraktiv erscheinen (»Persuasive Technologies«[9]). Unternehmen geben sich alle Mühe, sie höflich, sympathisch, friedlich und freundlich erscheinen zu lassen (die Harvard-Ökonomin Zuboff hat zu diesen Zusammenhängen eine viel beachtete Analyse verfasst, 2018). Es ist unter anderem die geschickte und strategische Tarnung der Applikationen – ihre sich unbewusst entfaltende Wirkung –, welche die Skepsis vieler Europäer befeuert. Speziell das unternehmerische Faszinosum an sogenannten Prognose-Märkten lässt viele Menschen zurückschrecken: Dank KI können Unternehmen bereits *vor* der Kundenbestellung wissen, was der Kunde bestellen wird.[10] An jedem Kunde-Unternehmen-Touchpoint steuern solchen Visionen zufolge Messungen (»Trackers«) und situativ feinjustierte, vom Nutzer meist unbemerkte Trigger – wie Nudges und Primes[11] – dessen Verhalten. Genau das ermöglicht überhaupt erst die Treffsicherheit dieser Prognosen.

Europäer finden all das interessant – aber nicht für sich selbst. Vielmehr glauben *sie* daran, dass Meinungen, Bewertungen, Ansichten, Perspektiven, Überzeugungen zählen. Unser Mantra lautet nicht: Du bist deine Daten. Sondern: Du bist deine Gedanken – *und noch viel mehr*! Nämlich Träume, Hoffnungen, Wünsche, und deine Ängste gehören auch dazu. All das ist jedoch *frei* (hier sitzt das europäische Pathos von Chaplin). Es ist allein dem Einzelnen selbst bekannt und unverbrüchlich menschlich; so zumindest das altbackene, jedenfalls für unsere amerikanischen Freundinnen stein-

---

8   Inzwischen etablierter Begriff des Harvard-Ökonomen Clayton M. Christensen, der Durchbruchsinnovationen bezeichnet, die in der Regel bestehende Märkte angreifen oder zerstören.

9   *Fogg, B. J.* 2003: Persuasive Technology: Using Computers to Change What We Think and Do. Morgan Kaufmann: San Francisco.

10 In fortgeschrittener Entwicklung soll es gar um das Auslesen von Gedanken gehen, vgl. Moses, D. A. et al. (2019): Real-time decoding of question-and-answer speech dialogue using human cortical activity, in: Nature Communications Vol. 10, Article number 3096, https://doi.org/10.1038/s41467-019-10994-4, abgerufen am 28.2.2022.

11 Trigger: Schlüsselreize, die bestimmte Reaktionen auslösen. Nudges: »Anschubser« von Aufmerksamkeit und Interesse durch situations- und interessegerechte Angebote. Priming: Das Hervorrufen von Assoziationen oder Erinnerungen, um Vorerfahrungen oder Gefühle anzusprechen.

zeitlich anmutende Credo der europäischen Moderne. In Deutschland wird auf diese Überzeugung noch heute in Grundschulen Kanon gesungen.

Zwischen diesen beiden Wertungspolen liegt ein normativer Abgrund: ein metaphysisches Vakuum, das die IT-Experten nicht interessiert – was sachlogisch nachvollziehbar ist. Was es aber auch ist: selbstbezogen und ignorant. Denn deren Technologien prägen alle Märkte der Welt, berühren alle Kulturen und alle Glaubenssysteme. Genau *das* könnte der Empfindungsreflex der Dystopiker sein, empirisch praktisch nicht vermessbar, weil vorbewusst – denn Ethikkataloge sind gegenüber dieser Front logischerweise kein Rezept. Beim heißen Kern der KI-Debatte geht es daher *nicht* um ein halbwegs klares Horrorszenario und schon gar nicht um die üblichen Schmalspurdiskurse darüber, wo der Server steht und ob die DSGVO eingehalten wird, sondern um eine Rutschpartie; um ein unachtsames Hineinschlittern in eine Situation, einen »Slippery Slope«, den im Fall des Falles niemand gewollt, keiner verhindert hat und auch keiner verantwortet. Diese Befürchtung ist so *realistisch* wie *logisch* und verdient es, gewogen zu werden. Und sie sollte von Menschen bearbeitet werden, die *dafür* kompetent sind, will man Akzeptanz schaffen.

Zur Genese der KI-Skepsis gehört nämlich auch, dass (zumindest in Deutschland) in den letzten Jahren häufig die Böcke zu Gärtnern gemacht wurden. Informatikerinnen schreiben sich hierzulande ihre Ethiken selbst, unter großem Applaus von Medien und Fachöffentlichkeiten – etwa Sarah Spiekermann via »Freiheits-«Philosophie und einem, mit IT-Themen bemerkenswert unverbundenen, Wertebewusstsein, Katharina A. Zweig mit minutiösen Grenzmarkierungen, wo KI sich irrt und wo man sie guten Gewissens einsetzen kann. (Bemerken wir Irrtümer überhaupt – und wie?) Daneben fragen sich Stimmen aus der Digital-Elite öffentlichkeitswirksam, ob sich Europa mit seiner stoischen Reflexionslust nicht einen gravierenden Wettbewerbsnachteil einfängt. »Erst denken, dann handeln« scheint ihnen keine gute Idee mehr zu sein[12] – nicht gerade beruhigend für Menschen, die mehr Urteilskompetenz einfordern. Wo sind Soziologie, Verhaltenswissenschaften, Anthropologie, interkulturelle Kompetenz? Können wir Globalisierung in gesellschaftlich legitimer Weise tatsächlich mit sachlogischem Spezialistentum, disziplinärem Tunnelblick und ansonsten ethischer Dauerbehandlung bewältigen? Gilt tatsächlich die heruntergewirtschaftete Zeitdiagnose des öffentlichen Entscheider- und Führungs-Sprechs, dass die Menschen schlicht verunsichert und desorientiert seien, weil der Wandel zu schnell geschähe? Unstrittig ist: So geht's einfacher.

---

12   So Bertelsmann Foundation 2017a und b: Dr. Ole Wintermann, Bertelsmann Foundation, bei einer digitalen THINK TANK-Session von Adobe in Berlin über die Zukunft der Arbeit am 27.6.2017. PR-O-Ton zur Veranstaltung (a) https://www.youtube.com/watch?v=KM3z5Ch4IcM. Die hier zitierte Passage (b) https://www.youtube.com/watch?v=4YpO2CYPP5 M, abgerufen am 8.3.22. – Vgl. Spiekermann, S. 2019: Digitale Ethik: Ein Wertesystem für das 21. Jahrhundert, Droemer: München; Zweig, K. 2019: Ein Algorithmus hat kein Taktgefühl: Wo künstliche Intelligenz sich irrt, warum uns das betrifft und was wir dagegen tun können, Heyne: München.

7.4 Fazit und To Do's

Europa realisiert zumindest in Teilen – und vorerst nur emotional und halbbewusst – eine Gefahr unklarer Dimension: dass wir beim Eintritt in das Maschinenzeitalter, plakativ formuliert, vielleicht unsere tiefsten Glaubens- und Überzeugungsgehalte opfern müssen. Ein »Recht« auf Irrtum, »subjektive« Fantasien und fixe Ideen ernst nehmen, weil zufällig etwas Interessantes dabei herauskommen könnte? Das Szenario ist wahrscheinlich, dass diese europäischen Eigenwerte in den kommenden Jahrzehnten erodieren werden. Wir dürften erleben und es künftig für normal halten, dass Ärzte sich eines Kunstfehlers schuldig machen und verklagt werden, wenn sie *keine* Diagnose-KI hinzuziehen. In den USA laufen erste Versuche, ethische Maschinen zu entwickeln: Das »Digital Consequence Awareness System« (DCAS) ist ein Spin-off des »Deep Justice Project«, in dem ein Supercomputer entwickelt wird, der auf Basis von Gigabytes an Material über Gerechtigkeitskonzepte Ethik lernt – auch für juristisch fernliegende Fragen. Die Leserin erinnere sich an die zitierten KI-Studien, in denen beispielsweise in Deutschland gerade juristische Streitfragen als von KIs maximal fernliegend bewertet beziehungsweise von ihnen *fern zu halten* nahegelegt werden. Wenn Fehlverhalten zuverlässig und perfekt vorausberechnet werden kann, wird das Risiko einer menschlichen Entscheidung unkalkulierbar: technologiebedingt real überflüssig und zu einer Spielart von unentschuldbarem Leichtsinn. Menschliches Entscheiden ist dann gefährlich und deshalb zu unterbinden – und Objektivität lässt sich nun mal nicht kritisieren. Da ist sie, die konsistente Dystopie.

Zusammengefasst: Wo genau liegt das praktische Problem?
- Wenn die KI Entscheidung X als optimal vorausberechnet hat, wird ein Verstoß dagegen zur *moralischen Schuld*. Subjektivität ist in der weichen Variante illegitim und moralisch kritikwürdig, in der harten Variante sanktionsfähig (und -würdig). Dem Individuum kann deshalb die Privatsphäre seiner eigenen Gedanken ausgetrieben werden; auf möglichst charmante, akzeptable, unterhaltsam-spielerische, gamifizierte Weise, die jeder für und »auf« sich selbst vornimmt. Darum kümmern sich bereits Hundertschaften von Kybernetikerinnen, Bioingenieuren, Nano- und Psychotechnikern.
- Die Amerikaner versuchen Algorithmen zu programmieren, die für uns die Zukunft prognostizieren und die Welt wieder zu einem erwartungssicheren Ort machen. Die Alte Welt sieht dabei aber etwas, das Amerikaner aufgrund ihrer pragmatistischen, zivilreligiösen Tradition nicht sehen. Hinter der Bewusstseinskulisse übernehmen KIs womöglich einen Auftrag, den ihnen niemand erteilt hat: einen metaphysischen. Sie berechnen nicht nur voraus, sondern bearbeiten die Sinnirritationen einer immer ungewisseren Welt als *selbst sinnaversives Werkzeug* mit dem, was sie einzig können: zählen. Für Europäer ist das nicht nur zu wenig, es kommt gar nicht erst infrage. Die Vorstellung, dass Sinn das ist, was die Maschine gezählt und errechnet hat, erzeugt keine Faszination, sondern Grauen.

Für unsere Unternehmen ist es von hoher Bedeutung, sich dieses soziokulturelle Gefälle klar zu machen. In Anlehnung an ein geflügeltes Wort des Management-Vordenkers Peter Drucker[13] gilt: »AI eats soul for breakfast« – KI fressen Seele auf. Ein ingenieurswissenschaftlicher Zugriff auf dieses Thema ist nicht in der Lage, auch nur das Problem zu benennen, und das ist kein IT-Bashing: Wir brauchen dringend einen transdisziplinären Zugriff auf das Thema.

Realistische Handlungsoptionen wären:

- **Grenzen markieren.**
  Die Amerikaner wehren sich nach Kräften dagegen, in ihren Produkten die Grenzmarken zwischen lebenden und toten Systemen (Mensch und Maschine) kenntlich zu machen. Am Beispiel von Googles Sprachmodul Duplex, aber auch an den Forschungsarbeiten am MIT Media Lab lässt sich ablesen, dass ein Ziel kybernetischer Forschung darin besteht, diese Kluft unsichtbar zu machen. Europäer sehen das kritisch; die EU arbeitet an ersten Rechtsrahmen, die derlei eindämmen können: Ein Sprachmodul hat sich als eben solches vorzustellen, nicht als »Lisa« oder »Samantha«.
- **Wahrnehmungsintelligenz schulen, Sensibilität triggern.**
  Genau gegenteilig zum Einebnen des Mensch-Maschine-Gefälles könnte Europa Wettbewerbe inszenieren: Wer deckt am geschicktesten die Grenzen der Maschinen auf? Der Algorithmus hat eine Funktion zu erfüllen; und über jedes Mehr, für jede Anmaßung normativer Übergriffigkeit, sollten wir Kontrolle sicherstellen, Fehlverhalten sanktionieren und Deutungseingriffe explizit ausflaggen lassen. Vertrauen entsteht durch mechanische Zuverlässigkeit, nicht dadurch, dass Maschinen anfangen, Bedeutung vorzugaukeln.
- **Risiken und Nebenwirkungen aufführen.**
  Analog eines Beipackzettels bei Medikamenten sollten Entwickler verpflichtet werden, alle bis jeweils dahin bekannten Einschränkungen, Mängel oder Lücken auszuweisen.
- **Gefährdungshaftung.**
  Eine KI, die nicht zweifelsfrei diskriminierungsaversiv ist (vgl. die zahlreichen Negativbeispiele zu Rassismus oder Geschlechterdiskriminierung) und dennoch auf den Markt kommt, ist ethisch verwerflich. Folgekosten hat das verantwortliche Unternehmen zu tragen, nicht die Gesellschaft oder die Einzelne.
- **Resilienz üben.**
  Nicht erst seit Corona wissen Anthropologie und Evolutionswissenschaften um die Bedeutung von »doppelten Netzen« und Parallelaktionen. Resilienzbewusstsein lehrt, dass Artefakte kaputtgehen oder aus verschiedenen Gründen nicht repariert werden können. Ein auf viele Schultern verteiltes Verständnis der Dinge ist nicht effizient, nicht synergetisch, sicher nicht optimal und daher unökonomisch – es ist redundant, aber im Überlebenssinne wertvoll. Europäer meinen sogar: alternativlos und nicht verhandelbar.

---

13   »Culture eats strategy for breakfast«.

Industrie und IT-Sektor verbuchen solches Ernstnehmen unserer eigenkulturellen Perspektive auf den Wandel, ein überzeugtes Selbstbewusstsein einer sozialen Marktwirtschaft also, unter Marktzugangsbarrieren und bremsen. Wahrscheinlich bleibt daher das unterkomplexe, stoische Beharren auf Ethik die dominante Reaktionsform der Kritikerinnen. Zukunftsforscherisch spricht vieles für die These: Je säkularer die europäischen Gesellschaften werden, desto rasanter wachsen diffuse Ängste, kommen immer mehr apokalyptische Visionen auf, die normativ von ganz woanders her, nämlich von Fern-West, getriggert werden, denn von dort fluten bisher die maßgeblichen Fortschritte. Dieses Szenario ist für Unternehmen kein Risiko, sondern eine Gefahr. Sie werden in den kommenden Jahren hohe Investitionen tätigen, um digital Anschluss zu halten und können keine Kundinnen gebrauchen, die den daraus resultierenden Produkten die kalte Schulter zeigen.[14]

Europäisches Informations- und Datenbewusstsein funktioniert qualitativ entschieden anders als US-amerikanisches. Bezüglich der aktuellen Techno-Schübe stehen praktische Konsequenzen aus dieser Einsicht bisher aus – obwohl auf dem Tisch liegt, was zu tun wäre.

---

14   Zu neuen Unternehmensrollen im kybernetischen Kapitalismus vgl. Müller-Friemauth, F./Kühn, R. 2019: Rollenwechsel von Unternehmen im kybernetischen Kapitalismus. Chancen und Risiken des Taylorismus 4.0, in: Buchkremer, R./Heupel, T./Koch, O. (Hrsg.) 2020: Künstliche Intelligenz in Wirtschaft und Gesellschaft. Auswirkungen, Herausforderungen und Handlungsempfehlungen, Wiesbaden: Springer Gabler, 465-486, DOI 10.1007/978-3-658-29550-9_25.

8 Künstliche Intelligenz – Moral und Ethik

Von Katharina Büttner, Flora Marki und Carola Rebecca Müller

Was Sie in diesem Kapitel erwartet

Im folgenden Text werden ethische und moralische Fragen behandelt, die im Zusammenhang mit dem Einsatz von Künstlicher Intelligenz (KI) auftreten können. Anhand von verschiedenen KI-Einsatzmöglichkeiten werden unterschiedliche Aspekte betrachtet, die mit Blick auf Moral und Ethik kritisch zu diskutieren sind. Ausgewählte Praxisbeispiele veranschaulichen die behandelten Themen. Ein Ausblick und eine Auswahl an Handlungsempfehlungen für einen auch in der Zukunft ethisch und moralisch vertretbaren Umgang mit KI runden das Kapitel ab.

8.1 Einleitung

Moralische und ethische Aspekte sind für den Menschen wichtige Bestandteile von täglichen Entscheidungsprozessen. Doch wie sieht es bei einer Künstlichen Intelligenz (KI) aus? Welche Aspekte werden hier zur Entscheidungsfindung einbezogen und in welchem Ausmaß kann eine KI vom Menschen in diesem Punkt lernen? Um dies greifbarer zu machen, wird zunächst eine Abgrenzung zwischen Moral und Ethik vorgenommen.

8.2 Abgrenzung zwischen Moral und Ethik

Die Begriffe »Moral« und »Ethik« werden im täglichen Sprachgebrauch und auch in der Literatur häufig synonym verwendet. Berücksichtigt man jedoch die Definitionen dieser Begriffe, sind sie voneinander zu unterscheiden.[1,2]

Im praktischen Kontext beschreibt »Moral« die, von einer Gesellschaft oder Gruppe unbedingt gelebte und akzeptierte Menge an Werten, Regeln und Normen. Dieses Wertesystem beeinflusst das Handeln, Denken und Verhalten innerhalb der Bezugsgruppe und dient der Einordnung von »richtigem« und »falschem« Handeln[3]. Die grundsätzliche Verwendung des Begriffes »Moral« impliziert allerdings weder eine positive noch

---

1   Hübner D., Einführung in die Philosophische Ethik, 3. Aufl., Vandenhoeck & Ruprecht/UTB, 2021, S. 11.
2   Köberer N., Advertorials in Jugendprintmedien, Wiesbaden: Springer Fachmedien Wiesbaden, 2014, S. 21.
3   Rath M., Kann denn empirische Forschung Sünde sein?, in Medienethik und Medienwirkungsforschung, Hrsg. Rath M., Wiesbaden: Westdeutscher Verlag, 2000, S. 63–88 (S. 65).

eine negative Wertung der Normen und Werte, da hiermit ausschließlich das gelebte System in der betrachteten Gesellschaft zusammenfassend überschrieben wird[4].

Der Begriff »Ethik« beschreibt die wissenschaftliche Betrachtungsweise von verschiedenen Moralsystemen und ist eine Teildisziplin der praktischen Philosophie. Ethik befasst sich mit den unterschiedlichen Phänomenen der Moral und versucht sie zu beschreiben, zu hinterfragen und gewisse Logiken abzuleiten. Außerdem untersucht sie z. B. die Frage nach dem richtigen Handeln und nach gutem und schlechtem Verhalten.[56]

8.3   Moralische und ethische Aspekte von KI mit unterschiedlichen Nutzenschwerpunkten

8.3.1   Human Resources: Bewerberauswahl mittels KI

Eine der beeindruckendsten Dystopien der modernen Literaturgeschichte ist Aldous Huxleys »Schöne neue Welt«, erschienen im Jahre 1932. Huxley skizziert eine Welt, in der jeder seinen bereits vor der Geburt festgelegten Platz in der gesellschaftlichen Rangordnung hat und nach bestimmten Kriterien erschaffen wird. Eine Welt, in der Perfektion und vollkommene Effizienz der Maßstab aller Dinge sind. Niemand beklagt sich über seine ausgewiesene gesellschaftliche Stellung, denn bereits im Embryonenstadium werden Menschen darauf konditioniert, ihren Platz in der Welt zu akzeptieren. Jeder Mensch verfügt nur über die Kompetenzen, die auch benötigt werden, um sich perfekt in die vorgegebene systemische Ordnung einzufügen und das eigene Leben nicht in Frage zu stellen.[7]

Auch wenn Huxleys Weltvorstellung zugespitzt erscheint und sogar dem überzeugten Verfechter der technischen Revolution absurd vorkommen mag, sind einzelne Szenarien dennoch denkbar. Videogestützte Interviews mit Auswertung der Gesichtsmuskelregungen durch sprechende Chatbots, geführte standardisierte Gespräche, um Stellen für einfachere Tätigkeiten aus einer großen Anzahl von Bewerberinnen und Bewerbern kostengünstig zu besetzen, oder die KI-unterstützte Auswertung von Anschreiben, sind längst nicht mehr nur Science-Fiction, wenngleich diese Möglichkeiten noch nicht als Standard gelten.

---

4   Hübner D., Einführung in die Philosophische Ethik, 3. Aufl., Vandenhoeck & Ruprecht/UTB, 2021, S. 14.
5   Hübner D., Theorie Der Ethik, in Forschungsethik. Eine Einführung, Hrsg. Fuchs M. et al., 1. Aufl., Metzler J. B., 2010, S. 1–39 (S. 4–5).
6   Scarano N., Ethische Theorien im Überblick, in Handbuch Ethik, Hrsg. Düwell M./Hübenthal C./Werner M. H., 2011, S. 25–35 (S. 25).
7   Huxley A., Schöne Neue Welt, Frankfurt am Main: Fischer Taschenbuchverlag, 1981.

Auch in einer Studie der AI Now Institute aus dem Jahr 2019 wird alarmierend festgestellt, dass die KI-Forschung weiterhin sehr männlich sowie weiß geprägt ist und dementsprechend eine Spielwiese für historisch geprägte Vorurteile und Diskriminierung darstellt. Solange selbst die KI-Branche nicht in der Lage ist, die eigene Homogenität und Diversitätskrise zu bewältigen, kann durch KI auch nicht die Ungleichheit in der Gesellschaft minimiert werden. Die Forscher fordern auf, eine neue Denkweise in der Anwendung von KI-Systemen zu praktizieren. Die Empfehlung ist, dass vor einer Freigabe Tests vorgeschrieben werden. Ferner sollte die Auditierung durch unabhängige Prüfer in der Entwicklung erfolgen und in der Anwendung sollte Transparenz und Sicherheit gewährleitet werden. Ferner weisen die Forscher darauf hin, dass Fairness und Unvoreingenommenheit im KI-Kontext nur auf interdisziplinärer Ebene und unter Berücksichtigung von breiten gesellschaftlichen Faktoren möglich sind, was im Moment nicht gewährleistet ist.[8]

8.3.2   Legal Tech: Algorithmen übernehmen juristische Aufgaben

Dass ein erheblicher Teil der juristischen Arbeit künftig von digitalen Technologien übernommen werden kann, wird auch in der 2016 erschienenen Studie der Bucerius Law School zusammen mit der The Boston Consulting Group prognostiziert. Laut der Studie könnten die Aufgaben von Junior-Anwältinnen und Anwälten bis zu 50 % von computergestützten Systemen übernommen werden. Hierbei werden hauptsächlich die Bereiche der automatisierten Auswertung von Vertragswerken, das Management von Fällen und Back-Office-Arbeiten genannt.[9]

Trotz der vielen Vorteile wird deutlich, dass durch das »Wegrationalisieren« der Tätigkeiten der Junior-Anwältinnen und Anwälte nicht nur der Berufsstand selbst, sondern auch das Justizsystem und insgesamt die Gesellschaft gefährdet sind. Denn, um Gerechtigkeit, Fairness und Gleichheit zu gewährleisten, ist es notwendig, dass Richterinnen und Richter, die als Juristinnen und Juristen einen umfassenden Erfahrungsschatz sammeln konnten, in der Lage sind, nach diesen Kriterien Recht zu sprechen. Richterliche Entscheidungen, die in vielen Fällen auf die Grundsätze der Bewertung der Fallumstände und die Ausübung des richterlichen Ermessens basieren, dürfen und können nicht von Algorithmen übernommen werden.

---

8   Myers West S./Whittaker M./Crawford K., Discriminating Systems: Gender, Race and Power in AI, S. 33.
9   Veith C. et al., How Legal Technology Will Change the Business of Law, 2016.

8.3.3   Schulische Bildung: Lernverhalten analysieren

KI-basierte Systeme bieten weitere Potenziale, wie aus der Trendstudie KI@Bildung im Auftrag der Deutschen Telekom-Stiftung hervorgeht[10]. Die beteiligten Wissenschaftler konstatieren weitgehende Möglichkeiten in der Schulorganisation durch KI, wie z. B. die Dokumentation und Analyse von Fehl- oder Ausfallszeiten oder neue Wege in Prüfungs- und Benotungsformen zu gehen. Ein weiterer Aspekt ist die Bereitstellung von individualisierten Lernangeboten. KI-Systeme können das Lernverhalten analysieren und selbst daraus lernen, um die Kinder individuell bei den Lernfortschritten zu begleiten. KI-Systeme werten nachweislich nicht nur aus, was die Kinder lernen, sondern auch, wie sie lernen und können die Lernerfolge gezielt beeinflussen.

Bisher existieren allerdings keine Studien darüber, dass KI-Technologien das Lernen effektiver machen. Einen weiteren ungeklärten Bereich stellen die Datensicherheit und der Datenschutz dar. Denn die Fragen, was mit den gesammelten Daten passiert, inwiefern diese verarbeitet, ausgewertet und interpretiert werden, sind ebenfalls nicht geklärt.

Bei allen Überlegungen sollte also der Aspekt der sozialen Interaktion nicht verloren gehen. Lernen ist eine soziale Interaktion, bei der die Lehrer eine essenzielle Rolle spielen.

8.3.4   Autonomes Fahren: das Risiko des Kontrollverlustes

Eine der weltweit ersten Projekte zum autonomen Fahren im Bereich des ÖPNV in Hamburg namens »HEAT« zeigte, dass öffentlicher Personenverkehr auf einer festgelegten Strecke mit einem autonom fahrenden Fahrzeug funktionieren kann, wenn eine passende Infrastruktur und umfassende Sicherheitsvorkehrungen geschaffen werden.

Aber was passiert, wenn autonom fahrende Fahrzeuge eigenständig Entscheidungen treffen sollen, ohne dass menschliche Eingriffe möglich sind? Wie soll die Entscheidung ausfallen, wenn es um Leben und Tod geht? Eines der weltweit größten Forschungsprojekte zum autonomen Fahren beschäftigte sich genau mit dieser Frage.

Forscherinnen und Forscher des MIT Media Lab führten zwischen 2014 und 2018 Befragungen durch, um herauszufinden, nach welchen Präferenzen Menschen die Entscheidung im Hinblick darauf treffen, welche Menschengruppen (u. a. nach Alter und

---

10   Schmid U./Blanc B./Toepel M., KI@Bildung: Lehren und Lernen in der Schule mit Werkzeugen Künstlicher Intelligenz, Essen, 2021.

Geschlecht) in einer kritischen Situation überfahren werden sollen. Die Ergebnisse bestätigen, dass Ethik subjektiv ist und dass bei den Entscheidungen kulturelle Prägungen und individuelle Wertesysteme eine wesentliche Rolle spielen. Menschen treffen
ihre Nutzenüberlegungen oft auf rein subjektive Art und ihre Präferenzen variieren je
nach Grad des Risikos, der Unsicherheit und der Ungewissheit.[11]

Um eine pragmatische Lösung für diese Frage zu bieten, kann sich der Weg einer Risikoverteilung akzeptanzfördernd auswirken. Demnach soll jede betroffene Partei
einen Anteil an dem Schaden zugewiesen bekommen, je nach Schweregrad bei der
Verursachungsbeteiligung. Ist jemand unschuldig in die Situation geraten, greift die
Risikoverteilung nicht. Ist die Person durch fahrlässige oder grobe Missachtung der
Verkehrsregeln beteiligt gewesen, bekommt sie auch als Leidtragende einen Teil an
der Schadenbeseitigung. Denn Individualrechte können nur dann gewahrt werden,
wenn eine zumutbare Risikoübertragung erfolgt und eine faire Verteilung der betreffenden Schadensrisiken vorgenommen wird.[12]

8.3.5   Gesundheitswesen: Algorithmus berechnet Todeszeitpunkt von Patienten

Die US-amerikanische Firma Aspire Health entwickelte und veröffentlichte 2017 einen
Algorithmus, der anhand von Patientendaten die Lebenserwartung eines erkrankten
Menschen berechnen kann. Der Algorithmus wertet vorliegende Diagnosen aus und
gleicht vorliegende Muster und Therapieverläufe miteinander ab, um anschließend
die restliche Lebenszeit anzugeben, die den Patientinnen und Patienten noch zur Verfügung steht. Die Vorhersage könne, so der Gründer Bill Frist 2016 in einem Interview
mit dem Wall Street Journal, genau vorhersagen, welche Patientinnen und Patienten
in wenigen Wochen oder mehreren Monaten sterben werden. Der Vorteil dieser intelligenten Entwicklung wird von Frist sowohl mit wirtschaftlichen als auch mit sozialen
Aspekten begründet: Aus ökonomischer Sicht würde durch das frühzeitige Feststellen
des Sterbezeitpunktes ein optimal kalkulierter Behandlungsplan erstellt werden können. Patientinnen und Patienten ohne reelle Genesungschancen müssten keine Therapien mehr verordnet werden, die am Krankheitsverlauf nichts mehr ändern können,
allerdings hohe Kosten verursachen und Ressourcen binden. Therapieplätze, Medika-
mente und Personal könnten für die Patientinnen und Patienten eingesetzt werden,
deren Lebenserwartung maschinell höher eingeschätzt wird und bei denen damit ein
Therapieerfolg wahrscheinlicher ist. Hinsichtlich der sozialen Vorteile führt Frist an,

---

11   Moral Machine, http://moralmachine.mit.edu, abgerufen am 15.11.2021.
12   Schäffner V., Wenn Ethik zum Programm wird: Eine risikoethische Analyse moralischer Dilemmata des
     autonomen Fahrens, Journal for Ethics and Moral Philosophy, 2020, S. 27–49, https://doi.org/10.1007/
     s42048-020-00061-9, abgerufen am 10.8.2022.

dass die meisten Menschen den Wunsch hätten, ihr Lebensende in ihrem Zuhause zu verbringen. Aufgrund von andauernden Behandlungen sind schwer erkrankte Patientinnen und Patienten allerdings oft in Krankenhäusern oder ähnlichen Einrichtungen untergebracht und ein rechtzeitiger Umzug in das eigene Heim ist meistens nicht mehr möglich. So kommt es dazu, dass dem letzten Wunsch bezüglich des Sterbeortes nicht entsprochen werden kann. Mit der Kalkulation des Todeszeitpunktes könne man ggf. rechtzeitig Therapien beenden und Maßnahmen ergreifen, um die Patientinnen und Patienten in ihr heimisches Umfeld zu bringen.[13,14]

Die Entwicklung des zuvor beschriebenen Algorithmus löste mehrere Diskussionen aus, inwiefern Maschinen und technologische Instrumente in die Privatsphäre eines Menschen eingreifen dürfen. Soll einer Maschine das Recht zugeschrieben werden, über Beginn und Ende einer Behandlung zu entscheiden? Ist die Berechnung des Todeszeitpunktes anhand von Patientendaten eine moralisch vertretbare Grundlage, um ggf. lebenserhaltende Maßnahmen zu beenden? Der Onkologe Dr. Wolfgang Hiddemann bestätigt die Gefahr einer möglichen Übertherapie und die generell mit Behandlung einhergehenden Kosten und Ressourcenbindungen. Allerdings sieht er die Aufgabe der Medizin und der Ärztinnen und Ärzte vorrangig darin, gemeinsam mit den Patientinnen und Patienten jede Chance auf Heilung zu nutzen, auch wenn sie gering erscheint. Die Frage nach Ressourcenverschwendung stellt sich für den Onkologen nicht. Für ihn ist einer der entscheidenden Faktoren der Überlebenswille der Patientinnen und Patienten.[15]

Ein weiterer Aspekt, den es mit Blick auf Moral und Ethik zu betrachtet gilt, ist der Punkt der Transparenz. Ein häufig angeführter Kritikpunkt an Algorithmen ist die fehlende Transparenz hinsichtlich ihrer Berechnungen und der Ergebnisse. Zum Teil ist es selbst Entwicklerinnen und Entwicklern nicht mehr möglich, die Berechnungen in Gänze nachzuvollziehen[16]. In dem hier angeführten Beispiel bedeutet das, dass den Patienten und Patientinnen eine bestimmte Lebenserwartung attestiert wird, der Arzt oder die Ärztin aber keine genaue Aussage dazu treffen kann, wie der Algorithmus zu diesem Ergebnis gekommen ist. Für den Computerethiker Kevin Baum fehlt es hier an drei elementaren Stellen an der Nachvollziehbarkeit für alle Beteiligten: Den Patienten und Patientinnen ist nicht klar, was mit ihren Daten während der Analyse pas-

---

13   Beck M., Can a Death-Predicting Algorithm Improve Care?, Wall Street Journal, 2. 12. 2016, section Life, https://www.wsj.com/articles/can-a-death-predicting-algorithm-improve-care-1480702261, abgerufen am 5.12.2021.

14   Briseno C., Optimierung der Palliativversorgung: Wenn Algorithmen den Tod vorhersagen, Algorithmenethik, 2018, https://algorithmenethik.de/2018/03/21/optimierung-der-palliativversorgungwenn-algorithmen-den-tod-vorhersagen/, abgerufen am 5.12.2021.

15   Hiddemann W./Baum K., Todesalgorithmus: Berechnete Lebenserwartung | Panorama | NDR, Panorama, 15.12.2017, https://www.youtube.com/watch?v=HKS4ke1RMyo, abgerufen am 5.12.2021.

16   ebd.

siert. Sowohl das ärztliche Fachpersonal als auch Patient bzw. Patientin haben keine Kenntnis über die Entstehung des Ergebnisses und es ist ebenfalls nicht bekannt, welche Art von Algorithmen in diesem Verfahren genutzt werden. Hinzu kommt die Frage nach der Vollständigkeit und Richtigkeit der Datenbasis. Ein Algorithmus und seine Qualität sind stets abhängig von der Qualität seiner Datenbasis. Liegen also Fehler in den Daten vor, so kann nicht mehr von einem zuverlässigen Ergebnis ausgegangen werden. In dem hier betrachteten Beispiel könnten die Auswirkungen einer falschen Berechnung fatal sein. Es stellt sich also die Frage, ob lebenswichtige Entscheidungen an eine Maschine übertragen werden sollen, bei der sowohl die Arbeitsweise als auch die Grundannahme nicht bekannt sind. Und hieran anschließend stellt sich dann fast selbstverständlich die Frage der Verantwortung. Wer übernimmt die Verantwortung für fehlerhafte Berechnungen und daraus resultierende Fehlentscheidungen? Diese Frage ist sowohl ethisch als auch rechtlich bislang nicht abschließend geklärt[17].

Ein letzter Aspekt, der betrachtet werden soll, ist die Frage nach der Berücksichtigung von emotionalen und psychologischen Faktoren bei der Rehabilitation von erkrankten Personen. Es wurde bereits hinreichend bestätigt, dass Emotionen und die psychische Konstitution eines Menschen großen Einfluss auf Heilungs- und Genesungsprozesse nehmen können[18]. Der Überlebenswille und die Hoffnung von Patientinnen und Patienten sind deshalb oftmals entscheidende Faktoren, wenn es um die Wirkung einer Therapie geht. So könnte es, nach der Meinung von Hiddemann, für den Therapieverlauf von Patienten und Patientinnen absolut kontraproduktiv sein, wenn die Hoffnung der Erkrankten durch eine maschinell berechnete Lebenserwartung geschwächt oder gar zerstört werden würde. Auch Computerethiker Kevin Baum unterstreicht die fehlende Fähigkeit eines Algorithmus, individuelle und persönliche Eigenschaften in die Berechnungen mit einfließen zu lassen. Die hieraus abzuleitende Frage lautet demnach, ob die Berechnung der Lebenszeit überhaupt ernsthaft herangezogen werden sollte, wenn doch entscheidende, persönliche Faktoren nicht miteinbezogen werden können.

8.4   Fazit und Ausblick

Die Kernfrage dieses Textes konzentrierte sich insbesondere darauf, inwieweit eine KI das Verhalten vom Menschen erlernen kann und welche Aspekte zur Entscheidungsfindung mit einbezogen werden. Es zeigte sich, dass eine KI sehr gut vom Menschen

17   Loh J., Verantwortung und Roboterethik, in Maschinenethik: Normative Grenzen autonomer Systeme, Hrsg. Rath M./Krotz F./Karmasin M., Wiesbaden: Springer Fachmedien Wiesbaden, 2019, S. 91–105 (S. 96–98).
18   Giltay E. J. et. al., Dispositional Optimism and the Risk of Cardiovascular Death: The Zutphen Elderly Study, Archives of Internal Medicine, 166.4, 2006, S. 431–36, https://doi.org/10.1001/archinte.166.4.431, abgerufen am 10.8.2022.

lernen kann. Die Frage, welche Aspekte eine KI zur Entscheidungsfindung hinzuzieht, wurden zum Teil in diesem Text erläutert. Abschließend lässt sich feststellen, dass eine KI im Hinblick darauf, was nach moralischen und ethischen Kriterien »Gut« und »Böse« ist, noch nicht ausreichend differenzieren kann. Es sollten der emotionale Teil des Menschen und die aktuellen gesellschaftlichen Werte in das Training einer KI mit einbezogen werden. Dies stellt sich in Anbetracht der verschiedenen kulturellen Normen jedoch als schwierig heraus. Trotzdem sollte das Ziel sein, mithilfe von Ethikkommissionen die Akzeptanz und damit einhergehende Nutzenerweiterung und Einsatzverbreitung einer KI zu steigern und somit die Datenbasis für die Entwicklung zukünftiger KIs zu verbessern.

Der Weg für eine zunehmende Technologisierung unserer Gesellschaft wurde bereits vor vielen Jahren gelegt. Obwohl Begriffe wie Innovation, Digitalisierung oder Künstliche Intelligenz unser heutiges Leben sehr eindrucksvoll prägen, darf nicht in Vergessenheit geraten, dass Antworten auf schwierige Fragen zu unserem Mensch-Seins nicht durch technologische Automatismen ersetzt werden können. Der Mensch darf weder die Hoheit über das eigene Schicksal verlieren noch sich von eindrucksvollen Entwicklungen des technischen Fortschritts blenden lassen. Denn bei allen Vorteilen sind es auch die Menschen, die für die Fehler geradestehen müssen.

8.5   Handlungsempfehlungen

- Transparenz schaffen: Den Weg einer Entscheidung, die durch eine KI getroffen wird, offenlegen.
- Datenqualität sicherstellen: Der Erfolg einer KI hängt von der Datenqualität ab: Datenqualitätsmanagement ist in diesem Zusammenhang unersetzlich.
- Akzeptanz durch Transparenz: Durch Aufklärung und adressatengerechte Informationen der Menschen sollten Fragen und Sorgen bezüglich KI aufgelöst oder zumindest thematisiert werden.
- Emotionale/psychische Parameter mit einbeziehen: In allen Branchen lohnt es sich, die individuellen psychischen Parameter eines Menschen mit einzubeziehen.
- Frühzeitige Bildung: In der Schule sollte zum einen der Umgang mit KI frühzeitig gelehrt werden. Ebenso muss aber auch die kritische Betrachtung dieser Instrumente thematisiert werden, um das Bewusstsein für Auswirkungen und Zusammenhänge von KI zu vertiefen.
- Ethikforschung unterstützen: Um die ethischen Fragen, die aus dem Einsatz von KI resultieren können, öffentlich zu thematisieren, sollte die Forschung oder zumindest die öffentliche Diskussion diesbezüglich politisch und medial unterstützt werden.
- Die Entwicklung der Menschen fördern: So aktuell und wichtig die Forschung und Entwicklung hinsichtlich KI zurzeit auch sein mag; die Veränderung der bestehen-

den Berufsbilder aufgrund technischer Entwicklungen ist bekannt. Um künftig genügend qualifiziertes Fachpersonal zu haben, sollten die Fort- und Weiterbildungsangebote für KI-Themen ausgebaut und auch arbeitgeberseitig unterstützt werden.

- Normen definieren: Es sollten übergreifende Werte und Normen definiert werden, die für jede Kultur zutreffend sind.
- Künstliche Intelligenz anders trainieren: Es sollten nicht nur Daten aus der Vergangenheit herangezogen werden, sondern auch Daten aus der heutigen Zeit und Zukunftsszenarien mit betrachtet werden, um so die KI darauf zu trainieren, fehlerhaftes Verhalten zu erkennen und nicht weiter zu erlernen.
- Ethik und Moral beim Menschen festigen: In der heutigen Zeit wird immer wieder deutlich, wie weit eine Gesellschaft in Ihrer ethischen Einstellung auseinander liegen kann. Hier sollte angesetzt werden, um diese Lücke zu verkleinern.

9 Künstliche Intelligenz – die moralischen und ethischen Aspekte

Von Amanda Feodora Cohrs und Sebastian Krupp

Was Sie in diesem Kapitel erwartet

Dieser Beitrag gibt einen Überblick über grundlegende moralische und ethische Diskussionen, die im Rahmen der Entwicklung und Anwendung von Künstlicher Intelligenz geführt werden. Aufgrund der voranschreitenden Digitalisierung in Verbindung mit immer umfassenderen KI-Algorithmen entstehen unterschiedlich gelagerte moralisch-/ethische Herausforderungen, mit denen man sich im digitalen Zeitalter aktiv auseinandersetzen muss. Es ist erforderlich, dass Richtlinien und Rahmenwerke geschaffen werden, um die Entwicklung und den Einsatz von KI insbesondere unter moralischen und ethischen Aspekten sicher zu gestalten.

Der Leser soll durch Beispiele dazu angeregt werden, bei beruflichen und alltäglichen Berührungspunkten mit KI moralische Gesichtspunkte zu hinterfragen und ethisch weiterzudenken. Dabei soll dahingehend sensibilisiert werden, dass KI-Technologien vor dem Hintergrund von Moral neu gedacht und umfassend weiterentwickelt werden müssen. Konkrete Handlungsempfehlungen sollen dabei unterstützen.

9.1 Relevanz des Themas und Problem

Bei weiterhin stetig wachsender Rechenleistung von Computern ist das Potenzial von KI unendlich. Daher gibt es aus unterschiedlichsten Richtungen Bedenken über die mit dem Wachstum einhergehenden Risiken. Einerseits ist der Mensch verantwortlich für die technische Entwicklung und die Weiterentwicklung von KI, andererseits beeinflussen KI-getriebene Entscheidungen mehr und mehr das Leben des Menschen.[1]

Die mit der Wechselwirkung Mensch und KI einhergehende Verantwortung für die Entwicklung und Nutzung der Technologie wird unter moralischen und ethischen Gesichtspunkten kontrovers diskutiert. Da die KI und ihre zugrundeliegenden Algorithmen bereits bei ihrer Entwicklung und somit vorab durch den Menschen mit Entscheidungslogiken und -mechanismen unterfüttert werden müssen, ist es notwendig, dass diese auf moralische und ethische Aspekte hin geprüft, Konsequenzen durchdacht und weitergehende Verantwortungsfragen geklärt werden.

---

[1] Bundesverband Digitale Wirtschaft e. V., 2019, »Mensch, Moral, Maschine – Digitale Ethik, Algorithmen und künstliche Intelligenz.« Diskussionspapier, Berlin, S. 3-4.

Menschen können in Situationen moralisch intuitiv reagieren, der Algorithmus einer KI hingegen muss in jeder Situation einer durch den Menschen konstruierten Logik folgen. Sofern eine KI zukünftig autonom Entscheidungen trifft, muss sichergestellt sein, dass die Entscheidungsprinzipien, die dem Erreichen wirtschaftlicher oder gesellschaftlicher Ziele zugrundeliegen, auch nach moralischen und ethischen Grundsätzen korrekt sind. Da es jedoch nicht nur global, sondern auch innerhalb einzelner Gesellschaften unterschiedliche Vorstellungen von Ethik und Moral gibt, entstehen Ängste und Risiken, die in vielfältige Debatten münden.

9.2 Praxisbeispiele zu moralischen und ethischen Debatten über Künstliche Intelligenz

Exemplarisch wird im Folgenden auf einige moralische und ethische Probleme eingegangen, die aktuell kontrovers diskutiert werden.

9.2.1 Entscheidungsdilemma – autonomes Fahren im Straßenverkehr

In einer gegebenen, unvermeidbaren Unfallsituation, in der ein Auto auf ein Hindernis zufährt, gibt es die Möglichkeiten, entweder nach links oder aber nach rechts auszuweichen. Nehmen wir an, dass links ein alter und rechts ein junger Mensch überfahren würde. Damit stellt sich die Frage: Wie sollte sich die Steuerungs-KI des Autos entscheiden? Sofern die KI aufgrund ökonomischer Ansätze dahingehend trainiert würde, dass jüngere Menschen eher geschont werden als Ältere, wie sollte das Auto reagieren, wenn links zwei ältere und rechts ein junger Mensch stünde?[2] Wer hat die Befugnis, hierüber zu entscheiden, und liegen der Art und Weise der Entscheidungsfindung bzw. dem Entscheidungsergebnis selbst womöglich kulturelle Unterschiede zugrunde? Zusätzlich bleibt auch die Haftungsfrage offen: Wer haftet beim autonomen Fahren für Schäden? Sollten der Halter des Fahrzeugs, der Fahrzeughersteller oder aber die Entwickler der Algorithmen haften?

Es ist ungeklärt, wie Algorithmen so angereichert werden können, dass sie möglichst immer nach moralischen Gesichtspunkten handeln und sich innerhalb dieser weiterentwickeln können. Wie können diese Kriterien festgelegt werden? Wer ist verantwortlich für die Auswirkungen einer KI?

---

2   Buxmann, P./Schmidt H., 2021, »Ethische Aspekte der Künstlichen Intelligenz.« In Künstliche Intelligenz – Mit Algorithmen zum wirtschaftlichen Erfolg, von Peter Buxmann und Holger Schmidt, 215-229. Berlin: Springer Gabler, S. 224 f.

9.2.2 Technologische Singularität

Die durch schnell wachsende KIs hervorgerufene scheinbare Unberechenbarkeit bereitet der Menschheit zunehmend Sorgen. Der Begriff »technologische Singularität« ist Teil der Debatte. Er beschreibt das Zukunftsszenario des hypothetischen Zeitpunkts, an dem Künstliche Intelligenz die menschliche Intelligenz einholt oder sogar übertrifft. Befürchtet wird eine unaufhaltsame Verselbstständigung mit rasanten technischen Fortschritten der KI, die für den Menschen nicht mehr vorhersehbar, nachvollziehbar oder kontrollierbar wäre. Somit würde in der Theorie ein sich selbst verstärkender Kreislauf entstehen, der in einer sogenannten Superintelligenz mündet.[3] Die Gefahr ist weniger die Entstehung einer Superintelligenz, sie liegt stattdessen vielmehr in der falschen Auswertungen durch Algorithmen. Wie relevant solche Schwächen von KIs sind, veranschaulicht ein Fallbeispiel aus dem Jahr 2018: Als ein Stoppschild im Testlauf von US-Amerikanischen Wissenschaftlern mit einem Zettel versehen wurde, erkannte das KI-System des Autos das Stoppschild nicht und interpretierte es als Tempolimit, was im realen Verkehr möglicherweise verheerende Folgen nach sich gezogen hätte.

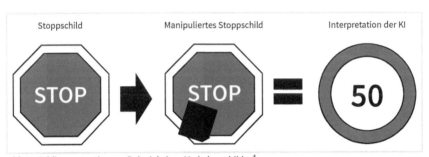

Stoppschild   Manipuliertes Stoppschild   Interpretation der KI

Abb. 1: Fehlinterpretation am Beispiel eines Verkehrsschildes[4]

9.2.3 Nachvollziehbarkeit von KI-Algorithmen

Entscheidungsgrundlagen einer KI sind zumeist intransparent und nicht nachvollziehbar. Bei einer Bewerberauswahl mithilfe von KI wird beispielsweise nicht offengelegt, ob Parameter wie Geschlecht, Hautfarbe oder Religion zur Entscheidung beigetragen haben. Ein Diagnose-Algorithmus erklärt nicht, warum bzw. woran er eine Krankheit entdeckt hat oder aber Personen werden durch Algorithmen für Straftäter gehalten,

3   Buxmann, P./Schmidt H., 2021, »Ethische Aspekte der Künstlichen Intelligenz.« In Künstliche Intelligenz – Mit Algorithmen zum wirtschaftlichen Erfolg, von Peter Buxmann und Holger Schmidt, 215-229. Berlin: Springer Gabler, S. 217.

4   Eigene Darstellung in Anlehnung an: BSI, 2021, »Künstliche Intelligenz – das unheimlich autonome Fahrzeug.« Bundesamt für Sicherheit in der Informationstechnik, https://www.bsi.bund.de/DE/Themen/ Verbraucherinnen-und-Verbraucher/Informationen-und-Empfehlungen/Wie-geht-Internet/KI-Autonomes-Fahren/ki-autonomes-fahren.html, abgerufen am 21.11.2021.

die sie gar nicht sind.[5] Diese Beispiele machen deutlich, dass das sogenannte »Black Box«-Phänomen ein grundlegendes Risiko birgt.

Noch schwieriger wird es, wenn Personen, die mit einer KI interagieren, nicht einmal wissen, dass sie mit einer solchen sprechen. Chatbots oder Telefonassistenten, wie die Google-KI »Palm«, haben über die Zeit gelernt, so menschenähnlich zu kommunizieren, dass es für Testpersonen kaum erkennbar war, ob sie mit einer realen Person oder einer Maschine sprechen.

9.2.4 Gerechtigkeit und kognitive Verzerrungen

Da Menschen entsprechende Algorithmen erschaffen, besteht die Gefahr, dass systematische Fehleinschätzungen, sogenannte »Bias(-es)« in den Algorithmus übertragen und infolgedessen Entscheidungen oder Vorhersagen unerwünscht verzerrt werden.

So beschreibt das sog. **Sample Bias** Verzerrungen, die aufgrund unausgewogener Daten, die eine betrachtete Population im Einsatzbereich nicht geeignet repräsentieren, entstehen. Im Beispiel von Amazon führte dies zur systematischen Benachteiligung von Frauen im Einstellungsszenario. Hintergrund war: Der Algorithmus hatte aufgrund historischer Auswahldaten erkannt, dass der Anteil eingestellter Männer größer war als der Anteil von eingestellten Frauen und infolgedessen in seinen Entscheidungen ebenfalls männliche Bewerber bevorzugte.[6]

Verzerrungen, die aufgrund falscher Näherungsweise bzw. falsch gewählter Zielgrößen entstehen, werden als **Label Bias** bezeichnet. Ein Personalauswahl-Algorithmus sollte in der Theorie idealerweise einen Bewerber finden, der nachhaltig Wert für das Unternehmen schafft. Werden historische Daten, wie Lebensläufe ehemaliger Bewerber und zugehörige Stellenausschreibungen als Eingangsvariablen genutzt und lediglich die Einstellung (ja/nein) als Zielgröße, so wird der Algorithmus nur das Einstellungsverhalten der Vergangenheit nachahmen und nicht erkennen können, ob oder inwieweit Einstellungen nachhaltig zum Erfolg des Unternehmens beigetragen haben. Die gewählte Zielgröße löst somit nur näherungsweise die Problemstellung und sollte um weitere Faktoren, wie beispielsweise den Verbleib im Unternehmen und erfolgte Beförderungen, erweitert werden.

5   Buxmann, P./Schmidt H., 2021, »Ethische Aspekte der Künstlichen Intelligenz.« In Künstliche Intelligenz – Mit Algorithmen zum wirtschaftlichen Erfolg, von Peter Buxmann und Holger Schmidt, 215-229. Berlin: Springer Gabler, S. 219.
6   Buxmann, P./Schmidt H., 2021, »Ethische Aspekte der Künstlichen Intelligenz.« In Künstliche Intelligenz – Mit Algorithmen zum wirtschaftlichen Erfolg, von Peter Buxmann und Holger Schmidt, 215-229. Berlin: Springer Gabler, S. 219-221.

Neben Verzerrungen der Zielvariable können jedoch auch Verzerrungen von histori-schen Daten enthalten sein. Dieses Phänomen wird **Feature Bias** genannt. Am Beispiel eines Auswahlalgorithmus für Werkstudenten wird dies deutlich: Vor der erfolgten An-passung des Bildungssystems (Abitur nach weniger Bildungsjahren und Wegfall von Zivil- und Wehrpflicht) waren Bewerber auf diese Stellen typischerweise älter als 22 Jahre, heute jedoch deutlich jünger. Nutzt der Algorithmus nun diese historischen Daten, werden jüngere Bewerber bei gleicher Eignung (Schul-/Studienabschluss; Stu-dienjahre) systematisch benachteiligt. Dieser Verzerrung könnte zum Beispiel über eine Nicht-Betrachtung der Altersvariablen entgegengewirkt werden.

9.2.5   Datenschutz und Privatsphäre

Neben einer Nutzung und Verknüpfung von persönlichen Daten, wie beispielsweise innerhalb der Coronapandemie geschehen (Gesundheits- & Tracking-Apps), bei der die gesellschaftlichen und wirtschaftlichen Vorteile die entsprechenden Nachteile überwiegen, kann das Sammeln und Zusammenführen von Daten unter Umständen zu einem deutlich spürbaren Verlust der Privatsphäre führen. Hierfür ist insbesonde-re aus europäischer Sicht das chinesische »Social-Scoring-Model« ein interessantes und konträres Beispiel. In Abhängigkeit davon, wie die chinesische Regierung das Ver-halten des Einzelnen in Bereichen wie zum Beispiel Straßenverkehr (alkoholisiertes Fahren oder rote Ampel missachten), Eingaben in Suchmaschinen oder Äußerungen in Sozialen Medien bewertet, wird dort für jeden Bürger ein Punktestand errechnet, der, je nach Höhe, beispielsweise den Zugang zu Krediten erleichtert, öffentliche Verkehrs-mittel verbilligt oder aber Zugang zu öffentlichen Dienstleistungen oder Privatschulen verweigert.

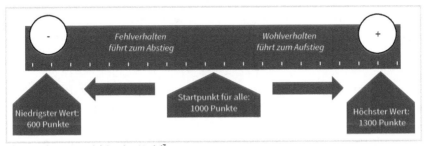

Abb. 2: Schema – Social-Scoring Model[7]

---

7   Eigene Darstellung in Anlehnung an: Benrath, Bastian, und Bernhard Bartsch, 2018, »Asien in Zahlen Teil 2: Punktabzug für zu seltene Besuche bei den Eltern.« Frankfurter Allgemeine Zeitung. 30. November, https://www.faz.net/aktuell/wirtschaft/infografik-chinas-sozialkredit-system-15913709.html, abgerufen am 3.12.2021.

Dieses System verdeutlicht kulturelle Unterschiede im Hinblick auf die Akzeptanz und Durchführung von Datenverarbeitung, da ein solches System in Europa gesellschaftlich keinen Anklang finden würde.[8] Die Diskussion zur Privatsphäre wird noch komplizierter, wenn sensible Informationen über Daten erstellt werden. Dazu zählen Algorithmen, die in der Lage sind, Menschen nach ihrer sexuellen Ausrichtung zu klassifizieren. Hier kann eine Unterscheidung nach sexueller Orientierung über Verknüpfungen von Daten erfolgen. Es wird unmittelbar deutlich, dass es viele Anwendungsszenarien gibt, die potenziell negative gesellschaftliche Auswirkungen haben und somit ein Risiko darstellen.

9.3 Kritische Betrachtung von KI im Hinblick auf moralische und ethische Herausforderungen und Chancen

KIs können in kürzester Zeit Unmengen an Daten verarbeiten und auswerten. Dies kann ein großer Vorteil sein, insbesondere dann, wenn Zeit ein entscheidender Faktor ist. So erscheint es logisch, dass bei korrekter Funktion spezieller Algorithmen Menschen beim Treffen von Entscheidungen unterstützt oder ihnen die Entscheidungen gar abgenommen werden können. Doch gerade dann muss sichergestellt sein, dass sie fehlerfreie Ergebnisse liefern und Datenverarbeitungsprozesse ständig geprüft werden[9].

Aufgrund des erläuterten Black-Box-Effektes kann teilweise nicht nachvollzogen werden, wie und ob gewisse Parameter in Entscheidungen berücksichtigt werden. Die Nachvollziehbarkeit von Entscheidungen wird allerdings in vielen Fällen nicht nur benötigt, sondern sogar verlangt. Forschungsansätze, subsummiert unter dem Begriff de »explainable AI« (erklärbare KI), verfolgen als Ziel die stärkere Transparenz, Aufklärung sowie ein besseres Bewusstsein bei der Anwendung von KI. Nutzer sollen dazu veranlasst werden, »faire« sich selbsterklärende Algorithmen denjenigen, die nach dem »Black-Box-Prinzip« arbeiten, vorzuziehen.[10]

Ebenfalls ethisch fragwürdig wird es, wenn KIs zur Anwendung kommen, ohne dass die betroffene Person darüber Kenntnis oder Ihr Einverständnis zur Nutzung gegeben hat. Es stellt sich die Frage, inwieweit eine Maschine vorgeben darf, dass Sie selbst menschlich ist, bzw. der Mensch sich »täuschen« lassen möchte. Hier sollte der erste

---

8   Bertelsmann Stiftung, 2022, »Asien in Infografiken«. https://www.bertelsmann-stiftung.de/fileadmin/files/aam/Asia-Book_A_03_China_Social_Credit_System.pdf, abgerufen am 09.04.2022

9   Britz, A., 2021, »Künstliche Intelligenz im Jahr 2020.« In Künstliche Intelligenz – Mit Algorithmen zum wirtschaftlichen Erfolg, von Peter Buxmann und Holger Schmidtz, 203-211. Berlin: Springer Gabler, S. 204.

10 Buxmann, P./Schmidt H., 2021, »Ethische Aspekte der Künstlichen Intelligenz.« In Künstliche Intelligenz – Mit Algorithmen zum wirtschaftlichen Erfolg, von Peter Buxmann und Holger Schmidt, 215-229. Berlin: Springer Gabler, S. 219.

Schritt sein, dass eine KI sich als solche selbst zu erkennen gibt, um Transparenz zu schaffen.

Eine KI kann lediglich anhand der vom Menschen voreingestellten Entscheidungsmechanismen handeln und lernen. Aber wie sollen Maschinen zukünftig mit Fähigkeiten wie Mitgefühl, Empathie, Liebe und Kreativität umgehen? Diese Kernattribute unterstützen moralische Entscheidungen und machen den Menschen einzigartig. Wie kann das Moralverständnis des Einzelnen oder gar einer ganzen Kultur in eine KI übertragen und wie können hierbei Unterschiede berücksichtigt werden?

Ein weiterer Aspekt ist die Verantwortung und Haftung in Bezug auf Auswirkungen, die durch die Anwendung von KI entstehen. Insbesondere wenn autonome Systeme Entscheidungen treffen, durch die gesellschaftlicher Schaden verursacht wird, ist offen, welche Konsequenzen gezogen werden können und müssen. Es wird deutlich, dass KI entwickelnde oder nutzende Unternehmen neben einer rein technischen Expertise auch eine ethische Expertise benötigen, um genau diesen Fragen von Beginn an auf den Grund zu gehen.[11]

Als Schlüssel für die gewünschte Tragweite von KI spielt weiterhin die gesellschaftliche Akzeptanz ihrer Nutzung eine wesentliche Rolle.[12] Nur wenn das Vertrauen in die Technologie gegeben ist, kann ihr Potenzial wirklich ausgeschöpft werden. Dabei darf gerade im europäischen Raum der Aspekt des Datenschutzes und der Privatsphäre nicht außer Acht gelassen werden. Warnsysteme, wie die Corona-Warn-App, die durch die Verarbeitung von persönlichen Daten überhaupt erst funktionieren, können hilfreich sein und gesellschaftlichen Nutzen stiften. Anhand dieser Anwendung wird deutlich, dass unter Wahrung von Datenschutzregeln sowie durch Aufklärung und Transparenz die Nutzung von KI in gesellschaftliche Akzeptanz münden kann.

Zusammenfassend lässt sich sagen, dass Nachvollziehbarkeit, Transparenz, Zuverlässigkeit und Sicherheit grundsätzliche KI-Attribute sind, die in Anbetracht von moralischen und ethischen Gesichtspunkten beleuchtet werden müssen. Bevor die Technologie die Menschen tatsächlich einholt und nicht mehr kontrollierbar ist, müssen hier ethische Maßstäbe definiert werden. Unterschiedliche Kommissionen setzen sich bereits europaweit in politischen Diskussionen mit Ethik im Kontext von KI auseinander und erstellen Regulierungsrahmen für den Umgang mit KI. Ein besonderer

---

11   Heinrich Böll Stiftung. 2019. »Künstliche Intelligenz: Wer trägt die Verantwortung?« Heinrich Böll Stiftung. 18. Januar, https://www.boell.de/de/2019/01/18/kuenstliche-intelligenz-wer-traegt-die-verantwortung, abgerufen am 21.11.2021.

12   Britz, A., 2021, »Künstliche Intelligenz im Jahr 2020.« In Künstliche Intelligenz – Mit Algorithmen zum wirtschaftlichen Erfolg, von Peter Buxmann und Holger Schmidtz, 203-211. Berlin: Springer Gabler, S. 208.

Fokus richtet sich dabei auf die Risiko-Bewertung eingesetzter Algorithmen und die Empfehlung an Unternehmen, analog zu einem Daten- auch einen Algorithmus-Beauftragten zu ernennen. Ferner kann eine Zertifizierung angedacht werden, durch die die Vertrauenswürdigkeit von KI- Algorithmen bewertet und damit eine allgemein gültige Orientierung gegeben werden kann.

9.4 Fazit und Ausblick

Die Diskussion über moralisch-/ethische Maßstäbe im Umgang mit Künstlicher Intelligenz ist eine der brennendsten Fragen des digitalen Zeitalters. Schon heute sind KIs nicht nur schneller in der (Weiter-)Verarbeitung und Auswertung von Datensätzen – sie sich auch in der Kommunikation kaum mehr vom Menschen zu unterscheiden. Bei weiterhin exponentiell steigender Rechenleistung sind Möglichkeiten, Anwendungsfälle und Lösungen von und durch KI unendlich. Noch unterscheiden sich menschliches Bewusstsein und Intuition klar von den der KI zugrunde liegenden Entscheidungsmechanismen. Deswegen müssen jetzt moralische und ethische Richtlinien für die Entwicklung und Nutzung von KI definiert werden, die Vertrauen in die Technologie schüren und zu gesellschaftlicher Akzeptanz führen. Solange der Mensch noch selbst Gestalter der KI sein kann, ist es notwendig, den Handlungsrahmen zu diskutieren und permanent im Sinne des Gemeinwohls zu optimieren. Laufende Überprüfungen und (Weiter-)Entwicklungen von Funktionsweisen der KI-Algorithmen sind notwendig. Hierbei sollten im Zuge dieser Entwicklung nicht nur Unternehmen vermehrt ein Auge darauf haben, sondern auch Organe der Exekutive und Legislative sowie Ethik-Kommissionen und öffentliche Einrichtungen. Wichtig ist insbesondere, dass zum einen gesellschaftlich unerwünschte Anwendungsfälle definiert und reguliert werden. Zum anderen muss ein ethisches Rahmenwerk geschaffen werden, innerhalb dessen sich KIs ethisch korrekt und sinnvoll entwickeln können.

9.5 Handlungsempfehlungen

- Menschen sollten sich aktiv mit der Frage nach Moral im Kontext von KI beschäftigen und diese kritisch hinterfragen.
- KIs müssen fortlaufend unter moralisch-/ethischen Aspekten überprüft und ggf. angepasst werden, insbesondere dann, wenn sie menschliche Entscheidungen unterstützen oder gar ersetzen.
- Transparenz über die Funktionsweise von KI-Algorithmen sowie die Nachvollziehbarkeit von KI-Entscheidungen und letztlich die Datensicherheit müssen sichergestellt sein.
- Eine KI muss sich selbst als KI zu erkennen geben, damit der Mensch nicht getäuscht werden kann.

- Daten-Ethik-Kommissionen müssen Regulierungsrahmenwerke schaffen, um Risiken, die in der Nutzung von KI liegen, zu minimieren.
- Die gesellschaftliche Akzeptanz von KI sollte durch die Wahrung von Datenschutzregelungen sowie Aufklärung und Transparenz erhöht werden.
- Manuelle und autonome Kontrollen der KI-Systeme sowie zielgerichtete Regularien können Grenzen der Transparenz und Nachhaltigkeit entgegenwirken.
- Die Fragen nach Verantwortlichkeit und Haftung, nicht nur bei der Entwicklung, sondern auch bei der Nutzung von KI sowie ihren Auswirkungen müssen geklärt werden.
- Neben technischer wird auch eine ethische Expertise in Unternehmen benötigt, um moralisch-/ethisches Verhalten der KI sicherzustellen.

10   Würden Sie der Entscheidung einer KI ohne eine für Sie verständliche Erläuterung vertrauen?

Von Prof. Dr.-Ing. Randolf Isenberg und Frank Peters

Was Sie in diesem Kapitel erwartet

Künstliche Intelligenz unterstützt und übernimmt immer mehr unsere Entscheidungen im privaten wie auch beruflichen Bereich. Eine KI entscheidet über das Einschalten Ihres Handys durch eine Gesichtsanalyse oder das Aussortieren defekter industrieller Bauteile.

In diesem Beitrag wird erläutert, wie man Vertrauen in erklärbare KI-Entscheidungen gewinnen kann. Erklärbarkeit schafft Vertrauen und Optimierungsmöglichkeiten der KI, verhindert rechtliche Probleme und macht auf ethisch riskante Entscheidungen aufmerksam. Dadurch wird die Qualität der Daten und die Funktionsweise der KI für alle Beteiligten über den gesamten Lebenszyklus, d. h. von der Entwicklung bis zur Anwendung der KI, nachvollziehbar.

Genauere Ergebnisse erfordern eine hohe Datenqualität und sind meist nur durch hoch komplexe sogenannte Blackbox-Modelle zu erzielen. Wie kann man die Datenqualität sicherstellen und daraus resultierende Entscheidungen in den Blackbox-Modellen verständlich machen, damit man Ihnen vertrauen kann und Nutzen aus ihnen ziehen kann?

Für den Leser wird deutlich, warum man nicht jeder Künstlichen Intelligenz vertrauen kann und wie man das Vertrauen schaffen kann. Dazu werden die beiden Interpretations-Methoden LIME und SHAP an je einem Beispiel aus der Industrie und Medizin erläutert.

10.1   Einleitung

Sowohl im privaten als auch im geschäftlichen Bereich wird die KI immer mehr genutzt, um Regeln und Entscheidungen aus Algorithmen und Daten abzuleiten. So gibt es z. B. Algorithmen, die aus Bildern von Bauteilen erkennen können, ob ein Defekt vorliegt.

Es ist noch gar nicht so lange her, dass solche Entscheidungen allein durch den Menschen getroffen wurden. Wenn also immer mehr datengetriebene Algorithmen menschliche Entscheidungen unterstützen oder sogar übernehmen, ist es wichtig, diese Verfahren intensiv zu prüfen und ihre Grenzen zu kennen. Bei prekären Entscheidungen ist es besonders wichtig, dass am Ende immer ein Mensch die Verantwortung für die Entscheidung übernimmt. Deshalb ist es relevant, dass der Mensch den Entscheidungen des Systems vertrauen kann.

10.1.1   Fehler von KI-Systemen in der Vergangenheit

Neben allen Erfolgen, die heutige KI-Systeme haben, treten doch immer wieder Fehlentscheidungen solcher Systeme auf, die prekäre Auswirkungen haben:[1]

- Das KI-Bewerbungstool von Amazon hat Vorurteile gegenüber Frauen.
  Im Jahr 2014 begann Amazon, die Bewerbungen durch ein KI-System zu überprüfen und zu bewerten. Dabei wurden die Lebensläufe der Bewerber in das KI-System eingelesen und bewertet. Das KI-System wurde mit Bewerbungen aus einem Zeitraum von 10 Jahren trainiert. Da die meisten Bewerbungen von männlichen Teilnehmern stammten, wurde das KI-System einseitig trainiert, was zur Folge hatte, dass männliche Bewerber bevorzugt wurden.

10.1.2   Ein Gespräch zwischen 2 Wartungsexpertinnen

Es ist sehr wichtig, die Entscheidung einer KI zu verstehen. Dazu hören wir uns das Gespräch von zwei Wartungsexpertinnen aus der Instandhaltung von Güterwagenwaggons an.

»Hast du schon gehört?«

»Nein, was denn.«

»Gestern ist einer unsere Waggons entgleist.« Sie schob den Unfallbericht Tanja K., der Chefin der Instandhaltung Güterwagenwaggons, entgegen.

»Weiß man schon warum?«

»Anscheinend hat das Bremssystem versagt. Schau Dir mal die Bilder der Bremsscheiben in dem Unfallbericht an.«

»Wow, die hat ja einen tiefen Riss.«

---

1   Ravi R. AI Gone Wrong 5 Biggest AI Failures Of All Time. Published June 29, 2021. Accessed January 25, 2022. https://www.jumpstartmag.com/ai-gone-wrong-5-biggest-ai-failures-of-all-time/

»Wann ist der Waggon inklusive Bremsscheiben-Kontrolle gewartet worden?«

»Vor 2 Tagen haben wir eine Inspektion der Bremsscheiben mit unserem KI-gestützten Wartungssystem durchgeführt.«

»Haben wir irgendwelche Ergebnisse, ob unser System versagt hat?«

»Alle Prüfprotokolle haben nichts Außergewöhnliches aufgezeigt. Es ist zwar die prognostizierte Genauigkeit von 98 % nicht erreicht worden, aber mit 90 % liegt sie noch über unserem Schwellwert.«

»Wurden sonst noch irgendwelche Veränderungen durchgeführt?«

»Das optische Kamerasystem wurde ausgetauscht. Es liefert jetzt sogar noch schärfere Bilder als das alte System. Zeitgleich wurde an allen Prüfarbeitsplätzen die Beleuchtung erneuert. Vielleicht einfach nur Pech bei der Prüfung?«

»Nein, unser System wurde auf Basis von über Zehntausend Trainingsbildern trainiert und anschließend mit Tausend Testbildern validiert, um zu lernen, wie eine schadhafte Bremsscheibe aussieht. Auch wenn der Algorithmus des Prüfsystems komplex und undurchsichtig ist, so ist er nicht zufällig. Es ist nicht ausgeschlossen, dass sich Randbedingungen verändert haben und dass so etwas in Zukunft nicht wieder passiert.«

»Wir müssen unbedingt herausfinden, wie unser Prüfalgorithmus arbeitet.«

»Laut unseren KI-Experten ist dies nicht einfach, weil der Algorithmus von den Trainingsbildern lernt, eine Vorhersage zu treffen.«

»Wir brauchen Methoden, die uns das Verhalten und die Ergebnisse des Algorithmus interpretieren und erläutern. Vielleicht haben die Änderungen bei dem Kamerabild und der Beleuchtung einen viel größeren Einfluss auf die Prüfergebnisse, als wir vermuten?«

10.2 KI – Maschinelles Lernen

10.2.1 Datenqualität als entscheidender Qualitätsfaktor

Die Qualität der Daten insbesondere der Trainingsdaten ist entscheidend für eine vertrauenswürdige Aussage eines Modells für maschinelles Lernen (ML-Modell). Es ist also wichtig, sich am Anfang mit den Daten und deren Qualität zu beschäftigen. So können z. B. unausgewogene Trainingsdaten, mit denen der Algorithmus ein ML-Modell erstellt, zu einer ungewollten Verzerrung führen (siehe Beispiel zu Fehler bei Amazon).[2] Es muss auch sichergestellt sein, dass die Merkmale, die es zu erkennen gilt, in den Trainingsdaten überhaupt vorhanden sind.

Bei einem ML-Modell für die Brustkrebserkennung bedeutet die Merkmalsverfügbarkeit, dass z. B. in den Trainingsdaten das Merkmal Glattheit einer Zelle vorhanden sein muss, wenn eine hohe Relevanz dieses Merkmals zur Erkennung besteht.

Die Qualität der Daten sollte z. B. im Hinblick auf die Verfügbarkeit der Merkmale oder den Grad der Gleichverteilung der Klassen analysiert werden. Dies kann mit statischen und visuellen Verfahren im Vorfeld geprüft werden.

10.2.2   Erklärbarkeit, Interpretierbarkeit von ML-Modellen

Erklärbarkeit und Interpretierbarkeit müssen, anders als im normalen Sprachgebrauch, explizit unterschieden werden. Sie haben im Rahmen des Verständnisses von ML-Modellen eine andere Bedeutung. Zusätzlich zur Interpretierbarkeit beinhaltet die Erklärbarkeit die menschgerechte Präsentation auf dem Computer und auf ein im Hinblick auf das soziale Umfeld des Nutzers sinnhaftes Ergebnis. Dabei muss auch klar werden, wie man die Eingangsdaten des ML-Modells ändern müsste, um ein gewünschtes Ergebnis zu erhalten.

Ferner ist es wichtig, dass man zwischen dem Machine-Learning-(ML)-Algorithmus und dem ML-Modell unterscheidet. Das ML-Modell ist das Ergebnis von einem ML-Algorithmus, das durch Trainingsdaten ermittelt wurde. Das heißt, man versteht unter der Modellinterpretierbarkeit nicht die Transparenz des ML-Algorithmus, der aus Daten lernt, sondern die Transparenz des ML-Modells.

Wenn man z. B. einen Bilderkennungsalgorithmus erstellt, so können Fachleute erklären, wie der Algorithmus in den einzelnen Schichten über Filter z. B. Kanten extrahiert. Es lässt sich aber nicht erklären, warum ein ML-Modell zu einem bestimmten Ergebnis kommt. Diesbezügliche Transparenz erhöht dabei das **Vertrauen** in die Entscheidungen des ML-Modells.

Es ist also unumgänglich, Methoden zu finden, die komplexe ML-Modelle für viele Bereiche interpretierbar machen.

---

2   Ravi R. AI Gone Wrong 5 Biggest AI Failures Of All Time. Published June 29, 2021; https://www. jumpstartmag.com/ai-gone-wrong-5-biggest-ai-failures-of-all-time/, abgerufen am 25.1.2022.

Die Interpretierbarkeit beschreibt die Ursache und Wirkung eines ML-Modells; d. h., inwieweit man die Vorhersage eines Modells nachvollziehen kann. Stellen Sie sich vor, Sie sitzen in einem Fahrzeug und müssen plötzlich bremsen. In Abhängigkeit vom Druck auf die Bremse wird das Fahrzeug unterschiedlich schnell abgebremst. Dieser Zusammenhang beschreibt eine der Anforderungen an die Erklärbarkeit, nämlich die an ein sinnhaftes Ergebnis innerhalb des sozialen Umfelds. Die menschengerechte Präsentation als Teil der Erklärbarkeit wird durch den Tachometer wahrgenommen. Welche Mechanismen aber elektronisch oder/und mechanisch im Fahrzeug dabei ablaufen, kann in der Regel nur von Fachexpertinnen interpretiert werden und setzt ein Verständnis der inneren Abläufe voraus. Insofern ist das dritte Elemente, die Interpretierbarkeit, in diesem Fall nur durch die Fachexpertinnen möglich.

Bei der heutigen Komplexität der ML-Modelle ist es extrem schwer, eine »Erklärbarkeit« der Modelle sicherzustellen

Es wurden im Laufe der Zeit viele Methoden für die Interpretierbarkeit komplexer ML-Modelle entwickelt. Die Interpretierbarkeit ist heute insbesondere aus der Sicht des Entwicklers ein wichtiger Bestandteil des maschinellen Lernens geworden. Diesbezügliche offene Fragen sind heute Inhalt von vielen Forschungsarbeiten.

10.3   ML-Modellemit White-/Black-Box-Verhalten

10.3.1   Decision Tree und Random Forest

Ein für den Menschen erklärbares ML-Modell ist der Decision Tree. Die Struktur des Decision Trees wird aus den Daten gebildet. Die Struktur kleinerer Decision Trees, wie in Abbildung 1 dargestellt, lässt sich nachvollziehen und sie ist geeignet, um mit Experten die Logik der Teilentscheidungen nachvollziehen zu können. Es handelt sich hierbei um sog. White-Box-Modelle.

In der Abbildung 1 zeigt ein einfacher Decision Tree in der Programmiersprache Python mit der Bibliothek scikit-learn wie die Größe und das Körpergewicht zur Unterscheidung von Hunden, Katzen und Pferden genutzt werden soll. Eine Expertin wird schnell feststellen, dass ein Dateneintrag von 400 cm Höhe und 4000 kg Körpergewicht vom System als Pferd erkannt wird aber wohl eher ein Elefant ist.

Haben allerdings Decision Trees eine hohe Anzahl von Knoten, also eine »hohe Mächtigkeit«, dann ist auch für einen Experten das Ergebnis nicht mehr praktisch nachvollziehbar. Man spricht dann von einem Black-Box-Modell. Oft sind diese Modelle sogar besser in der Aussagegenauigkeit als die White-Box-Modelle, aber die Erklärbarkeit nimmt ab.

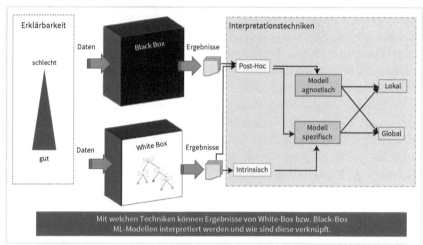

Abb. 1: Ein einfacher Decision Tree – Fehler können schnell erkannt werden.[3]

10.4   Interpretationstechniken

Schaut man auf das gesamte Spektrum von ML-Modellen, ergeben sich verschiedene Arten von Interpretationstechniken.[4]

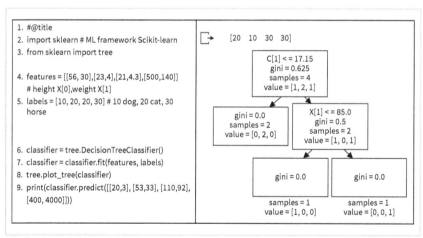

Abb. 2: Interpretationstechniken

3   Isenberg, R. (2020, Dezember 2). Keynote AI in Engineering CAE-ARIC-VDC. Artificial Intelligence in Engineering 2020, Online Hamburg. https://www.ai-engineering.technology/december2020/, abgerufen am 2.9.2022.
4   Anirban Nandi, Aditya Kumar Pal (2022) Interpreting Machine Learning Modell, Apress

ML-Modelle mit einer einfachen und erklärbaren Struktur, sogenannte **White-Box-Modelle**, können mithilfe von **intrinsischen** Methoden interpretiert werden. Dies sind z. B. beim Decision Tree (siehe Abbildung 1) die Struktur des Baumes und die Verzweigungsregeln. Dies Regeln sind modellspezifisch (Abbildung 2).

Die Post-Hoc-Technik betrachtet nicht die interne Struktur eines ML-Models. Sie betrachten das Modell als Ganzes und nutzt die Ergebnisse des ML-Modells zur Interpretation. Dabei wird akzeptiert, dass die innere Struktur des ML-Modells nicht untersucht werden kann oder soll.

Diese Technik wird immer bei **Black-Box-ML-Modellen** wie z. B. bei neuronalen Netzen eingesetzt, bei denen die internen Strukturen nicht mehr nachvollziehbar sind

Bei besonders komplexen ML-Modellen werden **modell-agnostische** Ansätze verwendet, die unabhängig von der internen Struktur des ML-Modells eingesetzt werden können.

Die letzte Unterteilung der Interpretationstechniken liegt in der Betrachtungsweise der **Eingabedaten**. Dabei wird unterschieden, ob die Technik für spezifische Eingabedaten eine Lösung liefert oder für den gesamten Datensatz. Man spricht hierbei von lokalen bzw. globalen Interpretationstechniken. Lokal würde z. B. bei der Krebserkennung bedeuten, dass man den Datensatz für einen bestimmten Patienten betrachtet.

In die Interpretierbarkeit müssen auch zusätzliche Merkmale eingehen, damit das ML-Modell z. B. nicht gegen ethische und rechtliche Grundsätze verstößt.[5]

10.5 Interpretationsmethoden

Ein Bereich der Klassifikationsaufgaben ist die Klassifikation von Bildern, bei der es darum geht, einem Bild eine Klasse zuzuordnen. Die Klassen bzw. Labels werden den Trainingsbildern aufgrund der Klassifikationsaufgabe zugeordnet. Bei der Qualitätsprüfung von Bremsscheiben wird den Trainingsbildern jeweils die Klasse bzw. das Label »Defekt« bzw. »OK« zugeordnet. Bei der Vorhersage wird dann einem unklassifizierten Bild von dem ML-Modell eine Klasse zugeordnet.

---

5   P. Zimmermann, N.B. Zanon Die neue EU-Verordnung zu Künstlicher Intelligenz; https://haerting.de/wissen/die-neue-eu-verordnung-zu-kuenstlicher-intelligenz/, abgerufen am 19.4.2022.

Da die Vorhersage für den Menschen in der Regel nicht nachvollziehbar sind, es handelt sich um ein Black-Box-Modell, benötigen wir eine Reihe von Interpretationsmethoden wie z. B.:

- LIME[6]
- SHAP[7]

Diese Methoden erstellen sog. Saliency Maps[8], d. h. es, werden Regionen des Bildes farblich markiert oder hervorgehoben, die für die Bestimmung des Labels maßgebend verantwortlich sind. Die Entwickler oder Anwender können erkennen, ob ein ML-Modell die wichtigen und richtigen Merkmals-Strukturen gelernt hat.

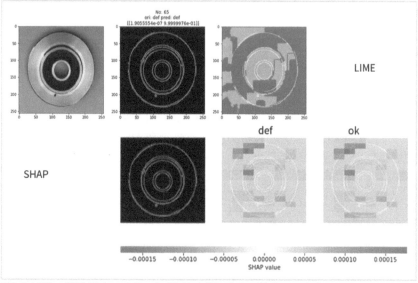

Abb. 3: LIME und SHAP Interpretation der ML-Modell Ergebnisse für Bremsscheiben

Die obigen Beispiele zeigen sowohl Ergebnisse, die aus Expertensicht zu erwarten waren, als auch Ergebnisse, bei denen das ML-Modell eine sehr gute Genauigkeit erreicht, die aber für den Fachexperten nicht interpretierbar sind, da die Zusammenhänge sehr komplex sind.

Das LIME Beispiel zeigt die erwarteten Erkennungsbereiche in grau, dabei werden sowohl rostige Kanten als auch das Loch wie vom Experten erwartet markiert.

---

6   Marco Tulio Ribeiro LIME – Local Interpretable Model-Agnostic Explanations; https://homes.cs.washington.edu/~marcotcr/blog/, abgerufen am 19.4.2022.

7   Scott Lundberg , Su-In Lee A Unified Approach to Interpreting Model Predictions; https://arxiv.org/abs/1705.07874, abgerufen am 19.4.2022.

8   Karen Simonyan , Andrea Vedaldi, Andrew Zisserman Deep Inside Convolutional Networks: Visualising Image Classification Models and Saliency Maps, https://arxiv.org/abs/1312.6034 (2013), abgerufen 19.04.2022.

Dagegen wird im SHAP-Bild der offensichtliche Schaden nicht besonders hervorgehoben, allerdings in mehreren Bereichen durch eine grau-schraffiert Einfärbung angedeutet. Dies kann auch bedeuten, dass das ML-Modell die hohe Genauigkeit durch andere Merkmale erreicht, als es der Experte erwarten würde. Weitere Untersuchungen bzw. Modelloptimierungen sind nötig.

Als nächstes werden die Interpretationsmethoden für ein auf Tabellendaten basierendes Modell erläutert. Tabellendaten erleichtern die Interpretierbarkeit der Modelle.

10.5.1 Szenario Brustkrebs-Erkennung

Es geht bei dem im Folgenden erläuterten ML-Modell um ein System für die Erkennung von Brustkrebs. Dabei wurden von rund 570 Patienten verschiedene Merkmale von Zellkernen tabellarisch erfasst[9]. Für jeden Zellkern wurden 10 verschiedene Merkmale verwendet:

* 1. Radius, 2. Beschaffenheit, 3. Umfang, 4. Fläche, 5. Glattheit, 6. Kompaktheit, 7. Konkavität, 8. Konkave Punkte, 9. Symmetrie, 10. Fraktale Dimension.

Das ML-Modell wurde auf Basis von Trainingsdaten mit diesen Merkmalen trainiert. Es stellt sich die Frage, ob dieses Modell interpretieren können. Dazu wurde es mit zwei unterschiedlichen Interpretationsmethoden untersucht.

10.5.2 Interpretationsmethode LIME (Local Interpretable Model-agnostic Explanations)

Das Verfahren wurde 2016 von Marco Tuilo Ribeiro und seinem Team entwickelt.[10] Es handelt sich bei LIME um ein lokales und agnostisches Modell, also um ein modellunabhängiges Verfahren. Es kann auch ein Black-Box-Modell wie z. B. ein neuronales Netz sein.

Da in einem Black-Box-Modell keine Struktur ermittelt werden kann, wird bei LIME eine lokale Lösung (z. B. für einen Patienten) bestimmt. Dabei erstellt LIME ein internes, einfaches, interpretierbares Ersatzmodell (Surrogate Modell).

---

9   Wolberg, W., N. Street, und O. Mangasarian. 1995. »UCI Machine Learning Repository: Breast Cancer Data Set«, https://archive.ics.uci.edu/ml/datasets/breast+cancer, abgerufen am 18.04.2022.

10   Marco Tulio Ribeiro LIME – Local Interpretable Model-Agnostic Explanations, https://homes.cs.washington.edu/~marcotcr/blog/, abgerufen am 19.04.2022)

Das Ersatzmodell sollte eine gute lokale Annäherung an die Vorhersagen des Black-Box-Modells besitzen. Es handelt sich dabei um das bereits vorgestellte White-BoxModell, bei dem sich die internen Parameter bzw. Strukturen die Vorhersage erklären lassen.

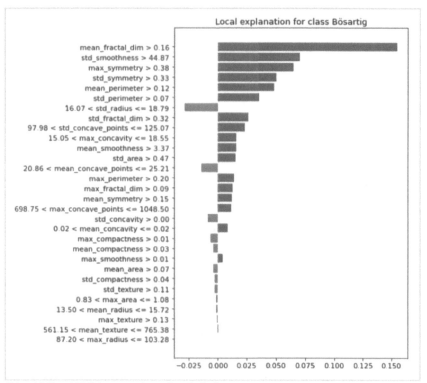

Abb. 4: LIME und SHAP Interpretation zu Brustkrebsdaten

In Abbildung 4 zeigt LIME für das Merkmal »mean_fractal_dim«, dass eine hohe Wahrscheinlichkeit für einen bösartigen Tumor vorliegt, wenn der Merkmals-Wert über 0,16 liegt. LIME liefert damit einen Beitrag für die Vertrauenswürdigkeit, da dies den Erwartungen der Expertinnen entspricht.

10.5.3   Interpretationsmethode SHAP (SHapley Additive exPlanations)

Eine weitere Interpretationsmethode ist SHAP. Diese Methode wurde 2017 von Lundberg und Lee vorgestellt.[11] Dabei werden Ansätze aus der Spieltheorie verwendet.

---

11   Scott Lundberg , Su-In Lee A Unified Approach to Interpreting Model Predictions, https://arxiv.org/abs/1705.07874, abgerufen am 19.04.2022.

Grundsätzlich geht es darum, wie der Gewinn bei einem Spiel mit mehreren Spielern und unterschiedlichem Beitrag fair verteilt wird.

Das »Spiel« ist hier das ML-Modell, das für eine einzelne Entscheidung »ein Spielzug«, eine Vorhersage »Gesamt-Gewinn«, ermittelt und die »Spieler« sind die Merkmalswerte, »die Gewinn-Anteile«, der entsprechenden Entscheidung. Es handelt sich hier wie bei LIME um eine lokale Interpretationsmethode. Dies wird quantitativ durch die sogenannten Shapley-Werte »relative Gewinne« ausgedrückt. Dieser Einfluss wird auf einen Basiswert bezogen, der als Ausgangspunkt der Vorhersage verwendet wird.

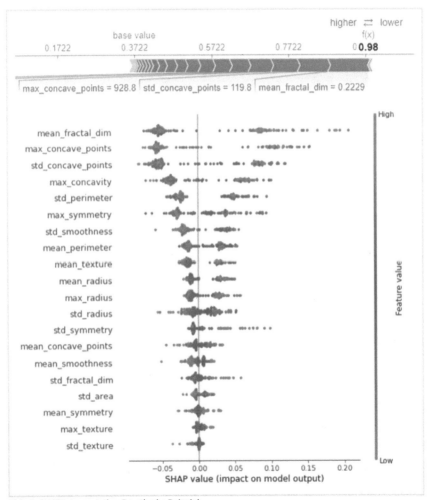

Abb. 5: SHAP Interpretation Brustkrebs Beispiel

In Abbildung 5 kann man erkennen, wie weit jedes Merkmal den Basiswert nach oben oder unten verschiebt. Der Basiswert beträgt 0.37 und ist die Rate der positiven Klasse für einen bösartigen Tumor.

Abschließend ist für alle Interpretationstechniken die Einbeziehung der Domain-expertin zwingend erforderlich, um die von dem ML-Modell erkannten Ursache-Wirkungsprinzipien mit denen aus der Sicht der Domainexpertin z. B. aus medizinischer Sicht abzugleichen.

Daraus können dann erst die für die Praxis notwendigen Aktionen abgeleitet werden. Dabei kann sich herausstellen, dass sich das ML-Modell vertrauenswürdig verhält und kausal verständliche Aussagen aus Sicht der Domänexpertinnen liefert.

Andererseits kann deutlich werden, dass unser ML-Modell falsche bzw. z. B. ethisch bedenkliche Aussagen erzeugt und deshalb nicht mehr vertrauenswürdig ist. In diesem Fall muss der gesamte Prozess diesbezüglich analysiert und evtl. vollständig neu betrachtet werden.

10.6   Zusammenfassung Ausblick

Wie man aus den Beispielen am Anfang des Kapitels sieht, ist es notwendig, sich mit der Erklärbarkeit bzw. Interpretierbarkeit von ML-Modellen zu beschäftigen. Dies gilt nicht nur für die Entwicklung, sondern auch für den Einsatz solcher ML-Modelle, um Vertrauen in die Ergebnisse der ML-Modelle insbesondere bei prekären Entscheidungen sicherzustellen.

Die aus den unterschiedlichen Interpretations-Techniken gewonnenen Interpretationen oder Erklärungen, müssen nicht nur vom Experten verstanden werden, sondern auch von den Anwenderinnen solcher Systeme. Das heißt, die Interpretationen bzw. Erklärungen müssen auf die Zielgruppe angepasst sein, dieses können z. B. der ML-Experte, die Fachexpertin oder die Endanwenderin sein.

Neben einer Vielzahl von existierenden Anwendungsfällen können aus den Interpretationen und Erklärungen auch neue wissenschaftliche Methoden und Verfahren entstehen, weil durch die ML-Modelle auch grundlegende unbekannte Zusammenhänge aufgedeckt werden können. So können neue Erkenntnisse für die Forschung und Entwicklung aus ML-Modellen entstehen, ein typisches Beispiel in der Entwicklung ist z. B. der Bereich des Generative Designs. Hierbei werden der KI von Ingenieurinnen entwickelte Konstruktionen übergeben, die daraus eine Vielzahl von Konstruktionsvarianten ableitet. Daraus lassen sich bisher nicht erreichte Eigenschaften z. B. durch knochenähnliche Bauteilstrukturen realisieren.

11 KI und Nachhaltigkeit

Von Oliver Hammerstein

Was Sie in diesem Kapitel erwartet

Nachhaltigkeit (Sustainability) ist ein Topos mit umfassender Breite und Tiefe und erfordert als eigenständiges Thema eine ausführlichere Darstellung. Das vorliegende Kapitel wird daher vor allem einen grundlegenden Blick auf das Thema und seine Struktur werfen. Es nimmt dabei den Blickwinkel der vorhandenen Ansätze von Künstlicher Intelligenz (KI) ein und ordnet anhand einfacher Grundlagen und Praxisbeispiele ein, welche Auswirkungen KI auf das Erreichen von Nachhaltigkeitszielen haben kann. Darüber hinaus werden konkrete Wirkungsfelder und Ansätze exemplarisch behandelt und geben ein differenziertes Bild über die Leistungsfähigkeit von KI bei der Verfolgung globaler wie regionaler Nachhaltigkeitsziele. KI-basierte Ansätze liefern in der Praxis wesentliche Beiträge zu allen UN-Nachhaltigkeitszielen und sind nicht mehr wegzudenken.

Die Leser dieses Kapitels erhalten eine kompakte Übersicht über die Struktur und die Zielsetzungen des Schlüsselthemas »Nachhaltigkeit«.

11.1 Motivation und Ziele

Das Streben nach Nachhaltigkeit wird unsere nächsten Jahrzehnte dominieren. Es zählt zu den globalen und erstrangigen zivilisatorischen Zielen der Menschheit. Vorhandene und künftige Mittel und Instrumente haben die Aufgabe, diese Ziele effektiv und so weit, wie es uns als Gesellschaft möglich ist, zu erreichen. Mit den 17 Sustainable Development Goals (SDG) der UN[1] und ihren 169 Unterzielen steht das systematische Rahmenwerk dafür bereit.

KI-basierte Ansätze kommen in allen 17 SDGs umfangreich zur Anwendung und wirken in der Zielumsetzung überwiegend unterstützend, aber auch kritisch verhindernd und destruktiv.[2] Darüber hinaus bestimmen Faktoren wie das Wohlstandsniveau einer Gesellschaft, das politische System und nicht zuletzt das Menschenbild und kulturelle Umfeld wesentlich über einen positiven oder negativen Einfluss auf die SDGs.

---

1   UN Sustainable Development Goals (SDGs) https://sdgs.un.org/goals, abgerufen am 16.09.2022.
2   https://www.nature.com/articles/s41467-019-14108-y.pdf, abgerufen am 16.09.2022.

Abb. 1: Liste der UN Sustainable Development Goals (SDGs)[3], in Anlehnung an https://www.un.org/sustainabledevelopment/news/communications-material/

So kann beispielsweise ein Deep Learning Model zur Identifikation von Einschränkungen der Meinungsfreiheit gleichermaßen zur gezielten Überwachung der Meinungsbildung als auch zur systematischen Verbesserung der Meinungsfreiheit zum Einsatz kommen.

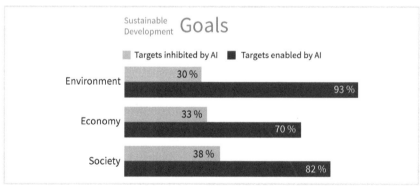

Abb. 2: Einfluss von KI auf die Zielerreichung der drei Obergruppen der Sustainable Development Goals. Einsatz und Rahmenbedingungen können positive oder negative Auswirkungen auf das Erreichen der SDGs haben.[4]

Fasst man die 17 SDGs nach ihren Wirkungsfeldern zusammen, so zeigt Abbildung 2 die kumulierten Chancen und Risiken von KI-Anwendungen in Gesellschaft, Wirtschaft

---

3   UN Sustainable Development Goals (SDGs) https://sdgs.un.org/goals, abgerufen am 16.09.2022.
4   https://www.nature.com/articles/s41467-019-14108-y.pdf, abgerufen am 16.09.2022.

und Umwelt/unserem Ökosystem. Eine systematische und differenzierte Behandlung, aufgeschlüsselt je SDG-Unterziel, stellen die United Nations kompakt bereit[5], eine Lektüre, die der Autor dieses Kapitels empfiehlt.

Hochtechnologien wie KI erschweren ihren niedrigschwelligen Einsatz in Ländern mit hoher Armut und geringer technologischer Entwicklungsstufe und können die Ungleichheiten von Nationen, Ethnien, Territorien und gesellschaftlichen Gruppen durch ihren Einsatz in hoch technologisierten Ländern noch verstärken. Darüber hinaus wird für das Jahr 2030 ein Energiebedarf von bis zu 20 % am Gesamtbedarf des Planeten prognostiziert, der allein durch KI-basierte Ansätze erforderlich ist. Dieser Bedarf wirkt sich hemmend auf einzelne SDGs aus, während die geschaffenen KI-Lösungen gleichzeitig die Zielerreichung verbessern.[6]

Um das Erreichen der SDGs konstruktiv mit KI zu unterstützen, müssen Transparenz, Sicherheit und ethische Standards vorhanden sein und von Unternehmen und Politik überwacht bzw. reguliert werden.[7]

KI und Nachhaltigkeit ist damit ein Themenkomplex, der uns weit über die technischen Errungenschaften und erzielten Durchbrüche hinaus eine einzigartige Verantwortung und interdisziplinäres Handeln abfordert. Was komplex und umfassend klingt, darf man gleichzeitig als Ansporn verstehen, denn es geht um nichts weniger als unsere zivilisatorische Zukunft und die Möglichkeiten, mit KI aktiv und positiv Einfluss zu nehmen und verantwortlich an dieser mitzugestalten!

11.2 Grundlegende Ansätze/Herangehensweisen

Bei der Unterstützung und Erreichung nachhaltiger Ziele kommen wesentliche Teildisziplinen der Künstlichen Intelligenz zur Anwendung. Dazu zählen: fachliche Modellbildungen, Durchführung komplexer Simulationen, Entwicklung von Prognosen, Bildung von Szenarien, Nutzung von avancierten Bildanalysen, die Exploration neuartiger oder unbekannter Informationen und die Entwicklung autonomer Systeme.

In vielen Lösungsansätzen sind KI-basierte Verfahren echte interdisziplinäre Mitspieler. Im Methodenverbund mit arrivierten Verfahren (etwa wissenschaftlich fundier-

---

5   United Nations, Abteilung für Wirtschaft und Soziales/Nachhaltige Entwicklung, https://sdgs.un.org/goals, abgerufen am 16.09.2022.

6   https://earth.org/data_visualization/ai-can-it-help-achieve-environmental-sustainable/, abgerufen am 16.09.2022

7   Whittaker, M. et al. AI Now Report 2018 (AI Now Institute, 2018), https://ainowinstitute.org/AI_Now_2018_Report.pdf, abgerufen am 16.09.2022

ten symbolischen Modellen und Verfahren[8]) entstehen völlig neue Möglichkeiten im Rahmen der Informationsgewinnung, Entscheidungsfindung sowie im nachhaltigen Handeln und Wirken.

11.3 Einsatzgebiete aus unterschiedlichen KI-Disziplinen

Die folgende exemplarische Auflistung nach KI-Disziplinen gibt einen Eindruck davon, in welcher Breite und Tiefe bereits heute KI-basierte Verfahren wesentliche oder sogar entscheidende Leistungen liefern oder diese erst möglich machen.

Monitoring/Tracking (Überwachung)
Ein wichtiges und erstrangiges Einsatzgebiet stellt die Überwachung und Verfolgung von komplexen Ökosystemen und deren Veränderungen dar, wie z. B. Schadstoffmessungen in Luft und Wasser, die um die Identifikation von Verschmutzungsquellen effektiv ergänzt werden.

In der Agrarwirtschaft lassen sich die Entwicklungen von Aussaat, Ernteerträgen und Bodennutzung systematisch verfolgen und analysieren. Auf der Basis hoch aufgelöster Satellitenaufnahmen[9] werden Landnutzung, Vegetation, Waldbedeckung/Abholzung und Folgen von Naturkatastrophen überwacht, dokumentiert und Veränderungen erfasst und bewertet.

Autonome Systeme wie KI-gesteuerte Roboter ermöglichen das Sammeln von Daten an schwer oder nicht zugänglichen Koordinaten im Meer und helfen bei der Bestimmung von Eigenschaften wie Verschmutzungsgrad, Temperatur und pH-Wert. Analysen von Flotten- und Schiffsbewegungen ermöglichen das Aufspüren illegaler Fischerei.

KI-Systeme ermöglichen die Beobachtung von Biodiversität, insbesondere von invasiven Arten, und dienen effektiv dem Artenschutz.

Im Energiesegment wird KI eingesetzt, um den Energieverbrauch und die CO_2-Emissionen von Systemen zu ermitteln. In der Kombination mit Wettervorhersagen und den daraus abgeleiteten Prognosen zur Energienachfrage und -erzeugung entstehen so intelligente und effiziente Regelkreise, die deutliche Vorhersagbarkeit bieten und Emissionen um bis zu 40 % reduzieren können. Intelligente Sensoren und Zähler kön-

---

8   Raissi, M., Perdikaris, P. & Karniadakis, G. E. Physics informed deep learning (part I): data-driven solutions of nonlinear partial differential equations. arXiv:1711.10561 (2017)

9   ] Mohamadi, A., Heidarizadi, Z. & Nourollahi, H. Assessing the desertification trend using neural network classification and object-oriented techniques. J. Fac. Istanb. Univ. 66, 683–690 (2016).

nen in Gebäuden eingesetzt werden, um Daten zu sammeln und die Energienutzung in Gebäuden zu überwachen, zu analysieren und zu optimieren

Im wirtschaftlichen Umfeld leisten KI-basierte Verfahren wichtige Beiträge in der Überwachung von Lieferketten und ermöglichen die Durchsetzung von nachhaltigen Wertschöpfungen end-to-end.

Decision Making (Entscheidungsfindung)

Entscheidungsfindung und -unterstützung basieren zunehmend auf Ansätzen maschinellen Lernens. Die Lösungsansätze zielen zumeist auf eine komplementäre Ergänzung menschlicher Kognition und Entscheidungen ab. Gleichwohl ist die Entwicklung zu (teil-)autonomen Ansätzen erkennbar. Zu nennen sind hier beispielsweise die Verbesserung von medizinischen Diagnosen und Früherkennung und damit die Verbesserung von Behandlungsmethoden.

Im Bereich sogenannter intelligenter Städte und in der dynamischen Planung von Logistikketten verhelfen intelligente Verkehrssteuerungen durch Navigationsoptimierung, Sicherheitserhöhung und Informationen über Verkehrsströme und Staus zu Zeit- und Ressourceneinsparungen.

In zeitkritischen, dynamischen und hoch unstrukturierten Situationen wie etwa Umweltkatastrophen oder Extremwettersituationen steigern KI-Ansätze die Befähigung, fundierte und effektive Reaktionen herbeizuführen.

Insgesamt unterstützen KI-Systeme substanziell und auf breiter Basis die Simulationen komplexer Wirkzusammenhänge als systemtheoretische Instrumente zur Gewinnung von wirtschaftlichen, politischen und geostrategischen Erkenntnissen im Segment nachhaltiger Fragestellungen, um damit fundierte Entscheidungen treffen zu können.

Prediction (Vorhersagen)

Das Leistungsfeld der sogenannten Vorhersagen hat durch KI-Modelle in wichtigen Bereichen entscheidende Durchbrüche erzielt.

Während seit Jahrzehnten produktiv genutzte und meteorologisch fundierte Wetterprognosen (NWP – Numerical Weather Prediction) auf absehbare Zeit nicht von KI-basierten Ansätzen abgelöst werden können[10], haben sich kritische Teilbereiche als ein Leistungsfeld herausgestellt, das klassische Verfahren in punkto zeitlich-örtlicher

---

10   Can deep learning beat numerical weather prediction? https://royalsocietypublishing.org/doi/
        epdf/10.1098/rsta.2020.0097, abgerufen am 16.09.2022

Auflösungen, Präzision, Berechnungsgeschwindigkeit und temporaler Vorhersagelänge überrundet. Dazu gehören insbesondere Extremwetterlagen wie Erdbeben, Dürren, Überschwemmungen, Stürme oder Veränderungen des Meeresspiegels.[11] Dieser Teilbereich wird aktuell in enger Frequenz mit innovativen Ansätzen aus Forschung, Hochschulen und Industrie vorangetrieben. Hier lohnt sich ein regelmäßiger Blick auf den aktuellen Stand von Forschung und Entwicklung.

Maschinelle Lernansätze ermöglichen neue Verfahren in der Modellierung von Auswirkungen des Klimawandels, häufig in Ergänzung zu etablierten, wissenschaftlichen (d.h. symbolischen) Modellen. Aufgrund der Länge der Prognosezeiträume können die Modelle, anders als in den zeitkritischen Wetterprognosen, hohe Komplexität und Wechselwirkungen von Modellebenen unterstützen und fundierte und ausdifferenzierte Prognosen entwerfen.

Vorhersagen über die Entwicklung von Ökosystemen und deren Ressourcennutzung werden über KI-Ansätze breit unterstützt. Dazu zählen etwa das Prognostizieren des Wasserverbrauchs in einem bestimmten geografischen Gebiet oder die Entwicklungsvorhersage von Wüstenbildung/Desertification (siehe Kapitel 11.4.2 »Überwachung von Vegetationsentwicklung und Wüstenbildung«).

Pattern Recognition (Mustererkennung)

Das Erkennen von Mustern, Regelmäßigkeiten oder Anomalien in komplexen und dynamischen Datenlagen ist eine Paradedisziplin der Anwendung von KI. Oft geht sie einher mit den genannten Disziplinen für Monitoring und Prediction. Einige Beispiele seien hier genannt.

Die Erstellung journalistischer und wissenschaftlicher Publikationen wird durch die Identifikation von komplexen Fakten, Bildmaterialien und Geolokalisierungen auf der Basis komplexer Muster und Zusammenhänge umfassend erweitert und maßgeblich unterstützt.

Mustervergleiche und Identifikationen von Anomalien in Beiträgen sozialer Medien helfen, Fake News zu entlarven. So lassen Aspekte wie Intensität, zeitliche Verläufe, Sekundärnennungen und zeitliche oder inhaltliche Kohärenzen umfangreiche Rückschlüsse zu. Wie im Abschnitt 11.1 »Motivation und Ziele« skizziert, lassen sich diese Verfahren auch pervertieren und zur Unterdrückung von Meinungsfreiheit oder zu umfangreichen politischen Einflussnahmen einsetzen.

---

11   Deep-learning model speeds extreme weather predictions, https://phys.org/news/2021-12-deep-learning-extreme-weather.html, abgerufen am 16.09.2022.

Mustererkennungen entschlüsseln kontinuierliche Veränderungen und auftretende Anomalien in komplexen und dynamischen Ökosystemen, identifizieren diese und machen sie strukturell sicht- und nachvollziehbar.

Wasserquellen und nährstoffreiche Böden lassen sich auf der Basis von Mustererkennungen in Luft- und Satellitenaufnahmen mit hoher Treffsicherheit auffinden. Nicht selten ergänzen andere Verfahren wie Random Forrests oder Zeitreihenanalysen die Identifikation, wie weiter unten ausgeführt.

11.4 Beispiele aus der Praxis

11.4.1 Vorhersagen und Identifikation von Luftverschmutzung

SDG: Goal 9, 11

Die Überwachung und Steuerung der Luftqualität erfordern insbesondere in dicht besiedelten und industriell geprägten Regionen hohe Aufmerksamkeit. Die Verbrennung fossiler Brennstoffe zur Energieerzeugung, in Produktionsbetrieben und in der Beförderung von Waren- und Personenströmen bildet die maßgebliche Ursache für die vom Menschen herbeigeführten Luftverschmutzungen.

Eine besondere Rolle spielt dabei die Entstehung, Überwachung und Vermeidung von Feinstäuben (PM2.5), die aufgrund ihrer Partikelgrößen nachweislich schwere Schädigungen des Lungengewebes verursachen können[12]. Erhöhte Feinstaubbelastungen der Luft lassen diese dunstig erscheinen und reduzieren ihre Transparenz – messbare Eigenschaften, die die Grundlage der Analyse bilden.

Die Luftqualität wird durch den Air Quality Index (AQI) quantitativ bestimmt[13]. Maßgeblich fließen hier PM2.5, PM10 und in geringerem Umfang Schwefeldioxid, Ozon, Stickstoffmonoxid, Kohlenmonoxid und weitere Schadstoffe mit ein.

In der Praxis sind zwei Anwendungsfälle relevant: die Vorhersage von Luftverschmutzung zur Einleitung von Präventivmaßnahmen und die Ad-hoc-Feststellung, ob Messproben/Datensätze eine Luftverschmutzung oberhalb des AQI-Grenzwerts »Ausreichend« und damit mindestens »Schlecht« aufweisen. Im letzteren Fall haben sich logistische Regressionsverfahren bewährt, die für den Einsatz binärer Ergebnisse

---

12 Ambient (outdoor) air pollution, https://www.who.int/en/news-room/fact-sheets/detail/ambient-(outdoor)-air-quality-and-health, abgerufen am 16.09.2022.
13 Air Quality Index, https://aqicn.org/scale/, abgerufen am 16.09.2022.

(hier: »kritisch belastet« bzw. »nicht belastet«) auf der Basis eines Grenzwerts geeignet sind. Trainieren lassen sich diese Modelle etwa auf Basis der UCI-Daten[14].

Die Vorhersage der Entwicklung von PM2.5-Belastungen hingegen lässt sich über autoregressive Verfahren treffen. In die Modellbildung und das Modelltraining fließen dabei im Wesentlichen geo-lokale und korrespondierende Zeitreihen-Analysen aus historischen Messdaten ein.

Die genannten Modelle und Regressionsverfahren können systematisch um weitere Sensordaten und Modelle ergänzt werden. Eine Integration von PM2.5-Sensornetzen mit lokalen Wettersensordaten wie Temperatur und Luftfeuchtigkeit liefert sowohl in Echtzeit als auch in der Vorhersage Hinweise auf Gefahrenzonen.

KI-Modelle kommen auch zur Identifikation von Luftverschmutzungen mittels Überwachungskameras im urbanen Raum zum Einsatz. Optische Eigenschaften der Luft (s. o.) werden über Veränderungen in den Bildeigenschaften bekannter und optisch aufgelöster Gegenstände wie Gebäudedetails etc. identifiziert, ergänzen bestehende Sensornetze und steigern damit die Genauigkeit.

Weitere Ausbaustufen wie die Überwachung und der historische Vergleich von Verkehrsflüssen erweitern die Prognosemodelle. In dieser Domäne sind unterschiedliche Verfahren wie Random Forrest, Support Vector Machines und Deep-Learning-Verfahren erfolgreich im Einsatz. Zu nennen sind hier etwa Support Vector Machines mit Gaussian Kernel and Gaussian Process Regression (GPR)[15]

Ein erhöhtes Aufkommen lokaler Luftverschmutzungen liefert Hinweise auf erhöhte Verkehrsdichten, die über Verkehrskamerasysteme präzise erfasst und durch intelligente und vernetzte Verkehrsleitsysteme so umverteilt werden können, dass die lokale PM2.5-Belastung gezielt gesenkt werden kann.

11.4.2 Überwachung von Vegetationsentwicklung und Wüstenbildung

SDG: Goal 15

Als Wüstenbildung (engl. »Desertification«) wird die anhaltende Degradation von Ökosystemen in Trockengebieten durch Schwankungen des Klimas und menschlicher Aktivitäten beschrieben. Sie gehört zu den größten ökologischen Herausforderungen der Gegenwart und betrifft überproportional stark Bevölkerungen unter der Armuts-

---

14   Air Quality Data Set, https://archive.ics.uci.edu/ml/datasets/air+quality, abgerufen am 16.09.2022.

15   Pollution and Weather Reports: Using Machine Learning for Combating Pollution in Big Cities, https://www.mdpi.com/1424-8220/21/21/7329, abgerufen am 16.09.2022.

grenze bzw. die ärmsten Regionen der Welt. Die Konsequenzen sind Dürre, Hunger, Existenzvernichtung, der Verlust von Siedlungsflächen sowie soziale und militärische Konflikte.

Der Prozess der Wüstenbildung ist unter bestimmten Maßnahmen und hohem Ressourceneinsatz reversibel. Daher kommt der Bestimmung der Vegetationsformen und ihrer regressiven oder progressiven Veränderung wesentliche Bedeutung zu.

Aus umfangreichen (häufig sogar allgemein zugängliche) Quellen stehen Satellitenaufnahmen (z. B. Sentinel-2[16], USGS Landsat 8[17] oder Google Earth Engine[18]) und Datenbanken (z. B. NDVI von MODIS[19]) mit standardisierten Vegetationsindizierungen zur Verfügung. Wesentliche Merkmale dieser Quellen sind umfangreiche Zeiträume der Erfassung, nicht selten über Dekaden, die gezielte Analysen und Modellbildungen zeitlicher und räumlicher Veränderung ermöglichen.

Zur Klassifikation von Vegetationen und damit indirekt auch Bodenarten haben sich Indizes wie etwa der NDVI (Normalized Difference Vegetation Index/normierter differenzierter Vegetationsindex) etabliert.

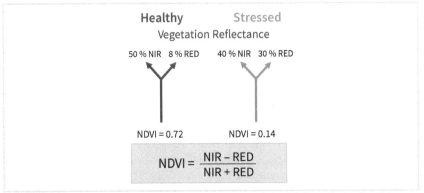

Abb. 3: Gesunde Vegetation reflektiert Strahlung im roten Bereich des sichtbaren Spektralbereichs (Wellenlänge ca. 600 – 700 nm) mit niedriger, dafür im angrenzenden nahen Infrarot-Bereich (Wellenlänge ca. 700 – 1300 nm) mit höherer Intensität. Bei Verschlechterung der Vegetation erhöht sich hingegen der rote Anteil, während der nahe Infrarotbereich an Intensität verliert.[20]

16   The European Space Agency – sentinel-2, https://www.esa.int/Our_Activities/Observing_the_Earth/ Copernicus/Sentinel-2, abgerufen am 16.09.2022.
17   USGS Landsat 8, https://www.usgs.gov/landsat-missions/landsat-8, abgerufen am 16.09.2022.
18   Google Earth Engine, https://earthengine.google.com, abgerufen am 16.09.2022.
19   Vegetationsindex NDVI, https://www.cen.uni-hamburg.de/icdc/data/land/modis-vegetationindex.html, abgerufen am 16.09.2022.
20   Vegetationsindex NDVI, https://de.wikipedia.org/wiki/Normalized_Difference_Vegetation_Index, abgerufen am 16.09.2022.

Über spezifische Frequenzbänder der Satellitenaufnahmen lassen sich NDVI-Werte zeitlich-örtlich zuordnen und gestatten die einfache Unterscheidung der geographischen Region nach Wasserflächen, verödeten Böden sowie geringer, mittlerer und hoher Vegetation.

Während diese Verfahren eine systematische Übersicht über die prozentualen Anteile, flächenmäßige Verteilung und Veränderungen der Vegetation liefern, können zusätzliche Indizes wie Land Use Land Cover (LULC[21]) landwirtschaftliche Nutzflächen identifizieren und hochaufgelöste Dürreentwicklungen detektieren. LULC-Klassifizierungen lassen sich z. B. über Random Forest Modelle in Google Earth Engine (GEE) mit hoher Genauigkeit berechnen. NDVI-Vorjahresvergleiche liefern mit dem sog. Vegetation Condition Index (VCI) am Schwellwert VCI < 0,4 Hinweise auf Dürreflächen. Mittels Supervised Machine Learning auf der Basis ausgewählter Geopositionen (LULC- und VCI-Daten) lassen sich regionale und überregionale Dürreentwicklungen systematisch erkennen und analysieren.

Für Prognosen über künftige Entwicklungen werden gezielt Geopositionen ausgewählt, die über einen langen Zeitraum hinweg zur Wüste degradiert/degeneriert wurden und dadurch einen vollständigen regressiven NDVI-Verlauf besitzen. Sie bilden die Trainingsdaten für Prognosemodelle auf einer größeren regionalen Skala und bieten Ansatzpunkte für gezielte Prävention und Intervention.

11.5 Handlungsempfehlungen

Stabile, professionelle und leistungsfähige KI-Lösungen zu erschaffen, ist eine herausfordernde Meisterschaft, die breite und tiefe Kompetenzen zu nutzen weiß. Die Vorhaben sind per definitionem im Hochtechnologie-Segment angesiedelt. Folgende Empfehlungen aus der Praxis haben sich bewährt:

- **Scope setzen**: Präzise Auswahl von Nachhaltigkeits(unter-)ziel und -domäne. Je enger der Fokus, desto direkter lassen sich Ergebnisse oder Effekte definieren und messen und desto klarer lassen sich notwendige Anpassungen am Scope identifizieren und vornehmen.
- Klare **Product-/Lösungsvision entwickeln**[22,23]. Welche dezidierten Leistungen werden für welche Ziel- und Nutzergruppe ermöglicht?
- **Vorhandenes Wissen nutzen**: Gezielte und systematische Recherche nach vorhandenen Ansätzen aus der Praxis, Wissenschaft & Forschung durchführen. Für alle Feldern der SDGs finden globale interdisziplinäre Lösungsversuche statt.

---

21 NASA Socioeconomic Data and Applications Center (SEDAC), https://sedac.ciesin.columbia.edu/data/collection/lulc/maps/gallery/search, abgerufen am 16.09.2022.

22 Inspired (second edition) – Marty Cagan, https://svpg.com/, abgerufen am 16.09.2022

23 The Lean Product Playbook – Dan Olsen, https://leanproductplaybook.com/, abgerufen am 16.09.2022

- **Datenlage und Quellen** bilden entscheidende Voraussetzungen zur Entwicklung von KI-basierten Systemen. Daher sollte großes Augenmerk auf Herkunft, Volumen, Struktur und Qualität gerichtet werden. Machine Learning erfordert hohe Datenvolumen und Strategien zur Aufteilung von Datenmengen oder Teilanwendungen. Das gilt insbesondere für hochaufgelöste und detailreiche Satellitenaufnahmen mit unterschiedlichen Frequenzbändern.
- **Trainingsdaten und Validierungsdaten** zweckmäßig aufteilen. Bewährt haben sich Splits mit 80 % Trainingsdaten und 20 % Validierungs-/Testdaten. Auch 90 %/10 % sind zu finden und praxistauglich.
- **Machbarkeit unklarer Lösungswege** rigoros **sicherstellen**. Eine der großen Herausforderungen ist es, wenn etwa Einsatzorte wenig zugänglich sind oder der Zugriff auf Bildquellen wie Satellitenaufnahmen eingeschränkt ist.
- Als Entwicklungsmethodik ist **ein agiler und MVP-basierter Ansatz**[24] alternativlos. Dieses Vorgehen ist insbesondere in Deep-learning-basierten Ansätzen entscheidend und geht einher mit einer ausreichend qualifizierten und umfänglichen Lage an Trainings- und Validierungsdatensätzen.
- Der **Übergang vom Prototypen/MVP zu einer professionellen und stabilen Lösung** erfordert eine tragfähige Architektur, kontinuierliche Testautomatisierung und eine stabile Datenbereitstellung. Gerade dieser Paradigmenwechsel misslingt in der Praxis häufig und Prototypen mit ihren nicht selten bahnbrechenden Ideen verschwinden in der Schublade, weil sie den Transfer in die Praxis nicht geschafft haben.

11.6   Fazit und Ausblick

Die gebotene und umfassende Umsetzung globaler Nachhaltigkeitsziele erfordert die bestmögliche Maßnahmenkombination an sozialen, kulturellen, medizinischen, unternehmerischen und gesellschaftlichen Anstrengungen.

An uns ergeht der Ruf, die Herausforderung anzunehmen, KI-basierte Werkzeuge zu erfinden, zu verbessern, an die Wirklichkeit anzupassen, diese Felder/Maßnahmen effektiv zu unterstützen, die Relevanz der gewonnenen Ergebnisse positiv-kritisch zu bewerten und zu verstetigen.

Wir sind aufgefordert, unsere Erkenntnisse, Methoden und Werkzeuge in den Dienst der Menschheit zu stellen und Fehlentwicklung und Missbrauch unserer Erfindungen und Lösungen entschieden zu verhindern. Bestehende Verfahren und Ansätze zeigen die Wirkmächtigkeit von KI in der zivilisatorischen Schlüsselherausforderung: der Umsetzung der globalen Nachhaltigkeitsziele.

---

24   The SCRUM Guide, https://scrumguides.org/docs/scrumguide/v2020/2020-Scrum-Guide-US.pdf und https://www.hco.de/blog/der-scrum-guide-2020-ist-da, abgerufen am 16.09.2022.

12   Wie KI in Mode kommt

Von Branko Presic

Was Sie in diesem Kapitel erwartet

Mode und Kunst werden der menschlichen Intelligenz zugerechnet, so wie Mathematik und Physik zur Künstlichen Intelligenz gehören.

Nur die Regeln sind etwas anders.

Denn KI wird bereits erfolgreich angewendet, wenn es um Prozessoptimierungen im Mode- und Kunst-Betrieb geht.; aber noch nicht ganz so erfolgreich, wenn es um KI-eigenen, kreativen Output geht. Anhand von zwei Beispielen wird deutlich, dass es jedenfalls nicht an der Technologie liegt, wenn KI-Schöpfungen nicht als kreative Schöpfungen von Relevanz anerkannt werden.

Dieses Kapitel sollte nicht allzu akademisch gelesen werden. Vielmehr sind abweichende, subjektive Meinungen erwünscht. Diese sollen dabei helfen, einem künstlichen Intelligenzbegriff, der auf Missverständnissen über die Conditio Humana basiert, entgegenzuwirken. Nach diesem Kapitel, das spielerisch und immer wieder zum Wechsel von Perspektiven einlädt, darf der allgemeine Intelligenzbegriff erweitert gedacht werden. Erweitert durch einige essenzielle menschliche Bedürfnisse, die sich besonders bei der Evaluierung und Anerkennung von kreativen Ausdrucksformen zeigen.

12.1   Einleitung

Im Frühjahr 2016 wurden auf der Berliner Modemesse Bread & Butter einige Outfits gezeigt, die von einer KI kreiert wurden. Zalando hatte sich dafür mit Google zusammengetan und diese ließen sich wiederum von Mode-Fachleuten und Influencern helfen, um einen Algorithmus mit ganz vielen Modedaten zu füttern. Auf projectmuze.com sollte in Zukunft jeder Mensch sein eigener Modedesigner sein können.

»Just imagine: What would a person's wardrobe look like if it were designed around what makes them unique, such as their favourite music or the art they love?« Fragte man sich bei Google.

Ein unabhängiger Blogger hatte damals Besucher der Bread & Butter gefragt, ob sie eines der Outfits anziehen würden, was ausnahmslos verneint wurde. Heute gibt es das Blogger-Video nicht mehr auf Youtube und die Domain »projectmuze.com« steht zum Verkauf.

Fünf Jahre später versteigerte Dolce & Gabbana 9 Kleidungsstücke als NFTs (Non Fungible Token) für knapp 6 Mio. $ (die »Collezione Genesi« vom September 2021).

Das hatte zwar nichts mit Künstlicher Intelligenz zu tun, aber ganz viel mit Mode.

2018 stellte Ahmed Elgammal bei TEDxBratislava ein Projekt vor, das zeigen sollte, dass »echte« Kunst von einem maschinellen Algorithmus erschaffen werden kann. Basierend auf einer ziemlich freien Interpretation von Kreativität (= Originalität + Einfluss) wurde der Algorithmus so programmiert und gefüttert, dass er einflussreiche Kunstwerke identifizieren und daraus lernen konnte, eigenständig kreativ zu werden.

Die Ergebnisse wurden einem Publikum zum »visuellen Turing Test« gezeigt. Im Mix mit anerkannter Kunst der Vergangenheit (Expressionismus) und Gegenwart (Art Basel 2016), sollten «maschineneigene» Werke entweder als solche auffallen oder eben nicht.

Zu Ahmed Elgammals Erstaunen wurden überwältigend viele KI-Kunstwerke für menschliche Werke gehalten.

Für ihn war damit diese Art von Turing Test bestanden, denn seine KI hatte offensichtlich Kunst erschaffen, die von menschlich entstandener Kunst kaum zu unterscheiden war. In Zukunft dürfte sich nun jeder von uns neu fragen, was Kunst denn überhaupt sei.

Noch im selben Jahr seines Vortrags wurde das erste und bis heute teuerste KI-Gemälde bei Christie's (»Edmond de Belamy«, programmiert von Pierre Fautrel) für 432.500 $ versteigert. Ein Jahr darauf ging ein Werk der gleichen Serie («La Baronne de Belamy«) bei Sotheby's für nur 25.000$ über den Auktionstresen.

Das alles hatte zwar nichts mit Kunst zu tun, aber ganz viel mit Künstlicher Intelligenz.

Am Ende dieser Einleitung stellen sich zwei Fragen:

Warum interessiert sich bis heute kaum jemand für KI-Mode?

Und warum haben sich KI-eigene-Kunstwerke nicht auf dem Kunstmarkt etabliert?

12.2   Das Problem mit der Intelligenz

Was bedeutet Intelligenz?
Es gibt Definitionen für akademische, praktische, emotionale, soziale, ästhetische, künstliche Intelligenz – aber es gibt noch keine allgemein einheitliche Definition dafür.

Beginnen wir, der Einfachheit halber, mit Künstlicher Intelligenz.

Diese wird »künstlich« genannt, weil sie nicht »natürlich« entsteht, sondern von Menschen erdacht und gebaut wird. Sie benötigt keinen biologischen Organismus, sondern funktioniert maschinell. Maschinen funktionieren nach festen Regeln, die aus Erkenntnissen der Wissenschaft – besonders der Mathematik, unsere universelle »Hilfswissenschaft« – abgeleitet werden. Intelligent wird sie genannt, weil sie menschenähnliche Intelligenzleistungen erbringen kann, die mit Lernen, Urteilen und dem Lösen von Problemenn zu tun haben.

Die Essenz von maschineller Intelligenz lässt sich in drei Worte fassen: eigenständige, effiziente Problemlösung.

Wobei mit »effizient« gemeint ist: »Zielerreichung unter Berücksichtigung des Aufwands«. Der Aufwand, der hier gemeint ist, bezieht sich vor allem auf Zeit. Denn wer im Vergleich zu anderen »Lösungssuchenden« weniger Zeit benötigt – also schneller zur richtigen Lösung kommt – gilt als intelligenter.

Mit »eigenständig« ist gemeint, dass eine Maschine, nachdem sie eine Aufgabe von Menschen erhalten hat, ohne weitere menschliche Hilfe rechnen, vergleichen, Muster erkennen und variieren kann sowie eigene Schlüsse ziehen und Ergebnisse liefern kann. Diese Ergebnisse müssen allerdings von Menschen eingeordnet bzw. verstanden werden. Ohne Menschen gibt es also noch keine wirkliche «maschinelle Eigenständigkeit«.

Kein Zweifel: Für eine mathematisch-logische Problemlösung braucht es Intelligenz. Menschliche und maschinelle Intelligenz arbeiten hier schon lange gut zusammen. Aber immer noch finden oder erfinden Menschen das Problem und Maschinen helfen beim Lösungsprozess. Sich eigene Aufgaben zu stellen und die dazugehörigen Lösungen zu verstehen, das können Maschinen nicht. Noch nicht.

Menschen mit Nobelpreis in Chemie, Physik oder Medizin gelten als überaus intelligent, denn sie haben Problemlösungen gefunden, welche die Menschheit voranbringen. Aber auch Menschen, die einen Nobelpreis für Literatur bekommen, gelten als überaus intelligent. Denn auch abseits der exakten Wissenschaften werden komplexe Probleme identifiziert und Lösungen vorgeschlagen, welche die Menschheit voranbringen. Allerdings mit anderer, nicht-mathematischer Vorgehens- und Ausdrucksweise.

Welche Probleme haben Mozart oder Frida Kahlo gelöst?
Wenn wir behaupten würden, es sei ein Problem, dass unser menschliches Dasein von vielen Problemen und schlechter Laune geprägt ist, dann müssten wir zugeben, dass

Künstler ziemlich oft effiziente Lösungen für solche »Probleme« finden. Besonders effizient sind diese, wenn uns Kunstwerke ohne intellektuelle Vorleistung – also emotional – beglücken, beunruhigen, beeinflussen und bewegen.

Und wenn die Lösungen nicht beweisbar sind, dann deshalb, weil menschliche Probleme sich stetig wandeln, subjektiv und oft auch nur launisch sind.

Und welche Probleme lösen Dolce & Gabbana?

Ziemlich launische, könnte man sagen. Aber auch tiefer gehende. Denn Menschen, die sich regelmäßig »mit Mode bekleiden«, insbesondere mit hoher Mode, wollen in der Regel auch in der nächsten Saison ihren Status behalten: sls ressourcenreiche, attraktive Personen. Der Verlust eines solchen Status würde äußerst unangenehme Identitätsprobleme nach sich ziehen.

Warum sprechen wir in Kunst und Mode nicht von Problemlösung?

Weil es unromantisch ist. Weil Kunst und Mode immer emotional wirken. Wenn wir uns auf Kunst und Mode einlassen, dann machen sie etwas mit uns, das wir spontan nur schwer in Worte fassen können. Etwas, das uns erst unbewusst spüren und dann bewusst glauben lassen könnte, da sei etwas im Menschen, das mathematisch-logischer Systematik trotzt, mehr »göttlicher Funke«, denn »funktionale Formel« ist.

Warum wir das glauben könnten? Weil wir uns gerne als Zentrum des Universums sehen. Die uralte, tröstende Geschichte von der unsterblichen menschlichen Seele hat auch etwas damit zu tun.

Wir sind wohl die einzigen Lebewesen auf diesem Planeten, die sich ihrer eigenen Sterblichkeit bewusst sind. Und dann haben wir auch noch die Fähigkeit, fiktional zu denken und zu sprechen. Kein Wunder, wenn wir uns andauernd Geschichten ausdenken, die uns mindestens unbewusst, die Angst vor der eigenen, vergänglichen Unwichtigkeit nehmen sollen.

Ist fiktionales Denken Problemlösung?

Rational betrachtet: Ja. Denn aus den Geschichten, die wir uns erzählen, entstehen Werkzeuge, mit denen wir besser überleben und uns vermehren können. Immer wenn Vorstellungskraft mit Überzeugungskraft zusammenkommt, immer wenn wir andere von unseren Fantasien überzeugen können, dann können wir eine Menge Dinge auf die Beine stellen. Mit gemeinschaftlich geglaubten Geschichten können wir sogar die ganze Welt aus den Angeln heben – wie intelligent es ist, das tatsächlich auch zu tun, steht auf einem anderen Blatt.

An dieser Stelle ist zu bedenken, dass Menschen auch gerne Probleme lösen, die es vorher gar nicht gab und vielleicht auch nie gegeben hätte. Woran liegt das?

Wir sind keine maschinellen Wesen, sondern immer noch biologische. Selbst mit den heutigen Erkenntnissen aller Naturwissenschaften – oder besser: aller Wissenschaften – zusammen, lassen sich Menschen nur unzureichend beschreiben. Das dürfte aber eher am Status quo der Wissenschaften liegen, als an einer »mystischen Unergründbarkeit« des Menschen.

Jeder, der schon einmal einen ordentlichen Kater hatte, weiß, dass durch die Einnahme von Substanzen wie z. B. Alkohol ordentlich dumme Gedanken aufkommen können. Noch weiß aber niemand, was überhaupt ein Gedanke ist. Durch unsere Gedanken scheinen wir Kontrolle über unser Leben zu haben. Aber was ist mit Emotionen? Gedanken werden doch von Emotionen gesteuert? Und ist es nicht auch umgekehrt so, dass Emotionen durch Gedanken entstehen können?

Laut letztem Stand der Neurowissenschaften sammeln wir ständig Daten (aus innerer und äußerer Welt) mit unseren Sinnen und interpretieren sie durch unsere sozio-kulturellen Prägungen. Wir prognostizieren, was wohl als Nächstes geschieht, um nicht in Gefahr zu geraten. Oder um ein Bedürfnis zu befriedigen. Oder um uns mit voller Absicht zu langweilen.

Das macht menschliche Algorithmen sehr viel komplexer als maschinelle.

Wenn wir hier »Algorithmus« frei definieren als: »Datenverarbeitung für Handlungsanweisungen zur Lösung von Problemen« und sagen, dass Menschen ständig Probleme haben, dann arbeiten wir natürlich ständig mit Algorithmen. Unsere Algorithmen haben allerdings urzeitliche Leitmotive.

Die zwei »evolutionär einprogrammierten« Leitmotive für jedes Lebewesen:
1. **Überleben**
2. **Reproduzieren**

Darauf sind unsere Kern-Algorithmen ausgerichtet. Das bedeutet aber nicht, dass wir diesen Motiven hilflos ausgeliefert sind.

Wir können uns ganz bewusst darüber hinwegsetzen. Menschen können entscheiden zu fasten, sie können entscheiden keine Kinder zu bekommen oder sogar, sich das Leben zu nehmen. Demnach funktionieren unsere Algorithmen nicht nach mathematischen Regeln, die ja andauernd gebrochen und »neu formuliert« werden müssten. Besonders immer dann, wenn wir uns ein neues, unbekanntes Ziel vornehmen.

Wie treffen wir Entscheidungen?

Wir wissen, dass Entscheidungen etwas mit Gedanken, und die wiederum etwas mit Bewusstsein zu tun haben. Wir wissen nur leider nicht genau, was Bewusstsein ist. Wir können zwar messen, wie Neuronen sich zueinander Verhalten, aber haben keine Ahnung, wie aus biochemischen Prozessen am Ende subjektive Konklusionen entstehen. Wir verstehen, dass da im Gehirn irgendetwas sein muss, das alles koordiniert, aber wir verstehen noch nicht was das ist.

Menschliche Intelligenz bedeutet: Verstehen und Entscheidungen treffen mit Bewusstsein.

Unsere Datenaufnahme folgt zwar festen (sinnlichen) Gesetzmäßigkeiten, aber die Dateninterpretation nicht – sie ist abhängig von Bewusstsein, das wiederum geprägt ist von Umwelt, Erfahrung und Zeitgeist. Dadurch ist es subjektiv und ständig im Wandel.

Gut so, wenn man auf diesem Planeten überleben will. Denn ohne ziemlich rasche Anpassung bzw. Wandlungsfähigkeit gäbe es nicht so viele von uns an so unterschiedlichen Orten dieses Planeten. Und ohne die Fähigkeit neue Zusammenhänge zu erkennen, übrigens auch nicht.

Menschliche Dateninterpretation ist abhängig vom Kontext. Je mehr Erfahrungen und Wissen wir sammeln – und je bewusster wir sind – umso besser können wir Zusammenhänge verstehen. Umso besser können wir immer wieder neue Situationen einschätzen, prognostizieren, was wohl als Nächstes geschieht, und entscheiden, welches Verhalten dafür wohl das intelligenteste ist.

Benötigt Intelligenz immer ein Problem?

Aus mathematischer Sicht könnten wir Bedürfnisbefriedigungen, die vor Hindernissen stehen, als Probleme definieren. Selbst das Bedürfnis nach Bewusstseinserweiterung, das nicht an eine konkrete Problemlösung gebunden ist – sondern vielleicht an ein «Sich-gehen-Lassen» oder ein «Etwas-auf-sich-zukommen-Lassen») –, könnten wir als Problem definieren. Wenn wir wollten. Dann würden wir allerdings intrinsische Motivationen übergehen, die aus einem Mix von individuellen Erfahrungen und Begabungen entstehen und nicht immer einem klaren Ziel zuzuordnen sind, aber trotzdem einen beträchtlichen Teil unserer Intelligenz ausmachen.

Menschliche Intelligenz bezieht sich nicht nur auf die Lösung von Aufgaben und erst recht nicht nur auf Aufgaben, die wir von außen gestellt bekommen. Unser ständiges Fühlen und Denken – über alles und nichts – erlaubt es uns, eigene Fragen zu stellen und eigene Antworten zu finden. Wir können uns ja auch auf Ziele konzentrieren, die nur wir erreichen wollen. Dafür nutzen wir kognitive Fähigkeiten mit Körper und Sinnen, kommen auf Ideen, vollbringen Transferleistungen, reflektieren und entdecken neue Kontexte. Und dann erfinden wir tolle Geschichten, die gerne ohne Logik auskommen.

Maschinelle Intelligenz wird angetrieben von Menschen. Menschliche Intelligenz wird angetrieben von Evolution, Bewusstsein, Wille und Fantasie; wird geprägt von genetischen Dispositionen und noch mehr von Verbindungen mit anderen Menschen. Allein schon unsere «fantastische» fiktive Vorstellungskraft macht einer mathematisch-logischen Formel für Intelligenz einen ungeraden Strich durch die Rechnung.

Hier wollen wir schlussfolgern:

Echte Intelligenz hat nicht nur etwas mit Rechnen zu tun. Und auch nicht nur mit Mustererkennung oder eigenständiger Mustervariierung für die Lösung gestellter Aufgaben. Sonst wären unsere maschinellen Rechner heute schon intelligenter als wir. Denn sie arbeiten eigenmächtig und emotionslos, mit hoher Rechenleistung und mathematischer Logik. Auf eine von uns gestellte Aufgabe hin können sie eigenständig Input sammeln (»selbstüberwachtes-Lernen«) und damit trainieren (»maschinelles Lernen«), um auf Lösungen zu kommen, die wir verstehen können. Das erspart uns das Füttern (»menschliches Labeling«) und lässt uns noch effizienter unsere Lösungen finden.

Echte Intelligenz hat aber nicht nur etwas mit Effizienz zu tun. Vielmehr geht es um Verstehen. Und Verstehen hat wiederum mit Bewusstsein zu tun. Und irgendwo dazwischen oder drumherum schwebt die Fantasie.

Das macht eine universelle Definition von Intelligenz so schwierig: Ihre wichtigsten Voraussetzungen können wir noch nicht richtig verstehen. Allerdings verstehen wir, selbst mit wenig Fantasie, dass, wenn Maschinen einen eigenen Willen oder ein Bewusstsein oder Leit-Algorithmen zum Überleben und sich Reproduzieren entwickeln, wir wohl in dieselben Schwierigkeiten geraten, wie die ganzen Tier- und Pflanzenarten, die es wegen uns nicht mehr gibt.

Auf unserem Weg zu besserem Verständnis, bleibt die Künstliche Intelligenz zunächst eine unvollständige, auf bestimmte Bereiche limitierte Imitation der unseren.

Solange Maschinen die Bedeutung einer Frage nicht verstehen, werden sie auch ihre eigene Antwort nicht verstehen. Das bedeutet, wir werden weiterhin verschiedene Algorithmen für verschiedene Probleme konstruieren und die Ergebnisse interpretieren müssen (classic/weak/narrow AI). Eine gar nicht so steile These: Ohne »maschinelles Verstehen«, kann es keine Singularity oder AGI geben (artificial general intelligence/ strong AI).

Mode und Kunst als kreative Ausdrucksformen menschlicher Intelligenz.

Kurzdefinitionen: Kunst ist Kommunikation, die sich erst verwirklicht, wenn ein Publikum zusammenkommt, das Zeit und Energie investiert, um zu dekodieren, zu fantasieren, zu interpretieren und sich dabei kollektiv weiterzuentwickeln. Das Publikum macht aber erst mit, wenn es glaubwürdig erscheint, dass sich die Mühe lohnen wird.

Kleidung wird Mode genannt, wenn sie in einem sozio-kulturellen Kontext eines Zeitabschnitts steht, in der sie entstanden ist oder getragen wird. Dieser Kontext muss allerdings auch von anderen erkannt und anerkannt werden. Anerkennung soll hier bedeuten, dass es auch andere Menschen gibt, die dieser Mode folgen oder aus subjektiven Geschmacks- oder Ressourcengründen nicht folgen würden.

Drei Grundbedürfnisse lassen sich als Triebkräfte hinter der Schöpfung und dem Konsum von Mode und Kunst hervorheben:
- Zugehörigkeit = ich bin nicht allein, sondern Teil einer Gruppe (so steigen meine Chancen zu überleben und mich zu paaren).
- Anerkennung = die anderen bestätigen mich als Teil der Gruppe (ich kann mich auf andere verlassen, darf Vertrauen und Sicherheit genießen).
- Status = meine soziale Stellung innerhalb der Gruppe ist und bleibt sowohl mir selbst als auch Mitgliedern und auch Nichtmitgliedern bekannt (je respektabler meine Stellung ist, desto höher ist mein Selbstwertgefühl, weil ich einen besseren Zugang zu Ressourcen habe und damit die Wahrscheinlichkeit für Paarung steigt).

Es gibt niedrigen Status und hohen Status. Wir haben letzteren natürlich lieber. Hoher Status muss nicht nur mit hohen finanziellen Ressourcen zu tun haben, den gibt es auch wegen Bildung, Integrität, Idealismus oder Mut – was immer wir an außergewöhnlichen Menschen bewundern mögen und wovon wir gerne auch etwas hätten.

12.3   Konklusionen

Jetzt sollten sich die Eingangsfragen aus unseren beiden Beispielen einfacher beantworten lassen:

Mode, die von einer Künstlichen Intelligenz entwickelt wurde, interessiert uns nicht, wenn sie von Zalando und Google kommt. Da hilft es auch nicht, dass viele (anonyme) Modeexperten mitgeholfen haben. Projectmuze konnte selbst mit der glaubhaften Modekompetenz des Händlers Zalando keine Marke werden, denn die Produkte wären so ungewöhnlich, dass es nur sehr wenige Menschen geben dürfte, die sich damit ausdrücken mögen. Einzigartige, höchst individuelle Bekleidung ist nicht Mode, denn sie bietet weder Wiedererkennung noch Zusammengehörigkeit. Wenn uns Google diesbezüglich fragte, wie toll es wohl wäre, wenn jeder Mensch seine eigene super-individuelle Mode tragen würde, so individuell wie die eigene Lieblingsmusik oder Lieblingskunst, konnte das entweder als Aufmerksamkeit heischende PR-Aussage oder als grundsätzliches Missverständnis über das Menschsein gedeutet werden (wahrscheinlich ersteres, denn bei Google wird man wissen, dass es keine individuelle Lieblingsmusik und Lieblingskunst geben kann, wenn kein anderer Mensch diese kennt oder versteht oder mag).

Mode, die mit Künstlicher Intelligenz entwickelt wurde, aber von Gucci, Prada oder Dolce & Gabbana angeboten werden würde, könnte uns schon eher interessieren. Denn da hätten wir dann bekannte, glaubhafte Modemarken, die mindestens in unserer Fantasie mit Kontext von Zusammengehörigkeit, Anerkennung und Status um die Ecke kommen.

Oder einfacher: Wenn auf den KI-Outfits von Projectmuze das Logo einer glaubhaften Modemarke gewesen wäre, dann hätte der YouTube-Blogger garantiert jemanden auf der Messe gefunden, der nichts dagegen hätte, etwas davon anzuziehen. Wetten?

In Sachen KI-Kunst ist es ähnlich. Wir müssen nichts weiter über die Probanden erfahren, denen Herr Elgammal seine KI-Kunst im Mix mit anerkannter menschlicher Kunst gezeigt hat. Denn selbst ein Publikum mit hoher Kunstbildung hätte in diesem Kontext viele KI-Werke für menschliche Kunst gehalten. Es sei denn, es hätte zu jedem Werk auch eine kurze Künstlergeschichte gegeben, die nicht unwichtig für das Dekodieren ist, und die erfundenen KI-Künstlergeschichten hätten nicht überzeugt.

Ahmed Elgammal ist übrigens Computerwissenschaftler, aber kein Künstler – ihm fehlt die Kernkompetenz: die Glaubwürdigkeit, etwas künstlerisch zu wollen. Die dringend gebraucht wird, um andere Menschen zum Mitspielen zu animieren. Wäre Ahmed als glaubhafter Künstler aufgetreten und hätte er seine KI wie ein Werkzeug oder einen «Gesellen» benutzt, um eine Serie von Kunstwerken zu erschaffen, dann hätte er – nicht seine KI – vielleicht echte Kunst erschaffen.

Es ist keine Kunst, eine KI etwas imitieren zu lassen, das wie Kunst aussieht

Eine KI kann ganz wunderbar imitieren. Eine KI kann etwas entwickeln, das wie Mode aussieht. Selbstverständlich sind wir erstmal fasziniert, wenn wir etwas wiederkennen und doch Neues wahrnehmen, aber dann erfahren, dass es sich um maschinell Berechnetes handelt. Das mag zu Beginn sogar magisch und unheimlich erscheinen. Maschinen, die menschliche Eigenschaften und Verhaltensweisen imitieren können, erinnern uns – vielleicht sogar auf beängstigende Weise – an die noch unbeantwortete Frage, was Menschsein eigentlich ausmacht.

Hinzu kommt, dass sich unsere Wahrnehmung relativ einfach mit neuen «Tricks» täuschen lässt. So wie damals Menschen aus dem ersten Kino gerannt sind, auf der Flucht vor der Lokomotive, die offensichtlich auf sie zugerast kam. Heute schlafen wir im Kino eher ein, wenn die »Special Effects« zu langweilig sind.

Beethovens 10. Symphonie wurde 2021 von einer Künstlichen Intelligenz zu Ende komponiert. Und auch einen kompletten KI-Rapsong mit einem Travis Scott-Algorithmus (»Travisbott«) gibt es schon seit 2020. Hits wurden die beiden Kompositionen nicht.

Was uns heute verstört, könnte uns morgen schon inspirieren

Mit wem unterhalten wir uns eigentlich, wenn wir uns mit einer Maschine unterhalten? Bisher war es jedenfalls immer ein zwischenmenschlich kommunikativer Akt, wenn wir mit kreativen Schöpfungen, die benötigten Verbindungen eingegangen sind.

Wenn wir z.B. einen Roman mögen, dann deshalb, weil wir uns in die Protagonisten hineinversetzen können und gleichzeitig einen imaginären Dialog mit dem Autor des Romans führen. Wir projizieren und fühlen die Anwesenheit des Autors – wir fühlen, dass da immer auch ein echter Mensch ist, der etwas will.

Bis heute wollen wir in kreativen Schöpfungen spüren, dass da etwas kommuniziert, dass so ist wie wir, etwas, das mehr ist als die Summe der Bestandteile. So sind wir das gewohnt. So haben wir unsere Fähigkeiten entwickelt, mit denen wir uns metaphysisch verbinden können.

Natürlich kann es verstören, wenn da etwas so kreativ überzeugend tut als ob. Schließlich tut es dann ja so, als ob es etwas von uns »wollen will«. Doch unsere Verstörung hält nicht lange an. Denn sobald wir erfahren, dass dieses etwas gar nichts wollen kann – sich also nicht in gewohnt kreativem Sinne mit Menschen verbinden kann – dann werden wir uns nicht die Mühe machen, lange mitzumachen.

Wir dürfen uns aber trotzdem fragen, was Kreativität in Zukunft so alles bedeuten kann. Prinzipiell spricht schließlich nichts dagegen, sich mithilfe einer Maschine weiterzuentwickeln. So würden wir einer tiefergehenden Verbindung mit solch einem Hilfsmittel gerne zustimmen, wenn es uns z.B. basierend auf unserem Biorhythmus, Stoffwechsel oder Hormonhaushalt mit individuell komponierter Musik gesünder, leistungsfähiger, fantasievoller oder auch nur kurz mal glücklicher machen würde. Vielleicht könnte uns ein vertrauenswürdig privater Algorithmus mit künstlich kreativen Schöpfungen sogar zu besseren zwischenmenschlichen Beziehungen verhelfen. Wer würde schon einen ergebenen, künstlichen Diener und Trainingspartner abweisen? Einen, der unser Innerstes kennt und uns deshalb super-individuell inspirieren und optimieren kann?

Hoffentlich jeder – sollte sich herausstellen, dass solch individuelle Optimierungen entweder jemand anderem noch mehr nützen oder die Menschheit in einen Un-Verbund aus autistischen Egowesen verwandeln, die aus völlig «freiem eigenen Willen» langsam aussterben.

Es ist nur allzu menschlich, sich einen Gott zu wünschen, der uns alle Fragen beantwortet und zurück ins gemütliche Paradies führt. Aber was, wenn die Antworten uns nicht gefallen? Und was, wenn das Paradies genauso anstrengend ist, wie die heutige Welt?

Fest steht: solange wir nicht in der Lage sind, die menschliche Natur besser zu verstehen, solange werden wir auch nicht in der Lage sein, die richtigen Fragen zu stellen und entsprechende Aufgaben zu verteilen. Wir stehen gerade am Anfang von Automatisierungen, die uns hoffentlich mehr Zeit für unsere sozialen Bedürfnisse, jenseits von Fantasie tötender Arbeit, verschaffen. Wir dürfen uns freuen auf Werkzeuge wie künstlich intelligente Pinsel oder Nähmaschinen, die in kreativen menschlichen Händen zu ungeahnten Inspirationen und Bewusstseinserweiterungen führen. Neueste Versionen von Algorithmen wie Dall E und GPT weisen hier bereits den Weg.

Ob wir uns darauf freuen können, wenn aus solchen Werkzeugen etwas anderes wird, das irgendwann selbst den Pinsel in die eigenen Hände nimmt, können wir nicht wissen – denn davon haben wir immer noch: keine Ahnung.

KI in der Wirtschaft

13 Sprach-KI und ihre Anwendungen

Von Werner Bogula

Was Sie in diesem Kapitel erwartet

Die Verarbeitung menschlicher Sprache begleitet die Künstliche Intelligenz seit ihren Anfängen in den 1950er-Jahren. Gilt doch die Verwendung und das Verständnis von Sprache als die menschliche Intelligenzleistung schlechthin. Von den Ursprüngen im akademischen Umfeld hat sich das Natural Language Processing (**NLP**) zu einem veritablen Industriezweig innerhalb der KI entwickelt. Neben den im Consumerbereich bekannten Sprachassistenten wie Siri und Alexa gibt es im Businessbereich eine Vielzahl von technischen Lösungen. Dieses Kapitel soll einen Überblick über die wichtigsten Technologien natürlicher Sprache und ihren Einsatz insbesondere in KMUs geben.

Der Text richtet sich an Praktikerinnen in Unternehmen und Verwaltungen und soll dazu anregen, über den professionellen Einsatz von Sprachtechnologien nachzudenken. Neben einem Überblick über die wichtigsten Techniken mit Anwendungsbeispielen wird auch der Weg zum praktischen Einsatz exemplarisch beschrieben.

13.1 Was sind die wichtigsten sprachverarbeitenden Methoden?

Seit den 1960er-Jahren hat sich die Computerlinguistik mit der Verarbeitung natürlicher Sprache beschäftigt und entlang der klassischen sprachwissenschaftlichen Disziplinen: Syntax, Semantik, Pragmatik und Phonetik verschiedenste Verfahren der algorithmischen Verarbeitung von Sprache entwickelt:

- Syntax: Fragen der grammatikalischen Funktion und strukturellen Wohlgeformtheit von Ausdrücken und Sätzen
- Semantik: Bedeutung von Wörtern, Sätzen und Texten
- Pragmatik: Sprache als Werkzeug im Gebrauch
- Phonetik: Erforschung der gesprochenen Sprache

In der heutigen Informationsgesellschaft sind alle diese Bereiche der Sprachwissenschaft für die automatische Verarbeitung von sprachlichen Informationen relevant. Denn trotz des Aufstiegs der Bild- und Videowelten des Internets ist Sprache das vorherrschende Instrument der menschlichen Kommunikation. Zur Verarbeitung von Sprache haben verschiedenste Technologien, heute unter der Bezeichnung Natural Language Processing (NLP), Eingang in unseren Alltag und die Arbeitswelt gefunden. Dazu gehören prominent:

Semantische Suche

Das »Googlen« dürfte einer der häufigsten Tätigkeiten der Internet-Nutzerinnen sein. Dabei wird man festgestellt haben, dass die Google-Suche weit über das einfache Abgleichen von Suchwörtern hinausgeht. Google hat seine Suche über die Jahre mit einem erheblichen Aufwand an Intelligenz ausgerüstet[1]. Auch im betrieblichen Kontext ist das schnelle Auffinden der richtigen Information eine wichtige Funktion. Bei solchen intelligenten Suchformen, die nicht nur Zeichenketten vergleichen, sondern den Inhalt des Gesuchten berücksichtigen, spricht man von *Semantischer Suche*.

Informationsextraktion

Die Fülle von Information, die eine heutige Internetnutzerin zu bewältigen hat, erfordert immer mehr intelligente Werkzeuge, welche die Suchergebnisse nicht nur als Liste von Quellen liefern, sondern in umfangreichen Texten (z. B. Forschungsberichten, Dissertationen, Datenbanken mit Gesetzestexten oder Gerichtsurteilen etc.) gezielt die Stellen herausfiltern, an denen die gesuchte Information zu finden ist. Ein anderes Verfahren der Informationsextraktion ist die Zusammenfassung längerer Texte zu kurzen Abstracts, die einen Überblick über den Informationstand in bestimmten Fachbereichen bieten. Hierbei spricht man auch von *Text Summarization*.

Textklassifikation

Nahezu jeder dürfte die Textklassifikation aus dem Alltag als »Spamfilter« für die E-Mail kennen. Der Spamfilter klassifiziert die Fülle an E-Mails in brauchbare Nachrichten und Müll. Das kann nach einfachen Regeln wie *Absender ist unbekannt* oder mit Sprach-KI geschehen. Hierbei werden bestimmte Eigenschaften der E-Mails (Keywords, typische Wendungen, verdächtige Links etc.) aufgespürt und von einem Modell für die Klassifikation der Mails verwendet. Verfahren der Textklassifikation können im großen Maßstab überall dort verwendet werden, wo große Informationsmengen »vorsortiert« werden, z. B. in Unternehmen oder bei Servicedienstleistern, die täglich tausende Anfragen an die richtigen Ansprechpartner im Unternehmen weiterleiten müssen. Es handelt sich dabei um sogenanntes *Message-Routing*.

Spracherkennung

Über Siri, Google-Assistant oder Alexa hat man im Alltag vielleicht schon Bekanntschaft mit dieser Sprachtechnologie gemacht. Auch im betrieblichen Kontext wird Spracherkennung besonders in solchen Bereichen immer wichtiger, in denen man keine Notizen machen kann, z. B. bei Patientengesprächen, die dann mittels KI protokolliert werden, oder dort, wo einem Kunden ein einfaches Interface angeboten werden soll, z. B. in Callcentern oder einer Service-Hotline.

---

1   https://blog.google/products/search/search-language-understanding-bert/, abgerufen am 12.6.2022.

Dialogführung

Für komplexere Anfragen reicht die reine Spracherkennung der einfachen Sprachassistenten nicht aus. Fehlende Informationen, mehrdeutige Wörter und missverständliche Äußerungen müssen dann häufig in Dialogform geklärt werden. Das kann in gesprochener Sprache oder mittels Text-Bots geschehen. Etwa so: »*Es gibt keinen Flug nach Tiflis am 22., wollen Sie an einem anderen Datum fliegen?*«

Dazu verwendet man eine KI-gesteuerte Dialogführungen, die so lange im Austausch mit den Nutzerinnen bleibt, bis alle Fragen geklärt sind. Google hat mittlerweile sogar ein System vereinbart, das wie ein elektronischer Butler eigenständig bei einem Dienstleister anruft, um einen Termin zu vereinbaren[2].

Textgenerierung

Sprachanwendungen, die in den letzten Jahren Furore gemacht haben, sind große Sprachmodelle, die eigenständig längere Texte erzeugen können. Diese Fähigkeit kann in kreativen Bereichen eingesetzt werden, z. B., um interessante Geschichten zu schreiben, oder im professionellen Kontext, um Texterinnen oder Journalisten von langweiligen Aufgaben wie dem Verfassen von Massentexten (z. B. Katalogbeschreibungen, Wetterberichte) zu entlasten[3].

13.2 Wo werden Sprachtechnologien in Unternehmen eingesetzt?

Nachdem Sie nun einen Überblick über die wichtigsten Sprachtechnologien haben, zeigen die praktischen Beispiele in diesem Abschnitt, wo NLP in betrieblichen und professionellen Kontexten eingesetzt wird. Je mehr weite Teile der Industrie digitalisiert werden und wir uns in Richtung einer Informationsgesellschaft bewegen, desto breiter wird der kommunikative Anteil und damit der Einsatzbereich von sprachlicher Kommunikation. Insbesondere im Service- und Dienstleistungsbereich gibt es von Marketing und Kundenkommunikation über die Recherche und die interne Verwaltung bis in den kreativen Bereich hinein großes Potenzial für NLP-Techniken.

Kundenkommunikation

Dort, wo systematisch mit einer großen Anzahl Kunden kommuniziert wird, sind bereits heute viele digitale Tools im Einsatz (Google Analytics, Social-Media-Monitoring etc.). Durch die Verfügbarkeit von NLP-Techniken gibt es eine Verschiebung von der Messung bloßer quantitativer Größen wie etwa der Anzahl von Kunden-E-Mails,

---

2   https://ai.googleblog.com/2018/05/duplex-ai-system-for-natural-conversation.html
3   https://de.wikipedia.org/wiki/Textgenerierung

Social-Media-Reaktionen usw. hin zu qualitativen Auswertungen des Inhaltes der Kundenkommunikation (Ausdruck, Meinung, Stimmung). So kann z. B. bei Online-bewertungen detaillierter ausgewertet werden, welche Aspekte des Produktes oder der Dienstleistung wie vom Kunden erfahren werden. Die sogenannte *Aspect Based Sentiment Analyse* liefert dann statt einer einfachen Sterne-Bewertung Aussagen wie:

»80 % der Kunden waren mit der Haltbarkeit des Produktes zufrieden, aber 60 % finden die Wartung zu kompliziert«.

Auch die einfache Möglichkeit über E-Mails, Webformulare oder sogar den Messenger zu kommunizieren, kann die Anzahl der eingehenden Kundenanfragen stark erhöhen. Durch den Einsatz von Mail- und Message-Routing ermöglichen NLP-Techniken, nach Analyse des Inhaltes der Kommunikation, eine Verteilung und Weiterleitung innerhalb der Organisation in die zuständigen Abteilungen.

Kundendialog (Chatbots)
Dort, wo komplexere Anfragen erfolgen, z. B. Buchungen oder Bestellungen mit vielen Optionen, kann NLP durch den Einsatz von Chat- oder Sprachbots die Kundinnen in einem gesteuerten Dialog so lange befragen, bis alle Informationen für die Buchung/Bestellung vorhanden sind. Auch viele Verwaltungen erproben zur Bewältigung von Auskünften und Anträgen Chatbots. Das spart Mitarbeiterkapazitäten bei Standardanfragen ein und bietet zudem die Möglichkeit, die Dienste für mehrere Sprachen gleichzeitig anzubieten. So können die Bürger mit der Chat-App »Frag den Michel« in neun Sprachen über das kommunale Dienstleistungsangebot der Freien und Hansestadt Hamburg kommunizieren.

Klassifikation von Dokumenten
Für die Klassifikation von Dokumenten haben wir oben bereits ein Beispiel beim Message-Routing angesprochen: Damit eine Nachricht an die passende Abteilung weitergeleitet werden kann, muss analysiert werden, auf welches Hauptthema sich der Inhalt bezieht (sog. *Topic Identification*), um als Rechnung, Anfrage, Bestellung oder Beschwerde klassifiziert zu werden. Es gibt aber auch innerhalb von Organisationen eine Vielzahl von Textklassifikationsaufgaben:

* Automatische Rechnungsverarbeitung
  Erkennung von Rechnungstyp und Abteilung, Prüfung auf Vollständigkeit aller Angaben
* Automatische Verschlagwortung und Archivierung
  Um Inhalte für Kunden und Mitarbeiterinnen wiederauffindbar zu machen, werden diese häufig automatisch verschlagwortet, sodass thematisch zusammenhängende Texte im Archiv beieinanderstehen.
* Vertragsanalyse
  Verträge enthalten oft wiederkehrende Klauseln. Um diese nicht bei jedem neuen Vertrag erneut prüfen zu müssen, kann Textanalyse dabei unterstützen, die Klau-

seln, die bereits als valide oder unkritisch klassifiziert wurden, zu markieren und auf jene Klauseln hinweisen, die problematisch sein könnten.

- Klassifikation von Kunden- und Mitarbeiterfeedback
  Umfangreiches Feedback von Kunden oder Mitarbeitenden im Freitext (z. B. Produktbewertungen/Zufriedenheitsanalysen) kann durch Textklassifizierung aggregiert und damit systematisch ausgewertet werden.

Research und semantische Suche

In vielen Bereichen ist die Fülle an Informationen kaum noch überschaubar. Gerade in der Forschung werden jeden Tag neue Erkenntnisse verbreitet, z. B. in der Medizin oder bei der Aktienanalyse. Um für die Entwicklung neuer medizinischer Verfahren oder die Bewertung von Investments alle relevanten Forschungsergebnisse parat zu haben, wird häufig die semantische Suche eingesetzt, die es erlaubt, nicht nur nach klar definierten Keywords zu suchen, sondern auch das semantische Umfeld, d. h. ähnliche und angrenzende Begriffe, in die Suche einzubeziehen.

Will z. B. ein Finanzanalyst Aktien von Firmen empfehlen, die bestimmte soziale oder ökologische Standards einhalten, so kann eine semantische Suche nach dem Begriff »Nachhaltigkeit« auch alle Analysen, in denen die Begriffe: *umweltfreundlich, Abfallkonzept, Kreislaufwirtschaft* usw. vorkommen, berücksichtigen, ohne dass man separat danach suchen muss. Genauso hilfreich bei der Bewertung einer Fülle von Analysen oder Forschungsergebnissen ist das sogenannte *Text-Ranking*. Dieses ordnet die Fülle der Dokumente nach Relevanz für die Recherche an, sodass man sich mit den wichtigsten Dokumenten zuerst beschäftigen kann, statt seine Zeit damit zu verschwenden, sich durch eine Fülle weniger relevanter Texte zu lesen.

Kreativer Einsatz von Sprachtechnologien

In den letzten Jahren haben sogenannte Große Sprachmodelle[4] (Large Language Models) Furore gemacht. Diese Modelle wurden mit gewaltigen Textmengen (z. B. Texte aus großen Teilen des Internets, der Wikipedia sowie von Wissensdatenbanken) derart trainiert, dass Zusammenhänge zwischen begrifflichen Konzepten in diesen Modellen festgehalten werden. Dadurch wird es möglich, dass man mit Begriffen ähnlich »rechnen« kann wie in der Mathematik mit Zahlen. Das heißt: So wie die Zahl 10 sich zwischen 9 und 11 verorten lässt, können in einem Sprachmodell Begriffe aufgrund ihrer Ähnlichkeit angeordnet werden. Das ermöglicht zum einen die oben bereits erwähnte semantische Suche, die von solchen Begriffsverwandtschaften Gebrauch macht. Andererseits sind in ein Großes Sprachmodell durch die Verarbeitung von Milliarden von Texten auch typische Formulierungen, Satzstrukturen und grammatikalische Zusammenhänge eingeschrieben. Diese Eigenschaften können dazu verwendet

---

4   In Deutschland ist hier Aleph Alpha führend: https://www.aleph-alpha.com.

werden, völlig neue Texte zu generieren. Dazu gibt man dem Modell einen sogenannten Prompt vor: Das Modell generiert dann automatisch eine Fortsetzung. Das kann
eine Wortfolge, ein Entwurf für einen Aufsatz oder eine ganze Story sein.

Die kreativen Eigenschaften von Sprachmodellen können in vielen Kontexten verwendet werden:

- Im Handel und E-Commerce: zum Erstellen von Texten in Katalogen, Produktbe-
  schreibungen oder von Internet-Werbetexten, die zugleich automatisch für Suchmaschinen optimiert werden[5].
- In Journalismus und PR können einfache wiederkehrende Texte wie Wettervorhersagen, Sportberichte oder simple Pressemitteilungen vorformuliert werden,
  sodass die Texterin nicht mit einem leeren Blatt anfängt, sondern die Kerninfor-
  mationen in einem vorformulierten Text bereits vor sich hat.
- Auch zum Brainstorming und der Ideenentwicklung können Sprachtechnologien
  herangezogen werden, um zum Beispiel neue Produktnamen zu erfinden, auf die
  Menschen erst durch tagelanges Ausprobieren kommen würden.

13.3   Wie läuft ein NLP-Projekt praktisch ab?

Wie unser kleiner Einblick zeigt, ist der Einsatz von Sprachtechnologien schon weit
verbreitet: insbesondere in der Verwaltung und Beratung sowie in Marketing und Verkauf. Zum Abschluss unseres Überblicks wollen wir noch an einem Beispiel zeigen, wie
eine Anwendung von Sprach-KI in einem KMU entwickelt werden kann. Dabei greifen
wir auf ein am Artificial Intelligence Center Hamburg (ARIC)[6] entwickeltes Schema zurück, das die Einführung von KI in KMUs beschreibt:

1. Identifikation des Anwendungsfalles
Eine Steuerberaterin möchte die aktuellen Urteile zum Steuerrecht zeitnah für ihre
Mandanten verfügbar machen. Die aktuellen Gerichtsurteile sollen automatisch so
klassifiziert werden, dass nur für den jeweiligen Mandanten relevante Urteile für ihn
bereitgestellt werden, z. B. gezielt für Unternehmer, Angestellte, Soloselbstständige
oder bestimmte Branchenvertreter.

2. Datensourcing
Als Quelle sollen frei verfügbare Daten von Gerichten sowie abonnierte Services mit
(kommentierten) Gerichtsurteilen verwendet werden.

---

5   Ein deutscher Anbieter solcher Dienstleistungen ist z. B. Neuroflash https://neuroflash.com/de/.
6   https://www.aric-hamburg.de.

3. Erstellung eines Proof of Concepts

Auf der Basis der bereits von den Mitarbeitern der Steuerberaterin klassifizierten Daten wird ein Testdatensatz von einigen tausend Urteilen bereitgestellt, für die schon feststeht, welcher Urteilstext für welche Mandantengruppe relevant ist. Dieses passiert parallel zum Geschäftsbetrieb. Die Daten können auch veraltet sein; es geht zunächst darum, die prinzipielle Machbarkeit zu testen. Auf Basis dieser Daten wird ein Textklassifikationsmodell trainiert. Das Modell wird mit neuen Gerichtsurteilen evaluiert. Die Mitarbeiter prüfen dann, ob die Klassifikationen zutreffend sind.

4. Erstellung eines Minimum Viable Product (MVP)

Nach dem erfolgreichen Proof of Concept wird mit aktuellen Daten aus dem laufenden Geschäftsbetrieb ein Betatest gefahren, mit dem die Handhabbarkeit (Usability) durch die Mitarbeiter und die Integration in die bestehende Betriebsabläufe erprobt werden soll.

5. Integration in den Produktionsprozess, Monitoring und Nachsteuern

Ist das MVP erfolgreich, wird es voll in den Produktivbetrieb integriert.

Die Treffsicherheit und Effizienz des Modells wird laufend evaluiert, um eventuell nachzusteuern und das KI-Modell gegebenenfalls anzupassen und zu verfeinern.

13.4 Welche Hürden gibt es beim Einsatz von Sprach-KI?

Beim Weg zum Einsatz von Sprachtechnologien sind drei Hürden zu bewältigen:

1. Prüfung der prinzipiellen Machbarkeit

Hierzu sollte man sich als KMU Unterstützung von einem neutralen KI-Berater holen. In allen Bundesländern gibt es Anlaufstellen wie z. B. die Regionalen Zukunftszentren[7], die kostenfrei und ohne wirtschaftliche Eigeninteressen Fragen zum Einsatz von KI mit den Unternehmen klären und die Machbarkeit, teilweise auch die Förderung, prüfen.

2. Umsetzung

Zu einer guten Beratung gehört auch die Perspektive einer praktischen Umsetzung. Irgendwann muss eine Make- oder Buy-Entscheidung getroffen werden. Im Anschluss an die Machbarkeitsprüfung klärt man also, ob das Unternehmen selbst in der Lage ist, Sprachtechnologie (gegebenenfalls nach Weiterqualifizierung bestehender oder Einstellung neuer Mitarbeiterinnen) einzusetzen. Die nächste Frage ist, ob man auf bestehende Lösungen zurückgreifen und diese an die eigenen Bedarfe anpassen

---

7 Zum Beispiel das Zukunftszentrum Nord: https://www.zukunftszentrumnord.de

kann oder ob eine Neuentwicklung erforderlich ist. Für die Beauftragung externer Dienstleister gibt es mittlerweile eine interessante Start-up-Landschaft von kleinen wendigen NLP-Start-ups[8]. Bei der Auswahl eines passenden Dienstleisters kann eine regionale Beratungsstelle unterstützen.

3. Pflege und Betreuung

Sprachtechnologie ist keine Technologie, die man aus dem Regal kauft und dann jahrelang einsetzt, bis sie abgeschrieben ist. Die Informationslandschaft ändert sich schnell und häufig. Insofern muss eine im Unternehmen eingesetzte Technik laufend überwacht und gepflegt werden: Verbessert oder verschlechtert sich die Leistung der Technik? Wird auf Neuerungen und Probleme zeitig reagiert? Sind die Mitarbeiter mit der Lösung zufrieden und hält diese das ursprüngliche Effizienzversprechen? Dazu muss ständig die Qualität der Ergebnisse der Sprach-KI evaluiert werden und eventuell nachgebessert werden.

13.5   Fazit

Sprachtechnologien werden in vielen Bereichen von Unternehmen erfolgreich eingesetzt. Der Zugang zu Informationen und den technischen Voraussetzungen wird ständig verbessert, sodass jedes Unternehmen, idealerweise unter Hinzunahme eines KI-Beratungszentrums, die neuen Chancen für sich nutzen kann. Robuste Technologien und eine ständig wachsende Start-up-Landschaft bieten die Grundlage für einen dauerhaften Einsatz in allen Bereichen von Wirtschaft und Verwaltung.

---

8   Einen Überblick über KI Start-ups in Deutschland bietet: https://www.appliedai.de

14 Verantwortungsvolle und vertrauenswürdige Gestaltung von KI-Systemen

Von Jan Ruhnke, Elisabeth Weißbecker und Steven Dehlan

Was Sie in diesem Kapitel erwartet

Je stärker KI Einzug in sämtliche Lebens- und Arbeitsbereiche hält, desto wichtiger wird die Frage nach ihrer verantwortungsvollen und vertrauenswürdigen Gestaltung. In diesem Beitrag wird dargestellt, welche Merkmale eine verantwortungsvolle KI ausmachen:

- Erklärbarkeit,
- Ethik & Regulierung,
- Sicherheit & Robustheit,
- Fairness & Nachhaltigkeit,
- Governance.

Exemplarisch werden die Dimensionen Erklärbarkeit sowie Sicherheit & Robustheit näher beschrieben. Eine ausgiebige Auseinandersetzung mit der Thematik wird empfohlen, da regulatorische Anforderungen und Kundenerwartungen die vertrauensvolle Gestaltung von KI-Systemen zukünftig nahezu unausweichlich machen.

Die Leser erhalten in diesem Kapitel einen Überblick darüber, wie man den Einsatz von KI-Systemen verantwortungsvoll und vertrauenswürdig gestalten kann. Hierfür gibt es neben allgemeinen Handlungsempfehlungen auch konkrete Tipps dazu, wie man beim KI-Einsatz mehr Erklärbarkeit, Robustheit und Sicherheit erreichen kann.

14.1 Wieso ist Vertrauen für KI wichtig?

Das Stichwort Künstliche Intelligenz (KI) weckt häufig Skepsis und Widerstand. Und wen wundert es? In Science-Fiktion-Romanen und -Filmen begegnet uns KI in Form von Killer-Robotern, die die Weltherrschaft an sich reißen. In der Presse werden wir davor gewarnt, dass uns KI den Arbeitsplatz wegnehmen wird. Wie weit Fakt und Fiktion auseinander liegen, ist nicht für alle offensichtlich und stellt damit ein nicht zu unterschätzendes Risiko für die Akzeptanz und damit auch den Einsatz von KI dar. Die Nutzung von KI in einem Unternehmen kann beispielsweise maßgeblich dazu beitragen, Kosten zu reduzieren, lästige und repetitive Aufgaben an die KI zu übergeben oder Produkte und Dienstleistungen zu optimieren. Der erfolgreiche Einsatz von KI im Unternehmen kann aber scheitern, wenn Mitarbeiter die Nutzung boykottieren und

Kundinnen KI-basierte Produkte und Dienstleistungen ablehnen. Schnellere, bequemere Verwaltungs- und Behördenleistungen können nicht angeboten werden, wenn Bürger die Nutzung von KI nicht akzeptieren.

Das Narrativ und Verständnis von »*KI ist gegen den Menschen*« oder »*KI ist ein Ersatz des Menschen*« muss sich also wandeln zu einem Verständnis von »*KI ist für den Menschen*« bzw. »*KI ist eine Unterstützung für den Menschen*«. Eine solche Auffassung setzt jedoch Vertrauen voraus, das verdient werden muss. Hier setzt verantwortungsvolle/ vertrauenswürdige KI (im Englischen responsible/trustworthy AI) an. Mit diesen Begriffen werden Bestrebungen zusammengefasst, Systeme Künstlicher Intelligenz in verantwortungsvoller Weise zu entwickeln und einzusetzen. Dies umfasst verschiedene Dimensionen, die im Folgenden nähergebracht werden.

14.2   Wie kann sich KI Vertrauen verdienen?

»Verantwortungsvoll« oder »vertrauenswürdig« sind KI-Systeme insbesondere dann, wenn sie folgende Merkmale aufweisen:

- **Ethik & Regulierung**: Der Einsatz von KI ist im Einklang mit europäischen Wertevorstellungen und rechtlichen Anforderungen (inkl. branchenspezifischer Regulierungen).
- **Erklärbarkeit**: Es ist nachvollziehbar, wie das Ergebnis der KI zustande kommt. Entweder der Lösungsweg ist direkt nachvollziehbar oder das Ergebnis lässt sich plausibilisieren, indem z. B. für das Ergebnis ausschlaggebende Faktoren klar aufgezeigt werden können.
- **Sicherheit & Robustheit**: Fehlfunktionen und Ausfälle werden vermieden/minimiert. Abweichungen bei der Eingabe (versehentlich oder in Form von Manipulationsversuchen) führen nicht zu Inkonsistenzen in den Ergebnissen.
- **Fairness & Nachhaltigkeit**: Die Verarbeitung personenbezogener Daten durch den Einsatz von KI führt nicht zu einer Diskriminierung wegen spezifischer Persönlichkeitsmerkmale (z. B. Erfolgswahrscheinlichkeit zur Einladung für ein Vorstellungsgespräch auf Basis von KI unterscheidet sich nicht systematisch aufgrund des Geschlechts, der Hautfarbe etc.). Auch im Hinblick auf Nachhaltigkeit spielt der Einsatz von KI eine wichtige Rolle. Hierbei wird neben der immer stärker in den Fokus rückenden ökologischen auch die soziale und ökonomische Nachhaltigkeit betrachtet.
- **Governance**: Es gibt klare Zuständigkeiten und Verantwortliche in der Organisation, die KI einsetzt, sowie klar definierte Prozesse für die Entwicklung, Inbetriebnahme, den Betrieb und die Reaktion auf mögliche Fehlfunktionen. Menschliche Aufsicht und Kontrolle sind gewährleistet (Human-in-the-Loop).

Die Betrachtung der Dimensionen erfolgt nicht losgelöst voneinander. Vielmehr bestehen Wechselwirkungen unter ihnen, darunter auch Zielkonflikte. Beispielsweise kann ein Trade-off zwischen ökologischer Nachhaltigkeit und Erklärbarkeit bestehen: Die Nutzung vortrainierter Netze erlaubt zwar, den Energieverbrauch der KI-Nutzung zu reduzieren, schränkt aber andererseits die Erklärbarkeit ein, da i. d. R. nicht ausreichend Transparenz über den Trainingsvorgang solcher Netze besteht (z. B. Datenauswahl, Umgang mit Biases). Ob und inwieweit bestimmte KI-Anwendungen diese Dimensionen erfüllen, ist also zunächst offen und hängt von Entscheidungen bei der Konzeption, Entwicklung und laufenden Nutzung ab. Im Folgenden werden die Dimensionen Sicherheit & Robustheit sowie Erklärbarkeit näher beleuchtet.

14.2.1 Vertrauen durch Verständlichkeit

Lässt sich nicht erklären, wie und warum eine KI-Anwendung zu einem bestimmten Ergebnis führt, fällt es schwer, sich auf dieses Ergebnis zu verlassen und darauf basierend Unternehmensentscheidungen zu treffen. Insbesondere in kritischen Anwendungsgebieten, in denen solche Entscheidungen weitreichende materielle oder immaterielle Folgen haben, gewinnt die Erklärbarkeit der KI-Anwendung an Bedeutung. Nicht zuletzt kann es im Falle von Fehlentscheidungen notwendig sein, die Entscheidungsfindung nachvollziehen zu können, um beispielsweise Haftungsfragen zu klären.

Um uns auf das Ergebnis der KI verlassen zu können, möchten wir im besten Fall verstehen können, wie die KI zu ihrem Ergebnis gekommen ist. Bei einigen Ansätzen der KI (z. B. Entscheidungsbäume) lässt sich der Lösungsweg nachvollziehen. Dies trifft jedoch nicht für alle Modelle der KI zu. Bei sog. «Black Box«-Modellen (z. B. neuronale Netze) können wir beobachten, was als Input hineingeht und was als Output herauskommt, aber was dazwischen passiert und ob der von der KI gefundene Lösungsweg zum Ergebnis der richtige ist, können wir nicht belegen. Zwar sind solche KI-Modelle nicht «selbsterklärend«, die Ergebnisse lassen sich jedoch im Nachhinein mithilfe verschiedener Ansätze aus dem Feld der Erklärbaren KI (explainable AI, kurz XAI) plausibilisieren.

Einen dieser Ansätze stellen die sog. «Counterfactual Explanations« dar. Hierbei werden Klassifikationsergebnisse eines KI-Modells durch kleine Änderungen in den Entscheidungsfaktoren überprüft. Beispielsweise könnte ein Unternehmen mithilfe eines KI-Modells eine Vorselektion unter Bewerbern treffen, um zu entscheiden, welche Kandidatinnen zum Vorstellungsgespräch eingeladen werden und welche nicht. Relevante Faktoren dabei sind z. B. die Anzahl der Jahre an Berufserfahrung und der höchste akademische Abschluss. Betrachtet man nun exemplarische Klassifikationsergebnisse (einladen/nicht einladen), so erhält man z. B. für Bewerber A mit einem Masterabschluss und fünf Jahren Berufserfahrung das Ergebnis »einladen«. Führt eine Erhöhung bei der Berufserfahrung und beim akademischen Abschluss zum Ergebnis

»nicht einladen«, so wäre die Plausibilitätskontrolle entsprechend nicht bestanden und die KI-Anwendung sollte in dieser Form nicht zum Einsatz kommen.

Ein weiterer Ansatz besteht darin, in Form sog. »Shapley Values« zu errechnen, welchen Einfluss einzelne Eingabegrößen auf das Ergebnis hatten. Beispielsweise möchte ein Unternehmen überprüfen, wie stark Marketingmaßnahmen auf verschiedenen Kanälen dazu beitragen, den Umsatz des Unternehmens zu erhöhen. Nutzt ein fiktives Unternehmen etwa Print-, Fernseh- und Onlinewerbung, so betrachtet man den Umsatz für alle möglichen Konstellationen im Marketingmix (z. B. Umsatz bei einzelnen Kanälen, Print- und Fernsehwerbung einmal mit und ohne Onlinewerbung etc.). Bei den Konstellationen spielt auch die Reihenfolge eine Rolle. Erreicht man über Print- und Fernsehwerbung etwa größtenteils die gleiche Zielgruppe, so ist der Beitrag von Fernsehwerbung höher, wenn es zuvor nur Onlinewerbung gab, als wenn es zuvor schon Printwerbung gab. Insgesamt erfährt man über den Ansatz den individuellen Beitrag der Werbekanäle im Marketingmix. Analog lässt sich darüber der Einfluss verschiedener Eingabewerte auf das KI-Ergebnis (unter Berücksichtigung verschiedener Konstellationen und Korrelationen zwischen den Parametern) aufzeigen und wiederum eine Plausibilitätskontrolle vollziehen (z. B. sollte bei der Vergabe eines Studienplatzes die Abiturnote einen hohen Einfluss haben, das Alter hingegen nicht).

Diese und weitere Methoden aus dem Feld der XAI sind also Teil eines Lösungsansatzes. Es ist jedoch wichtig, zu betonen, dass sie das Problem der Intransparenz von Black-Box-Modellen nicht vollständig aus dem Weg räumen. Sie helfen uns zwar dabei, dass wir einzelne Ergebnisse eines KI-Systems nachvollziehen und plausibilisieren können. Dies ist aber nicht dasselbe wie eine allgemeine Plausibilisierung für alle Ergebnisse der KI oder gar eine Erklärung für den eigentlichen Lösungsweg (Blick in die Black Box).

Handlungsempfehlung

Sofern der Use Case es nicht erfordert, einen Black-Box-Ansatz zu verwenden, sind nachvollziehbare Algorithmen (White-Box-Verfahren) vorzuziehen. Zudem ist es in der Regel sinnvoll, KI-Systeme zunächst als Assistenzsysteme zu nutzen, sodass deren Ergebnisvorschläge noch von fachkundigem Personal gegengecheckt werden. Auf diese Weise können die Nutzerinnen die Limitationen und Stärken von KI in der praktischen Nutzng sehen und damit wird auch das Verständnis der KI-Anwendung gefördert. Dagegen ist ein vollautomatisches KI-System für die meisten Nutzer abschreckend und ruft ein Gefühl des Kontrollverlustes hervor. Ist die Verwendung eines Black-Box-Verfahrens durch den Use Case unumgänglich, sollten so viele Fälle wie möglich mit XAI-Methoden geprüft werden. Werden Black-Box-Verfahren in kritischen Systemen verwendet, wo beispielsweise ein Personenschaden oder ein hoher finanzieller Schaden entstehen könnte, ist es heute üblich, die KI durch mathematisch beweisbare Algorithmen zu begrenzen, d. h., die Extremwerte des Outputs zu begrenzen (z. B. Lenkassistent in einem PKW).

14.2.2   Vertrauen durch Sicherheit

Im realen Einsatz werden KI-basierte Systeme nicht nur mit idealtypischen Fällen konfrontiert, für die sie ursprünglich konzipiert und trainiert wurden. Tatsächlich kann es zu vielen unerwarteten Abweichungen kommen (z. B. ein Sensor fällt aus, die Bildqualität ist schlecht, die Anwendung lernt von Usern und diese verhalten sich anders als erwartet, …), die sich im Vorfeld während der Entwicklung nur schwer antizipieren lassen. Eine vertrauenswürdige KI-Anwendung sollte sich aber auch in solchen Fällen wie vorgesehen verhalten und verlässlich sein. Daher gehört es zur Vertrauenswürdigkeit und Verantwortbarkeit von KI, dass in der Entwicklung Maßnahmen ergriffen werden, die die Toleranz der KI-Anwendung gegenüber unvorhergesehen Umständen erhöht. Eine derartige Erhöhung der Robustheit ist notwendig, da es zu absichtlichen Manipulationen durch IT-Angriffe kommen kann. Beispielsweise lernt ein künstliches Neuronales Netz gemeinsame Merkmale, die bestimmte Objekte charakterisieren. Kennt ein Angreifer das Modell, ist es möglich, die echte Gestalt eines Objektes durch gezielte Manipulation dieser Charakteristika über ein Kamerabild zu verschleiern und daraus Nutzen zu ziehen (medial bekannt wurden z. B. speziell manipulierte Verkehrsschilder, die für den Menschen wie reguläre Stop-Schilder aussahen, von der KI jedoch als 60 km/h-Geschwindigkeitszeichen interpretiert wurden).

Eine weitere Art des Cyber-Angriffs auf KI-Systeme wäre das aktive Ausnutzen von Fehlinterpretationen einer KI bei Extremwerten. Ist bekannt, bei welchen Extremwerten eine KI fehlerhaft entscheidet, kann dieser Fehler gezielt ausgenutzt werden.

Ferner können KI-Systeme, die aus den Eingaben von Nutzerinnen weiterlernen, manipuliert werden, indem das KI-System mit für den Angreifer wünschenswerten, aber falschen Daten «geflutet» wird, bis das System das provozierte Fehlverhalten annimmt. Nicht nur aus den obigen Sicherheitsüberlegungen ist ein sog. Monitoring ein nicht zu vernachlässigender Aspekt bei einem KI-System, um gezielt die Kommunikation (u. a. auf Anomalien) zu untersuchen. Auch das KI-Modell wird ständig auf sein korrektes Verhalten geprüft. Selbst wenn das KI-System geschlossen ist (abgeschlossenes Training und lokal isoliert), ist eine regelmäßige Überprüfung nötig, da mit der Zeit Änderungen der Gegebenheiten stattfinden, die nicht im Trainingsmodell vorhanden waren (z. B. Veränderung von Verkehrszeichen, Größe, kleine Farbabweichungen aufgrund geänderter Rohstoffe).

Kommt es zu häufigen Fehlfunktionen des KI-Systems, z. B. weil Sensoren ausfallen oder weil es zu einer versehentlichen oder absichtlichen Eingabe fehlerhafter Daten kommt, so können sich Nutzer nicht auf das KI-System verlassen. Zwar lassen sich Fehler nicht zu 100 % vermeiden (wie auch bei menschlichen Entscheidungen). Vertrauen in ein KI-System kann aber dadurch geschaffen und erhöht werden, dass ausreichende und geeignete Maßnahmen getroffen wurden, um das System möglichst robust gegenüber solchen Fehlerquellen zu machen. Hierfür gibt es mehrere Strategien: Grundvoraussetzung ist, einen gesonderten Algorithmus oder ein Verfahren zu schaffen, das unmögliche und unklare Werte erkennt (so können z. B. bei einem Sensor Werte außerhalb des Messbereiches als Fehler identifiziert werden). Sollte bei kritischen Systemen ein Fehler erkannt werden, wird das KI-System in einen sog. sicheren Zustand versetzt. Der sichere Zustand ist vergleichbar mit den Notlauffunktionen eines PKW, wobei eine totale Abschaltung fatale Folgen hätte. Bei nicht sicherheitskritischen Systemen wäre der sichere Zustand beispielweise die Ausgabe einer Warnung oder sogar das Abschalten des KI-Systems.

Handlungsempfehlung

Auch wenn es oft nicht so dargestellt wird: Ein KI-System ist auch «nur» Software und damit vielen IT-Sicherheitsrisiken ausgesetzt – wie jede andere Software auch, sodass die geltenden Regeln und Empfehlungen (z. B. des BSI) zur IT-Sicherheit zu erfüllen sind. Zusätzlich sind die obigen Maßnahmen zur Sicherstellung der korrekten Funktion eines KI-Systems (Monitoring und Maintenance) empfehlenswert. Um der Degeneration eines KI-Systems entgegenzuwirken, ist es regelmäßig mit unbekannten Daten nachzutrainieren, was besonders für Realwelt-Anwendungen gilt. In den meisten KI-Systemen wird fremder Code verwendet und die Wartung der Sicherheit unterliegt der Verantwortung des Betreibers. Das heißt, auch ein KI-System muss auf bekannte Sicherheitslücken hin geprüft werden und ggf. muss schnell gehandelt werden. Diese Sicherheitslücken können auch durch sekundäre sog. Libraries »eingeschleppt« werden (spektakuläres Beispiel: Log4J[1]). Daraus folgt aber auch, dass ein KI-System vollständig verstanden sein muss (inkl. seiner Komponenten) oder eine professionelle Firma mit der Wartung beauftragt werden muss, wenn es sich um kritische Daten oder Funktionen handelt. Per Design sollte eine Fehlererkennung von Anfang an mitgedacht und umgesetzt werden, d. h. schon im Anforderungsmanagement, bevor die erste Zeile Code programmiert wird. Eine mögliche Lösung für Sensorstörungen ist die sog. Sensor Fusion: Ein Messergebnis wird durch unterschiedliche physikalische Größen (z. B. Ultraschall, Kamera) gemessen und auf diese Weise wird die Plausibilität der Werte geprüft. Dieses Vorgehen eignet sich auch für abstrakte Prozesse (z. B. Kreditvergabe), wo die Plausibilität durch Zusatzfragen hergestellt wird.

---

1   Softwarelösungen bauen i. d. R. auf bereits bestehenden Bausteinen für bestimmte Funktionen auf. So ist Log4J als Log-System Teil von vielen weitverbreiteten Softwarelösungen. Als eine kritische Sicherheitslücke in Log4J bekannt wurde, waren somit auf einen Schlag viele Softwarelösungen angreifbar.

14.3   Fazit

Künstliche Intelligenz ist längst nicht mehr nur Zukunftsmusik, sondern hat mittlerweile überall im alltäglichen Leben Einzug gehalten. Mit vermehrtem Einsatz werden aber auch zunehmend Forderungen nach einer Regulierung und der verantwortungsvollen Gestaltung laut. Die (gesellschaftliche) Akzeptanz, sowohl im Kontext des Arbeitsalltages als auch im privaten Umfeld, und der damit verbundene erfolgreiche KI-Einsatz, sind stark vom Vertrauen abhängig.

Als allgemeine Handlungsempfehlungen gerade für Unternehmen, die erste Schritte in dem Bereich gehen wollen, ist es prinzipiell ratsam, eher systemunkritische Prozesse für erste Gehversuche auszuwählen. Hier bietet es sich zudem an, Anwendungsbereiche auszuwählen, in denen die Regulierungsdichte vergleichsweise gering ist. Auch trägt der Einsatz in unkritischen Bereichen zu geringeren Berührungsängsten bei und kann so die Akzeptanz weiterer KI-bezogener Vorhaben begünstigen. Eine entsprechend frühe Einbindung und Aufklärung relevanter Akteure, auch schon in ersten konzeptionellen Überlegungen, fördert diesen Umstand zusätzlich.

Darüber hinaus bietet der Fokus auf verantwortungsvoll gestaltete KI ebenfalls eine entscheidende, standortspezifische Wettbewerbskomponente. Der verantwortungsvolle Umgang im Rahmen der aufgeführten Dimensionen grenzt sich deutlich von den marktführenden Standorten USA und China ab und kann sich als großer Wettbewerbsvorteil entpuppen. Ähnlich wie bei der Einführung der DSGVO kann sich die Konzentration auf Responsible AI als ein Alleinstellungsmerkmal und damit als eine von europäischen Werten geprägte Herangehensweise herausstellen. Nebenbei bringt dies noch den Effekt mit sich, dass auch die Technologiestandorte USA und China in diesen Bereichen aufrüsten müssen, um einen lukrativen europäischen Markt zu bedienen. Eine verantwortungsvolle Gestaltung von KI-Systemen über die verschiedenen Ausprägungsmerkmale hinweg ist daher sowohl im Hinblick auf wirtschaftliche, gesellschaftliche als auch standortswettbewerbliche Aspekte empfehlenswert.

15 Die Veränderung der Jobprofile durch den Einsatz von Künstlicher Intelligenz

Von Hanna Stüber, Galina Kaiser, Carolin Frehse und Jan Skrovanek

Was Sie in diesem Kapitel erwartet

Künstliche Intelligenz ist mehr als ein Schlagwort. Der Einsatz Künstlicher Intelligenz beeinflusst ganze Branchen und die Tätigkeiten, die Menschen ausführen. Damit einher geht eine Veränderung der Jobprofile.

Anhand von Praxisbeispielen aus der Produktions- und Dienstleistungsbranche werden die Einflüsse von Künstlicher Intelligenz auf die benötigten Kompetenzen eines Fabrikarbeiters und eines Bankberaters aufgezeigt. Hierfür werden aktuelle Stellenanzeigen analysiert, es wird dargestellt, wie Künstliche Intelligenz in der Branche eingesetzt werden kann und wie sich dadurch die Kompetenzprofile verändern.

Den Abschluss des Beitrages bilden praxisnahe Handlungsempfehlungen, die aufzeigen, welche Kompetenzen Mitarbeiter zukünftig haben sollten, um in einem KI-unterstützten Umfeld gewinnbringend eingesetzt werden zu können.

Zum Abschluss des Kapitels werden ein Ausblick und Handlungsempfehlungen für den Einfluss Künstlicher Intelligenz auf die Zukunft der Arbeit gegeben.

15.1 Einleitung

»Die Angst vor der Automatisierung geht um. Doch nicht nur Fabrikarbeiter müssen vor der wachsenden Intelligenz der Computerprogramme zittern, auch komplexe Jobs sind womöglich nicht mehr sicher: Mit dem Aufstieg sogenannter Robo-Advisors sitzen nun auch Bankberater in einem wankenden Boot.«[1]

Durch den Einsatz von KI entstehen neue Möglichkeiten und gleichzeitig große Veränderungen am Arbeitsmarkt. Moderne Technologien unterstützen derzeit Mitarbeiter bei der Ausführung manueller und kognitiver Routinetätigkeiten, bei der

1   Behrens, Nele (Robo Advisor, 2021): Würden Sie einen Roboter Ihre Finanzen steuern lassen? https://www.t-online.de/finanzen/geld-vorsorge/geldanlage/id_89757188/robo-advisors-wieso-die-ki-den-bankberater-bedroht-.html, abgerufen am 04.04.2021.

Verarbeitung vielfältiger Informationsflüsse und bei der Durchführung komplexer Arbeitstätigkeiten. Die Nutzung der digitalen Technologien ist unabdingbar, um wettbewerbsfähig zu bleiben. Gleichzeitig wirkt sie sich auf die Arbeitsinhalte und -organisation aus und verändert zudem die damit verbundenen Arbeitsanforderungen an die Mitarbeiter.

Die Fragestellung dieses Beitrages ist, wie sich die Tätigkeiten am Arbeitsplatz durch den Einsatz Künstlicher Intelligenz verändern. Hierfür werden im Folgenden zwei Praxisbeispiele beleuchtet. Das erste Beispiel ist das eines Fabrikarbeiters in der Automobilproduktion. Das zweite Beispiel bildet den Beruf einer Bankmitarbeiterin ab. Es werden mögliche Einsatzfelder von KI in den jeweiligen Jobumgebungen aufgezeigt.

15.2   Fallbeispiele

In den folgenden zwei Beispielen aus der Produktions- und Dienstleistungsbranche wird der Einsatz von KI in der Praxis und die Auswirkungen auf die Jobprofile aufgezeigt.

15.2.1   Beispiel BMW

Das folgende Fallbeispiel beschäftigt sich mit dem Einsatz von KI in der Fertigungsbranche anhand einer Kooperation der beiden Unternehmen BMW und NVIDIA.

In einer KMPG-Studie[2] sagten 52 % der Führungskräfte aus der Fertigungsindustrie, sie seien der Meinung, dass Prozessautomatisierung durch Robotik in Zukunft eine große Auswirkung auf die Produktivität in Ihrer Fertigung haben wird, wobei sich die größte Auswirkung auf die Bereiche Produktentwicklung und -design abzeichnen wird.[3]

Die BMW-Gruppe ist ein in Deutschland ansässiger Automobilkonzern. Weltweit besitzt die BMW-Gruppe 31 Fertigungsanlagen, in denen die Produkte hergestellt werden. Somit ist das Potenzial für Produktivitätssteigerungen durch KI in der Fertigung eine relevante Initiative für BMW.

NVIDIA ist ein global agierender Konzern, der insbesondere für die Herstellung von Grafikkarten und Prozessoren bekannt ist. Das Unternehmen hat in den letzten Jah-

---

2   KPMG ist eine international agierende Wirtschaftsprüfungs- und Beratungsgesellschaft.
3   Vgl. Campana, Ellen; Chandrasekaran, Swami; Krishna, Sreekar (Thriving in an AI World, 2021): Thriving in an AI World, Berlin, KPMG, 2021, S. 16.

ren sein Engagement im Bereich KI deutlich ausgebaut und bietet heute eine breite Produktpalette in diesem Bereich an. Unter anderem kooperiert NVIDIA mit Herstellern aus der Automobilindustrie im Bereich des autonomen Fahrens.

Die Unternehmen haben eine weitgreifende Kooperation, die sich auf den Bereich der Fertigung konzentriert. BMW verwendet die »Omniverse«-Plattform von NVIDIA, um die Fabriken virtuell abzubilden und ein digitales Abbild, auch »digitaler Zwilling« genannt, der Fabrik zu erstellen. Der digitale Zwilling ist in Abbildung 1 zu sehen.

Abb. 1: Digitaler Zwilling einer BMW-Fertigungsstraße, Quelle: https://www.press.bmwgroup.com/deutschland/article/detail/T0329569DE/bmw-group-und-nvidia-heben-virtuelle-fabrikplanung-auf-die-naechste-ebene?language=de

Es sind hierbei sämtliche Objekte einer Fertigungsanlage abbildbar. Dies ermöglicht die Simulation komplexer und realistischer Sachverhalte. Darüber hinaus können in dem digitalen Zwilling auch Menschen und Arbeitsabläufe simuliert werden. Damit bildet er die Basis für die Planung von verschiedenen Graden der Automatisierung und der Arbeitsabläufe.

Der hohe Detailgrad der Virtualisierung ermöglicht eine Abbildung von hochkomplexen Prozessen und Abläufen. BMW hat im Rahmen der Kooperation mit NVIDIA inzwischen für jedes der 31 globalen Werke einen solchen digitalen Zwilling erstellt.[4] Neben der virtuellen Spiegelung kooperieren die Unternehmen im Bereich der Robotik. In

---

4   Vgl. BMW Group (Fabrikplanung, 2021): BMW Group und NVIDIA heben virtuelle Fabrikplanung auf die nächste Ebene, https://www.press.bmwgroup.com/deutschland/article/detail/T0329569DE/bmw-group-und-nvidia-heben-virtuelle-fabrikplanung-auf-die-naechste-ebene?language=de, 13.04.2021.

Abbildung 2 ist ein Transportroboter zu sehen, der in den Fertigungsanlagen eingesetzt wird.

Abb. 2: Bild von Transportroboter in einem BMW-Werk, Quelle: https://www.press.bmwgroup.com/
deutschland/article/detail/T0329569DE/bmw-group-und-nvidia-heben-virtuelle-fabrikplanung-auf-die-
naechste-ebene?language=de

Diese Art von non-humanoiden Robotern wird in Fabriken genutzt, um Materialien
und Werkzeuge zu transportieren. Dadurch kann die physische Belastung der Arbeitskräfte reduziert werden, was eine Konzentration auf komplexere, detailorientiertere
Arbeitsschritte erlaubt und das Verletzungsrisiko der Mitarbeiter reduziert. Durch die
flexiblen Einsatzmöglichkeiten werden mehr Bereiche in der Produktion von Robotern ausgeführt. Um optimale Routen und Einsatzbereiche von Robotern zu ermitteln,
werden verschiedene Szenarien im digitalen Zwilling simuliert. Diese Transportroboter sind nur ein Beispiel für den vielfältigen Einsatz von Robotern in der Fertigung bei
BMW.

Die sogenannten »PickBots« sind ein weiteres Beispiel für non-humanoide Roboter, die jedoch im Vergleich zu Transportrobotern stationär sind. Sie sind hoch-
gradig spezialisiert und für einen bestimmten Arbeitsschritt entwickelt. An den
beiden genannten Beispielen ist gut zu erkennen, dass Roboter in der Fertigung
mehr Arbeitsschritte übernehmen werden. Insbesondere dort, wo Mitarbeiter starken physischen Belastungen ausgesetzt sind oder eine hohe Replizierbarkeit von
Arbeitsschritten benötigt wird, besteht Potenzial für eine Einführung von Robotik-
Systemen.

Abb. 3: Bild von einem »PickBot« in einer BMW-Fertigungsstraße, Quelle: https://www.press.
bmwgroup.com/deutschland/article/detail/T0329569DE/bmw-group-und-nvidia-heben-virtuelle-
fabrikplanung-auf-die-naechste-ebene?language=de

Zusammenfassend zeigt sich, dass die Kooperation von BMW und NVIDIA die Grundlage für die Implementierung komplexer KI-Systeme in der Fertigung legt. Der Einsatz von Robotern ermöglicht zudem die Generierung und Sammlung weiterer Daten, die wiederum für das Training von KI-Modellen genutzt werden können. Im Folgenden soll nun die Auswirkung dieser Entwicklungen auf die Kompetenzprofile der Arbeiter analysiert werden.

Im aktuellen »Future of Jobs Report« des Weltwirtschaftsforums werden die Jobs mit der aktuell höchsten oder niedrigsten Nachfrage aufgelistet. Ganz oben auf der Liste stehen Datenanalystinnen und KI-Experten, was die Relevanz dieses Themas zusätzlich verdeutlicht. Interessanterweise sind Fließbandarbeiter und Fabrikangestellte auf Platz 5 der Jobs, die hinter beispielsweise Datenerfasserinnen, Sekretären oder Buchhalterinnen am stärksten durch KI bedroht werden.[5] Ein gänzlicher Wegfall dieser Arbeitsplätze ist dennoch unwahrscheinlich. Als plakatives Beispiel gilt hier Tesla. Dort versuchte man im Jahr 2018, eine Produktionsstätte komplett automatisiert von Robotern durchsteuern zu lassen. Schließlich musste Tesla einlenken und mehr Menschen in die Prozesse integrieren, was der CEO Elon Musk mit dem Zitat »Menschen werden unterschätzt« beschrieb.[6]

---

5   Vgl. Brown, Sophie; Guillaume Hingel; Vesselina Ratcheva; Saadia Zahidi (The Future of Jobs, 2020): The Future of Jobs, Genf, World Economic Forum, 2020. S. 30.

6   Vgl. Aiello, Chloe (Elon Musk, 2018): Elon Musk admits humas are sometimes superior to robots, in a tweet about Tesla delays, https://www.cnbc.com/2018/04/13/elon-musk-admits-humans-are-sometimes-superior-to-robots.html, abgerufen am 13.04.2018.

Während Roboter einige Arbeitsschritte komplett übernehmen können, werden in anderen Bereichen Mensch und Maschine Seite an Seite zusammenarbeiten. Es ist davon auszugehen, dass die Gewichtung von physischen und kognitiven simplen Kompetenzen in der Fertigung sinken wird, während kognitiv anspruchsvolle, soziale und technologische Kompetenzen an Bedeutung zunehmen werden. Da insbesondere soziale Kompetenzen von Robotern nicht abgedeckt werden können, ist dieser Bereich ein Punkt, worin sich menschliche Arbeiter von Robotern abgrenzen lassen.

Daraus lässt sich ableiten, dass der Einfluss von KI weitreichende Folgen auf die Produktion und die Belegschaft hat. Obwohl eine gewisse Anzahl von Tätigkeiten wegfallen wird, ist das wahrscheinlichste Szenario für die nächsten Jahre ein bestimmter Grad der Kollaboration zwischen Menschen und Robotern. Für Mitarbeiter in der Produktion wird es daher wichtiger werden, sozial-kommunikative und technologische bzw. digitale Kompetenzen aufzubauen, während die körperliche Belastbarkeit an Bedeutung verliert.

15.2.2   Beispiel Banking

KI wird auch in der Finanzbranche für große Umbrüche sorgen. Schon jetzt gibt es für KI vielseitige Anwendungsfelder, was für Effizienz- und Ertragssteigerungen sorgt. Ein Überblick über die Einsatzmöglichkeiten von KI wird in der folgenden Grafik dargestellt, wobei der Fokus auf der Kundeninteraktion (Front Office) liegt.

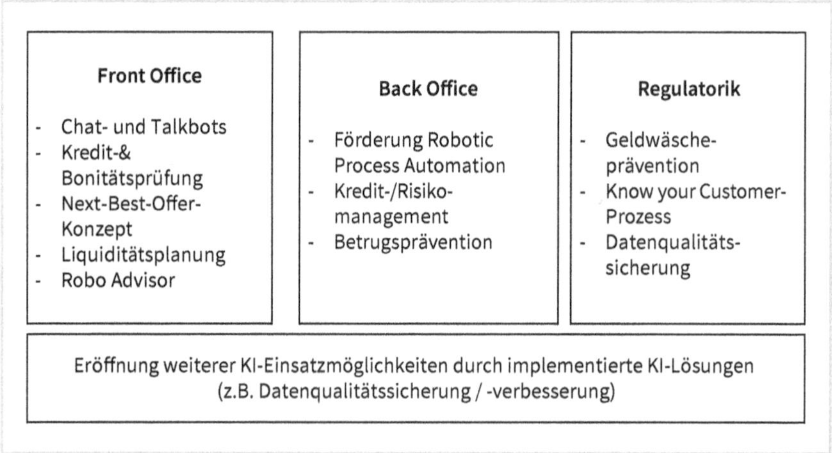

Front Office
- Chat- und Talkbots
- Kredit-& Bonitätsprüfung
- Next-Best-Offer-Konzept
- Liquiditätsplanung
- Robo Advisor

Back Office
- Förderung Robotic Process Automation
- Kredit-/Risiko-management
- Betrugsprävention

Regulatorik
- Geldwäsche-prävention
- Know your Customer-Prozess
- Datenqualitäts-sicherung

Eröffnung weiterer KI-Einsatzmöglichkeiten durch implementierte KI-Lösungen (z.B. Datenqualitätssicherung / -verbesserung)

Abb. 4: Einsatz von KI in Banken, Quelle: In Anlehnung an Kaya, O., Wo Banken bereits KI nutzen, 2021

Der Einsatz von Chatbots ist in Banken weit verbreitet. Chatbots ermöglichen eine permanente Erreichbarkeit und können Kunden auch ohne menschliche Unterstützung passgenaue Produkte und Dienstleistungen anbieten. Bisher können Chatbots jedoch häufig nur bei einfachen Fragestellungen helfen. Studienergebnisse zeigen, dass das Vertrauen von Kunden in einen Menschen weiterhin deutlich höher als in eine KI ist.[7] Beraterinnen werden daher weiterhin als Ansprechpartnerinnen für komplizierte Themenstellungen gesehen. Sie sollten daher eine hohe Kommunikationsfähigkeit, gutes Beziehungsmanagement und eine hohe Kundenorientierung haben, um genau solche Fragen vertrauensvoll zu beantworten.

Eine KI kann auch im Rahmen der Bonitätsprüfung zur Vergabe von Krediten die Datenermittlung für Kunden und die Bank vereinfachen. Das Ergebnis ist ein deutlich beschleunigter Prozess zur Kreditvergabe, da einzelne Prozessschritte wie das Einreichen von Einkommensnachweisen ersetzt werden. Auf Basis vorhandener Daten kann ein Kreditantrag automatisiert bewilligt oder abgelehnt werden. In diesem Zusammenhang ist eine beispielhafte Aufgabe der Bankberater, den Kunden diese Entscheidung zu erklären. Regulatorisch bedingt dürfen Kreditentscheidungen nicht allein auf Basis eines automatisierten Prozesses erteilt werden, sondern müssen objektiv nachvollziehbar begründet werden.[8] Benötigte Kompetenzen sind in diesem Bereich folglich Beurteilungsvermögen und analytische Fähigkeiten sowie eine gute Dialogfähigkeit und Kommunikationsfähigkeit.

Die automatisierte Datenanalyse, die mit KI realisiert wird, ermöglicht das Ausspielen von Produktempfehlungen. Diese basieren auf dem »Next Best Offer«-Konzept, das ein Ergebnis von Datenanalysen ist, um Kundinnen passende weitere Produkte anzubieten. Die KI kann außerdem durch die Nutzung von Machine Learning bisher nicht wahrgenommene wechselseitige Zusammenhänge identifizieren und so die Qualität der Empfehlungen erhöhen. Gerade wenn Bankberater darüber von der KI informiert werden und diese Informationen persönlich an die Kundinnen weitergeben, wird zusätzliches Geschäftspotenzial geboten und die Kundenbeziehung gestärkt, da sich die Kundinnen mit ihren Bedürfnissen verstanden fühlen. Hierbei sind das Beziehungsmanagement und die Kundenorientierung sowie Kommunikationsfähigkeit relevant. Wenn die Beziehung zur Kundin gut ist, vertraut sie stärker auf die Hinweise von Bankberaterinnen.

Robo-Advisors sind ein weiteres gängiges Anwendungsfeld von KI in der Bankenbranche. Sie verwalten die Geldanlage von Kunden und können weitestgehend automatisiert und autonom unter Berücksichtigung der jeweiligen Marktlage die Zusammenstellung, Kontrolle und Umschichtung der Anlageportfolios übernehmen. Die

---

7   Vgl. Behrens, Nele (Robo Advisor, 2021): Würden Sie einen Roboter Ihre Finanzen steuern lassen? https://www.t-online.de/finanzen/geld-vorsorge/geldanlage/id_89757188/robo-advisors-wieso-die-ki-den-bankberater-bedroht-.html, abgerufen am 04.04.2021.
8   Vgl. BaFin (Big Data trifft auf Künstliche Intelligenz, 2018): Big Data trifft auf Künstliche Intelligenz – Herausforderungen und Implikationen für Aufsicht und Regulierung von Finanzdienstleistungen, Frankfurt am Main: BaFin, 2018, S. 26.

Nutzerzahlen von diesen Systemen steigen rasant an und im April 2021 haben sich mehr als 2 Millionen Deutsche bei ihrer Anlagestrategie von ihnen beraten lassen.[9] Hier wird insbesondere die Fähigkeit von KI genutzt, mit enorm großen Mengen an Dateninputs zu arbeiten. Gerade die Anlagestrategie ist für Anleger von hoher persönlicher Bedeutung, weshalb wieder die Rolle der Bankberaterin darin liegt, Person des Vertrauens zu sein. Die Bankberaterin selbst sollte anhand analytischer Fähigkeiten und Beurteilungsvermögen die Lösung der KI bewerten und an den Kunden weitergeben.

Zusammenfassend bleiben sozial-kommunikative Kompetenzen für Bankberater weiterhin wichtig. Das Beziehungsmanagement, die Kommunikationsfähigkeit sowie die Dialogfähigkeit/Kundenorientierung gewinnen an Relevanz, da dies Kompetenzen sind, die einen Menschen als Kundenberater unersetzlich machen. Eigenverantwortung und Zuverlässigkeit sind insofern auch zukünftig relevant, als dass Bankberaterinnen eigenständig für ihren Kundenstamm zuständig sind und somit selbstständig arbeiten. An Bedeutung gewinnt die Lernbereitschaft, um die KI-Lösungen als Mehrwert wahrzunehmen und diese für sich zu nutzen. Analytische Fähigkeiten und Beurteilungsvermögen rücken weiter in den Fokus. Dies hängt mit der Einbettung der KI in den Verkaufsprozess zusammen, da Bankberater in der Lage sein sollten, die Ergebnisse, die von der KI geliefert werden, zu verstehen, zu erklären und zu bewerten.

In Hinblick auf die herausfordernde Situation der deutschen Bankenwirtschaft gilt KI als entscheidende Zukunftstechnologie für das Gelingen der digitalen Transformation von Banken. Es ist noch nicht absehbar, wie weit der Einsatz von KI gehen wird, da Banken einer starken Regulierung unterliegen. Darüber hinaus muss auf die Kundensensibilität eingegangen werden. Es sollte herausgestellt werden, dass Kunden ein gutes Kundenerlebnis in Bezug auf Individualisierung und Personalisierung des Dienstleistungsangebots und die Interkation zwischen Interessenten und Dienstleistern erwarten. Die KI kann dieses Serviceangebot unterstützen, wird aber den persönlichen Kundenkontakt und damit den Bankberater nicht ersetzen.

15.3   Zusammenfassung

Die Praxisbeispiele haben gezeigt, dass eine individuelle Betrachtung jeder Industrie notwendig ist, um die Auswirkungen eines erhöhten Einsatzes von KI zu verstehen. Nicht jeder Arbeitsplatz wird gleich stark von den Veränderungen betroffen sein. Grundsätzlich lassen sich einige industrieübergreifende Trends erkennen, insbeson-

---

9   Vgl. Behrens, Nele (Robo Advisor, 2021): Würden Sie einen Roboter Ihre Finanzen steuern lassen? https://www.t-online.de/finanzen/geld-vorsorge/geldanlage/id_89757188/robo-advisors-wieso-die-ki-den-bankberater-bedroht-.html, abgerufen am 04.04.2021.

dere Kompetenzen wie Lernfähigkeit, Kreativität, Leadership und analytische Denkweise werden in Zukunft an Bedeutung gewinnen.

Der Bedarf für Weiterbildungsmaßnahmen von Mitarbeitern in diesen Bereichen wird höchstwahrscheinlich steigen, was die Unternehmen vor strategische Herausforderungen stellt. Diese grundlegenden Veränderungen in den benötigten Kompetenzen sollten als Anlass dienen, das Curriculum in Schulen und Universitäten zu überarbeiten, um die nächste Generation auf die Herausforderungen der Zukunft vorzubereiten.

In Bezug auf KI wird tendenziell schnell von dystopischen Szenarien gesprochen, in denen Menschen komplett durch Roboter und KI-Systeme ersetzt werden. Viel wahrscheinlicher ist in der nächsten Zeit jedoch ein Szenario, in dem beide Parteien koexistieren und kooperieren. KI wird hier zu effizienteren Prozessen und besseren Kundenerlebnissen führen. Um effektiv mit KI zu arbeiten, werden sich Mitarbeiter neue Kompetenzen aneignen müssen. KI ermöglicht die Konzentration auf Tätigkeiten, die tatsächlich wertstiftend für Unternehmen und Gesellschaft sind. Repetitive Tätigkeiten und körperlich belastende Arbeit kann von KI übernommen werden, um die Menschen in diesen Bereichen zu entlasten, was eine Konzentration auf soziale Kompetenz ermöglicht.

16 Eine fast vollständige Anleitung für den EU Artificial Intelligence Act

Was Entscheider und Aufsichtsräte wissen müssen

Von Prof. Dr. Nick Gehrke und Marina Tcharnetsky

Was Sie in diesem Kapitel erwartet

Der EU Artificial Intelligence Act ist eine bisher im Entwurf vorliegende EU-Verordnung. Mit dieser Verordnung möchte der Gesetzgeber Forderungen nach legislativen Maßnahmen zur Gewährleistung eines reibungslos funktionierenden Binnenmarkts für Systeme der Künstlichen Intelligenz (KI-Systeme) nachkommen, mit denen sowohl der Nutzen als auch die Risiken der KI auf Unionsebene angemessen geregelt werden. Dieses Kapitel möchte das vorläufige Regelwerk zusammenfassen, um Entscheiderinnen und Aufsichtsräten zu verdeutlichen, vor welchen Fragen sie zukünftig stehen, wenn Methoden der KI vermehrt Einzug in ihre Organisation halten werden.

Auch wenn dieser Verordnungsentwurf im Zuge des Gesetzgebungsverfahrens weiter angepasst wird, zeigt er sehr deutlich, in welche Richtung die zukünftige Regulierung, die mit empfindlichen Sanktionen belegt ist, gehen wird. Deshalb ist es unumgänglich, dass Entscheiderinnen dies berücksichtigen, wenn im eigenen Unternehmen Projekte unter Einbeziehung von KI begonnen werden, da die Laufzeit der Nutzung in den Zeitraum der Regulierung fallen wird.

16.1 Einleitung

Methoden der Künstlichen Intelligenz (KI) und des Machine Learnings haben sich längst in marktgängigen Produkten und Dienstleistungen niedergeschlagen. Die Nutzung von Methoden der KI unterscheidet sich von klassischen Algorithmen hauptsächlich dadurch, dass KI-Methoden keine fest einprogrammierten Regeln beinhalten, sondern Regeln aufgrund der Datenlage selbst durch die Maschine gefunden oder optimiert werden (dynamische Anpassung). Dies bedeutet, nicht mehr allein der menschliche Entwickler ist Herr der Regelwerke für Entscheidungen, sondern algorithmische Regeln entstehen und evolvieren auf Grundlage von – sich möglicherweise im Zeitverlauf ändernden – Datenstichproben eigenständig. Sofern nun dieser dynamische Ansatz breiten Eingang in Waren und Dienstleistungen findet, ist es durchaus folgerichtig zu fragen, wie mit daraus folgenden Risiken im Geschäftsverkehr umzugehen ist. Es war daher nur eine Frage der Zeit, dass der Gesetzgeber darauf reagiert und Regularien zur Governance von KI im professionellen Umfeld entwirft. Auf Ebene der Europäischen Union hat sich dies im April 2021 durch den Kommissionsvorschlag einer neuen EU-Verordnung manifestiert (Gesetz über Künstliche Intelligenz, Artificial

Intelligence Act, Europäische Kommission, 21.04.2021). Auch wenn dieser Entwurf – wie bereits erwähnt – im Zuge des Gesetzgebungsverfahrens weiter angepasst wird, zeigt er sehr deutlich, in welche Richtung die zukünftige Regulierung, die mit empfindlichen Sanktionen belegt ist, gehen wird.

16.2   Was ist der Europäische Artificial Intelligence Act?

Der EU Artificial Intelligence Act – ausgeschrieben: Verordnung des Europäischen Parlaments und des Rates zur Festlegung harmonisierter Vorschriften für Künstliche Intelligenz und zur Änderung bestimmter Rechtsakte der Union bestimmter Rechtsakte der Union – wurde im April 2021 als Vorschlag veröffentlicht. Mit der Verordnung will man Forderungen nach legislativen Maßnahmen zur Gewährleistung eines reibungslos funktionierenden Binnenmarkts für Systeme der Künstlichen Intelligenz (KI-Systeme), mit denen sowohl der Nutzen als auch die Risiken der KI auf Unionsebene angemessen geregelt werden, nachkommen. Durch die Regulierung soll also ein angemessenes Verhältnis zwischen Nutzen und Risiken der KI-Technologie erreicht werden.

Was ist KI im Sinne des EU Artificial Intelligence Act?

»KI oder nicht KI«: Organisationen müssen darüber entscheiden, ob sie wirklich ein KI-System einsetzen oder ob es sich um »normale« Computerprogramme und Algorithmen handelt. Nur wenn ein KI-System vorliegt, ist der Artificial Intelligence Act überhaupt zu berücksichtigen. Was KI ausmachen soll, wird in Anhang I (vgl. Europäische Kommission, 21.04.2021) geregelt:

a)	Konzepte des maschinellen Lernens, mit beaufsichtigtem, unbeaufsichtigtem und bestärkendem Lernen unter Verwendung einer breiten Palette von Methoden, einschließlich des tiefen Lernens (Deep Learning);
b)	Logik- und wissensgestützte Konzepte, einschließlich Wissensrepräsentation, induktiver (logischer) Programmierung, Wissensgrundlagen, Inferenz- und Deduktionsmaschinen, (symbolischer) Schlussfolgerungs- und Expertensysteme;
c)	Statistische Ansätze, Bayessche Schätz-, Such- und Optimierungsmethoden.

Tab. 1: Tatbestandmerkmale eines KI-Systems

Bei diesen Tatbestandsmerkmalen wird die Praxis zeigen müssen, ob eine angemessene Abgrenzung von KI-Systemen zu anderen Systemen gut und pragmatisch möglich ist. Statistische Ansätze findet man sicher in vielen Anwendungen. Inwiefern dies sogleich dazu führen sollte, von KI zu sprechen, wird sicherlich noch viele Diskussionen aufwerfen.

16.3 Was reguliert der Artificial Intelligence Act?

Für Entscheider und Aufsichtsrätinnen stellt sich zunächst die Frage, ob die eigene Organisation überhaupt Anwendungsbezüge zum EU Artificial Intelligence Act hat, mithin lautet die Frage, welche KI-Systeme unter den Regelungsbereich fallen und ob solche Systeme in der eigenen Organisation verwendet werden.

Unter die Regulierung fallen hauptsächlich sogenannte Hoch-Risiko KI-Systeme (Artikel 6). Wer kein Hoch-Risiko KI-System betreibt, verwendet oder anbietet, für den gelten die meisten Regelungen des EU AI Act nicht. Um dies jedoch zu beurteilen, ist es notwendig, die Tatbestandsmerkmale eines Hoch-Risiko KI-Systems zu kennen. Der Gesetzgeber arbeitet hier mit längeren Listen mit Anwendungsgebieten, die mit Hoch-Risiko KI-Systemen verbunden sein sollen. Abstrakte Merkmale von Hoch-Risiko-KI-Systemen sind eher weniger zu finden, umso mehr handelt es sich um Kasuistik.

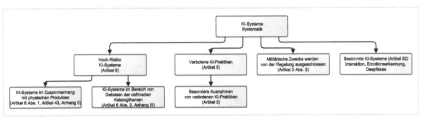

Abb. 1: Identifikation relevanter Hoch-Risiko KI-Systeme im Sinne des EU Artificial Intelligence Acts

Abbildung 1 veranschaulicht die Systematik der Einteilung von relevanten KI-Systemen. Ausgenommen von den Regelungen des EU Artificial Intelligence Acts sind KI-Systeme, die rein militärische Zwecke verfolgen. Weiterhin werden bestimmte KI-Praktiken verboten, die insofern gar nicht Geschäftsgrundlage sein können. Verboten sind KI-Systeme, die das folgende bezwecken:

- Techniken der **unterschwelligen Beeinflussung** außerhalb des Bewusstseins einer Person, um das Verhalten einer Person in einer Weise wesentlich zu beeinflussen, die dieser Person oder einer anderen Person einen physischen oder psychischen Schaden zufügt oder zufügen kann.
- **Ausnutzen von Schwäche oder Schutzbedürftigkeit** einer bestimmten Gruppe von Personen aufgrund ihres Alters oder ihrer körperlichen oder geistigen Behinderung, um das Verhalten einer dieser Gruppe angehörenden Person in einer Weise wesentlich zu beeinflussen, die dieser Person oder einer anderen Person einen physischen oder psychischen Schaden zufügt oder zufügen kann.
- Verwendung von KI-Systemen durch Behörden oder in deren Auftrag zur **Bewertung oder Klassifizierung der Vertrauenswürdigkeit natürlicher Personen** über

einen bestimmten Zeitraum auf der Grundlage ihres sozialen Verhaltens oder bekannter oder vorhergesagter persönlicher Eigenschaften oder Persönlichkeitsmerkmale (Social Scoring).

- **Verwendung biometrischer Echtzeit-Fernidentifizierungssysteme** in öffentlich zugänglichen Räumen zu Strafverfolgungszwecken (hier gibt es aber zugelassene Ausnahmen).

Letztlich interessant in der breiten Anwendung dürften die beiden folgenden Kategorien von Hoch-Risiko KI-Systeme sein:

- KI-Systeme im Zusammenhang mit physischen Produkten (Anhang II des Acts)
- Katalogisierte Hoch-Risiko Themengebiete (Anhang III des Acts)

Die folgende Tabelle gibt dazu einen Überblick über konkrete Anhaltspunkte.

KI-Systeme bei physischen Produkten (Anhang II)	Katalogisierte Hoch-Risiko Themengebiete (Anhang III)
Sofern KI im Zusammenhang mit einem Produkt aus den folgenden Bereichen verwendet wird, sollten Sie den Anhang II beachten und prüfen, ob ein Hoch-Risiko KI-System vorliegt:	Sofern ein KI-System in den folgenden Themengebieten operiert, beachten Sie Anhang III:
<ul><li>Maschinen</li><li>Sicherheit von Spielzeug</li><li>Sportboote und Wassermotorräder</li><li>Aufzüge und Sicherheitsbauteile für Aufzüge</li><li>Geräte und Schutzsysteme zur bestimmungsgemäßen Verwendung in explosionsgefährdeten Bereichen</li><li>Bereitstellung von Funkanlagen</li><li>Bereitstellung von Druckgeräten</li><li>Seilbahnen</li><li>persönliche Schutzausrüstungen</li><li>Geräte zur Verbrennung gasförmiger Brennstoffe</li><li>Medizinprodukte</li><li>In-vitro-Diagnostika</li><li>Sicherheit in der Zivilluftfahrt</li><li>Zwei- oder dreirädrigen und vierrädrigen Fahrzeuge</li><li>Land- und Forstwirtschaftlichen Fahrzeuge</li><li>Schiffsausrüstung</li><li>Interoperabilität des Eisenbahnsystems</li></ul>	<ul><li>Biometrische Identifizierung und Kategorisierung natürlicher Personen</li><li>Verwaltung und Betrieb kritischer Infrastrukturen (Straßenverkehr, Wasser-, Gas-, Wärme- und Stromversorgung)</li><li>Entscheidungen über den Zugang natürlicher Personen zu Einrichtungen der Bildung</li><li>Bewertung von Schülern</li><li>Einstellung oder Auswahl natürlicher Personen</li><li>Entscheidungen über Beförderungen und über Kündigungen von Arbeitsvertragsverhältnissen</li><li>Beurteilung, ob natürliche Personen Anspruch auf öffentliche Unterstützungsleistungen haben</li><li>Kreditwürdigkeitsprüfung und Kreditpunktebewertung natürlicher Personen</li><li>Priorisierung des Einsatzes von Not- und Rettungsdiensten (Feuerwehr, Krankenwagen)</li></ul>

KI-Systeme bei physischen Produkten (Anhang II)	Katalogisierte Hoch-Risiko Themengebiete (Anhang III)
• Kraftfahrzeuge und Kraftfahrzeuganhänger sowie von Systemen, Bauteilen und selbstständigen technischen Einheiten für diese Fahrzeuge • Zivilluftfahrt • Flugsicherheit • Luftfahrzeuge	• individuelle Risikobewertungen natürlicher Personen bei Strafverfolgungsbehörden • Lügendetektoren/Ermittlung des emotionalen Zustands • Aufdeckung von Deepfakes • Bewertung der Verlässlichkeit von Beweismitteln • Vorhersage von Straftaten • Erstellung von Profilen natürlicher Personen bei Straftaten • Kriminalanalyse natürlicher Personen • Bewertung von Sicherheitsrisiken • Echtheit von Reisedokumenten • Prüfung von Asyl- und Visumanträgen • Ermittlung und Auslegung von Sachverhalten in der Justiz

Tab. 2: Merkmale von Hoch-Risiko KI-Systemen

16.4 Wer muss sich nach dem Europäischen Artificial Intelligence Act richten?

Der Artificial Intelligence Act wird eine Regulierung der Europäischen Union. Deshalb erstreckt sich der Geltungsbereich auch nur auf die EU. Organisationen, die nicht ihren Sitz in einem Mitgliedstaat haben und keinerlei Berührungspunkte mit dem EU-Binnenmarkt oder mit darin genutzten KI-Systemen haben, werden das Regelwerk auch nicht beachten müssen. Auf jeden Fall sollten sich Organisationen für den Artificial Intelligence Act interessieren, wenn diese (Artikel 2 Abs 1):

a)	Anbieter sind, die KI-Systeme in der Union in Verkehr bringen oder in Betrieb nehmen, unabhängig davon, ob diese Anbieter in der Union oder in einem Drittland niedergelassen sind;
b)	Nutzer von KI-Systemen sind, die sich in der Union befinden;
c)	Anbieter und Nutzer von KI-Systemen sind, die in einem Drittland niedergelassen oder ansässig sind, wenn das vom System hervorgebrachte Ergebnis in der Union verwendet wird.

Tab. 3: Anwendungsbereich des EU Artificial Intelligence Acts

Es werden im Zusammenhang mit KI-Systemen verschiedene Rollen unterschieden. Je nachdem, welche Rolle die Organisation einnimmt, werden unterschiedliche

Pflichten relevant. Organisationen sollten insofern feststellen, welche Rolle sie einnehmen (Artikel 3, Artikel 24):

Anbieter	Anbieter ist eine natürliche oder juristische Person, Behörde, Einrichtung oder sonstige Stelle, die ein KI-System entwickelt oder entwickeln lässt, um es unter ihrem eigenen Namen oder ihrer eigenen Marke – entgeltlich oder unentgeltlich – in Verkehr zu bringen oder in Betrieb zu nehmen;
Nutzer	Nutzer ist eine natürliche oder juristische Person, Behörde, Einrichtung oder sonstige Stelle, die ein KI-System in eigener Verantwortung verwendet, es sei denn, das KI-System wird im Rahmen einer persönlichen und nicht beruflichen Tätigkeit verwendet;
Einführer	Einführer ist eine in der Union ansässige oder niedergelassene natürliche oder juristische Person, die ein KI-System, das den Namen oder die Marke einer außerhalb der Union ansässigen oder niedergelassenen natürlichen oder juristischen Person trägt, in der Union in Verkehr bringt oder in Betrieb nimmt;
Händler	Händler ist eine natürliche oder juristische Person in der Lieferkette, die ein KI-System ohne Änderung seiner Merkmale auf dem Unionsmarkt bereitstellt, mit Ausnahme des Herstellers oder des Einführers;
Bevollmächtigter	Bevollmächtigter ist eine in der Union ansässige oder niedergelassene natürliche oder juristische Person, die vom Anbieter eines KI-Systems schriftlich dazu bevollmächtigt wurde, in seinem Namen die in dieser Verordnung festgelegten Pflichten zu erfüllen bzw. Verfahren durchzuführen;
Produkthersteller	Hersteller von Produkten sind natürliche oder juristische Personen, die Produkte im Sinne von Anhang II Abschnitt A (siehe Tabelle 2) herstellen, die im Zusammenhang mit einem Hoch-Risiko KI-System stehen.

Tab. 4: Definierte Rollen im EU Artificial Intelligence Act

Sofern Organisationen ihre Rolle kennen, sind die damit verbundenen Pflichten ermittelbar. Vorsicht ist geboten, wenn Umstände eintreten, die einen Wechsel der Rolle im Sinne des Gesetzes auslösen (Artikel 28). So kann z. B. der Nutzer eines KI-Systems plötzlich zum Anbieter eines solchen werden, wenn er ein Hoch-Risiko KI-System für einen anderen als den ursprünglich vorgesehenen Zweck verwendet. Mit einem solchen Rollenwechsel würde die Organisation weiteren Pflichten unterliegen.

16.5 Welche Pflichten legt der Artificial Intelligence Act den Beteiligten auf?

Jeder Organisation, die ein Hoch-Risiko KI-System nutzt oder anbietet, werden umfangreiche Pflichten auferlegt, wie in Abbildung 2 ersichtlich.

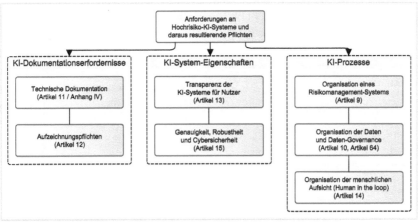

Abb. 2: Anforderung an ein Hoch-Risiko KI-System und damit verbundene Pflichten

Die definierten Anforderungen gelten im Hinblick auf das gesamte Hoch-Risiko KI-System. Wer genau im Einzelnen diese Pflichten zu erfüllen hat, hängt davon ab, welche Rolle die Organisation bekleidet. Zweifelsohne treffen den Anbieter eines KI-Systems die meisten Pflichten. Nutzer müssen in jedem Fall die vom KI-System erzeugten Protokolle aufbewahren (Aufzeichnungspflichten).

Die Einhaltung der geforderten KI-Prozesse ist hauptsächlich vom Anbieter sicherzustellen. Allerdings könnte es auch denkbar sein, dass Nutzer diese Prozesse implementieren müssen. Wenn z. B. der Nutzer eigene Daten für das KI-System verwendet, wird auch ein solcher Nutzer die Prozesse für die Daten-Governance insoweit sicherstellen müssen, ebenso wie die damit verbundenen Risikomanagementprozesse. Zentral ist weiterhin, dass KI-Systeme so aufgebaut sein müssen, dass der Mensch »das letzte Wort haben« muss (menschliche Aufsicht ist obligatorisch).

Interessant für Organisationen, die KI-Systeme nutzen, dürften auch die Anforderungen an die Transparenz eines KI-Systems sein. Diese lassen sich im Wesentlichen wie folgt zusammenfassen:
1. **»Explainable AI«:** Der Betrieb von KI-Systemen muss hinreichend transparent sein, damit die Nutzer die Ergebnisse des Systems angemessen interpretieren und verwenden können. Damit dürfte jedes Hoch-Risiko KI-System umfangreicher Funktionalitäten aus dem Bereich der »Explainable AI« bedürfen.
2. **Gebrauchsanweisung** im digitalen Format.
3. Darlegung von **Genauigkeit, Robustheit und Cybersicherheit** für das KI-System.

Für bestimmte KI-Systeme (Artikel 52) gelten darüber hinaus gehende Transparenzvorschriften (Artikel 52), nämlich dann, wenn

- ein KI-System mit **natürlichen Personen interagiert** und diese Personen erkennen sollten, dass sie mit einem System und keinem Menschen interagieren.
- **Emotionserkennungssysteme** verwendet werden und die aufgegriffenen Personen diesen Umstand kennen sollten.
- **Multimediainhalte** von KI erzeugt oder manipuliert werden und Rezipienten solcher Inhalte dieses wissen sollten (»Deepfake«-Transparenz).

Schlussendlich – und im Wesentlichen für Anbieter relevant – sollten Entscheiderinnen wissen, inwiefern die sogenannte Konformitätsbewertung des Hoch-Risiko KI-Systems zu bewerkstelligen ist.

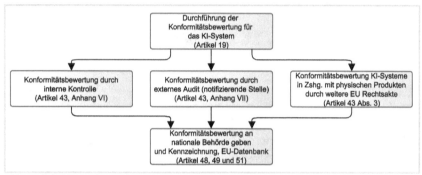

Abb. 3: Möglichkeiten der Konformitätsbewertung

Die Konformitätsbewertung muss, sofern ein Hoch-Risiko KI-System vorliegt, durchgeführt und ggfs. bei nationalen Behörden eingereicht werden. Für Organisationen ist es wichtig herauszufinden, ob die Konformitätsbewertung im Rahmen eines externen Audits stattfinden muss (durch eine sogenannte notifizierende Stelle) oder ob die Konformitätsbewertung auf anderem Wege stattfinden kann oder muss. Die entsprechende Einordnung erfolgt auf Basis der Zuordnung des KI-Systems zu den im Anhang III des AI Act vorgesehenen Klassifikationen (Artikel 43 Abs. 2).

16.6   Welche Fragen sollten sich Entscheider und Aufsichtsrätinnen stellen?

An dieser Stelle sollen noch einmal die wichtigsten Fragen für Entscheiderinnen und Aufsichtsräte zusammengefasst werden, der als möglichst komprimierter Leitfaden dienen soll:

Frage	Wesentliche Rechtsquellen	Hilfsmittel
Liegt überhaupt ein KI-System vor?	Anhang I	Tabelle 1
Wird ein Hoch-Risiko KI-System verwendet, betrieben oder angeboten?	Artikel 6, Anhang II, III	Abbildung 1, Tabelle 2
Unterliegt die Organisation überhaupt dem Artificial Intelligence Act?	Artikel 2	Tabelle 3
Welche Rolle bekleidet die Organisation im Sinne des Artificial Intelligence Acts?	Artikel 3	Tabelle 4
Welche Anforderungen/Pflichten gibt es bei KI-Systemen?	Artikel 9, 10, 11, 12, 13, 14, 15, 64	Abbildung 2
Wie funktioniert die Konformitätsbewertung eines KI-Systems?	Artikel 19, 43, 48	Abbildung 3

Tab. 5: Kernfragen für Entscheider und Aufsichtsräte

16.7   Eine visuelle Führung durch den EU Artificial Intelligence Act

Die Erläuterungen zu den aufgegriffenen Regularien in diesem Beitrag haben sich auf das für Entscheider und Aufsichtsrätinnen Wesentliche konzentriert. Abbildung 4 stellt den gesamten EU Artificial Intelligence Act aus Sicht der geschilderten Rollen dar, um dem Leser eine Vertiefungsmöglichkeit zu geben. Regelungen, die Behörden und die Europäische Kommission betreffen, sind nicht enthalten, da die Zielleserschaft dieses Beitrags Entscheiderinnen und Aufsichtsräte sind.

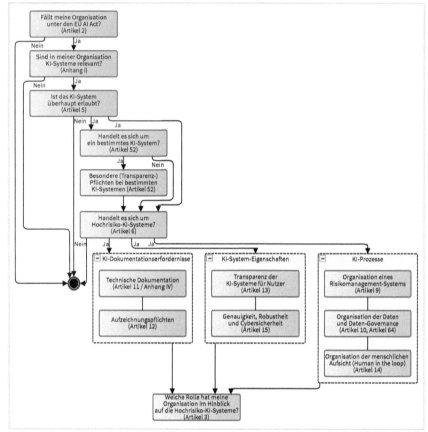

Abb. 4: Teil 1 – der (beinahe vollständige) visuelle Guide durch den EU Artificial Intelligence Act

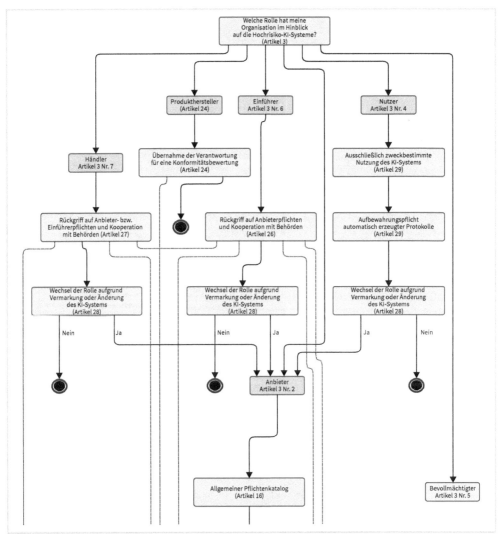

Abb. 4: Teil 2 – der (beinahe vollständige) visuelle Guide durch den EU Artificial Intelligence Act

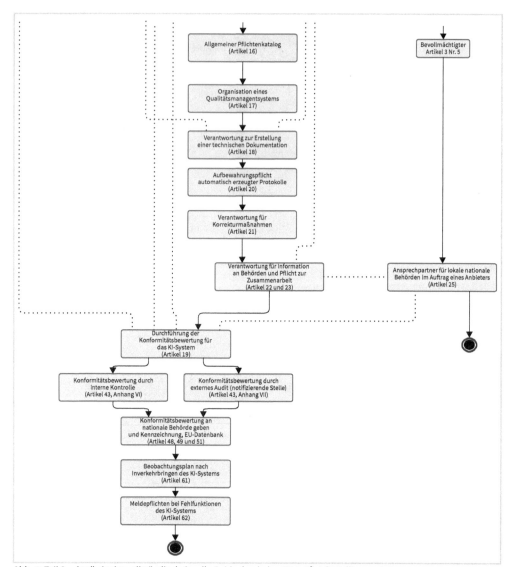

Abb. 4: Teil 3 – der (beinahe vollständige) visuelle Guide durch den EU Artificial Intelligence Act

16.8   Wie geht es jetzt weiter?

Der hier dargestellte Entwurf des Artificial Intelligence Act muss im weiteren Gesetzgebungsverfahren noch das Europäische Parlament sowie den Europäischen Rat passieren. Hier werden sicherlich noch wichtige Überarbeitungen eingefordert werden. Insofern ist davon auszugehen, dass die Verordnung in der dann letzten Fassung nicht vor 2024 erlassen werden wird. An der grundsätzlichen Struktur und Herangehensweise dürfte sich jedoch nichts ändern. Deshalb ist es unumgänglich, dass Entscheider bereits heute die zukünftigen Anforderungen aus dem Artificial Intelligence Act im Blick haben, wenn im eigenen Unternehmen Projekte unter Einbeziehung von KI begonnen werden, da die Laufzeit der Nutzung in den Zeitraum der Regulierung fallen wird.

17 Wie der Einsatz von KI im unternehmerischen Einkauf einen strategischen Vorteil bieten kann

Von Stephanie Hoh, Lukas Lange und Katharina Charlotte Wildau

Was Sie in diesem Kapitel erwartet

Dieser Beitrag gibt einen kurzen Einblick über die Einsatzmöglichkeiten Künstlicher Intelligenz im unternehmerischen Einkauf. Mithilfe von KI ist es Unternehmen möglich, Einkaufsprozesse zu optimieren, Transparenz über Einkaufskonditionen zu erlangen, diese zu verbessern und aufgrund von Kostenersparnissen und Wissensvorsprüngen durch die Technologie zu Wettbewerbsvorteilen zu gelangen. Hierzu werden zwei Anbieter von Analyseinstrumenten näher betrachtet. Ferner wird der Einsatz Künstlicher Intelligenz im Rahmen des unternehmerischen Einkaufs erläutert und Herausforderungen sowie Ansatzfelder werden herausgestellt. Künstliche Intelligenz bietet die Möglichkeit, auf die Volatilität des Beschaffungsmarktes und kurzfristige Preisänderungen schnell zu reagieren, was Unternehmen einen erheblichen Wettbewerbsvorteil bieten kann – hängen Gewinn und Marge doch stark von den Beschaffungskonditionen und Rohstoffpreisen ab. Hier den Überblick zu bewahren, relevante Daten zu filtern und zum richtigen Zeitpunkt die aus den Daten gewonnenen Erkenntnisse anzuwenden, wird mittels Künstlicher Intelligenz im Einkauf ermöglicht. Voraussetzung für eine erfolgreiche Anwendung Künstlicher Intelligenz ist allerdings eine gute Datenqualität und -strukturierung.

Zwei Beispiele veranschaulichen, wie Herausforderungen im Unternehmenseinkauf begegnet und ihnen mittels datengetriebener Technologien entgegengewirkt werden kann, um Kosteneffizienz zu erreichen. Die hohe Anzahl an unternehmenseigenen sowie externen Daten werden dabei mittels Künstlicher Intelligenz und maschinellem Lernen analysiert und dem Entscheidungsträger im Einkauf eines Unternehmens zur Verfügung gestellt. Dieser Beitrag enthält konkrete Handlungsempfehlungen, die sich aus einer inhaltlichen Recherche ergeben haben und richtet sich an Unternehmen, die sich zukunftssicher durch einen mittels Künstlicher Intelligenz optimierten Einkauf aufstellen möchten.

17.1 Einleitung

Künstliche Intelligenz (KI) klingt wie Science-Fiction, lässt aber das deutsche Bruttoinlandsprodukt innerhalb den nächsten zehn Jahre um zusätzliche 0,25 Prozentpunkte pro Jahr wachsen. Mittels KI gelingt es Zahlungsdiensten, Betrüger ausfindig zu machen und Lieferketten im E-Commerce zu revolutionieren. Auch selbstfahrende Autos sind keine Zukunftsmusik mehr, sondern werden bereits im Livebetrieb getestet. Im unternehmerischen Einkauf können Prozesse durch smarte Algorithmen automatisiert und verbessert werden, indem eine Vielzahl an Daten analysiert wird und darauf basierend Entscheidungen getroffen werden. So ermöglicht es KI im Einkauf, operative Prozesse so weit zu automatisieren und zu beschleunigen, dass die zeitlichen Kapazitäten der Einkäufer für strategische Aufgaben verwendet werden können.[1]

Denn die Menge an Daten nimmt stetig zu, was dazu führt, dass KI und Maschinelles Lernen unweigerlich in Unternehmen an Bedeutung gewinnen. Gerade im unternehmerischen Einkauf sind eine Menge Echtzeitdaten zu analysieren, um kosteneffizient agieren und Entscheidungen treffen zu können, ist er schließlich essenziell für das unternehmerische Handeln und birgt hohes Optimierungspotenzial, da durch eine Verbesserung direkter Einfluss auf kostensensible Ressourcen und Margen genommen werden kann. Mit immer mehr verfügbaren internen und externen Daten wird die Herausforderung des Aufspürens des optimalen Angebots stetig größer und schwieriger für den einzelnen Entscheidungsträger. Digitale Lösungen sind daher unabdingbar und insbesondere der Einsatz von Künstlicher Intelligenz kann wesentlich zur Optimierung beitragen und einen Wettbewerbsvorteil bieten, da einfache, aber zeitintensive Prozesse und Entscheidungen vollautomatisiert getroffen und Kapazitäten effizienter eingesetzt werden können.[2]

Im Folgenden soll daher gezeigt werden, inwieweit KI im unternehmerischen Einkauf eingesetzt werden kann und an welchen Stellschrauben die neue Technologie einen Wertbeitrag zur Verbesserung einer effizienten Geschäftsaussteuerung leisten kann.

17.2   Zeitintensive manuelle Prozesse im Einkauf – wie KI dabei unterstützen kann

Die Beschaffung eines Unternehmens umfasst alle operativen und strategischen Tätigkeiten, die sich um das Beschaffen solcher Werkstoffe, Waren, Betriebsmittel und Dienstleistungen kümmert, die zur Ausübung der Wertschöpfung eines Unternehmens nötig sind. Ziel ist es, diese optimal auszuwählen, bezogen auf die Menge, die Qualität und den Ort, immer unter Berücksichtigung der optimalen Wirtschaftlich-

---

1   Vgl. Meyring, G., KI in der Beschaffung: Das bedeutet Künstliche Intelligenz für den Einkauf, 17.04.2019, https://www.technik-einkauf.de/technik/ki-in-der-beschaffung-das-bedeutet-kuenstliche-intelligenz-fuer-den-einkauf-175.html, abgerufen am 22.8.2022.

2   Vgl. ebd.; Vgl. Maltaverne, B., KI in der Beschaffung: Mythos oder Chance?, 2018, https://allaboutsourcing.de/de/ki-in-der-beschaffung-mythos-oder-chance, abgerufen am 28.8.2022; vgl. wlw, KI in der Beschaffung: Den Kopf für die wirklich wichtigen Aufgaben freihalten, o. J., https://www.wlw.de/de/inside-business/praxiswissen/einkaeufer-ratgeber/ki-in-der-beschaffung-den-kopf-fuer-die-wirklich-wichtigen-aufgaben-freihalten, abgerufen am 28.8.2022.

keit. Der unternehmerische Einkauf umfasst das Festlegen der Einkaufspolitik, die Beschaffungsmarktforschung sowie die Abwicklung des Beschaffungsprozesses, das Beziehungsmanagement mit den Lieferanten und das Controlling.[3]

Mögliche Einsatzgebiete von KI im Einkauf können die Beschaffungsmarktforschung, die Lieferantenauswahl oder die Analyse von Preisentwicklungen sein. Auch die Kommunikation mit Lieferanten oder die Identifikation von bestmöglichen Konditionen kann mittels KI durchgeführt und verbessert werden.[4]

Basierend auf der Vielzahl von Anforderungen an den Einkauf und die handelnden Personen sowie das stetig wachsende Angebot stehen Unternehmen vor der Herausforderung, die Deckung des individuellen Bedarfs kontinuierlich zu optimieren. Um im internationalen Wettbewerb bestehen zu können, rücken Logistik und Einkauf immer mehr in den Fokus von Unternehmen, wenn es um die Optimierung ihres Prozessmanagements sowie der Automatisierung geht.[5]

Um diese wachsende Herausforderung bewältigen zu können, ließ sich IBM im Jahr 2000 erstmalig eine Lösung zur Digitalisierung des Beschaffungsprozesses patentieren. Sie kann als Grundlage heutiger Systeme des sogenannten E-Procurement angesehen werden und umfasst die Digitalisierung analoger Einkaufsprozesse und die Einbindung dieser in bestehende IT-Netzwerke. Das Ziel ist, dass die Kommunikations- und Informationsprozesse optimiert werden. Basierend auf einer vom einkaufenden Unternehmen erstellten Plattform ist es Anbietern damit möglich, konkrete Bedarfe zu ermitteln, Angebote einzuholen und standardisiert untereinander zu kommunizieren. Durch eine Kombination von Daten und ihre Anreicherung um zusätzliche externe Daten lässt sich eine Grundlage zur Entscheidungsvorbereitung und -findung mittels KI schaffen.[6]

Die Möglichkeiten zur Nutzung von KI sind in der heutigen Zeit vielfältig. Grundsätzlich lassen sich in der Beschaffung eine Vielzahl unterschiedlicher Teilprozesse abgrenzen.

---

3   Vgl. Krieger, W. et. al., Ausführliche Definition im Online-Lexikon, Logistik und Supply Chain Management, 15.02.2018, https://wirtschaftslexikon.gabler.de/definition/einkauf-32285/version-255828, abgerufen am 28.8.2022; vgl. Weigel, U./ Rücker, M., Grundlagen des modernen Einkaufs, in: Praxisguide Strategischer Einkauf, Wiesbaden: Springer Gabler, 2013, S. 1-9.
4   Vgl. Abraham, K., Digitale Assistenzsysteme im strategischen Einkauf, 08.10.2019, https://neohelden.com/de/blog/ki/ki-assistent-strategischer-einkauf/
5   Vgl. Weigel, U./ Rücker, M., Grundlagen des modernen Einkaufs, in: Praxisguide Strategischer Einkauf, Wiesbaden: Springer Gabler, 2013, S. 2 ff.; Vgl. Liebetruth, Th., Prozessmanagement in Einkauf und Logistik, 2. Aktualisierte und erweiterte Auflage, Wiesbaden: Springer Gabler, 2020, S. 1 ff.
6   Vgl. IBM Corp., Replenishment management system and method, 14.11.2000, -Procurement Patent, 2000, https://patents.google.com/patent/US7711612B1/en; vgl. Kollmann, T./ Krieger, W., E-Procurement, 19.02.2018, https://wirtschaftslexikon.gabler.de/definition/e-procurement-36810/version-260257; vgl. Zalando, eProcurement, o. J., https://eprocurement.zalando.com/de/; Vgl. Liebetruth, Th., Prozessmanagement in Einkauf und Logistik, 2. Aktualisierte und erweiterte Auflage, Wiesbaden: Springer Gabler, 2020, S. 2 ff.

In Abbildung 1 sind die Teilprozesse gemäß der Beratungsgesellschaft Roland Berger dargestellt und auf ihr Potenzial hinsichtlich des Einsatzes von und der Optimierung durch KI analysiert und aufbereitet.

Abb. 1: Procurement process landscape, Quelle: Eigene Darstellung in Anlehnung an Marlinghaus, S., Taking procurement to a strategic level, 2018, https://www.rolandberger.com/en/Insights/Publications/AI-and-the-future-of-procurement.html, S. 3.

Sowohl die Kernprozesse als auch die unterstützenden Prozesse der Beschaffung weisen umfangreiches Potenzial zur Optimierung durch KI auf. Dazu gehören beispielsweise Zahlungsverfahren, das Supplier Management, die Vertragsverfahren und das Supplier Risk Management (siehe Abbildung 1).

17.3 Optimierung von Einkaufsprozessen und -bedingungen mittels Analytics Anbieter

KI leistet vor allem bei den Kern- und Unterstützungsprozessen im Einkauf einen Wertbeitrag durch Kosteneinsparungen und Effizienzsteigerungen. Anhand der folgenden Beispiele zeigt sich, dass mithilfe von KI Einkäufer schneller an relevante Preis- und Marktinformationen gelangen und Rechercheaufgaben automatisiert sowie Lieferantendaten bereinigt und strukturiert werden können.

17.3.1 Mit pmOne Optimierungspotenziale im Einkauf erkennen

Das Unternehmen pmOne ist Anbieter von Data Management, Data Visualization, Data Science und Artificial Intelligence sowie Corporate Performance Management. pmOne versteht sich selbst als Enabler von Unternehmen, indem sie dem Einkaufswesen von Unternehmen durch fachliche Beratung eine zuverlässige Entscheidungsgrundlage bieten sowie Optimierungspotenziale aufzeigen. PmOne sorgt dabei für eine bessere Datenqualität, vollständig datengetriebene Prozesse sowie ein ganzheitliches und dynamisches Supply-Chain- und Lieferantenmanagement. Das verwendete Instrumentarium reicht von Process Analytics und Trendwatching gepaart mit Big Data und Maschinellem Lernen bis hin zu Rohmaterialpreis-Vorhersagen.[7]

Mit Process Analytics bietet pmOne Beratung beim Aufbau der Automatisierung sowie bei der Erarbeitung von Optimierungspotenzialen von Geschäftsprozessen im Bereich der unternehmerischen Beschaffung an. Hierzu wird aus einem operativen Quellsystem ein Event Log extrahiert und die dadurch gewonnenen Daten werden mit einem Werkzeug zum Zwecke des Process Mining analysiert. Abschließend werden die Daten ausgewertet und visualisiert. Dies bietet einen automatisierten Soll-Ist-Abgleich und schafft darüber hinaus eine Grundlage zur Prozessexploration und liefert die Möglichkeit, Auffälligkeiten und Potenziale zur Optimierung innerhalb des Einkaufsprozesses zu erkennen.[8]

Informationen stehen in großer Menge zur Verfügung. Um diese jedoch zielgerichtet nutzen zu können, bietet pmOne Einkäufern über *Trendwatch* personalisierte und aktuelle Informationen als Nachrichten. Dabei werden Crawler verwendet, um die zahlreichen Datenquellen automatisiert zu analysieren.[9] *Trendwatch* ist von menschlichen Denkprozessen inspiriert worden und automatisiert routineartige Rechercheaufgaben. Durch eine kontinuierliche Dublettenerkennung und -analyse, das heißt durch die Bereinigung gleicher Werte, die mehrfach abgebildet wurden, wird Zeit gespart und die Datenbasis aktualisiert. Dabei werden zweckrelevante Daten automatisch bereitgestellt, sodass Veränderungen am Beschaffungsmarkt frühzeitig erkannt werden und darauf reagiert werden kann. Dies können z. B. Engpässe bei Zulieferungen, bedingt durch Umweltereignisse oder Rohmaterialverknappungen, sein. Auch Insolvenzen von Zulieferern sowie Probleme in der Qualität des Materials und in der Herstellung werden dabei berücksichtigt. Mittels der datengetriebenen Analyse durch *Trendwatch* werden so die genannten Entwicklungen frühzeitig erkannt, sodass Einkäufer darauf zielgerichtet reagieren können und sich Bedarfe dadurch optimieren und anpassen lassen. Dies ist in Zeiten global vernetzter und komplexer Beschaffungsmärkte notwendig, da die großen Datenmengen nicht mehr von Hand ausgewertet werden können, ohne in erheblichem Maß Flexibilität und Schnelligkeit im unternehmerischen Handeln einbüßen zu müssen.[10]

---

7   Vgl. pmOne, pmOne auf einen Blick, o. J., https://www.pmone.com/unternehmen/pmone-auf-einen-blick/, abgerufen am 28.8.2022; vgl. pmOne, Neue Optimierungspotenziale für CPOs, o. J., https://www.pmone.com/pmone-loesungen/beschaffung/, abgerufen am 28.8.2022.

8   Vgl. ebd.

9   Vgl. Cloudflare, What is a web crawler?, o. J., https://www.cloudflare.com/de-de/learning/bots/what-is-a-web-crawler/, abgerufen am 28.8.2022.

10 Vgl. pmOne, Neue Optimierungspotenziale für CPOs, o. J., https://www.pmone.com/pmone-loesungen/beschaffung/, abgerufen am 28.8.2022.

Das Beratungsangebot von pmOne wird durch Vorhersagen zu Rohmaterialpreisen abgerundet. Hierbei unterstützt pmOne die unternehmerischen Einkäufer, wenn sie Entscheidungen hinsichtlich der Rohstoffbeschaffung treffen müssen. So lässt sich z. B. mithilfe von Predictive-Analytics-Methoden herausfinden, wann der richtige Zeitpunkt zum Einkauf eines Materials gekommen ist. Durch Daten aus verschiedenen Quellen können Datenmuster identifiziert und zukünftige Ereignisse abgeleitet oder vorhergesagt werden. Das Vorhersagemodell kann im gesamten Unternehmen und in jeder Branche eingesetzt werden. Eine Vielzahl an Daten über Experten-Vorhersagen, Wechselkurse, Produktionsdaten und Nachfrageverhalten werden betrachtet und ausgewertet, um Modelle zu Preisen und Einflussfaktoren bereitzustellen. Einkäufern sollen dabei Routinearbeiten abgenommen werden, damit sie ihre Kapazitäten auf die Interpretation der Daten verwenden können. Dabei lernt das Vorhersagemodell aus historischen Daten, berücksichtigt Sondereffekte und Treiber von Veränderungen und verbessert so die Verhandlungsposition der Einkäufer gegenüber ihren Zulieferern, was wiederum Wettbewerbsvorteile generieren kann, denn Rohstoffe sind ein hervorzuhebender Kostenfaktor in der unternehmerischen Herstellung sowie im Handel. Aufgrund der hohen Volatilität und schwer vorhersagbaren Preistendenzen, kann ein flexibles Reagieren auf Schwankungen finanziellen Erfolg bringen, da so Einkaufsentscheidungen und die Lagerhaltung optimiert werden können.[11]

17.3.2   Optimierung des Einkaufs von Evonik durch lernfähigen News-Recommender

Um aktuelle Informationen über Markt- und Preisentwicklungen zu erhalten und auf die hohe Dynamik des Marktes zu reagieren, arbeitet das weltweit führende Unternehmen Evonik Industries AG aus dem Bereich der Spezialchemie mit dem von pmOne entwickelten, lernfähigen *News-Recommender*. Aufgrund der Vielzahl an Nachrichtenquellen stehen die Einkäufer von Evonik vor der Herausforderung, relevante Informationen zu identifizieren und zu berücksichtigen. Der *News-Recommender* kann Nachrichtenquellen themenspezifisch auswerten und berücksichtigt die Beurteilung der Nachrichtenrelevanz durch Marktexperten über Ratings, wodurch die Klassifizierung trainiert wird. Die Relevanz von eingehenden Nachrichten wird dafür als erstes durch die Nutzer bei Evonik Industries festgelegt und für jedes Thema wird ein einzelner sogenannter *Relevanz-Classifier* trainiert, der jeden Tag aktualisiert wird. Das System ist dadurch in der Lage, eine Vorhersage im Hinblick auf die Bedeutung eingehender Nachrichten zu prognostizieren.

---

11   Vgl. ebd.; Vgl. Heupel T./ Lange V.W., Wird der Controller zum Data Scientist? Herausforderungen und Chancen in Zeiten von Big Data, Predictive Analytics und Echtzeitverfügbarkeit, in: Hermeier B./ Heupel T./ Fichtner-Rosada S. (eds) Arbeitswelten der Zukunft, Wiesbaden: Springer Gabler, 2019, S. 201-221.

Ergänzt wird diese automatisierte Newsauswahl durch Themen-Definitionen, die als Filter dienen und relevante Nachrichten auswählen, die auf den für das jeweilige Thema definierten Begriffen basieren. Anschließend kann der Benutzer im System nach Themen filtern und sich die Nachrichten in absteigender Relevanz anzeigen lassen. Mittels Bewertungen der Nachrichten seitens der Nutzer ist das Tool in der Lage, durch maschinellen Lernens die Relevanz eingehender Nachrichten einzuschätzen. Dadurch sinkt der Leseaufwand für die Evonik Industries-Mitarbeiter aus dem Bereich Procurement, sodass im Ergebnis mehr Zeit für strategische Entscheidungen bleibt.[12]

17.3.3 Einsatz maschinellen Lernens zur Optimierung von Einkaufsdaten

Als einer der größten europäischen Hersteller von Snack-Spezialitäten ist die Intersnack Gruppe mit Marken wie ültje, funny frisch oder Chio und einem Jahresumsatz von 2,26 Mrd. Euro im Jahre 2019 mit der stetigen Aufgabe konfrontiert, den eigenen strategischen Einkauf kontinuierlich zu digitalisieren und zu optimieren. Dies wird vor allem dadurch erschwert, dass die Gruppe in seiner Historie oftmals anorganisch, d. h. durch die Akquise einzelner Marken oder Hersteller gewachsen ist.[13]

Im Jahr 2016 stand Intersnack vor der Herausforderung, sich sowohl Transparenz als auch einen Überblick über die gruppenweiten Einkaufsbedingungen bei den einzelnen Gesellschaften zu verschaffen. Dies brachte die Notwendigkeit mit sich, die Daten aus einer Vielzahl unterschiedlicher ERP-Systeme zusammenzuführen und zu analysieren. Nicht weniger als 12.000 Lieferanteneinträge bei mehr als 1,5 Milliarden Euro Ausgaben im Einkauf, verteilt auf über 120.000 Bestellungen – diese Informationen zeigen auf, welche Mengen an Daten potenziell zur Verfügung standen. Die Herausforderung lag jedoch genau darin, diese Daten zu bereinigen, zu strukturieren und darauf basierend zu analysieren. Die damit gewonnen Erkenntnisse zum Nutzen der gesamten Gruppe sollten umgesetzt werden.[14]

Gemeinsam mit dem Softwareanbieter Orpheus, seit 2020 Teil der McKinsey Gruppe, implementierte Intersnack eine KI-Lösung zur Bereinigung und Strukturierung sei-

---

12 Vgl. pmOne, Anwenderbericht: News Recommender für den Rohstoffeinkauf, 15.3.2021, https://www. pmone.com/fileadmin/user_upload/doc/anwenderberichte/OnePager/Anwenderbericht_onePager_ Evonik_15.03.21.pdf, S. 1, , abgerufen am 28.8.2022.

13 Vgl. Intersnack, Unsere Marken, o. J., https://www.intersnackgroup.com/de/unsere-marken-produkte/ unsere-marken/index.html, abgerufen am 28.8.2022.; vgl. statista, Nettoumsatz der Intersnack Group weltweit in den Jahren 2009 bis 2019, 14.05.2021, https://de.statista.com/statistik/daten/studie/434083/ umfrage/umsatz-der-intersnack-group-weltweit/, abgerufen am 28.8.2022.; vgl. Orpheus, Webinar Intersnack, 2019, o. S.

14 Vgl. Orpheus, BME Webinar – Digitalisierung des Strategischen Einkaufs, 21.02.2019, https://www. orpheus-it.com/de/akademie/video/daten-management/bme-webinar-digitalisierung-des-strategischen- einkaufs, abgerufen am 28.8.2022.

ner Einkaufsdaten und damit der Schaffung einer strukturierten Datenbasis, die als Grundlage der Harmonisierung der Einkaufskonditionen dient.[15]

Das nachfolgende Beispiel soll darstellen, wie der Einsatz von KI bereits in der Vorphase des Einkaufs dabei helfen kann, entscheidungsrelevante Daten zu identifizieren und zu nutzen.

Grundsätzlich sind zwei Phasen in der Digitalisierung des Einkaufs zu identifizieren: Die erste Phase befasst sich mit der Aufbereitung der Daten. Hierauf aufbauend kann eine zweite Phase initiiert werden, die sich mit der Automatisierung der Analytik und der Optimierung der wesentlichen Sourcing-Prozesse befasst. Im Rahmen des ersten Schrittes werden zunächst die bestehenden Daten erfasst. Diese führt bereits zu unterschiedlichen Herausforderungen auf der Ebene der Stammdaten einzelner Kreditoren. Unterschiedliche Schreibweisen für dieselben Gesellschaften oder Gesellschaften desselben Konzerns führen dazu, dass eine aggregierte Betrachtung einzelner Kreditoren oder Kreditorengruppen, Materialien oder auch Einkaufsbedingungen nicht erfolgen kann. Etwaige fehlerhafte Bezüge führen teilweise zu Fehlbuchungen, was wiederum mit einem erhöhten manuellen Bearbeitungsaufwand einhergeht.[16]

Um die Datenstrukturen zu optimieren und zu bereinigen, wurde der *DataCategorizer* von Orpheus innerhalb der Intersnack Group implementiert. Mithilfe der darin enthaltenen Tools ist es möglich, bestehende Lieferanten zu konsolidieren und damit verknüpfte Ausgaben zu kategorisieren.[17] Durch die Nutzung maschinellen Lernens und eines Natural Language Processings ist es möglich, die unterschiedlichen Daten zu Kreditoren, Materialien und Preisen einzuordnen und zu clustern, um somit einen Überblick über die Ausgaben in den jeweiligen Kategorien zu erhalten sowie Belege korrekt zuzuordnen, indem der KI wesentliche Semantik- und Syntaxregeln beigebracht wurden.[18]

Darüber hinaus macht es eine Vernetzung mit externen Daten möglich, Auffälligkeiten und Entwicklungen wie bspw. Preisindizes frühzeitig zu erkennen, diese als Unternehmen zu antizipieren und das eigene Einkaufsverhalten gewinnbringend anzupassen.[19]

---

15   Vgl. ebd.; Vgl. Orpheus, Das Unternehmen Oprheus, o. J., https://www.orpheus-it.com/de/orpheus/
      unternehmen, abgerufen am 28.8.2022.
16   Vgl. ebd.
17   Vgl. Orpheus, Data Categorizer – KI-basierte Verbesserung von Datenqualität und Transparenz im Einkauf,
      o. J., https://www.orpheus-it.com/de/produkte/data-categorizer, abgerufen am 28.8.2022.
18   Vgl. ebd.
19   Vgl. Orpheus, BME Webinar – Digitalisierung des Strategischen Einkaufs, 21.02.2019, https://www.
      orpheus-it.com/de/akademie/video/daten-management/bme-webinar-digitalisierung-des-strategischen-
      einkaufs, abgerufen am 28.8.2022.

17.4   Handlungsempfehlungen

- Eine hohe Datenqualität sollte gesichert und Prozesse für Datenhaltung und -strukturierung sollten etabliert werden. Ein Teil davon ist, dass Daten regelmäßig auf Dubletten hin geprüft und entsprechende Doppeltanlagen bereinigt werden sollten. Dies dient nicht nur als Grundlage bei der Implementierung von KI, vielmehr ist dies auch Unternehmen zu empfehlen, die die Einführung von KI zu einem späteren Zeitpunkt planen.
- Für den Einsatz von KI im Unternehmen und die Akzeptanz dieser neuen Technologie vonseiten der Belegschaft ist ein Change-Management durchzuführen, wobei auf die Dringlichkeit des Einsatzes eingegangen werden sollte. Gleichzeitig sollten allen Beteiligten die positiven Auswirkungen von KI nahegebracht werden, wie z. B. Kostenersparnis, Zeitersparnis, flexibles Agieren auf Marktgeschehen und Wettbewerbsvorteile gegenüber Mitbewerbern.
- Es sollte Transparenz über den Einsatz der KI geschaffen und Vertrauen in sie gefördert werden. Zudem sollte herausgestellt werden, dass KI nicht zum Zwecke des Ersatzes von Personal eingesetzt wird, sondern das Personal vielmehr dadurch unterstützt und die Möglichkeit geschaffen wird, sich auf wertschöpfende Tätigkeiten zu fokussieren.
- Es existiert bereits eine Vielzahl unterschiedlichster Tools, deren Nutzung und Anpassung sich entsprechend der individuellen Bedürfnisse eines Unternehmens gestaltet (z. B. *DataCategorizer* oder *Trendwatch*). Einer eigenen Entwicklung bedarf es durch die individualisierten und individuellen Lern- und Einstellmöglichkeiten einer KI nicht zwingend.

17.5   Fazit und Ausblick

Im Zuge einer immer stärker digitalisierten Welt und in Zeiten global vernetzter Lieferketten wird deutlich, wie abhängig Unternehmen von ihren Lieferanten geworden sind. Es wird ersichtlich, dass Unternehmen sich noch viel stärker in die Lage versetzen müssen, ihre Lieferketten und ihre damit verbundenen Einkaufsprozesse zu optimieren. Big Data, unterschiedliche ERP-Systeme sowie beschränkte Personalkapazitäten führen zu Herausforderungen, bei deren Bewältigung KI einen wesentlichen Beitrag leisten kann.

Erste Unternehmen profitieren bereits von der frühzeitigen Adaption und Nutzung der Möglichkeiten von KI, auf mittel- bis langfristige Sicht wird der Einsatz und die Optimierung von Einkaufsprozessen insbesondere in Branchen und Unternehmen mit geringen Margen elementar, um langfristig wettbewerbsfähig agieren zu können.

KI gewinnt zunehmend an Bedeutung in den Unternehmen. Ein KI-System ist umso effektiver, je größer die Datenmenge ist und je strukturierter die Daten vorliegen. Die Herausforderung besteht in Zeiten großer verfügbarer Datenmengen darin, eine hohe Datenqualität sicherzustellen, um durch eine Anreicherung dieser Daten und den Einsatz von KI, die Potenziale bestmöglich ausschöpfen zu können. Gelingt den Unternehmen, dies sicherzustellen, so lassen sich enorme Wettbewerbsvorteile erzielen. Im Einkauf zeigt sich dies durch eine verbesserte Lieferantenauswahl, durch eine optimierte Beschaffungsmarktforschung und die frühzeitige Identifikation bestmöglicher Konditionen. Dies wiederum bietet eine gute Verhandlungsposition gegenüber Zulieferern.

18 Künstliche Intelligenz in der Kundenkommunikation

Von Marielena Winter und Tjark Pichner

Was Sie in diesem Kapitel erwartet

Es gilt als entscheidender Wettbewerbsvorteil, ein positives Kundenerlebnis zu schaffen. Durch den Einsatz von KI entstehen neue Möglichkeiten, den Kunden zu verstehen und das Kundenerlebnis zu verbessern. Ein Blick auf die Customer Journey zweier Best-Practice-Beispiele verdeutlicht, dass bereits eine Vielzahl an KI-Anwendungen im Bereich der Kundenkommunikation existiert und das Anwendungspotenzial groß ist. Der folgende Buchbeitrag liefert Einblicke in ausgewählte Aspekte der KI-basierten Kundenkommunikation bei der OTTO Group, eines der weltweit größten E-Commerce-Unternehmen, und bei KLM, der ältesten noch existierenden Fluggesellschaft der Welt.

Bisher wird KI in Deutschland vor allem in Produkten, Dienstleistungen und internen Prozessen eingesetzt. Dieses Kapitel verdeutlicht, dass neue Technologien auch im Bereich der Kundenkommunikation eine wichtige Rolle spielen. Den Lesern wird auf praxisnahe Weise die Einbindung von KI entlang der Customer Journey zweier Vorreiterunternehmen vermittelt.

18.1 Technologie lernt die Kunden verstehen

Ähnliche Produkte, kompetitive Preise und transparente Märkte sorgen dafür, dass die Kundenerfahrung zunehmend an Bedeutung gewinnt und zum Erfolgsfaktor und Differenzierungsmerkmal wird. Unternehmen müssen die Wünsche und Bedürfnisse ihrer Kunden kennen und diese ins Zentrum stellen. Mithilfe von digitalen Technologien lässt sich ein präziseres Kundenverständnis generieren. In Deutschland spielt der Einsatz von KI im Bereich der Kundenkommunikation bisher eine untergeordnete Rolle.[1] Doch gerade im Marketing ist das Potenzial zur Erzielung von Wettbewerbsvorteilen und Profitabilitätssteigerungen besonders hoch.[2] Sobald es zur digitalen Interaktion zwischen Kunden und Unternehmen kommt, können wichtige Daten erfasst werden: Was will die Kundschaft, wie viel Zeit bringt sie mit, erfolgt ihre Suche gezielt oder ist sie noch unentschlossen? Für das Management entstehen dadurch Möglich-

---

1   Vgl. Bundesministerium für Wirtschaft und Energie, 2020, Einsatz von Künstlicher Intelligenz in der Deutschen Wirtschaft – Stand der KI-Nutzung im Jahr 2019, S. 13.

2   Vgl. Gentsch, Peter, 2019, Künstliche Intelligenz für Sales, Marketing und Service – Mit AI und Bots zu einem Algorithmic Business – Konzepte und Best Practices, 2. Auflage, Wiesbaden: Gabler, S. 6.

keiten, Trends frühzeitig zu erkennen und mithilfe der gewonnenen Informationen auf die Wünsche der Konsumenten zu reagieren.

Die OTTO Group, eines der erfolgreichsten E-Commerce-Unternehmen Europas, und die größte niederländische Fluggesellschaft KLM sind Best-Practice-Beispiele für die Verwendung von KI in der Kundenkommunikation. Seit 1995 ist OTTO mit einem Onlineshop im Internet vertreten, nachdem der Vertrieb jahrzehntelang über Produktkataloge erfolgte.[3] Heute zählt die OTTO Group zum zweitgrößten Onlinehändler in Deutschland gemessen am Umsatz von 5,1 Mrd. Euro im Geschäftsjahr 2021/22.[4] Zum Erfolg hat die Nutzung von KI, die in fast allen Unternehmensbereichen eingesetzt wird, erheblich beigetragen.[5] Die Fluggesellschaft KLM wurde 1919 gegründet und beförderte vor der Coronapandemie im Jahr 2019 mehr als 35 Mio. Passagiere. KLM hat sich zum Ziel gesetzt, Europas kundenorientierteste, innovativste und effizienteste Fluggesellschaft zu werden.[6] Das Unternehmen investiert dazu verstärkt in die technologieunterstützte Kundeninteraktion. Der Einsatz von KI wird nachfolgend entlang der Customer Journey beider Unternehmen – vom Vorkauf über den Kauf bis zum Nachkauf – analysiert.

18.2   Best Practice Beispiele

18.2.1   KI-basierte Kundenkommunikation bei OTTO

Visuelle Suche und aggregierte Bewertungen in der Vorkaufphase
In der Vorkaufphase kann man bei OTTO eine Vielzahl von KI-Lösungen finden. Eine Schlüsselrolle kommt hierbei der Produktsuche zu. Im Onlinehandel gewinnt die bildbasierte, visuelle Suche zunehmend an Relevanz. Besonders im Fashion-Bereich und bei Einrichtungsgegenständen, die schwer zu beschreiben sind, stellt die visuelle Suche eine gute Möglichkeit dar. 2018 wurde die von OTTO entwickelte App »alike« veröffentlicht, bei der die Nutzer ein Foto eines Möbelstücks hochladen können und ähnliche Produkte aus dem OTTO-Sortiment und aus über 100 Partner-Onlineshops angezeigt bekommen. Ein Algorithmus zerlegt das Bild dafür in Einzelteile, wobei der Vorder- vom Hintergrund getrennt wird. Die Eigenschaften des Hauptobjekts werden analysiert und mit anderen Objekten aus der Datenbank, die bereits erfasst wurden,

---

3   Vgl. Otto Group (Historie, o. J.): Die Geschichte der OTTO Group, https://www.ottogroup.com/de/ueber-uns/daten-fakten/Historie.php, abgerufen am 03.04.2022.

4   Vgl. Otto Group (Umsatz, 2022): OTTO steigert Umsatz um 13 Prozent, https://www.otto.de/unternehmen/de/news-presse/otto-steigert-umsatz-um-13-prozent, abgerufen am 27.03.2022.

5   Vgl. Lange, Heiko (KI bei OTTO, 2020): Ihr Name ist KI und sie arbeitet bei OTTO, https://www.otto.de/newsroom/de/technologie/ihr-name-ist-ki-und-sie-arbeitet-bei-OTTO, abgerufen am 03.04.2022.

6   Vgl. KLM Royal Dutch Airlines (Geschäftsbericht, 2020): Annual Report 2019, https://www.klm.com/travel/de_de/images/KLM-Jaarverslag-2019_tcm592-1063986.pdf, abgerufen am 03.04.2022.

verglichen. Die visuelle Suche lernt mittels Deep Learning. Je mehr Suchanfragen existieren, desto bessere Resultate lassen sich erzielen.[7]

Zur Informationsbeschaffung ziehen Kunden in der Vorkaufphase oftmals Kommentare und Bewertungen anderer Konsumenten heran, die das Kaufverhalten beeinflussen. Mithilfe einer Machine-Learning-Lösung hat OTTO eine Möglichkeit entwickelt, die Bewertungen intelligent zu sortieren und zu kategorisieren. Dabei werden den Kunden die zehn am häufigsten genannten Suchbegriffe aller Rezensionen angezeigt, wodurch sie die Möglichkeit haben, nach ihren persönlichen Prioritäten zu filtern. Bei OTTO werden dazu mithilfe eines intelligenten Algorithmus jede Nacht über eine Million Rezensionen analysiert. Der Algorithmus erkennt, welche Aspekte am häufigsten genannt werden und ob ein Kommentar positiv oder negativ ist.[8]

Größenberatung in der Kaufphase

Beim Bestellen von Mode stehen Kunden vor der Herausforderung, die richtige Größe zu wählen, da die Kleidung je nach Marke unterschiedlich groß ausfällt. Kunden bestellen Artikel daher oft in mehreren Größen und senden nicht passende Artikel zurück, wodurch hohe Retouren entstehen. Das Tochterunternehmen »Bonprix« der OTTO Group verwendet den sogenannten »Fit Finder«, ein Tool, das mittels KI die Kundenangaben sowie Kauf- und Produktdaten auswertet. Die Nutzer machen dafür einige Angaben zu ihrer Größe, ihrem Gewicht oder ihrem Alter. Der »Fit Finder« liefert der Kundschaft im Anschluss eine gezielte Größenempfehlung sowie eine Zufriedenheitswahrscheinlichkeit.[9]

Forderungsmanagement und Produktempfehlungen in der Nachkaufphase

Im Forderungsmanagement setzt OTTO ebenfalls auf KI und verwendet eine Technologie von collectAI, einer 2016 gegründeten Tochter der OTTO Group.[10] Kunden werden mithilfe von KI individuell zur Zahlung offener Rechnungen erinnert. Die intelligenten Algorithmen wissen, wie und wann welcher Kundenkreis am besten erreichbar ist. Sie sind selbstoptimierend und lernen eigenständig Erfolgsstrategien. Rechnungen und Mahnwesen werden so in ein positives Kundenerlebnis transformiert.[11]

7   Vgl. https://www.OTTO.de/newsroom/de/technologie/visual-search-das-potenzial-ist-riesig, abgerufen am 03.04.2022.

8   Vgl. Otto Group (Kaufentscheidungen, 2017): Bessere Kaufentscheidungen dank Künstlicher Intelligenz, https://www.ottogroupunterwegs.com/blog/blog/posts/Bessere-Kaufentscheidungen-dank-kuenstlicher-Intelligenz.php, Zugriff am 27.03.2022.

9   Vgl. Bonprix (Fit Finder, 2020): bonprix steigert mit Künstlicher Intelligenz die Attraktivität des Sortiments, https://www.bonprix.de/corporate/presse/meldung/bonprix-steigert-mit-kuenstlicher-intelligenz-die-attraktivitaet-des-sortiments/, Zugriff am 27.03.2022.

10   Vgl. collectAI (Unternehmen, o. J.): collectAI ist ein Fintech für KI-basierte Rechnungen und Zahlungserinnerungen, https://www.collect.ai/collectai/unternehmen/, abgerufen am 27.03.2022.

11   Vgl. collectAI (Technologie, o. J.): Smart Kommunizieren durch Künstliche Intelligenz, https://www.collect.ai/intelligent-payment-solutions/ki-basierte-technologie/, abgerufen am 27.03.2022.

Um Kunden nach einem Kauf zum erneuten Kaufen zu animieren, können KI-basierte Produktempfehlungen eingesetzt werden. Für den Unternehmenserfolg ist es ausschlaggebend, Kunden zu binden und zum erneuten Kauf anzuregen. Onlinehändler können sich den »Diderot-Effekt« zunutze machen, bei dem es sich um ein Verlangen von Konsumenten handelt, nach dem Kauf eines Gegenstandes weitere Käufe zu tätigen, um ein passendes Gesamtbild zu erzeugen. Bestellt eine Kundin bei OTTO beispielsweise ein neues T-Shirt, so benötigt sie wahrscheinlich eine passende Hose zum neuen Oberteil. KI kann durch Auswertungen von Klicks, Warenkörben, der Kaufhistorie oder Suchanfragen Vorschläge für weitere, passende Käufe liefern. Mittels KI-basierter Auswertungen des Kaufverhaltens und Analysen verfügbarer Daten erhalten Interessenten nach dem Kauf bei OTTO Empfehlungen für weitere Produkte.[12]

18.2.2   KI-basierte Kundenkommunikation bei KLM

Sprachsuche und dynamische Preise in der Vorkaufphase

In jeder Kaufphase steht der Kundschaft von KLM ein KI-basierter Chatbot zur Verfügung, der sogenannte Blue Bot (BB). In der Vorkaufphase kann der BB dabei helfen, das passende Reiseziel oder einen geeigneten Flug zu finden.[13] Der Chatbot schlägt auf Grundlage der gewünschten Flugdauer, des Budgets, des Reisethemas und des Reisedatums drei Ausflugsziele vor. Ebenso kann eine Sprachsuche nach Flügen mithilfe des BB erfolgen.[14]

In der Vorkaufphase findet in der Regel eine dynamische Preisgestaltung bei den Airlines statt, die auf Machine Learning basiert. Die Zahlungsbereitschaft der Kunden variiert je nach Saison oder Wochentag. Mithilfe von KI können auf Grundlage historischer Daten Preise für Produkte wie z. B. Gepäckstücke oder Sitzplätze in Echtzeit angepasst werden. In der dynamischen Preisgestaltung wird KLM durch das Unternehmen *ATPCO* unterstützt, das insgesamt 418 Airlines betreut.[15] Damit der Kunde zu seinem Wunschpreis buchen kann, bietet KLM einen Benachrichtigungsdienst über den Messenger an, sobald das Ticket zu einem gewünschten Preis verfügbar ist.[16]

---

12   Vgl. Lange, Heiko (KI bei OTTO, 2020): Ihr Name ist KI und sie arbeitet bei OTTO, https://www.otto.de/ newsroom/de/technologie/ihr-name-ist-ki-und-sie-arbeitet-bei-OTTO, abgerufen am 03.04.2022.

13   Vgl. KLM Royal Dutch Airlines (Blue Bot, 2017): KLM welcomes BlueBot (BB) to its service family, https:// news.klm.com/klm-welcomes-bluebot-bb-to-its-service-family/, abgerufen 03.04.2022.

14   Vgl. KLM Royal Dutch Airlines (Sprachsteuerung, 2018): KLM launches four voice-activated services on Google Home, https://news.klm.com/klm-launches-four-voice-activated-services-on-google-home/, abgerufen am 03.04.2022.

15   Vgl. ATPCO (Kunden, o. J.): CUSTOMERS – See who is partnering with ATPCO, https://www.atpco.net/ customers, abgerufen am 03.04.2022.

16   Vgl. Lammertse, Kim (Preisalarm, 2017): KLM Price Alerts – You Set The Price, We Do The Rest, https://blog. klm.com/klm-price-alerts/, abgerufen am 06.04.2022.

Beratung in der Kaufphase

KLM hat den BB in die bekanntesten Social-Media-Kanäle integriert.[17] Um den Kunden in der Kaufphase zu unterstützen, kann eine schnelle Kontaktaufnahme zu KLM via WhatsApp oder Facebook Messenger erfolgen. Hier werden die Interessenten vom BB empfangen und erhalten per Chat Hilfe zur Reiseplanung, Online-Flugbuchung oder Buchungsverwaltung.[18] Abbildung 1 zeigt auszugsweise einen Dialog mit dem Chatbot im Facebook Messenger.

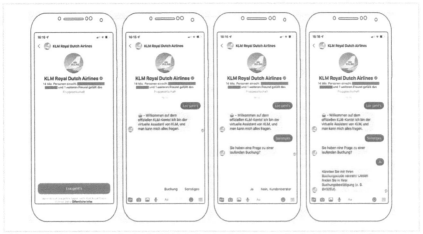

Abb. 1: KI-basierte Kommunikation bei KLM via Facebook Messenger, Quelle: Eigene Darstellung

Kundenservice und Robotereinsatz in der Nachkaufphase

KLM setzt KI verstärkt in der Nachkaufphase im Kundenservice ein. Fluggäste wählen beim Kaufabschluss einen präferierten Social-Media-Kanal wie z. B. WhatsApp aus und erhalten über diesen Kanal alle relevanten Informationen zu ihren gebuchten Flügen wie Rechnungen, Boarding Pässe, Check-In-Zeiten oder Updates zu Verspätungen. So werden für die Gäste alle wichtigen Informationen innerhalb einer Anwendung konsolidiert. Zudem können die Passagiere über die Kanäle Fragen zur Reise stellen.[19] Laut eigenen Angaben erhält KLM wöchentlich über 35.000 Serviceanfragen über soziale Netzwerke.[20] 50 % dieser Serviceanfragen wurden im Jahr 2019 mithilfe von KI beantwortet.[21]

---

17 Vgl. KLM Royal Dutch Airlines (Social Media, o. J.): 24/7 Social Media Service, https://social.klm.com/24-7-service, abgerufen am 03.04.2022.

18 Vgl. KLM Royal Dutch Airlines (KLM Kontakt, o. J.): Sie brauchen Hilfe?, https://www.klm.de/contact, abgerufen am 06.04.2022.

19 Vgl. KLM Royal Dutch Airlines (Fluginformation, o. J.): Flight Information, https://social.klm.com/flight-information, abgerufen am 03.04.2022.

20 Vgl. KLM Royal Dutch Airlines (Social Media, o. J.): 24/7 Social Media Service, https://social.klm.com/24-7-service, abgerufen am 03.04.2022.

21 Vgl. KLM Royal Dutch Airlines (Geschäftsbericht, 2020): Annual Report 2019 https://www.klm.com/travel/de_de/images/KLM-Jaarverslag-2019_tcm592-1063986.pdf, abgerufen am 03.04.2022.

Um die Reisevorbereitung für Kunden zu vereinfachen, hilft der KI-basierte Chatbot beim Kofferpacken und berücksichtigt dabei unter anderem das aktuelle Wetter im Reiseland.[22] Auch nach der Landung unterstützt der BB den Kunden über den Messenger. Wenn der Kunde bspw. einen Geldautomaten sucht, so muss dieser lediglich den Standort und das entsprechende Geldautomat-Emoji senden. Der BB sucht dann nach nahegelegen Geldautomaten.[23] Eine Erneuerung, welche die niederländische Fluggesellschaft im Dezember 2018 einführte, sind die sogenannten »Familiy Updates on WhatsApp«. Familienangehörige eines Fluggastes werden mittels KI über Änderungen bezüglich des Starts oder der Landung bzw. Verzögerungen eines Fluges informiert.[24]

Bei KLM lässt sich zudem die Erprobung neuer Technologien beobachten. Im Jahr 2016 gab das Unternehmen bekannt, verschiedene Tests mit dem Roboter Spencer abgeschlossen zu haben. Am Flughafen Amsterdam-Schiphol half der Roboter Passagieren dabei, das richtige Gate zu finden. Dabei scannte der Roboter die Bordkarte ein und zeigte auf seinem Bildschirm die Entfernung und die Ankunftszeit bis zum Gate an. Im Anschluss begleitete Spencer den Passagier zum Flugsteig, indem der Gast sowie die Flughafenumgebung mithilfe von eingebauten Kameras erfasst wurden.[25]

18.3   Fazit und Ausblick

Die beiden Unternehmen »OTTO« und »KLM« gelten als Vorreiter, da sie KI bereits in alle Phasen der Customer Journey einbinden. Die Technologie entwickelt sich jedoch sehr schnell weiter, wodurch auch Marktführer stets an der Verbesserung und Erweiterung ihrer KI-Anwendungen arbeiten müssen.

Während die Einbindung von KI bei der OTTO Group vermehrt in der Vorkaufphase erfolgt, setzt KLM die KI verstärkt in der Nachkaufphase ein. Bei OTTO werden hauptsächlich die Technologien des »Machine Learning« bzw. »Deep Learning« verwendet, die u. a. bei der visuellen Suche oder bei Produktempfehlungen eingesetzt werden. Bei KLM liegt der Fokus in der Erweiterung des Chatbots »Blue Bot«, der auf Basis von »Natural Language Processing« sowohl die textbasierte als auch sprachbasierte Kommunikation mit dem Kunden ermöglicht.

---

22   Vgl. KLM Royal Dutch Airlines (KLM Packhilfe, 2017): KLM helps you packing with voice-driven assistant on Google Home, https://news.klm.com/klm-helps-you-packing-with-voice-driven-assistant-on-google-home/, abgerufen am 03.04.2022.

23   Vgl. Lammertse, Kim (Preisalarm, 2017): KLM Price Alerts – You Set The Price, We Do The Rest, https://blog.klm.com/klm-price-alerts/, abgerufen am 06.04.2022.

24   Vgl. KLM Royal Dutch Airlines (Familenbenachrichtigung, 2018): KLM launches Family Updates on WhatsApp,https://news.klm.com/klm-launches-family-updates-on-whatsapp/, abgerufen am 03.04.2022.

25   Vgl. KLM Royal Dutch Airlines (Spencer, 2016): Spencer robot completed tests guiding KLM passengers at Shiphol, https://news.klm.com/spencer-robot-completed-tests-guiding-klm-passengers-at-schiphol/, abgerufen am 05.04.2022.

Sowohl OTTO als auch KLM verfolgen das Ziel, die Bedürfnisse der Kunden in den Fokus zu stellen. Die beschriebenen Anwendungsbeispiele zeigen, dass durch den Einsatz von KI vor allem für Kunden der Aufwand reduziert werden kann. Mithilfe der aggregierten Produktbewertungen von OTTO erhalten die Kunden beispielsweise eine Zusammenfassung der relevantesten Bewertungsaspekte und müssen nicht alle Kommentare einzeln durchlesen. Fluggäste von KLM profitieren durch die Einbindung des Blue Bots in Social-Media-Kanäle von einer dauerhaften Erreichbarkeit des Unternehmens.

Bei OTTO fällt auf, dass der Konzern die KI-Lösungen überwiegend in Zusammenarbeit mit Start-ups bzw. Tochtergesellschaften wie beispielsweise »Fit Analytics« oder »CollectAI« entwickelt. Auch KLM setzt beim Thema KI auf eine Zusammenarbeit mit Partnern. Beide Best-Practice-Beispiele verdeutlichen also, dass aufgrund der Komplexität des Themas Kooperationen sinnvoll sind.

Im Bereich der Kundenkommunikation ist es wichtig, dass KI als unterstützendes Hilfsmittel gesehen und genutzt wird. Die Einbindung eines Chatbots wie der »Blue Bot« bei KLM bietet viele Vorteile für den Kunden u. a. im Hinblick auf die Erreichbarkeit und Flexibilität. Mit der KI-basierten Kommunikation geht aber auch ein Verlust an Empathie und Emotionen einher. Daher wird das Zusammenspiel von Menschen und Technologie als essenziell für ein gelungenes Kundenerlebnis betrachtet.

Am Beispiel der GAFA-Unternehmen lässt sich beobachten, dass die Unternehmen, die auf Daten und Analysen setzen, zunehmend erfolgreich sind. Es ist davon auszugehen, dass der Erfolg eines Unternehmens in Zukunft noch stärker von der Daten- und KI-Nutzung abhängen wird. Daher gilt es für Unternehmen, frühzeitig Erfahrungen mit KI zu machen, um nicht von Wettbewerbern abgehängt zu werden.

19 Die leise Disruption – wie KI schon jetzt das Marketing fundamental verändert hat

Von Meik Vogler

Was Sie in diesem Kapitel erwartet

Künstliche Intelligenz hat das Marketing stärker verändert als alle anderen Innovationen der letzten 100 Jahre zusammen. Marketing ist seit jeher mit Zeitgeist und Innovationen verknüpft. Und in den vergangenen Jahrzehnten gab es viele Veränderungen in der Art und Weise, wie Marketer ihre Produkte an die Menschen brachten. Doch keine war so grundlegend, wie die Veränderungen, die durch Künstliche Intelligenz entstehen.

Auf den folgenden Seiten wird dargelegt, wie sich Künstliche Intelligenz schon heute im Marketing etabliert hat. Und es zeigt sich, wie fundamental die Veränderungen in der Zukunft noch sein werden.

Beschrieben werden Einsatzmöglichkeiten in den Feldern:
- Zielgruppenansprache
- Consumer-Journey-Management
- Produktentwicklung
- Organisation von Arbeitsprozessen

19.1 Einleitung

Die Welt ändert sich seit jeher stetig. Die Geschwindigkeit indes nimmt zu und kaum etwas hat die Welt stärker verändert als die Digitalisierung. Seit den 1990er-Jahren erleben wir – zunächst durch die Verbreitung des Internets, später durch die Verbreitung von Smartphones – fundamentale Veränderungen in allen Bereichen des wirtschaftlichen und gesellschaftlichen Lebens. Disruption ist das Stichwort, das mit der Digitalisierung einhergeht. Neue Unternehmen tauchen auf dem Markt auf und greifen etablierte Geschäftsmodelle an. Sie stellen ganze Branchen auf den Kopf und nicht selten ächzen einst etablierte Marktführer unter dem neuen Wettbewerb oder verschwinden ganz aus ihren alten Märkten.

Der Anteil von Streaming am Umsatz der Musikindustrie in Deutschland beträgt mittlerweile 68 %[1], klassisches TV ist nicht mehr die primäre Bezugsquelle von Bewegtbildangeboten bei Menschen unter 40 Jahren[2]. Amazon setzt den stationären

---

1   Statista, 2022 «Ausgewählte Kennzahlen zum Umsatz der Musikindustrie in Deutschland im Jahr 2021».
2   Die Medienanstalten, 2021 «Digitalisierungsbericht Video».

Einzelhandel unter Druck wie Google, Facebook, Instagram & Co. dem Journalismus das Leben schwer machen.

Überall gibt es krachende Veränderungen, die oftmals mit sehr lauter Gegenwehr einhergehen.

Künstliche Intelligenz (KI) ist ein Teil dieser Veränderung. KI wird die Welt verändern. Darin sind sich vermutlich alle einig. Ob diese Veränderung zum Guten oder zum Schlechten sein wird, hängt von der individuellen Perspektive des Betrachters ab. So stehen laut einer YouGov Studie 40 %[3] der Deutschen KI skeptisch gegenüber. Die Menschen schauen also besorgt auf eine Entwicklung in der Zukunft. Aber ist KI wirklich Zukunft? Oder nicht schon Gegenwart?

Unser aller Alltag ist voll von Tools, Anwendungen oder Services, die KI nutzen. Im Arbeitsalltag genauso wie im privaten Umfeld: Google veröffentlichte auf der CES im Jahr 2018 in Las Vegas, dass mehr als 70 % der Viewtime auf Youtube durch Empfehlungen über den Youtube Algorithmus entsteht. Streamingportale empfehlen den Menschen passgenaue Musik Playlists. Die Menschen gehen sogar algorithmusbasiert auf Partnersuche, dank Dating Apps wie Tinder.

Circa 78,7 % der Deutschen[4] sind aktive Social-Media-Nutzer. Sie nutzen also Services, bei denen Inhalte KI-basiert angezeigt werden.

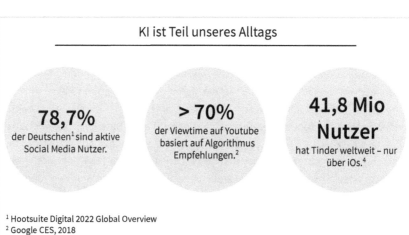

KI ist Teil unseres Alltags

78,7%
der Deutschen[1] sind aktive
Social Media Nutzer.

> 70%
der Viewtime auf Youtube
basiert auf Algorithmus
Empfehlungen.[2]

**41,8 Mio
Nutzer**
hat Tinder weltweit – nur
über iOs.[4]

[1] Hootsuite Digital 2022 Global Overview
[2] Google CES, 2018
[3] Statista, 2022 »Ausgewählte Kennzahlen zum Umsatz der Musikindustrie in Deutschland im Jahr 2021«
[4] Statista, 2022 »Anzahl der monatlich aktiven Nutzer von Tinder über iOS weltweit, Januar 2022«

Abb. 1: KI ist Teil unseres Alltags

---

3   YouGov, 2021 «International Technology Report 2021: Automation & AI».
4   Hootsuite Digital 2022 Global Overview.

KI hat damit schon heute das Leben der Menschen nachhaltig verändert – disruptiert. Ohne, dass sie es so richtig mitbekommen haben. Und wenn sich das Leben für die Menschen so verändert hat, dann hat das auch Auswirkungen auf das Marketing. Und zwar ganz erhebliche – welche Auswirkungen das sind, wird in den folgenden Kapiteln erörtert.

19.2   Marketing befindet sich in einem Transformationsprozess

KI hat einen deutlich größeren Einfluss auf das Marketing, als zunächst offensichtlich sein mag. Der Einfluss auf die wirtschaftliche Entwicklung von Unternehmen ist laut einer McKinsey Studie aus dem Jahr 2019 immens. Mit einer zusätzlichen Wertsteigerung durch KI von bis zu 2,6 Billionen US-Dollar ist Marketing der Bereich mit dem höchsten Business Impact. Eine andere Studie aus dem Jahr 2021[5] weist aus, dass fast 30 % der Befragten mindestens 5 % ihres EBIT auf den Einsatz von KI zurückführen.

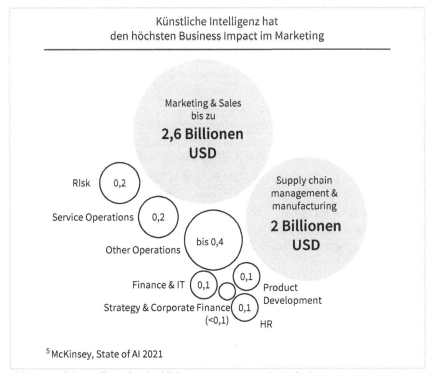

Abb. 2: Künstliche Intelligenz hat den höchsten Business Impact im Marketing

---

5   McKinsey, State of AI 2021.

Kein Wunder also, dass immer mehr Unternehmen KI in ihre Arbeitsprozesse integrieren. Circa 76 % der deutschen Unternehmen haben KI im Einsatz[6]. Haupteinsatzfelder sind hierzulande allerdings IT, Produktion und Forschung & Entwicklung.

Aber auch die Welt des Marketings ist in Bewegung. Das Schlagwort Consumer Centricity beherrscht die Branche. Wer diese Ausrichtung ernst meint, muss im gleichen Zuge seine gesamte Marketinginfrastruktur so ausrichten, dass er den Konsumenten verstehen kann. Es geht um das Sammeln, Verstehen und Nutzen von Daten. Aus den 4 P (Product, Price, Place und Promotion) wird Marketing around Data. Und zum richtigen Arbeiten mit Daten braucht es – richtig – KI.

19.3   Daten bestimmen die Zielgruppenansprache

Ein wesentlicher Erfolgsfaktor in der Marketingkommunikation ist der Zugang zu den für eine Marke relevanten Zielgruppen. Im Bereich der digitalen Werbung laufen heute über 70 % der Werbeumsätze über sogenanntes Programmatic Advertising, also den automatisierten Einkauf von Werbeflächen. Das Prinzip dahinter ist einfach: Über Plattformen werden Werbeflächen automatisch eingekauft und in einem Auktionsverfahren an Werbetreibende verkauft. Dieses automatisierte Echtzeitgebotsverfahren ermöglicht es, auf einer Werbefläche Werbung auszuspielen, die individuell auf ein bestimmtes Besucherprofil einer Website zugeschnitten ist.

Die Technologie hinter diesem Verfahren ist komplex. Sie ersetzt die früher langwierigen Planungs- und Prognoseprozesse und sämtliche Aufgaben, die sich mit der Ausspielung von Werbeinhalten befassen. Im Hintergrund sorgt KI dafür, dass die gewünschten Zielgruppen erreicht werden. Die Algorithmen arbeiten dabei mit einer Vielzahl von Daten, die eine ungemeine Treffsicherheit herstellen. Und das alles in Echtzeit binnen 100 Millisekunden, während die Website für den Besucher lädt.

---

6   IDG Research/Lufthansa Industry Solutions, Machine Learning 2021.

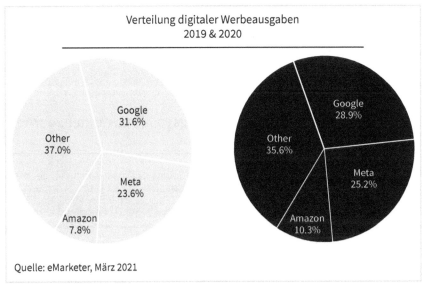

Abb. 3: Verteilung digitaler Werbeausgaben 2019 & 2020

Weltweit profitieren von dieser Entwicklung insbesondere drei Unternehmen, die inzwischen den Markt und den kommunikativen Zugang zu den Menschen dominieren. Laut dem Quarterly Earnings Report des Media Auditors Ebiquity[7] gehen 47 % aller globalen Werbeausgaben in die Kanäle von Alphabet (Google), Meta (Facebook/Instagram) und Amazon. Sie haben mit ihren geschlossenen Netzwerken inzwischen so viele Nutzerinformationen gesammelt, dass extrem präzise Verhaltensprognosen möglich sind und Werbung über ihre Kanäle entsprechend interessant ist.

Besondere Kraft entsteht dann, wenn die reichweitenorientierten Werbekanäle und -plattformen mit dem unternehmenseigenen Datenbestand verknüpft werden können. Marketing-Plattformen wie Adobe oder Salesforce ermöglichen es Werbetreibenden, die eigenen Nutzerprofile mit z. B. Facebook zu matchen. Mithilfe dieser Daten bildet Facebook dann statistische Zwillinge und leitet daraus potenziell relevante Zielgruppen für die Kommunikation ab.

Die datengetriebene Zielgruppenansprache ist eines der zentralen Themen im Marketing. Umgesetzt wird sie allerdings in erster Linie von eCommerce-Unternehmen, also

---

7   Ebiquity 2022, Quarterly Earnings Report 2021, https://www.ebiquity.com/news-insights/press/google-meta-and-amazon-are-on-track-to-absorb-more-than-50-of-all-ad-money-in-2022/, abgerufen am 28.8.2022.

von jenen Marktteilnehmern, die in der digitalen Welt groß geworden sind und entsprechend auch über die nötige IT-Infrastruktur verfügen. Für alle anderen Branchen wird es die große Aufgabe sein, die Marketing- und IT-Organisation so zu verändern, dass Consumer Centricity möglich wird.

19.4   KI ist die Basis für ein wirkungsvolles Customer Journey Management

Die Nutzung von Daten ist auch die Grundlage für eine optimale Consumer Journey. Marken und Unternehmen investieren viel, um potenzielle Käufer möglichst früh zu identifizieren und sie anschließend durch den Sales-Funnel zu führen. Je individualisierter diese Reise ist, desto höher ist die Wahrscheinlichkeit, dass ein Kauf getätigt wird und der Käufer zu einem zufriedenen Kunden wird.

So ermöglichen Customer Data Platforms, Nutzer von Websites zu identifizieren und ihre Interessen, ihr Verhalten und die Kaufwahrscheinlichkeit zu prognostizieren. Möglichkeiten, die insbesondere für alle Unternehmen mit einem digitalen Kaufangebot von großer Bedeutung sind. Denn mithilfe dieser Nutzerinformationen lassen sich Websites und Onlineshops komplett individualisieren. Mit einer erheblich positiven Wirkung auf das Kaufverhalten der Nutzer.

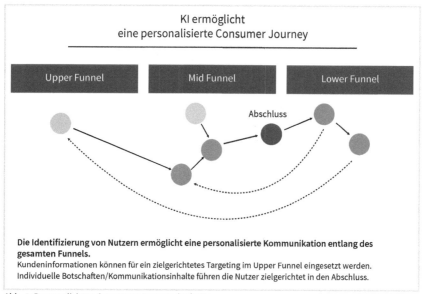

Abb. 4: Personalisierte Consumer Journey dank KI

Abb. 5: KI gestützte Produktempfehlungen

Kreuzfahrtunternehmen können so z. B. Website-Besuchern, von denen sie wissen, dass sie als Paar reisen, Bilder mit Paaren, Zusatzoptionen für Romantik-Dinner und spezifische Wellness-Angebote anzeigen. Nutzer, die als Familienreisende erkannt werden, bekommen wiederum eine zu Familien passende Bildwelt angezeigt und erhalten Angebote für den Kinderclub und familientaugliche Landausflüge.

Ein hohes Maß an KI-getriebener Personalisierung findet sich auch im Bereich E-Mail-Marketing. Zum Beispiel, indem ein Newsletter ausschließlich mit den Inhalten befüllt wird, die Abonnentinnen zuvor auf der Website des Anbieters angeschaut haben oder die zu diesen Inhalten passen; eine Methode, um die Wahrscheinlichkeit von Klicks in Newslettern zu erhöhen und damit den Traffic der eigenen Website zu steigern.

Ein anderes, inzwischen häufig vorkommendes Anwendungsgebiet ist die sogenannte Sendtime Optimization. Eine E-Mail wird dabei nicht mehr allen Empfängerinnen zur gleichen Zeit zugestellt, sondern jeder Abonnent erhält die E-Mail zu dem Zeitpunkt, zu dem die Wahrscheinlichkeit am höchsten ist, dass er die E-Mail öffnet.

Wer eine mögliche Zukunft sehen möchte, schaut nach China. Ping An ist eines der größten Versicherungsunternehmen des Landes und baut seine gesamte Produkt-

und Serviceinfrastruktur in Form einer Plattformlösung. Ähnlich, wie es Facebook, Apple oder Amazon in der westlichen Welt machen.

Seit dem Jahr 2019 bietet Ping An ihren Kunden in ihrer Auto Service App eine verhaltensbasierte Schadensregulierung. Kunden haben die Möglichkeit, ihren Schaden am Auto über die App zu melden, Fotos hochzuladen, den Schaden zu beschreiben und die prognostizierte Schadenshöhe einzutragen. Einmal hochgeladen ermittelt Ping An mithilfe von KI die tatsächliche Schadenshöhe und macht den Kunden ein Angebot zur Kompensation. Neben der Technologie zur Bewertung des Schadens am Auto wird auch ein System verwendet, das aus dem Fahrverhalten der Kunden einen Score entwickelt, der die Höhe der Kompensation beeinflusst. Der gesamte Prozess dauert von der Schadensmeldung bis zur Überweisung nur wenige Minuten.

Die Beispiele zeigen, welche Kraft KI im Bereich des Consumer-Journey-Managements entfalten kann. Sie hilft Unternehmen und Marken, die Menschen zu verstehen, ihr Verhalten vorherzusagen und die Kundenbeziehung zu stärken – wirtschaftlich und emotional.

19.5 Wenn Maschinen Produkte entwickeln

Auch in der Produktentwicklung wird KI ihren festen Platz finden. Sei es, dass Trends für Design oder Inhalt eines Produktes identifiziert werden – z. B., indem eine KI bestimmte Veränderungen in Verhaltensweisen einiger gesellschaftlicher Gruppen identifiziert – oder dass komplette Produkte durch eine KI entwickelt werden.

Zalando hat bereits im Jahr 2016 damit experimentiert, Designwünsche von Kunden in echte Produkte zu überführen. Zusammen mit Google wurde das Projekt Muze umgesetzt, bei dem ein neuronales Netzwerk mit den Stilvorlieben von mehr als 600 Modefans trainiert wurde und daraufhin vorhersagen konnte, welche Art von Mode die Nutzer mögen. Auf dieser Grundlage kreierte das Programm individuelle Designs für über 40.000 Outfits innerhalb des ersten Monats (vgl. dazu auch Kap. 12)[8].

Das London College of Fashion hat inzwischen eine eigene Kursreihe ins Leben gerufen, durch die Studierende auf den Einsatz von KI in der Modebranche vorbereitet werden sollen. Eine wichtige Rolle spielt dabei, wie komplette Kleidungsstücke über ein Generative Adversarial Network (GAN), eine Form des Machine Learnings, designt werden können. Es entstehen Kollektionen, bei denen die Technologie das Produkt liefert. Die Entwicklung geht so weit, dass die neu designten Kleidungsstücke virtuellen Models angezogen und auf virtuellen Fashionshows präsentiert werden können.

---

8   Think with Google «Project Muze», 2017.

Das Unternehmen Symrise, der weltweit führende Hersteller von Duft- und Geschmacksstoffen, hat zusammen mit IBM Research eine KI-basierte Software mit dem Namen Philyra entwickelt. Diese Software kann Düfte eigenständig kreieren und greift dafür auf die vielen Formeln von Symrise, auf historische Daten und Informationen zu Duftfamilien zu. Auf Basis dieser Informationen entwickelt die Software neue Kreationen, die dann von den menschlichen Duftexpertinnen des Unternehmens aufgenommen und verfeinert werden.

KI hat die Kraft, auch kreative Prozesse zu unterstützen und es entstehen neue Möglichkeiten, wenn Menschen und Maschinen Hand in Hand arbeiten. Ein interessantes Modell für die Zukunft – sofern die Menschen sich darauf einlassen.

19.6   Die neue Kollegin am Arbeitsplatz heißt KI

Fragt man Menschen, wie sie den Einsatz von KI am Arbeitsplatz sehen, dann sind die Reaktionen oft geprägt von Skepsis oder sogar Ablehnung. Studien – u. a. von Lufthansa Industry Solutions (2021)[9] – zeigen, dass die fehlende Akzeptanz der Mitarbeiter eine der größten Hürden bei der Einführung von KI ist.

Aber das Bild trügt: Der Einsatz von KI findet heute schon in hohem Maße im Marketing statt. Ganz oft, ohne dass die Beteiligten sich dessen bewusst sind. Ob es um die bereits beschriebenen Buchungsprozesse von Media-Inventar oder um die optimale Aussteuerung von (E-Mail-)Kampagnen geht. An dieser Stelle ist Machine Learning ebenso die Basis wie in den Bereichen der Personalisierung von Websites oder der Marketing Attribution.

Etwas weniger offensichtlich, aber nicht weniger präsent ist KI z. B. im Bereich der Bildbearbeitung. Alle gängigen Bildbearbeitungsprogramme wie Photoshop nutzen KI für z. B. Farbkorrekturen oder Filter. Hier zeigt sich wieder: Wenn Menschen durch Tools Erleichterung in ihrem Alltag erfahren, dann wenden Sie diese gerne an.

Wenn etwas undefinierbar ist und sogar in der Form diskutiert wird, dass der eigene Job dadurch ersetzt werden könnte. Dann empfinden Menschen es, was durchaus nachvollziehbar ist, als Bedrohung. Aber wird KI Menschen bei der Arbeit ersetzen? Grundsätzlich kann davon ausgegangen werden, dass in einer nicht allzu fernen Zukunft alle Arbeiten, die wirtschaftlich sinnvoll durch eine KI durchzuführen sind, auch von einer KI geleistet werden. Voraussetzung ist dabei allerdings immer, dass eine KI auf die Arbeit trainiert werden kann. Da dies vor allem in sehr spezifischen Bereichen

---

9   IDG Research/Lufthansa Industry Solutions, Machine Learning 2021.

der Fall sein wird, soll an dieser Stelle der Blick vor allem auf die Felder gerichtet werden, bei denen KI den Menschen unterstützen und nicht ersetzen kann.

Dank GPT-3 lassen sich über Deep Learning menschenähnliche Texte erstellen. Dabei wird die KI mit Informationen zu den benötigten Inhalten gefüttert und entwickelt daraufhin eigenständig den Text. Das Besondere ist, dass die KI nicht nur die richtigen Inhalte in einen fließenden Text umwandelt. Auch die Tonalität lässt sich vorgeben und wird von der KI umgesetzt. Automatisierte Texterstellung funktioniert inzwischen in vielen Sprachen.

Die Anwendungsfelder sind vielfältig und können die Arbeit von Mitarbeitern im Marketing und in der Kommunikation erleichtern. Produkttexte für die Website oder Kataloge, aber auch Social-Media-Inhalte lassen sich durch den Einsatz von KI-basierter Texterstellung einfach vorproduzieren und müssen dann nur noch von Mitarbeitern geprüft und ggf. leicht angepasst werden. Damit wird die KI ein Werkzeug, das den Textern die Arbeit signifikant erleichtert.

Was GPT-3 bei der Texterstellung kann, liefert Image GPT bei der Erstellung von Bildern. Es ist möglich, vollautomatisiert Bilder auf Basis bestimmter Vorgaben entwickeln zu lassen. Eine Entwicklung, die, wenn sie ausgereift ist, den Bereich der Stockfotografie und der Bildlizensierung grundlegend verändern wird.

Im Bereich von Formatadaptionen lässt sich KI heute bereits gut einsetzen – ein wichtiges Tool für die Unternehmen, die z. B. internationale Kampagnen oder Kampagnen mit vielen unterschiedlichen Werbemitteln einsetzen. Durch eine Kommunikationsagentur erstellte Master-Werbemittel werden dann durch eine KI automatisch übersetzt, die entsprechenden Headlines platziert und die Werbemittel auf unterschiedliche Formate adaptiert. Ohne, dass Menschen eingreifen müssen.

Effizienz und mehr Raum für andere Tätigkeiten. So lässt sich zusammenfassend die zukünftige Rolle von KI in den Arbeits- und Organisationsprozessen beschreiben. Solange die Tools die Arbeit erleichtern, wird auch eine Akzeptanz bei den Mitarbeitern vorhanden sein.

19.7   Zusammenfassung und Fazit

KI ist die Superkraft im Marketing und sie ermöglicht Marketing around Data.

Nicht nur, aber ganz besonders profitiert der Bereich der Marketingkommunikation von den neuen Möglichkeiten. Dank KI lässt sich ein individuelles Consumer-Journey-Management aufbauen, das nachweislich zu besseren Ergebnissen und damit zu mehr

Umsatz führt. Die Tools und Lösungen sind da, werden an vielen Stellen – insbesondere in den jüngeren und auf eCommerce fokussierten Unternehmen – genutzt und in Zukunft immer weiter verfeinert.

Jede Führungskraft im Marketing tut gut daran, die eigene Organisation schnellstens an die neuen Anforderungen anzupassen. Dazu gehört eine datenzentrierte IT-Infrastruktur genauso wie die organisatorische Veränderung im Unternehmen. Und alle im Marketing Beschäftigten sind gut beraten, die neuen Möglichkeiten mit offenen Armen aufzunehmen. Nicht ohne eine gesunde, kritische Distanz. Aber immer mit Optimismus, dass die Arbeit effizienter, werthaltiger und besser wird.

Eines hat die Vergangenheit gezeigt: Innovationen setzen sich durch. Und es ist besser, wenn man, statt am Bestehenden festzuhalten, mutig einen Schritt in die Zukunft macht.

20 Künstliche Intelligenz im E-Commerce

Von Prof. Dr. Markus H. Dahm und Nils Urbanek

Was Sie in diesem Kapitel erwartet

Dieser Beitrag untersucht die gegenwärtige und zukünftige Relevanz von Künstlicher Intelligenz im E-Commerce. Ebenfalls wird die Implementierung von KI in die Geschäftsprozesse beschrieben, ferner werden potenzielle Hürden und Gefahren herausgestellt und Handlungsempfehlungen abgeleitet. Dieser Beitrag ist besonders an Unternehmen gerichtet, die bisher keine oder wenig Erfahrungen mit KI gesammelt haben.

20.1 Steht der E-Commerce vor einem Umbruch?

Zuletzt zeigte die Coronapandemie durch Schließungen von stationären Geschäften und Lockdowns die Notwendigkeit des E-Commerce auf. Durch benutzerfreundliche Smartphones, Tablets oder Computer, intuitive Shops und Applikationen haben Kunden das Onlineshopping als bequeme, zuverlässige und praktische Alternative zum stationären Handel kennengelernt. Hinzu kommen eine Auswahl an kundenorientierten Services, wie eine kostenfreie, schnelle Lieferung bis zur Haustür, Gutschein- und Rabattcodes, personalisierte Anzeigen und Angebote, einfache und sichere Bezahlarten, kostenlose Rücksendungen und eine vermeintlich unbegrenzte Auswahl an vergleichbaren Produkten und Anbietern.[1]

Die Branche steht vor einem Umbruch, vom klassischen E-Commerce hin zum Digital-Commerce, bei dem der individuelle Kunde mit seinen Bedürfnissen und Anforderungen im Fokus der Anbieter steht. Anhand individueller Angebote oder personalisierter Kundenansprachen kann die Zufriedenheit beim Shopping im Allgemeinen gesteigert werden, da sich Kunden zielorientierter mit geringerem Zeitaufwand in Shoppingwelten bewegen. Gleichzeitig gewöhnen sich Kunden wiederum an die neuen Technologien und fordern ein zielgerichtetes, kundenzentriertes Onlineshopping auch von anderen Anbietern. Hierdurch wächst der Handlungsdruck besonders bei kleinen und mittleren Unternehmen, die bisher keine KI-basierten Lösungen implementiert haben, ebenfalls intelligente Software zu integrieren.

---

1   Vgl. Süss, Y. (2016): E-Commerce für klein- und mittelständische Unternehmen S. 27 ff.

20.2   Die gegenwärtige und langfristige Relevanz von KI im E-Commerce

Marketing-Experten stehen KI-Anwendungen zum Teil noch skeptisch gegenüber, die Investitionsbereitschaft ist noch verhältnismäßig gering.[2] Gleichzeitig streben Unternehmen steigende Umsätze durch die Verwendung von KI an und verspüren eine allgemeine Notwendigkeit, KI in den nächsten fünf Jahren in die eigenen Prozesse zu integrieren.[3] Ein Umdenken auf Unternehmensseite wird zudem durch das Verhalten und die Erfahrungen der Konsumenten erzwungen. Ein Grund sind steigende Berührungspunkte mit KI im E-Commerce entlang der Kundenreise beim Onlineshopping. So zum Beispiel durch personalisierte Anzeigen, individuelle Angebote oder ein intelligentes Shop-Template. Dies führt dazu, dass Kunden eine Erwartungshaltung gegenüber Unternehmen entwickeln und ein vergleichbares Servicelevel einfordern.

Der Umgang mit KI bietet Unternehmen gleichermaßen Chancen und Risiken im Bereich des E-Commerce. Mithilfe von KI können automatisiert signifikante Korrelationen in Datenmustern festgestellt werden, die andernfalls unentdeckt geblieben wären. Besonders diese Datenmuster helfen dabei, essenzielles Kaufverhalten zu entdecken und Kundengruppe oder Personas zu bilden. Als Beispiele sind Kundensegmente, Prognosen zu Abverkäufen oder Lagerbeständen zu nennen.

Besonders im Bereich der Personalisierung haben KI-Anwendungen gute Chancen. Hier ist die zielgerichtete, individualisierte Kommunikation durch z. B. Chatbots, personalisierte Newsletter, Retargeting-Anzeigen oder die Unterbreitung von personalisierten Angeboten, Rabattcodes und Preisen zu nennen. Ein Risiko bei der Sammlung von eigenen Datensätzen ist die IT-Sicherheit, weshalb Unternehmen gezwungen sind, hochsensible und personenbezogene Daten zu schützen und einen externen Zugriff Dritter auf die Daten abzuwehren.

Die Vorteile sind vorrangig verschiedene Prozessoptimierungen in den Bereichen der Personalisierung von Kundenwünschen und der Kundenkommunikation, in der Anzeigenschaltung oder in der Automatisierung von Arbeitsschritten. Mit KI gelingt es Unternehmen gezielter, auf die Anforderungen und Bedürfnisse von Kunden einzugehen und diesen in Echtzeit und datenbasiert Angebote zu unterbreiten. Damit kann KI die Kundenzufriedenheit entlang der Kundenreise optimieren und die Kundenloyalität stärken.

Der Erfolg von KI-Projekten hängt maßgeblich von der Datenqualität ab. Ist die Datenqualität mangelhaft, kann sich KI schnell als Nachteil herauskristallisieren. KI kann

---

2   Vgl. Eichsteller, H., Eisenbeis, U. (2019): Digital Dialog Insights 2019, S. 3.
3   Vgl. Accenture (2019): AI:Built to scale – From experimental to exponential, S. 3.

auf mehreren Ebenen zur Effizienzsteigerung von Werbebudgets und niedrigeren Betriebskosten führen.[4] Nur auf Basis einer ordentlichen Datenaufbereitung allerdings kann Geschäftswert neu entstehen.

Abb. 1: Durch Big Data zur Wertschöpfung, Quelle: Eigene Abbildung in Anlehnung an Streibich und Zeller, Big Data, S. 111

Bei Werbeanzeigen kann KI die Performance durch datenbasiertes Wissen optimieren, Wiederkäufe anregen und die Kosten pro Bestellung senken. Interessensbasierte Anzeigen führen zudem zu geringeren Streuverlusten.[5] Um kostenintensive Retouren im E-Commerce zu vermeiden, hilft KI bei der optimierten Auswahl von Produkten und deren Varianten. Durch die Automatisierung von Arbeitsschritten können Arbeitskräfte von zeitintensiven und sich wiederholenden Prozessen durch Algorithmen entkoppelt und für kreativere oder anspruchsvollere Prozesse eingesetzt werden. Wichtig zu betonen ist, dass KI kein Allheilmittel darstellt, sondern im Regelfall bereits funktionierende Prozesse optimiert und somit die Effizienz steigert.

Es bleibt festzuhalten, dass KI im E-Commerce bereits heute hoch relevant ist und Handlungsdruck auf die Unternehmen ausübt.

Wie steht es nun um die langfristige Wettbewerbsfähigkeit von E-Commerce-Unternehmen, die keine intelligenten Lösungen in die eigenen Prozesse integriert haben? Die Wettbewerbsfähigkeit ist zwar grundsätzlich vom Geschäftsmodell abhängig, jedoch können dann erhebliche Wettbewerbsnachteile entstehen. Die Auswirkungen belaufen sich von verpassten Chancen zur Effizienzsteigerung über eine verlorengegangene Marktpositionen bis hin zur Existenzgefährdung des Unternehmens. Dies geschieht, da diese Unternehmen von aufstrebenden, digitalisierten Unternehmen verdrängt werden, höhere Prozesskosten erleben und somit höhere Produktpreise abrufen müssen. Gleichzeitig müssen sie durch die fehlende KI entlang der Kundenreise eine kleinere Stammkundengruppe verzeichnen. Unternehmen haben die Chance, sich als Vorreiter mit KI auseinanderzusetzen und wichtige Weichen für die langfristige Wettbewerbsfähigkeit zu stellen. Entscheidend ist, dass der Schritt der digitalen Transformation auf Unternehmensseite ganzheitlich gedacht und gelebt wird.

---

4   Vgl. Fink, V. (2020): Quick Guide: KI-Projekte – einfach machen, S. 17.
5   Vgl. Bernhard, M., Mühling, T. (2020): Verantwortungsvolle KI im E-Commerce, S. 99-100.

20.3 Handlungsempfehlungen zur Implementierung von KI im E-Commerce

Nachfolgend werden wesentliche Handlungsempfehlungen aufgezeigt. Diese sind nach einem gleichbleibenden Schema aufgebaut. Zuerst wird die Empfehlung beschrieben dann folgt die konkrete Maßnahme. Die Handlungsempfehlungen fokussieren sich auf die Auswahl und Implementierung von KI im E-Commerce und sind in Form eines sechsteiligen Stufenplans dargelegt. Die Schlüsselpunkte der Handlungsempfehlungen finden sich in der nachfolgenden Abbildung.

Abb 2: Handlungsrahmen zur Implementierung von KI, Quelle: eigene Darstellung

20.3.1 Problemstellung identifizieren

Innerhalb der eigenen Prozesse sollte ein Problem identifiziert werden, für das es gilt, eine passende KI-Lösung zu suchen. Aufgrund eines schärferen Wettbewerbs können auch Handlungszwänge entstehen, die dazu führen, dass sich Unternehmen mit KI beschäftigen müssen. Im E-Commerce rückt der Kunde mit seinen individuellen Kundenbedürfnissen immer weiter in den Fokus. Das ist das Thema »Customer at core«, weshalb bei der Problemdefinition die Kundensicht zu berücksichtigen ist. Für Unternehmen ist es wichtig zu beachten, dass das wahrgenommene Kundenerlebnis optimiert und gesteigert wird. Aus diesen Erkenntnissen leitet sich die erste konkrete Handlungsempfehlung für Unternehmen ab, im Schritt eins den Anwendungsfall zu identifizieren und die gewünschten Ziele der Maßnahme zu definieren. Nur durch diese Identifikation kann im zweiten Schritt eine zielgerichtete und kundenzentrierte Lösung für das entdeckte Problem angestrebt werden.

Angewandt in der Praxis: Um den Bestellabschluss zu steigern und gleichzeitig die Retourenquote bei Zalando zu senken, hat das Unternehmen Smart Shoppen eingeführt. Dabei stehen die Kunden des Modehändlers im Zentrum jeglicher Analysen, die das Shopping-Erlebnis der Kunden steigern sollen. Mithilfe des eigenen *Algorithmic Fashion Companion* sollen Kunden die korrekten Schuh- und Kleidungsgrößen vorgeschlagen werden. Der Effekt: Zalando konnte bisher 4 % der größenbedingten Retouren senken.

20.3.2   Externe Softwareanbieter und Experten suchen

Als zweiten Schritt empfiehlt es sich externe Partner und Experten zu suchen, wenn die internen Kapazitäten, das Know-how und vielleicht auch die technische Infrastruktur begrenzt sind. Mittlerweile gibt es eine Vielzahl an Anbietern, Experten und standardisierten Lösungen, sodass Unternehmen auf fertige Anwendungen zurückgreifen können. Externe Hilfe stellt für KMU eine attraktive und kostengünstige Möglichkeit dar, fertige KI-Anwendungen unkompliziert zu integrieren. Selbstverständlich müssen Fertiglösungen DSGVO-konform sein. Diese Erkenntnisse führen zu der zweiten Handlungsempfehlung: Unternehmen sollten nach der Problemidentifikation externe Marktanbieter und Experten finden, die für die Lösung der Probleme im besten Fall fertige, standardisierte Anwendungen anbieten können. Unternehmen sollten diese Anbieter im Hinblick auf die Einhaltung der aktuellen DSGVO-Standards und gegenwärtigen Entwicklungen kritisch prüfen, ihnen gleichzeitig jedoch mit Offenheit begegnen, da kritische Daten zugänglich gemacht werden müssen. Zudem empfiehlt es sich, unterschiedliche Lösungen und Anbieter miteinander zu vergleichen.

Angewandt in der Praxis: Je nachdem, was der Use-Case ist, können Verantwortliche an Marktanbieter herantreten und unverbindliche Angebote einholen. In Deutschland gibt es eine Vielzahl von Anbietern, wie zum Beispiel epoq internet services, ProCampaign®, Salesforce oder Accenture. Die Preise hängen in der Regel vom Traffic, von Orders oder auch lizensierten Nutzern ab.

20.3.3   Ist-Zustand ermitteln, Soll-Zustand definieren und Know-how aufbauen

Im dritten Schritt geht es um einen offenen, ehrlichen und proaktiven Austausch mit externen Partnern sowie die Auswahl eines Anbieters. Ein offener Austausch ist essenziell für die Projektplanung und Umsetzung sowie für das Definieren von Leitplanken. Innerhalb dieses Austausches sollten der verfügbare Budgetrahmen aufgezeigt sowie ein mögliches Abrechnungsmodell entwickelt werden. Wichtiger jedoch ist die Ermittlung des Ist-Zustands sowie die Definition des erwarteten Soll-Zustands, damit es weder Missverständnisse noch falsche Erwartungen gibt. Es empfiehlt sich, Wissen und

Know-how mithilfe von Workshops aufzubauen und die Ziele der Zusammenarbeit sowie der KI-Lösung innerhalb einer Roadmap festzuhalten. Bei diesen Workshops können die Grundeigenschaften von KI und Algorithmen aufgezeigt und mögliche Ängste und Unsicherheiten reduziert werden. An dieser Stelle ist auch der positive Nebeneffekt ganz wichtig, dass Wissen aufseiten der Anwender aufgebaut werden kann, das letztendlich für einen Kulturwandel auf der Unternehmensseite grundlegend ist. Ein Kulturwandel ist besonders relevant, da die Verwendung von KI-Lösungen abteilungsübergreifend gedacht und gelebt werden muss.

Angewandt in der Praxis: Hier ist ein Kollaborationsprojekt der Universität St. Gallen hervorzuheben, das im Programm »Design Thinking for AI« Unternehmen eine Zusammenarbeit mit HSG Student*innen für vier Monate in einem interaktiven Kursformat anbieten. Grundsätzlich werden Workshops im Regelfall von Dienstleistern innerhalb der Integrationsphase des Projektes durchgeführt.

20.3.4   Voraussetzungen für die Anwendung und Funktionalität von KI prüfen

Bevor Algorithmen implementiert werden können, müssen erfolgskritische Voraussetzungen überprüft werden. In Zusammenarbeit mit Experten sind die infrastrukturellen Gegebenheiten, wie die verfügbaren Daten und deren Qualität, zu bewerten, damit im Zweifelsfall nachjustiert und Daten optimiert werden können. KI-Projekte sind von einer weitreichenden, sauberen Datenmenge abhängig. Es empfiehlt sich, in gemeinsamer Abstimmung mit externen Experten, die verfügbaren Daten, Datenbanken und Datenmanagementplattformen zu prüfen. Dabei sollte ein Augenmerk auf die Aktualität, Qualität, Vollständigkeit sowie die fortlaufende Erhebung der Daten gelegt werden. Unternehmen müssen zwingend eigene First-Party-Daten erheben und besitzen. Liegen keine eigenen Daten vor, sind Unternehmen angehalten, sie vorerst zu sammeln. Dieser Prozess kann einen längeren Zeitraum in Anspruch nehmen, da eine breite Datengrundlage mit möglichst vielen Datenkombinationen wichtig ist. Wenn keine ausreichenden Daten vorhanden sind oder erst gesammelt werden müssen, können Unternehmen übergangsweise auf Testdaten zurückgreifen, um den Algorithmus eingangs zu füllen. Ebenfalls empfiehlt sich die Prüfung eines Datenexports aus den bestehenden Systemen, damit der Algorithmus mit Daten versorgt werden kann. Ist ein Export nicht möglich, muss die Möglichkeit zum Datenexport im Vorfeld geschaffen werden. Bei der Erhebung und Verarbeitung der Daten ist wiederrum die Einhaltung der DSGVO-Richtlinien grundlegend. Damit begonnene KI-Projekte eine langfristige Wirksamkeit haben, ist das kontinuierliche Studieren aktueller Entwicklungen in den Bereichen des Datenschutzes und Internetrechtes empfehlenswert, um teuren Abmahnung vorzubeugen.

Angewandt in der Praxis: Hier hat das Technologieunternehmen Zoho eine neue Lösung vorgestellt: Mit der »Zoho BI Platform« gelingt die Datenaufbereitung, Analyse und Integration von rund 250 Datenquellen aus Drittsystemen. Somit können Unternehmen die verschiedensten Systeme anschließen und Daten vereinheitlichen.

20.3.5   Schrittweise Implementierung und Transparenz

Im fünften Handlungsschritt geht es um die schrittweise Implementierung sowie das Schaffen von Transparenz bei allen relevanten Stakeholdern. Die Implementierung von KI-Lösungen sollte schrittweise erfolgen, um mögliche Probleme im Prozess zu identifizieren und schnellstmöglich zu korrigieren. Die zum Projektauftakt definierte Roadmap kann an dieser Stelle als Überprüfungsleitfaden genutzt werden. Da es bei den von KI-Projekten berührten Stakeholder teilweise Missverständnisse gibt, sie Ängste vor der Veränderung entwickeln und den Projekten entsprechend ablehnend gegenübertreten, empfiehlt es sich, alle relevanten Stakeholder frühzeitig in das Projekt zu involvieren, Wissen aufzubauen und Ängste durch Transparenz abzubauen. Dies kann geschehen, wenn Mitarbeitern verständlich gemacht wird, dass KI keine Arbeitsplätze reduziert, sondern vielmehr grundlegende und sich wiederholende Arbeiten übernimmt, wodurch mehr Freiraum für kreativere Aufgaben geschaffen wird. Es empfiehlt sich zudem bei größeren KI-Projekten, den innerbetrieblichen Kulturwandel voranzutreiben, um mehr Offenheit gegenüber KI und der Digitalisierung im Allgemeinen anzustreben.

20.3.6   Auswertung und Optimierung

Abschließend gilt es die Veränderungen durch die KI messbar zu machen, um deren Performance zu bewerten und ggf. entsprechende Handlungsmaßnahmen abzuleiten. Dabei können in der Praxis gängige E-Commerce KPI verwendet werden, ebenso wie bewährte Analysetools. Zu denken ist da an Google Analytics. Viele externe Anbieter weisen auch bereits integrierte Auswertungsmöglichkeiten innerhalb der Lösungen auf. Für Unternehmen leiten sich die Handlungsempfehlungen ab, im Vorfeld KPI zu bilden und Messungen mittels der integrierten Methoden oder mit A/B-Tests durchzuführen. Entsprechende KPI können Klickraten, Warenkorbwerte, Umsätze oder Konversionen sein. Wichtig zu erwähnen ist an dieser Stelle, dass KI-Projekte auch nach der erfolgreichen Implementierung fortlaufend optimiert und beobachtet werden sollten. Hier sind monatliche Auswertungen oder Vergleiche zu Vorjahreswerten zu empfehlen, jedoch ist auf eine mathematisch korrekte Durchführung zu achten, damit die Ergebnisse nicht verfälscht oder geschönt werden.

20.4   Fazit

Die Bedeutung von KI wird zukünftig weiter zunehmen und KI wird sich zu einem festen Bestandteil im E-Commerce entwickeln. Konzerne wie *Facebook*, *Google*, *Amazon*, *Apple* oder auch hiesige Unternehmen wie *Zalando* nutzen KI bereits heute vollumfänglich. KI ist nicht nur im E-Commerce gegenwärtig, sondern hat sich branchenübergreifend als Megatrend etabliert. Dies hat zur Folge, dass die Anzahl an Softwareanbietern steigen wird, wodurch auch die Marktpreise für Lösungen langfristig sinken werden.

Da manche Unternehmen bereits KI einsetzen, werden sich Endkunden zunehmend an intelligente Anzeigen sowie eine personalisierte Kundenreise gewöhnen und fordern diese Intelligenz auch von anderen Unternehmen beim Onlineshopping ein. Daher ist zu erwarten, dass traditionelle Marktteilnehmer ohne Smart Data und intelligente Algorithmen langfristig die Anforderungen von Kunden immer schwerer treffen werden. Zudem werden neue, digitale Marktteilnehmer bestehende Märkte beeinflussen und Traditionsunternehmen sowie deren Geschäftsmodelle herausfordern.

Der Datenschutz wird zukünftig weiter an Bedeutung zunehmen und die Rechte von Verbrauchern stärken, damit diese noch mehr Kontrolle über die eigenen Daten haben können. Unternehmen sollten sich auf weitere Regulierungen einstellen.

20.5   Ausblick

Für Unternehmen ist essenziell, den Handlungsbedarf im Hinblick auf digitale Geschäftsmodelle zu erkennen und sich ausführlich mit KI auseinanderzusetzen. Gegenwärtig besteht die Chance, als Vorreiter einen Vorsprung gegenüber Wettbewerbern aufzubauen und die eigene Marktposition langfristig durch frühe Investitionen zu stärken. Ignorieren Unternehmen diesen Wandel heute und auch zukünftig, ist ihre Existenz bedroht, unabhängig von der Unternehmensgröße oder dem Geschäftsmodell.

21   Einfluss der KI auf die Logistik

Von Dr. Vanessa Just und Tim Soller

Was Sie in diesem Kapitel erwartet

Logistik gilt in der Öffentlichkeit oft als Nachzügler, wenn es um das Thema Digitalisierung geht. Dabei hat Deutschlands drittgrößter Wirtschaftsbereich schon früh auf digitale Techniken vertraut. KI in der Logistik hat großes Potenzial und ist nicht nur Diskussionsgegenstand, sondern bereits gelebte Praxis. In diesem Beitrag wird der Wandel der Logistik durch KI anhand verschiedener Praxisbeispiele aufgezeigt. Wo früher Disponenten Sendungsdaten der Kunden manuell in das Transportmanagementsystem übertragen und durch intrinsisches Wissen ergänzen mussten, wird heute in der Spedition das automatisierte Auslesen von Sendungsdaten und deren Vervollständigung anhand historischer Daten durch KI-Methodiken ermöglicht. In weiteren Praxisbeispielen werden unterschiedliche Teilaspekte behandelt, bei denen KI die Logistik dabei unterstützt, ressourcenoptimierend, kosteneffizient, nachhaltig und wertschöpfend zu arbeiten. Doch warum ist der Wandel noch nicht überall angestoßen? Neben den Potenzialen werden mögliche Herausforderungen, Grenzen und Risiken aufgezeigt. Hierbei spielen Aspekte, wie z. B. die anhand von Daten erzeugte Transparenz entlang der Wertschöpfungskette sowie deren gemeinsame Nutzung eine entscheidende Rolle. Abschließend wird ein Ausblick gewagt, welchen Einfluss KI auch zukünftig auf dieses komplexe Umfeld haben kann.

Der Beitrag richtet sich an Entscheider in Unternehmen, die über die Zukunftsfähigkeit und den Fortschritt von Logistik- und Supply Chain Management Prozessen nachdenken und all jene, die sich für den grundsätzlichen Wandel in der Logistik durch KI-Technologie interessieren.

21.1   Warum KI in der Logistik? Warum jetzt?

Künstliche Intelligenz (KI) ist ein Megatrend und überall in den Medien als Schlagwort präsent. Auch in der Logistik steigt die Bedeutung dieser Technologie schnell: Laut den Teilnehmenden einer Bitkom-Studie[1] wird KI schon in 10 Jahren für die Logistik unverzichtbar sein. Doch warum Logistik? Und warum ausgerechnet jetzt?

---

[1]   https://www.bitkom.org/sites/default/files/2019-06/bitkom-charts_digitalisierung_der_
logistik_03_06_2019.pdf, S. 7, abgerufen am 28.8.2022.

Laut Performance Index der Weltbank wurde Deutschland erneut als Weltmeister der Logistik ausgezeichnet. Trotzdem gilt Logistik in der Öffentlichkeit oft als Nachzügler, wenn es um das Thema Digitalisierung geht. Dabei hat Deutschlands drittgrößter Wirtschaftsbereich schon früh auf digitale Techniken vertraut. Dort, wo KI eingesetzt wird, unterstützt es die Logistik dabei, ressourcenoptimierend, kosteneffizient, nachhaltig und wertschöpfend zu arbeiten. KI in der Logistik hat großes Potenzial und ist nicht nur Diskussionsgegenstand, sondern bereits gelebte Praxis: Nachfragen und Kapazitätsengpässe werden vorhergesagt, der Transport und die Lagerung von Waren wird optimiert und Schwierigkeiten der gesamten Lieferkette sind frühzeitig sichtbar. Die Arbeit im Lager beschränkt sich längst nicht mehr auf das Kistenschieben. Drohnen erleichtern die Inventur und fliegen in Häfen über die Containerlandschaft, um mögliche Schäden anhand von Bildaufnahmen zu erkennen. Intelligente Sortierroboter nehmen Menschen die körperliche Arbeit ab, damit diese sich um andere Aufgaben kümmern können. Durch den Einbezug von aktuellen Verkehrs- und Wetterdaten kann die Ankunftszeit von Sendungen vorhergesagt werden, womit das lange Warten auf Pakete endlich ein Ende hat. Und weil immer mehr Daten gesammelt werden, um einen Überblick über das Geschehen in der Lieferkette zu haben, kann eine aktuelle Auskunft über den Status von Sendungen oder gelagerten Waren gegeben werden. Was sich oft nach Science-Fiction anhört, ist in der Logistik bereits gelebte Realität.

Die netzwerkbasierte Struktur der Logistik bietet einen natürlichen Rahmen für den Einsatz von KI. Durch Industrie 4.0 sind die Prozesse mittlerweile grundlegend digitalisiert und mächtige Softwarelösungen sammeln entlang der gesamten Lieferkette große Mengen an Daten. Durch die stetig wachsende Rechenleistung und Entwicklung von Big Data können diese Daten nun zum ersten Mal richtig genutzt werden. Welch ein Glück, dass die Technologie noch nie so erschwinglich und zugänglich war, wie sie es heute ist. Der richtige Zeitpunkt ist da, um den Wandel durch KI im eigenen Unternehmen einzuleiten. Doch warum ist der Wandel noch nicht überall angestoßen?

21.2   Status quo: KI in der Logistik

Bereits zwei Drittel der deutschen Unternehmen nutzen maschinelles Lernen (ML). Mit 73 % setzen vor allem auch große Unternehmen mit mehr als 10.000 Beschäftigten schon auf diese Technologie.[2]

---

2   https://www.lufthansa-industry-solutions.com/de-de/studien/idg-studie-machine-learning-2021, S. 11, abgerufen am 28.8.2022.

Die nachfolgende Abbildung gibt einen Überblick und interessante Einblicke in Unternehmensbereiche, die bereits mit ML Erfahrungen gemacht haben:

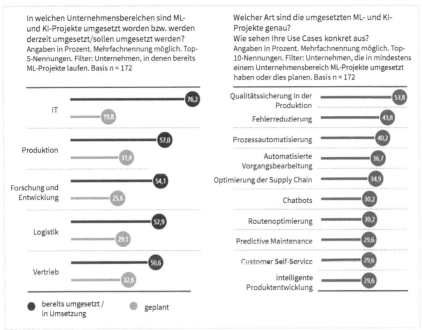

Abb. 1: Einsatz von KI im Unternehmen[3]

Es lässt sich erkennen, dass ML und KI maßgeblich in den Bereichen der IT und Produktion eingesetzt werden. An die 53 % der Firmen, die bereits auf KI und ML zurückgreifen oder das tun wollen, sehen in der Logistik ein Einsatzfeld für die KI. Anwendungsszenarien in diesem Bereich sind etwa in der Prozessautomatisierung (40 %), bei der automatisierten Bearbeitung von Vorgängen wie Schadensmeldungen sowie bei der Optimierung der Lieferkette (35 %) verortet.[4] Ein Viertel der Befragten nutzt oder implementiert aktuell schon KI in Logistik- oder Supply-Chain-Management-Prozesse und auch jene Unternehmen, die die Technologien noch nicht im Einsatz haben, sind sich ihrer Bedeutung in der Regel bewusst und haben einen künftigen Handlungsbedarf (57 %) erkannt. Als die drei wichtigsten Anwendungsgebiete von KI für Logistik und Supply-Chain-Management gelten Absatzplanung und

3   https://www.lufthansa-industry-solutions.com/de-de/studien/idg-studie-machine-learning-2021, S. 13, abgerufen am 28.8.2022.
4   ebd.

Bedarfsprognosen (56 %), Bestellabwicklung und -verfolgung (44 %) sowie Produktionsoptimierung (34 %).[5]

Als Hemmnis bei der Investition in KI wird fehlendes Know-how bei über der Hälfte der Teilnehmenden (52 %) angeführt und auch eine unzureichende IT-Infrastruktur (46 %) ist einer der Gründe für die (noch) fehlenden Aktivitäten zur Nutzung von KI.[6] Dennoch haben die Unternehmen den großen Nutzen von Technologieeinsatz erkannt. Sie haben die Bereiche mit dem höchsten Nutzen für den Bereich der Logistik so, wie es Abbildung 2 zeigt, benannt und bewertet:

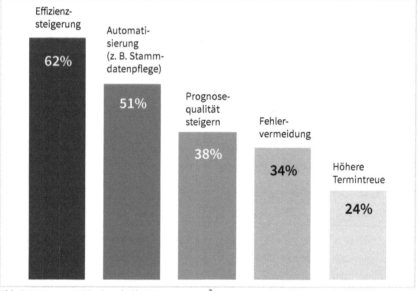

Abb. 2: Nutzen von KI im Supply Chain Management[7]

Insgesamt gaben 92 % der Befragten an, dass derjenige, der heute in KI investiert, in fünf Jahren besser oder deutlich besser am Markt positioniert sein wird.

Aber wie sieht der Einsatz von KI bereits heute konkret in der Praxis aus? Im Folgenden werden vier praxisbezogene Beispiele aus der Logistik vorgestellt, bei denen KI

---

5   In Anlehnung an https://www.inform-software.de/informationsmaterial/infomaterial-details/information/trendreport-supply-chain-management-2021, S. 7, abgerufen am 28.8.2022.

6   https://www.inform-software.de/informationsmaterial/infomaterial-details/information/trendreport-supply-chain-management-2021, S. 17, abgerufen am 28.8.2022.

7   https://www.inform-software.de/informationsmaterial/infomaterial-details/information/trendreport-supply-chain-management-2021, S. 18, abgerufen am 28.8.2022.

dabei hilft, ressourcenoptimierend, kosteneffizient, nachhaltig und wertschöpfend zu arbeiten.

21.3 Beispiele aus der Praxis

Qualitätskontrolle durch KI im Hafen

Was kann KI leisten, um einen Beitrag in der maritimen Wirtschaft zu leisten? Oder anders gefragt: Wie kann KI die Hafenlogistik intelligenter machen?

Wer sich schon einmal einen Hafen angesehen hat, wird sicher auch in einem Containerterminal die tausende von Containern, Container-Brücken, Fahrzeuge und Lagerkräne bestaunt haben dürfen – Objekte, die in der Regel noch einer sehr manuellen Planung z. B. im Hinblick auf Einsatzort und Auslastung unterworfen sind und Potenzial für eine intelligente Softwarelösung bieten. Ein anderes Anwendungsgebiet in diesem Logistikbereich ist auch die Predictive Maintenance, also eine vorausschauende Wartung mit Hilfe von KI, umso etwaige Wartungszyklen und benötigte Reparaturarbeiten vorbeugend durchführen zu können.[8]

Ein weiteres Wartungs- und Detektionsszenario ist die automatisierte Erkennung beschädigter Container. Dies ist aktuell noch ein sehr manueller Prozess, bei dem jeder einzelne Container inspiziert wird, die Schäden klassifiziert werden und die Reparaturdauer geschätzt wird. Diese Begutachtung ist nötig, da beim Be- und Entladen sowie beim Versetzen von Containern große Kräfte wirken, die mitunter zu deren Beschädigung führen können. Die Instandhaltung leerer Container bis zu ihrem Wiedereinsatz in den Depots ist für einen weiteren sicheren Transport essenziell.

Mithilfe von KI sollen Schäden künftig gezielter klassifiziert und abgearbeitet werden. Konkret sollen dabei Beschädigungen mittels Computer Vision, also KI-unterstützter Bilderkennung, gefunden werden. Die Entwicklung einer KI-gestützten Bilderkennung, die eventuelle Schäden identifiziert und bewertet, greift dabei auf zugeordnete und kategorisierte Schadensbilder zurück, um so bei der Erkennung und Bewertung von Schäden an leeren Containern zu unterstützen. Als technologische Lösung wird hier ein Deep-Learning-basierter Schadensdetektions- und Klassifikations-Algorithmus zum Einsatz gebracht. Dieser erkennt automatisch Schäden auf Containerbildern, klassifiziert und schätzt die Beschädigungsgrade. So kommen die Boxen

---

8   https://hhla.de/magazin/ist-ki-die-zukunft, abgerufen am 04.03.2022.

schneller wieder in den Umlauf. Langfristig verkürzt das den Prozess und Kundinnen können auf die Leercontainer schneller wieder zugreifen.[9]

Als Vorteile lassen sich die deutliche Steigerung der Effizienz des Containerinspektions- und Wartungsprozesses sowie die bessere Planung der Containerwartungsreihenfolge durch eine automatische Schadensdetektion benennen.

Nicht nur in der Hafenlogistik lässt sich durch den Einsatz von KI ein großer Mehrwert schaffen. Das nächste Praxisbeispiel zeigt, wie auch Menschen im Backoffice der maritimen Unternehmen durch den gezielten Einsatz von KI profitieren können.

Mehr Wertschöpfung durch die Vervollständigung von Sendungsdaten in der Seefrachtlogistik

Nicht mehr lange wird das manuelle Übertragen von Sendungsdaten aus E-Mails in Transportmanagementsysteme den Alltag von Sachbearbeitern in der Logistik bestimmen. Doch wie lassen sich die Aufgaben der Sachbearbeiterinnen bei der Bearbeitung von Sendungen vereinfachen, damit sie die gesparte Zeit an anderer Stelle wertschaffender nutzen können? Eine Antwort hierauf gibt das Unternehmen Fr. Meyer's Sohn – kurz FMS.

Unvollständige, unstrukturierte Informationen aus E-Mails, welche die Auftragsdaten zu einer Sendung enthalten, werden vermutlich nicht so schnell aus dem Arbeitsalltag der Sachbearbeiter in der Spedition verschwinden. Doch der Aufwand der Bearbeitung ändert sich durch den Einsatz von KI bereits jetzt: Statt Auftragsdaten vollständig manuell aus E-Mails in das Transportmanagementsystem zu übertragen und die Einträge mit eigenen Erfahrungen und eigenem Wissen anzureichern, übernimmt jetzt eine KI diese Aufgabe und füllt Sendungsmasken mit Vorschlägen anhand von historischen Daten aus. Mittels Texterkennung werden die grundlegenden Informationen einer Sendung aus der E-Mail der Kunden ausgewertet. Fehlende Informationen werden anschließend anhand der Daten von historischen Sendungen geschätzt, die im Transportmanagementsystem über die letzten Jahre gesammelt wurden. Die Vorschläge der KI müssen jetzt nur noch von den Sachbearbeiterinnen geprüft und abschließend bestätigt werden. In der Vergangenheit stellte die Automatisierung dieses Prozesses eine große Herausforderung dar, da das Erfassen einer Sendung sowohl deterministisch als auch komplex ist. Deterministisch, weil im Kern die gleichen Felder regelbasiert ausgefüllt werden müssen. Komplex, da fachliches Know-how sowie

---

9   Hierzu gab es bereits 2018 erste Projektansätze im Rahmen eines Hackathon von team neusta GmbH: https://www.youtube.com/watch?v=kQDHJHYvkmY; aktuell wird dieses Anwendungsszenario auch vertiefend im Forschungsprojekt «Cookie» untersucht und entwickelt: https://hhla.de/its/cookie.

Kenntnisse über Kundinnen und Partner benötigt werden, um die fehlenden Informationen zu ergänzen. Erst jetzt kann durch die Zugänglichkeit und wachsende Reife der Technologie das Potenzial der historisch gesammelten Sendungsdaten genutzt werden, um das Problem sinnvoll zu adressieren.

Für FMS bietet die KI-basierte Sendungsvervollständigung einen großen Mehrwert, denn ein wichtiger Bestandteil der Disposition findet genau in diesem Arbeitsschritt statt – und dieser kostet ein nicht unerhebliches Maß an Zeit. Zukünftig können Sachbearbeiter die gewonnene Zeit an anderer Stelle wertschaffend Nutzen, wodurch die Effizienz des Unternehmens gesteigert werden kann.

Doch KI kann wesentlich mehr als »nur« Routineaufgaben der Mitarbeiter effizienter zu gestalten. Auch Menschen, bei denen körperlich schwere Arbeit den Alltag bestimmt, können gesundheitlich von KI profitieren. Das nächste Beispiel zeigt, wie dies möglich ist.

Wie Exoskelette unter Einsatz von KI manuelle Arbeitsplätze verbessern

Mit dem neuen Ergonomie-Frühwarnsystem können Unternehmen die Sicherheit von Hebevorgängen an manuellen Arbeitsplätzen individuell und intelligent verfolgen und optimieren. Das Cray X von German Bionic ist ein intelligentes, aktives Exoskelett, das wie ein kleiner Rucksack auf dem Rücken getragen und mit Gurten an Brust, Hüfte und Oberschenkeln befestigt wird. Sobald man es anschaltet, verbindet es sich über LTE oder Wi-Fi mit der Systemplattform German Bionic IO und beginnt seine präventive und unterstützende Aufgabe: körperlich anstrengende und sich wiederholende manuelle Tätigkeiten für die Arbeiterinnen weniger anstrengend und ergonomischer zu machen. Dafür versorgt das KI-basierte Cray X den jeweiligen Träger bei seinen Tätigkeiten mit zusätzlicher externer Energie.

Mithilfe der gesammelten Sensordaten über die Cloud-Server-Infrastruktur hat German Bionic den Smart Safety Companion entwickelt, der sich – wie erwähnt – als ein Ergonomie-Frühwarnsystem einsetzen lässt. Er erkennt anhand von in Echtzeit analysierten Daten den Ermüdungsgrad der Träger während einer Arbeitseinheit, kann sie diesbezüglich warnen und aktiv die jeweilige Unterstützung durch das Exoskelett regeln, um Gefährdungen oder Verletzungen vorzubeugen. Manuelle Arbeitsplätze können so in den digitalen Workflow des Unternehmens integriert werden.

Der Einsatz des Smart Safety Companion ermöglicht Unternehmen einen verbesserten Arbeitsschutz. Zudem liefert es auch eine datenbasierte Grundlage für die Optimierung von Prozessen und ermöglicht die frühzeitige Erkennung von Engpässen und die Behebung von Störungen im Arbeitsablauf. Ferner werden die kontinuierlich gesammelten Daten dazu genutzt, die ML-Modelle mit jeder Bewegung noch präziser zu machen.

Dabei basieren die gewonnenen Erkenntnisse nicht auf Labordaten, sondern auf Analysen realer Einsatzszenarien von Kundinnen in verschiedenen Anwendungsgebieten, wodurch die statistischen Modelle die Realität noch genauer abbilden. Anhand solcher Daten wurde beispielsweise erkannt, dass viele Akteure in der Logistik nicht nur enorm viele schwere Lasten heben, sondern auch sehr viel laufen. Diese Erkenntnis hat German Bionic umgehend in der neuesten Produktgeneration berücksichtigt, in der nun auch schnelleres Laufen aktiv unterstützt wird.

Die cloudbasierte Software setzt KI und ML ein, um gesundheitliche Risiken von Mitarbeiterinnen zu identifizieren, Sicherheitsvorkehrungen zu definieren und dadurch Arbeitsprozesse zu verbessern. Damit maximiert sie nachhaltig den Arbeitsschutz und gewährleistet zugleich optimale Geschäftsprozesse und höchste Effektivität.[10]

Ein weiteres spannendes Themengebiet ergibt sich mit der Frage: Welchen Beitrag kann KI in der Logistik auch in Hinblick auf Nachhaltigkeit leisten? Wie kann KI zu einem niedrigeren Ressourcenverbrauch durch eine effizientere Organisation beitragen?

Nachhaltigkeitstracking in der Supply Chain

Laut Europäischer Kommission sind 20 % der internationalen und 25 % der nationalen Transporte auf der Straße Leerfahrten – Fahrten, auf denen keine Güter transportiert werden, aber trotzdem CO_2 ausgestoßen und Sprit verbraucht wird. Die grundsätzliche Vermeidung von Leerfahrten scheint utopisch, die Reduzierung ihrer Anzahl jedoch aus Effizienz- und Nachhaltigkeitsgründen als grundsätzlich sehr erstrebenswert. Es lässt sich festhalten, dass die weltweiten Transportemissionen stetig ansteigen. Allein in Europa werden sich die Frachtemissionen laut Prognose bis 2050 verdoppeln.[11] Gleichzeitig üben Konsumentinnen sowie Gesetzgeber Druck auf Unternehmen bezüglich ihrer Emissionen aus. Die Mission der Tracks GmbH ist es, genau hier zu unterstützen, indem sie eine schnelle Dekarbonisierung vorantreibt, und ultimativ einen erfolgreichen Übergang hin zu einer kohlenstofffreien Frachtindustrie meistert. Die Tracks-Plattform bietet dafür eine vereinfachte Rationalisierung des Datenaustauschs zwischen Transportanbieterinnen und -käufern an, um Entscheidungswege zu optimieren. Mit der deskriptiven Analyselösung Tracks Carbon Intelligence™ helfen sie Unternehmen bereits, ihre tatsächliche CO_2-Bilanz besser zu verstehen. Die präskriptive, kontextbewusste Benchmarking-Lösung Tracks Fuel Intelligence ermög-

---

10   https://www.germanbionic.com, abgerufen am 09.03.2022.
11   https://blog.fintechcube.com/tag/next-big-think, am 02.09.2020 veröffentlicht.

licht reale Effizienzsteigerungen. Tracks ordnet die CO_2e-Emissionen[12] den Sendungen gemäß dem GLEC[13]-Framework zu und nutzt digitale Zwillinge, um einen kontextbewussten Rahmen für seine Optimierungsalgorithmen zu schaffen. Dafür nutzt Tracks fortschrittliche Analysemethoden, um Verladern und Spediteuren proaktiv bei ihren Entscheidungen zur Seite zu stehen. Im Falle des Lkw-Verkehrs funktioniert das Ganze wie folgt: Tracks nutzt KI, um digitale Zwillinge von Lkw für eine akkurate Analyse der Kraftstoffeffizienz zu erstellen. Mithilfe dieser digitalen Zwillinge wird der Kraftstoffverbrauch bei zukünftigen Fahrten prognostiziert sowie der Referenzkraftstoffverbrauch bei vergangenen Fahrten ermittelt. Auf diese Weise kann Tracks nicht nur eine deskriptive, sondern auch eine präskriptive Analyse des Kraftstoffverbrauchs seiner Kundinnen durchführen. Die deskriptive Analyse ist rein beschreibend. Sie gibt dem Kunden ein klares Verständnis der Effizienz seines Handelns in der Vergangenheit, zusammen mit Einsparungspotenzialen und Verbesserungsvorschlägen. Die präskriptive Analyse liefert Vorschläge für die Disposition, Streckenführung und Preisgestaltung, die durch eine effiziente Lösung für Kraftstoff- und Flottenmanagement zu einer Reduzierung des Kraftstoffverbrauchs und der CO_2e-Emissionen führen. Eine akkurate Messung der Emissionen ist daher ein erster wichtiger Schritt auf dem Weg zu einer effektiven Emissionsmanagementlösung.

21.4   Inspirationen für die Praxis

KI findet heute Einsatz, um das Verhalten von Menschen nachzubilden bzw. technologisch intelligent zu imitieren. Dabei geht es vor allem darum, kognitive Fähigkeiten des Menschen nachzubilden und zu nutzen. Damit bietet sich eine Einteilung von KI-System nach folgendem Schema an:

- Erkennen
- Analysieren
- Planen und Entscheiden
- Ausführen[14]

Abbildung 3 bietet eine Übersicht über KI-Potenziale und Anwendungsbereiche mit dem Schwerpunkt Logistik:

---

12 CO2-Äquivalente oder CO2e sind eine Maßeinheit, die Treibhausgase vergleichbar macht, indem sie diese in die äquivalente Menge von CO2 umrechnet.
13 Global Logistics Emissions Council.
14 https://www.iml.fraunhofer.de/content/dam/iml/de/documents/101/19_Whitepaper_KI_Logistik.pdf, S. 10, abgerufen am 28.8.2022.

Bereich / Aufgabe	Beschaffung und Einkauf	Produktion	Vertrieb und Distribution
Erkennen	Lokalisieren, Identifizieren und Zählen von Objekten		
	Sprach-, Gesten- und Gesichtserkennung zur Mensch-Maschine-Kommunikation		
	Identifikation von Versorgungsrisiken	Monitoring	Änderung des Kundenverhaltens
Analysieren	Lieferantenbewertung	Produktionsprogramm und Kapazitäten	Kundenklassifikation
			Nachfrageprognose
	Dokumentenanalyse zur Extraktion von Informationen (z. B. aus Bestellungen, Lieferscheinen und Rechnungen)		
Planen und Entscheiden	Lieferantenauswahl	Produktionsprogramm und Kapazitäten	Absatz
	Bestände (z. B. Rohstoffe, Materialien, Teile, WIP und Fertigprodukte)		
	Transportkapazitäten, Transportmodi, Routing	Fertigungsaufträge und Produktionsreihenfolge	Transportkapazitäten, Sendungen, Routen
	Entladung, Lagerplatzvergabe und Einlagerungen	Innerbetriebliche Transporte (Scheduling)	Picken, Packen, Verpacken und Beladen
Ausführen	Autonomes Fahren (öffentliche Straßen)	Automatisierung des Transports (innerbetrieblich)	Autonomes Fahren (öffentliche Straßen)
	Steuerung der Automatisierung in Wareneingang und Lagerung	Automatische Produktion	Steuerung der Automatisierung im Warenausgang

Abb. 3: Anwendungsbereiche von KI in der Logistik[15]

In den jeweiligen Bereichen können alle ML-Ansätze und -Algorithmen eingesetzt werden. Die Frage, ob überwachtes, unüberwachtes oder bestärkendes Lernen zum Einsatz kommt, hängt dabei von der Problemstellung bzw. Aufgabe im Detail ab.

In den vorangegangenen Abschnitten sind einzelne Anwendungsszenarien aus der Praxis bereits vertiefend dargestellt und erläutert worden. Grundsätzlich lässt sich jedoch festhalten: Die Optimierung von Routen und Lieferungen, die Vorhersage von Kundennachfragen und Preisen sowie u. a. die Erhaltung eines gesunden Fuhrparks – der mit dem Anspruch auf Nachhaltigkeit einhergeht – erzeugt einen enormen Druck für Transport- und Logistikunternehmen. Lösungen mit KI können die Kosten maßgeblich senken und die Abläufe effizienter gestalten. So umfassend die Herausforderungen und Tätigkeiten der Logistik sind, so vielfältig sind die Einsatzmöglichkeiten

---

15   In Anlehnung an https://www.iml.fraunhofer.de/content/dam/iml/de/documents/101/19_Whitepaper_KI_ Logistik.pdf, S. 11, abgerufen am 28.8.2022.

von KI in der Logistik. Es gilt, dieses Potenzial insbesondere mit agilen Vorgehensweisen verstärkt zum Einsatz zu bringen.

21.5   Und in Zukunft?

Ob in Zukunft keine Menschen mehr Pakete zustellen, sondern diese autonom von Drohnen und Robotern geliefert werden, lässt sich nur schwer voraussagen. Was sicher ist: KI wird einen Paradigmenwechsel bringen und die Logistik grundlegend verändern, so wie viele andere Wirtschaftsbereiche auch. Durch die Vernetzung und Automatisierung der Lieferkette werden Prozesse schneller, sicherer und weniger fehleranfällig. Die Auswertung von Echtzeitdaten, wie z. B. Wetter- und Verkehrsdaten, wird es ermöglichen, Staus frühzeitig zu erkennen und zu umfahren. Mithilfe von KI können rückblickend Daten ausgewertet und immer zuverlässigere Prognosen getroffen werden, sodass sich Störungen in der Lieferkette frühzeitig vorhersagen lassen. Das gesamte Verhalten wird sich weit weg von einer reaktiven, hin zu einer sehr proaktiv handelnden Branche verändern. KI wird die Planung und Optimierung von Routen und das Bestellen von Waren übernehmen. Dies wird sich zwangsläufig positiv auf das Thema Nachhaltigkeit auswirken und dazu beitragen, die Umweltbelastung insgesamt deutlich zu reduzieren. Unternehmen, die jetzt mit der Einführung von KI warten, werden sehr schnell nicht mehr wettbewerbsfähig sein und den Anschluss am Markt verlieren. Worauf also warten?

Die zu Beginn genannte Bitkom-Studie[16] zum Thema Digitalisierung in der Logistik zeigt, dass KI bereits in 10 Jahren unverzichtbar sein wird. Die gleiche Studie zeigt auch, dass Deutschland noch einen weiten Weg in diese Richtung zu gehen hat. Nur 6 % der 500 befragten Unternehmen geben an, KI in ihrem Unternehmen einzusetzen. Um die Vorteile von Industrie 4.0 und Big Data zu nutzen, sollten sich Unternehmen jetzt die Frage stellen, ob die notwenigen Infrastrukturen vorhanden sind, um die vorhandenen Daten zu nutzen und von den Potenzialen von KI zu profitieren. Mitarbeiterinnen fehlt das notwendige Know-how, um KI erfolgreich einzusetzen. Diese müssen geschult werden und lernen, den Wert der Daten und die Möglichkeiten von KI zu erkennen. Zusätzlich muss die Angst der Mitarbeiter genommen werden, durch automatisierte Prozesse ersetzt zu werden. Es muss Bewusstsein geschaffen werden, dass es nicht darum geht, Prozesse vollständig zu automatisieren, sondern vielmehr darum, Menschen bei ihrer täglichen Arbeit zu unterstützen, damit diese sich auf andere Tätigkeiten konzentrieren können. Wie die Praxisbeispiele zeigen, kann KI einen großen Mehrwert liefern. Um von den Vorteilen dieser aufstrebenden Technologie zu

---

16   https://www.bitkom.org/sites/default/files/2019-06/bitkom-charts_digitalisierung_der_
logistik_03_06_2019.pdf, S. 6, abgerufen am 28.8.2022.

profitieren, sollten sich Unternehmen jetzt nicht von zu hohen Investitionskosten abschrecken lassen. Jetzt ist der Richtige Zeitpunkt, um in die Logistik der Zukunft zu investieren.

21.6 Was Sie über den Einsatz von KI in der Logistik wissen müssen:

1. KI unterstützt die gesamte Lieferkette dabei, ressourcenoptimierend, kosteneffizient, nachhaltig und wertschöpfend zu arbeiten. Die Lieferkette der Zukunft ist vorausschauend und transparent.
2. Datenkompetenz ist eine Schlüsselkompetenz im Unternehmen: Nur wer Daten wirklich strukturieren, verstehen und zielgerichtet nutzen kann, kommt mit KI im Markt voran und kann die Potenziale ausschöpfen.
3. Menschen in Unternehmen werden durch KI nicht ersetzt. Viel mehr werden ihnen Routineaufgaben abgenommen und sie können sich auf andere, wichtige Tätigkeiten im Unternehmen fokussieren.

Unternehmen aus der Praxis
Neusta analytics & insights | Ein team neusta Unternehmen

Das 1998 gegründete Unternehmen ist seit 2015 Teil des Unternehmensverbundes team neusta. neusta analytics & insights begleitet Mittelständler, DAX 30 Industrieunternehmen, und seit dem Jahr 2000 auch große Unternehmen in Bereichen der kritischen Infrastruktur (z. B. Energie, Wasser, Recycling) bei allen digitalen Herausforderungen.

Fr. Meyer's Sohn

Fr. Meyer's Sohn ist ein globales Speditions- und Logistikunternehmen in Familienbesitz. Weltweit gehört es zu den 10 größten Seefrachtspediteuren. Als einer der führenden Seefrachtspediteure verschifft FMS jährlich über 850.000 Container in 20 Ländern, welche disponiert werden müssen.

German Bionic

German Bionic, mit Standorten in Augsburg, Berlin und Tokio ist der erste europäische Hersteller, der intelligente Kraftanzüge entwickelt und fertigt. Exo- oder Außenskelette sind Mensch-Maschinen-Systeme, die menschliche Intelligenz mit maschineller Kraft kombinieren, indem sie die Bewegungen des Trägers unterstützen oder verstärken.

Tracks GmbH:

 Die Tracks GmbH ist ein GLEC akkreditiertes Software-as-a-Service-Unternehmen, das sich auf automatisiertes Emissionsmanagement und Reporting für die Transportindustrie spezialisiert hat.

22 KI-Verordnung der Europäischen Union

Von Jan Schnedler

Was Sie in diesem Kapitel erwartet

KI-basierte Technologien bringen viele Vorteile, aber ebenso Risiken mit sich. Der neue Entwurf der KI-Verordnung hat daher einen risikobasierten Ansatz gewählt und sehr hohe Bußgelder als Sanktionsmöglichkeit eingeführt, um sicherzustellen, dass KI-Systeme, die in der EU verwendet werden, sicher, transparent, ethisch, unparteiisch und unter menschlicher Kontrolle sind. Andererseits enthält der Entwurf auch Maßnahmen zur Unterstützung von Innovation im Bereich KI, zu denen beispielsweise KI-Reallabore gehören. Es herrscht aber noch von allen Seiten umfangreiche Kritik am Verordnungsentwurf, sodass der EU-Gesetzgeber noch einmal gefragt ist, eine Überarbeitung des Verordnungsentwurfes vorzunehmen.

Dieser Beitrag erläutert anhand von Beispielen die Grundlagen des KI-Verordnungsentwurfs und möchte einen ersten Eindruck von der Systematik der Einstufung der unterschiedlichen KI-Systeme im Zusammenhang mit verschiedene Risikoklassen und Sanktionen geben und aufzeigen, wie es mit dem KI-Verordnungsentwurf nun weitergeht.

22.1 Einleitung

Die Europäische Kommission hat nach Selbstaussage als erster Gesetzgeber weltweit eine KI-Verordnung entworfen (»Artificial Intelligence Act«), um sicherzustellen, dass KI-Systeme, die in der EU verwendet werden, sicher, transparent, ethisch, unparteiisch und unter menschlicher Kontrolle sind. Die KI-Verordnung soll die EU auch in Bezug auf die Wahrung zentraler Werte von anderen Staaten wie z. B. China und den USA abheben.

Die EU ist sich des riesigen Potenzials der Künstlichen Intelligenz bewusst und möchte die Entwicklung und Nutzung von KI fördern, andererseits sollen die mit der Technologie einhergehenden Gefahren eingedämmt und es soll sichergestellt werden, dass nur so genannte vertrauenswürdige KI-Systeme zum Einsatz kommen.

Was genau ist eine EU-Verordnung? Eine Verordnung ist ein verbindlicher Rechtsakt, den alle EU-Länder in vollem Umfang umsetzen müssen. Die Verordnung findet demnach unmittelbare Anwendung in den einzelnen EU-Ländern und muss nicht mehr in nationales Recht umgewandelt werden (anders als eine Richtlinie).

22.2 Risikobasierter Ansatz

Zunächst ist es wichtig, zu verstehen, dass der Entwurf einen risikobasierten Regulierungsansatz enthält und zwischen verschiedenen Risikostufen, die unterschiedlich streng reglementiert werden, differenziert. Dabei gilt der Grundsatz: Je höher die möglichen Gefahren sind, desto höher sollen auch die Anforderungen an das KI-System sein. Damit muss künftig präventiv geprüft werden, ob KI-Systeme besonders hohe Risiken für bestimmte definierte Rechtsgüter wie Leib und Leben oder die Gesundheit bewirken können und je nach Ergebnis sind bestimmte Schutzvorkehrungen einzuhalten oder zu treffen.

Der Verordnungsentwurf unterscheidet zwischen vier verschiedenen Risikostufen: inakzeptables Risiko, hohes Risiko, geringes sowie minimales Risiko, wobei die letzten beiden Stufen im Entwurf nicht weiter unterschieden werden.

22.2.1 Unannehmbares Risiko

Bestimmte Praktiken im KI-Bereich sollen verboten werden. KI-Systeme, die eine klare Bedrohung für die Sicherheit, die Lebensgrundlagen und die Rechte der Bürger darstellen, sollen als »unannehmbares Risiko« ganz verboten werden.

Darunter fällt eine Zahl abschließend ausdrücklich aufgezählter besonders schädlicher KI-Anwendungen wie z.B. die Bewertung des sozialen Verhaltens durch Behörden (z.B. das aus China bekannte Social Scoring), der Einsatz von Techniken zur unterschwelligen Beeinflussung (z.B. Spielzeug mit Sprachassistent wie Barbie-Puppen, das Minderjährige beeinflusst) und biometrische Echtzeit-Fernidentifizierungssysteme (insbesondere Videoüberwachung mit automatisierter Gesichts- oder Gangerkennung), die zu Strafverfolgungszwecken im öffentlich zugänglichen Raum eingesetzt werden.

Der Gedanke hinter dem eben genannten chinesischen Social-Credit-System oder Social-Scoring-System ist es, ein staatliches datengestütztes digitales Überwachungs-, Erfassungs- und Ratingsystem für Einzelpersonen, Unternehmen, Organisationen und Verbände zu schaffen, was zur Einstufung und Bewertung und letztlich dann auch zur Belohnung z.B. durch Steuererleichterung, Zugang zu Krediten, Bevorzugung bei Schulzulassungen, bessere Gesundheitsversorgung führt, wenn der Score besonders hoch ist. Auf der anderen Seite kann es auch zu einer Bestrafung z.B. durch Reiseverbote, Drosselung der Internetgeschwindigkeit, höhere Steuern führen, wenn der Score besonders niedrig ist. Eine Person hat beispielsweise einen aktuellen Score von 1.000 Punkten, wird dann aber dabei erwischt, wie sie auf die Straße spuckt, weswegen 3 Punkte vom Score abgezogen werden. Wird dann am nächsten Tag Blut gespendet, werden aber z. B. wieder 2 Punkt addiert. So verändert sich der persönliche Score immer wieder, je nachdem, wie man sich verhält. Das Social-Credit-System wird offiziell in China noch nicht flächendeckenden angewendet, sondern wird derzeit in verschiedenen Modellregionen und mit verschiedenen Modellanwendungen getestet.

Im Laufe der Zeit können als »unannehmbare Risiko« weitere Anwendungen oder KI-Systeme definiert werden und in der Anlage zur Verordnung aufgenommen werden. Die KI-Systeme mit einem unannehmbaren Risiko sind demnach nicht in der Verordnung selbst, sondern in der Anlage der Verordnung definiert. Die Verlagerung der definierten KI-Systeme in die Anlage der Verordnung hat den Vorteil (oder Nachteil), dass der Gesetzgeber nicht bei jeder Ergänzung, den formalistischen Prozess einer Gesetzesänderung durchlaufen muss, wenn neue KI-Systeme hier aufgenommen werden.

22.2.2   Hohes Risiko

Auf der zweiten Stufe stehen KI-Systeme, deren Einsatz in bestimmten Bereichen ein hohes Risiko für die Gesundheit oder Sicherheit oder eine Beeinträchtigung der Grundrechte mit sich führt. Solche KI-Systeme müssen strengen Auflagen für vertrauenswürdige KI genügen und Konformitätsbewertungsverfahren unterzogen werden, bevor sie in der Union in Verkehr gebracht werden dürfen.

In Anhang II der Verordnung sind daher regulierte Produkte wie Kraftfahrzeuge und Medizinprodukte definiert. KI-Systeme, die als Sicherheitskomponente für diese Produkte dienen und einer Konformitätsbewertung bedürfen, fallen in den Hochrisiko-Bereich.

Außerdem gelten KI-Systeme in den Bereichen als hochriskant, die im Anhang III aufgezählt sind, wie z. B. die Bereiche Personalmanagement und Kreditwürdigkeitsprüfung. Konkret erfolgt die Einstufung des KI-Systems nach dem Umfang und Zweck seiner Verwendung, der Anzahl der möglicherweise betroffenen Personen, deren Abhängigkeit vom Ergebnis, der Unumkehrbarkeit etwaiger durch die KI verursachter Schäden und danach, inwiefern das bestehende EU-Recht bereits wirksame Maßnahmen zur Beseitigung oder wesentlichen Verringerung dieser Risiken vorsieht.

Als Beispiele für ein hohes Risiko nennt der Entwurf konkret u. a. die folgenden Bereiche:
- kritische Infrastrukturen (z. B. Verkehr), in denen das Leben und die Gesundheit der Bürger gefährdet werden könnten;
- Sicherheitskomponenten von Produkten (z. B. eine KI-Anwendung für die roboterassistierte Chirurgie);

- Beschäftigung, Personalmanagement und Zugang zu selbstständiger Tätigkeit (z. B. Software zur Auswertung von Lebensläufen für Einstellungsverfahren);
- wichtige private und öffentliche Dienstleistungen (z. B. Bewertung der Kreditwürdigkeit, wodurch Bürgern die Möglichkeit verwehrt wird, ein Darlehen zu erhalten, oder die Überprüfung der Echtheit von Reisedokumenten)
- Strafverfolgung, die in die Grundrechte der Menschen eingreifen könnte (z. B. Bewertung der Verlässlichkeit von Beweismitteln);
- Rechtspflege und demokratische Prozesse (z. B. Anwendung der Rechtsvorschriften auf konkrete Sachverhalte).

Bevor KI-Systeme, die ein hohes Risiko darstellen, in der EU in Verkehr gebracht werden dürfen, müssen sie sich einer Konformitätsbewertung unterziehen, was grob gesagt so etwas wie eine Zertifizierung ist. Wie die Konformitätsbewertungen konkret auszusehen haben, ist derzeit noch nicht abschließend klar definiert. Jedenfalls haben die Anbieter nachzuweisen, dass ihr KI-System den verbindlichen Anforderungen an vertrauenswürdige KI entspricht (z. B. in Bezug auf Datenqualität, Dokumentation, Robustheit und Sicherheit, Fairness, Privatsphäre, Nichtdiskriminierung, Transparenz und menschliche Aufsicht).

Außerdem müssen sie – auch nachdem ein Produkt/eine Anwendung bereits in Verkehr gebracht wurde – Qualitäts- und Risikomanagementsysteme einführen, um die Einhaltung der neuen Anforderungen dauerhaft sicherzustellen und die Risiken für Nutzer und betroffene Personen zu minimieren. Es ist daher zu erwarten, dass dies zumindest für Start-ups zu einem Problem werden könnte, da wohl erhebliche Zeit- und Geldressourcen hierfür aufgewendet werden müssen.

22.2.3   Geringes Risiko: KI soll sich offenbaren

Für KI-Systeme mit geringem Risiko für die Rechte oder Sicherheit der Bürger sollen Transparenzvorschriften gelten, die informieren und es ihren Nutzern ermöglichen sollen, fundierte Entscheidungen hinsichtlich des Einsatzes von KI-Systemen zu treffen.

So sollen insbesondere KI-Systeme, die mit Menschen in Kontakt treten (z. B. Chatbots) oder Inhalte generieren bzw. manipulieren (z. B. Deep Fakes), künftig kenntlich machen, dass es sich bei ihnen um KI handelt, damit die Nutzer dann bewusst entscheiden können, ob sie die Anwendung weiter nutzen wollen oder nicht.

Ein Chatbot könnte sich z. B. am Anfang eines Telefonats als Chatbot oder KI-System vorstellen: »Mein Name ist Lisa, ich bin ein Chatbot und möchte ihnen weiterhelfen …«

22.2.4   Minimales Risiko: von KI-Verordnung nicht umfasst

Als letzte Kategorie gibt es KI mit einem minimalen Risiko für die Rechte oder die Sicherheit der Bürger (als Beispiele werden KI-gestützte Videospiele oder Spamfilter angeführt). Diese werden von der KI-Verordnung der EU nicht erfasst. Interessant ist dabei, dass die EU der Meinung ist, dass die große Mehrheit der KI-Systeme nach deren Einordnung nur ein minimales oder gar kein Risiko für die Rechte oder Sicherheit der Bürger darstellt. Es bleibt aber abzuwarten, ob dies wirklich der Fall sein wird.

Dazu folgendes Beispiel: Fast alle Hersteller von Spamfiltern setzen auf KI-basierte Filter. Moderne Filtermethoden blockieren mehr als 99 Prozent der Spam-Mails. Der Ansatz der Künstlichen Intelligenz nutzt dabei heuristische Filter, um E-Mails in meist vordefinierte Klassen (Spam, kein Spam) einzuordnen. Die selbstlernenden Filter vergleichen dabei neue Nachrichten mit bereits erlernten Fakten und bestimmen daraufhin, ob eine E-Mail eine Spam-Mail ist oder nicht. So können beispielsweise eine übermäßige Verwendung von Sonderzeichen und Großbuchstaben, versteckte HTML-Texte, nicht funktionierende Unsubscribe-Links und eine große Häufigkeit von bestimmten Schlagwörtern Merkmale und Anzeichen für Spam sein. Die gefundenen Merkmale werden mit einer Punktzahl gewichtet, die ab einem bestimmten Wert die E-Mail als Spam-Mail einstuft.

Bei solchen KI-Systemen mit minimalem Risiko oder gar keinem Risiko müssen dann (lediglich) die allgemein geltenden Gesetze eingehalten werden. Da natürlich Gesetze zur Strafverfolgung, Produkt- und IT-Sicherheit sowie die Datenschutzgrundverordnung einzuhalten sind, müssen bei der Entwicklung und Verwendung von KI-Systemen mit minimalem Risiko trotzdem die hohen Anforderungen anderer Gesetze eingehalten werden.

22.3   Maßnahmen zur Unterstützung von Innovation

Neben den Verboten, den einzuhaltenden Anforderungen und angedrohten Sanktionen sind aber auch Maßnahmen zur Unterstützung von Innovation aufgenommen worden, vor allem in Form von KI-Reallaboren (»Regulatory Sandboxes«), die auch als gesetzlich definierte Frei- oder Experimentierräume bezeichnet werden.

Die KI-Reallabore werden von den zuständigen Behörden der Mitgliedstaaten oder vom Europäischen Datenschutzbeauftragten eingerichtet und stellen eine kontrollierte rechtssichere Umgebung dar, um die Entwicklung, Erprobung und Validierung innovativer KI-Systeme für einen begrenzten Zeitraum vor ihrem Inverkehrbringen oder ihrer Inbetriebnahme nach einem spezifischen Plan zu erleichtern, da im KI-Reallabor nicht alle aufsichtsrechtlichen Anforderungen der Verordnung eingehalten werden müssen.

Sandboxes bzw. Reallabore kommen ursprünglich aus der Informationstechnik und wurden dazu verwendet, neue potenziell unsichere Codes oder Software in einem abgegrenzten Rahmen zu erproben, um auf diese Art und Weise die Software zu testen und das Risiko für den Nutzer bei der Neueinführung auf dem Gesamtmarkt zu reduzieren.

Die KI-Reallabore bieten die Möglichkeit zu Überprüfen, wie neue innovative Technologien im bestehenden regulatorischen Umfeld funktionieren, und bieten hierdurch auch dem Gesetzgeber die Chance, wichtige Erkenntnisse darüber zu gewinnen, ob und an welchen Stellen Regelungsbedarfe bestehen.

22.4   Sanktionen bei Verstößen

Bei Verstößen sieht der Entwurf der KI-Verordnung ein Konzept aus drei unterschiedlichen Sanktionsstufen, je nach Schwere des Verstoßes, mit Bußgeldern von bis zu 30 Mio. EUR bzw. 6 % des gesamten weltweiten Jahresumsatzes vor (oberster Bußgeldrahmen), je nachdem, welcher Betrag höher ist.

Adressat einer Sanktion kann jeder sein, der die Anforderungen und Verpflichtungen der Verordnung zu erfüllen hat. Darunter fallen erst einmal die Anbieter, die als natürliche oder juristische Personen KI-Systeme entwickeln und im eigenen Namen oder mit eigener Marke – entgeltlich oder unentgeltlich – in den Verkehr bringen. Damit sind dann in der Regel auch einzelne Entwickler von KI-Systemen von dem KI-Verordnungsentwurf erfasst. Darüber hinaus sind aber auch Behörden, Einrichtungen oder sonstige (öffentliche) Stellen betroffen. Weiterhin sind Bußgeld-Adressaten aber auch Produkthersteller, Einführer (Importeure), Händler oder auch Nutzer von KI-Systemen, wenn sie die KI-Systeme für berufliche Aktivitäten verwenden.

Die einzelnen Mitgliedsstaaten schaffen zur Überwachung der Verordnung eine Behörde oder sie bestimmen eine bestehende Behörde. Also liegt es bei den jeweils nationalen Aufsichtsbehörden, als Kontrollinstitution zu wirken.

Es ist daher nicht auszuschließen, dass widersprüchliche Entscheidungen der nationalen KI-Aufsichtsbehörden und widersprüchliches strategisches Verhalten der KI-Industrie zu beobachten sein werden. Im schlimmsten Fall kann sich dies – wie bei den Datenschutzbehörden – zu einem Unterbietungswettbewerb entwickeln, um wichtige internationale Konzerne im eigenen Land anzusiedeln.

Es ist kein Zufall, dass fast alle globalen Tech-Konzerne wie z. B. Apple, Facebook, Google, Oracle, Microsoft, Salesforce, TikTok oder Twitter ihren EU-Sitz in Irland haben. Die irische Datenschutzbehörde ist für alle grenzüberschreitenden Beschwerden gegen Firmen zuständig, die dort ihren EU-Sitz haben. Die irische Datenschutzbehörde ist dafür bekannt, nicht sehr hart und sehr langsam gegen Datenschutzverstöße vorzugehen. Sie wird daher auch als Flaschenhals für die Umsetzung der DSGVO kritisiert.

22.5 Weitere Umsetzungsschritte

Es bedarf noch einiger Umsetzungsschritte, bevor die Verordnung geltendes Recht in Deutschland wird. Der Entwurf wird dabei, insbesondere hinsichtlich der weiten Definition von KI, auch noch Änderungen erfahren. Nachdem es eine finale Version des Entwurfes der Verordnung gibt, muss der Vorschlag dann noch im Rahmen des Gesetzgebungsverfahrens vom EU-Parlament und dem Rat der Europäischen Union angenommen werden. Die Verordnung wird dann 24 Monate nach ihrem Inkrafttreten unmittelbar in der gesamten EU ohne Umsetzungsakt gelten.

An die Verordnung müssen sich in Zukunft dann alle Unternehmen – auch nicht EU-Unternehmen z. B. aus Amerika oder Asien – halten, die ihre KI-Systeme an EU-Verbraucher oder an in der EU ansässige Unternehmen anbieten wollen. Das gilt auch, wenn KI in der EU genutzt oder in Betrieb genommen werden sollen (sogenanntes »Marktortprinzip«). Es reicht bereits aus, dass das vom KI-System hervorgebrachte Ergebnis in der EU verwendet wird. Es ist daher nicht unrealistisch, zu erwarten, dass es viele KI-Anwendungen auf dem EU-Markt nicht geben wird bzw. die KI-Anwendungen der Unternehmen unterschiedlich ausgestaltet sind, je nachdem, ob sie für den europäischen oder nicht-europäischen Markt bestimmt sind.

22.6 Kritik am Entwurf der Verordnung

Es hat noch nie so viele Eingaben gegeben wie bei dem Entwurf der KI-Verordnung, da vor allem in der Wirtschaft die Bedenken bestehen, dass die detaillierte Regulierung einen großen Wettbewerbsnachteil verursachen könnte. Insgesamt gingen fristgerecht 1.215 Beiträge von Unternehmen, Verbänden, Einzelpersonen, Verbraucherorganisationen, Hochschul-/Forschungsinstituten und öffentlichen Stellen ein.

Konkret bezieht sich die Hauptkritik auf die sehr weite und unspezifische Definition der KI-Systeme, unter die auch etwas aufwendigere Software – wie herkömmliche Datenanalysesoftware, die auf statistischen Konzepten basiert, oder einfache Algorithmen einer Software – gefasst werden könnte.

Auf betroffene Unternehmen dürfte hier ähnlich wie bei der Datenschutzgrundverordnung ein überaus umfassender und komplexer Umsetzungsaufwand zukommen, sodass in größeren Unternehmen wohl vollzeitbeschäftige Spezialisten, wie der Datenschutzbeauftragte im Zusammenhang mit der DSGVO, eingestellt werden müssen.

Neben der weiten Definition von KI und dem hohem Umsetzungsaufwand werden weiterhin folgende Punkte kritisiert:
- Die Anforderungen an Hochrisikosysteme fallen noch zu vage aus, sodass es praktischer Leitlinien und Standards für die Unternehmen bedarf.
- Es besteht die Angst, dass Innovationen ausgebremst werden könnten und ein großer Wettbewerbsnachteil zu anderen Regionen wie Asien und Amerika entstehen kann.
- Es wird befürchtet, dass für kleine Unternehmen der Verwaltungsaufwand zu groß werden könnte und sie deshalb auf KI in ihren Programmcodes ganz verzichten werden.
- Jeglicher militärischer Einsatz von KI bleibt von der Verordnung unberührt.
- Eine große Gefahr beim Social Scoring geht auch von privaten Unternehmen aus, sodass die Ausweitung des Social-Scoring-Verbots von öffentlichen Behörden auf private Einrichtungen erweitert werden sollte.
- Die angestrebten Normungsprozesse sind eher hinderlich in hoch volatilen und innovativen Prozessen.
- In dem Entwurf gibt es keine Rechte für diejenigen, die von der KI beurteilt und gesteuert werden, obwohl in der Begründung der Verordnung behauptet wird, das Individuum schützen und das Vertrauen der Menschen gewinnen zu wollen.
- Anbieter von KI-Systemen der kritischen Infrastruktur unterliegen ggf. einer Doppelregulierung, bei der sich Instrumente der IT-Sicherheitsregulierung und der KI-Regulierung überschneiden und zu einem deutlichen Aufwuchs von Bürokratie führen könnten.

Es gibt daher schon jetzt Kritiker der Regulierungsdichte und der Innovationshindernisse, die eine Abschwächung der Verordnung wünschen. Es bestehen aber auch Stimmen, die eine Verschärfung der Regelungen fordern, weil es noch zahlreiche Lücken gibt:

So sind z. B. für die Zwecke der Strafverfolgung laut KI-Verordnungsentwurf auch »Deepfakes« mittels KI erlaubt. Deepfakes beschreiben realistisch wirkende Medieninhalte (Bilder, Audio- und Videoaufnahmen), die durch Techniken der KI abgeändert und verfälscht worden sind, sodass sie von echten Bilder nicht mehr unterschieden werden können. Die bislang häufigste Art von Manipulation ist der Tausch von Gesichtern, der sogenannte »Faceswap«. In dem bekanntesten Faceswap-Video beschimpft Barack Obama Donald Trump als Vollidioten.

Darüber hinaus ist auch das Social Scoring natürlicher Personen nicht kategorisch verboten, sondern lediglich das Social Scoring für allgemeine Zwecke durch öffentliche Stellen mittels KI. Öffentliche Stellen dürfen also Social Scoring mit Zweckbindung mittels KI durchführen. Private Unternehmen ist nicht einmal das Social Scoring zu allgemeinen Zwecken mittels KI verboten (z. B. Schufa), wobei häufig weit größere Gefahren von privaten Unternehmen wie Google, Microsoft und Amazon, z. B. bei Vertragsabschlüssen oder bem Zugang zu Diensten, ausgehen können, indem sie Verbraucher von ihren Diensten aufgrund negativer Scores ausschließen.

22.7 Fazit

Die EU-Kommission hat mit dem Verordnungsvorschlag einen fundamentalen Grundstein für die Regulierung von KI in der EU gelegt. Einige der Ansätze des Verordnungsentwurfes sind sicherlich sinnvoll, größtenteils ist die Kritik aber berechtigt und der Verordnungsentwurf sollte insbesondere hinsichtlich der Definition von KI nachgeschärft werden. Die Liste der verbotenen KI-Systeme ist ein erster Schritt, entbehrt aber einer leitenden Systematik. Außerdem halte ich es für unverantwortlich, dass der militärische Bereich von der Regulierung ausgenommen wird (z. B. gehören autonome Waffensysteme aus meiner Sicht verboten). Es muss daher noch viel Arbeit geleistet werden. Die zentrale Herausforderung der geplanten Regulierung wird sein, ein **Gleichgewicht** zwischen sicheren Produkten und klaren Rechtsmitteln zu schaffen, ohne die erwünschte und benötigte **Innovation** im Bereich der KI zu beeinträchtigen.

22.8 Handlungsempfehlungen

Befassen Sie sich jetzt mit der KI-Verordnung!

Jedes Unternehmen im Bereich KI, sollte jetzt anfangen, sich mit den technischen und rechtlichen Herausforderungen des neuen Rechtsrahmens, der weitreichende Auswirkungen auf die Praxis haben wird, auseinanderzusetzen, insbesondere im Hinblick auf die angedrohten hohen Bußgelder. Die derzeitige Entwicklung der KI-Systeme sollte ebenfalls schon jetzt auf die hohen Anforderungen an Qualität und Sicherheit der KI-Verordnung abgestimmt werden, damit keine Ressourcen verschwendet werden, weil die entwickelten KI-Systeme später dann so nicht in den Verkehr gebracht werden können.

23 Die Zukunft selbst in die Hand nehmen: KI-Strategie und Beispiele aus Ungarn

Von Antonia Blunck und Jan Schnedler

Was Sie in diesem Kapitel erwartet

In diesem Kapitel wird Ungarns Initiative zur Nutzung von Künstlicher Intelligenz analysiert, beginnend mit der nationalen KI-Strategie, die Ungarns digitale Transformation steuern soll. Zwei besondere Projekte werden vorgestellt: die ZalaZONE, ein innovatives Test-, Forschungs- und Entwicklungszentrum für autonomes Fahren, und ein neu konzipierter Supercomputer, dessen Schwerpunkt auf Sprachen liegt. Abschließend wird das Vorhaben beschrieben, wie trotz begrenzter Ressourcen ein eigenständiges KI-Profil, strategische Kompetenzen und ein optimales Umfeld für die weitere KI-Entwicklung geschaffen werden sollen.

Das Beispiel von Ungarn zeigt, wie ein Staat mit limitierten Ressourcen selbst die Initiative ergreift, um das Potenzial von KI zu nutzen.

23.1 Einleitung

Am 31. Januar 2022 geschah in Budapest etwas Bemerkenswertes: Innovationsminister László Palkovics hielt eine Rede über die KI-Zukunft Ungarns. Das Interessante daran war nicht der Anlass, sondern die Tatsache, dass der Minister die Rede weder sprach noch geschrieben hatte. Seine Stimme kam aus einem Computer, der die Rede selbstständig geschrieben hatte und neben dem stumm stehenden Minister vortrug, wodurch eine Szene wie aus einem Science-Fiction-Film entstand. Die Künstliche Intelligenz des Computers, entwickelt in Ungarn, hatte in den vorherigen Monaten vergangene Reden des Innovationsministers studiert und, basierend auf deren Mustern, einen Text selbst generiert, der von einer menschlich geschriebenen Version nicht mehr zu unterscheiden war. Die Veranstaltung sollte nicht nur den Fortschritt demonstrieren, den der KI-Supercomputer in der Erlernung der ungarischen Sprache erreicht hat, sondern sollte auch ein Symbol für die technologische Zukunft sein, die das Land vor Augen hat.

Das mitteleuropäische Land, etwa so groß wie Bayern, hinkte in der digitalen Transformation lange den westlichen Pedants hinterher, und entschied sich im Jahr 2020, seine Zukunft selbst in die Hand zu nehmen. Diese Bestrebung startete mit der Veröffentlichung einer nationalen KI-Strategie, die als Leitfaden für die KI-thematischen Entwicklungen des nächsten Jahrzehnts dienen sollte. Die Strategie enthält ehrgeizige Ziele, wie die Automatisierung von 60 % der öffentlichen Verwaltung und die 15 %-ige

Erhöhung des Anteils von technologiebezogenen Aktivitäten am ungarischen BIP bis 2030.[1] Zu den Kernprojekten der KI-Strategie zählte unter anderem der KI-Sprach-computer, dessen Qualität durch die Rede schon vorgeführt wurde. Die Strategie wurde von ungarischen staatlichen Institutionen und der Artificial Intelligence Coalition (AIC), die mehr als 250 Fachorganisationen und über 1.000 Branchenexperten umfasst, entwickelt.

Die erarbeitete Strategie wurde auf drei Ebenen aufgesetzt. Die Grundlage bilden Forschungseinrichtungen wie das Forschungsinstitut für Informatik und Automatisierung (SZTAKI) und das Nationale Labor für Künstliche Intelligenz (MILAB). Sie bauen Projekte auf und koordinieren sie. Ferner konzentrieren sich auf die Schaffung einer grundlegenden Infrastruktur für KI-bezogene Aktivitäten, wie die Entwicklung von Cloudsystemen und eines Rechtsrahmens. Die zweite Ebene konzentriert sich darauf, dass der technologische Bedarf in verschiedenen Bereichen wie im Gesundheitswesen oder in der Telekommunikation gedeckt ist. In einer Kombination dieser Ebenen werden schließlich gesellschaftsweite Projekte durchgeführt. Beispiele hierfür sind die Einrichtung einer Daten-Wallet, mit der die Bürger den Zugang zu ihren Daten kontrollieren können, oder ein KI-gestütztes Berufsberatungssystem, das personalisierte Ausbildungsempfehlungen auf der Grundlage des sozioökonomischen Hintergrunds des Einzelnen gibt.

23.2   ZalaZONE – ein Innovationsraum für autonomes Fahren

Ein bemerkenswertes Projekt ist die sogenannte ZalaZONE. Das in der Stadt Zalaegerszeg angesiedelte Projekt zielt darauf ab, die dynamisch wachsende Automobilindustrie in Ungarn zu bedienen und die Rolle des Landes in der Lieferkette der europäischen Automobilherstellung auszubauen. Der Sektor erwirtschaftet insgesamt fast 21 % der Gesamtexporte mit zahlreichen Produktionsstätten. Es sind umfangreiche Investitionen in Serienproduktionsstandorte angekündigt.[2] Die Präsenz und die Investitionen der Marktführer haben auch zahlreiche Zulieferer ins Land gelockt.

Im Einklang mit der KI-Strategie beabsichtigt Ungarn einen Schritt zur aktiven Gestaltung der Zukunft der Automobilindustrie zu machen. Die ZalaZONE ist mittlerweile eine der größten Teststrecken für autonome Fahrzeuge in Europa. Es verbinden sich wissenschaftliche Forschung, kommerzielle Interessen und Hochschulbildung miteinander – auch, um den Bedürfnissen der Wirtschaft zu entsprechen.

---

1   https://ai-hungary.com/api/v1/companies/15/files/137203/view, abgerufen am 28.8.2022.
2   https://doha.mfa.gov.hu/eng/page/main-industries-of-hungary, abgerufen am 28.8.2022.

Autonome Fahrzeuge, wie sie von Tesla propagiert werden, sind Fahrzeuge, die ohne menschlichen Eingriff operieren. Sie nehmen ihre Umgebung mithilfe von Sensorsystemen wahr und navigieren durch ihre eigene unabhängige Künstliche Intelligenz. Die Idee gibt es schon seit den 1940er-Jahren, aber sie konfrontiert Automobilhersteller noch heute mit einer Vielzahl von Herausforderungen.[3] In Anbetracht der Risiken und der Menschenleben, die auf dem Spiel stehen, gibt es keinen Spielraum für Fehler. Leistungstests von autonomen Fahrzeugen müssen millionenfach wiederholt werden, um im Alltag zuverlässig zu sein. Darüber hinaus haben selbstfahrende Fahrzeuge unter widrigen und unerwarteten Bedingungen mitunter Schwierigkeiten mit der KI. Ein autonom fahrender Tesla verursachte 2016 einen Unfall, weil er einen umgestürzten Lkw-Anhänger auf der Autobahn nicht als kritisches Hindernis erkannte.[4] Auch kann die häufig angewandte Lidar-Technologie, die die Umgebung des Autos mit Lasern abtastet, bei Schnee oder Regen gefährlich eingeschränkt sein.[5]

Die ZalaZONE konzentriert sich auf drei Kernpunkte: die Automotive-Anwendungsstrecke (für die Prüfung von Fahrzeugen), die Smart-City-Struktur (für das Testen von Konzeptideen und die Entwicklung von marktreifen Lösungen) und das Forschungs- und Entwicklungslabor, auch Science City genannt. Das Zusammenspiel aller Module ermöglicht die unabhängige Erprobung von autonomen Fahrzeugen, angepasst an die realen Bedürfnisse der Automobilunternehmen.

Die erste Komponente ist ein 265 Hektar großes Testgelände für konventionelle, elektrische und autonome Fahrzeuge. Es umfasst nahezu alle erforderlichen Testbedingungen, von traditionellen Teststraßen über ein Hochgeschwindigkeitsoval bis hin zu einem 2 km langen Handling-Parcours. Innerhalb dieser Strecken kann das Fahrzeugverhalten unter kontrollierten, verkehrsfreien Bedingungen untersucht werden, um technische Einstellungen wie die Manövrierfähigkeit zu kalibrieren. Für das Testen von schwierigen und unerwarteten Bedingungen können schlechte Straßenverhältnisse und extremes Gelände (wie Steigungen oder Regen) simuliert werden.

Hochtechnologie und Telekommunikation werden eingesetzt, um die gewaltige Menge an Informationen zu erfassen, die für die umfangreiche Entwicklung und Optimierung notwendig sind. Das Testgelände wird laufend erweitert. 2022 soll eine neue Schnellstraße, die M76, an den Komplex angeschlossen werden, die als intelligente Straße dient und in ihrer Art in ganz Europa einzigartig ist. Hier können auf einem

3   https://www.tomorrowsworldtoday.com/2021/08/09/history-of-autonomous-cars/, abgerufen am 28.8.2022.

4   https://www.bbc.com/news/technology-41242884 https://testlifecycle.com/challenges-in-autonomous-vehicle-testing-and-validation/, abgerufen am 28.8.2022.

5   https://www.electropages.com/blog/2021/05/why-heavy-rain-not-bad-lidar-and-self-driving-vehicles, abgerufen am 28.8.2022.

10 Kilometer Abschnitt autonome Fahrzeuge mit hohen Geschwindigkeiten getestet werden.[6]

Das zweite Modul und die zweite Achse der ZalaZONE ist die Smart City. Die Konstruktion ähnelt einer normalen Stadt, nutzt aber Informations- und Kommunikationstechnologie (IKT), um intelligente Elemente zu integrieren. Die Stadt ist ein Pilotprojekt für potenzielle Entwicklungen in Bezug auf das *Internet of Things* und das 5 G-Netz in der Telekommunikation. Der Begriff »Internet der Dinge« bezieht sich im Allgemeinen auf das Netzwerk physischer Objekte, die mithilfe eingebetteter Sensoren in der Lage sind, Daten in Echtzeit zu sammeln und auszutauschen. Beispiele dafür finden sich bereits in unserem Alltag, von intelligente Lautsprechern bis zu kamerabestückten Türklingeln, die beim Erkennen einer menschenähnlichen Gestalt aktiviert werden. In der Smart City werden solche intelligenten Objekte verwendet, um die Leistung von Fahrzeugen in einer nachgebildeten städtischen Umgebung zu testen und zu verfolgen. Durch ein anlageweites 5 G-Netzwerk können intelligente Geräte, Fahrzeuge und Überwachungseinrichtungen nahezu unmittelbar untereinander kommunizieren. Seit 2021 können die modernen Testgeräte in der intelligenten Stadt auch Fußgänger, Motorradfahrer und Autos simulieren und so Ablenkungen und Störungen erzeugen, an die sich die getesteten Fahrzeuge anpassen müssen.

Daher können die Fahrzeuge in einem Kontext untersucht werden, der offener ist als die klassischen, geschlossenen Teststrecken, und das Spektrum der Szenarien, auf die ein autonomes Fahrzeug sicher reagieren kann, wird erweitert. Um den neuesten Stand der Technik zu erhalten, werden ständig neue Entwicklungen hinzugefügt. Ein Beispiel hiefür ist ein Netzwerk, dass die Kommunikation *zwischen* Fahrzeugen ermöglichen soll. Hierbei können Fehlfunktionen von Fahrzeugen aufgrund von Sensorausfällen oder Komponentenfehlern begrenzt werden, da die gesammelten Daten anderer Fahrzeuge zur Bestimmung der Route des Fahrzeugs verwendet werden können. Die Smart-City umfasst derzeit die modernste Technologie und zieht Unternehmen aus der ganzen Welt an, da sie ein ideales IoT-Umfeld für die Entwicklung von Automobil-, Telekommunikations- und Netzwerklösungen bietet.

Die letzte Komponente der ZalaZONE ist das »Universitätsforschungszentrum« oder der »Science Park«. Die R&D-Einrichtung Science Park arbeitet mit einem breiten Netzwerk von europäischen Universitäten und Unternehmen zusammen, um zukunftsfähige Lösungen zu erforschen. Die im Forschungszentrum entwickelten Ideen können in realistischen Umgebungen getestet werden, was zu kommerziellen Lösungen für Automobil- oder Smart-City-Anwendungen führt. Um junge Talente und erfahrene

---

6   https://www.vg.hu/vilaggazdasag/2021/02/minden-ut-a-zalazone-tesztpalyara-vezet-2, abgerufen am 28.8.2022.

Forscher und Ingenieure gleichermaßen anzuziehen, haben nahe gelegene Universitäten zwei Masterstudiengänge mit Schwerpunkt auf der Entwicklung autonomer Fahrzeuge eingerichtet, die die Einrichtungen für Forschungs- und Testzwecke nutzen können. Die Zusammenarbeit mit neuen Unternehmen ist ebenfalls willkommen, und die gesamte Anlage ist zudem für neue Partnerschaften offen.

23.3   Ein Supercomputer für die Sprache

Eine weitere KI-Initiative in Ungarn ist ein Supercomputer, der vom ungarischen Ministerium für Innovation und Technologie in Zusammenarbeit mit der OTP Bank ins Leben gerufen wurde. Europa ist beim Wettlauf um die digitale Entwicklung ins Hintertreffen geraten. Etwa zwei Drittel der 500 schnellsten Supercomputer der Welt befinden sich in China und in den USA, während Europa insgesamt nur knapp über 100 Supercomputer beherbergt. Gleichzeitig bieten Supercomputer immense Rechenleistungen, deren Anwendung einen großen Nutzen für lokale Projekte in Europa bringen kann.

In diesem Zusammenhang ist es nützlich zu verstehen, wie die Rechenleistung gemessen wird und wie Supercomputer funktionieren. Die Betriebskapazität eines elektronischen Geräts wie eines Telefons, Laptops oder Computers wird durch seine interne Zentraleinheit (CPU) bestimmt. Während allgemeine Computer eine CPU mit 1 bis 16 Kernen enthalten können, kann ein Supercomputer mehrere tausend Kerne enthalten, die es ihm ermöglichen, Rechenoperationen in exponentieller Weise auszuführen. Zum Vergleich: die Rechenleistung von Fugaku, dem schnellsten Supercomputer der Welt im Jahr 2020, entspricht der Rechenleistung von 600.000 iPhone 11 Geräten.

Die Geschwindigkeit eines Supercomputers wird an seiner Fähigkeit gemessen, wie viele arithmetische Berechnungen er in einer Sekunde durchführen kann – bekannt als FLOPS (floating-point operations per second), wobei dank der jüngsten technologischen Fortschritte bis zu petaFLOPs (Quadrillionen) von Operationen pro Sekunde erreicht werden. Das Tempo des Fortschritts in diesem Bereich ist immens. Ein einzelnes iPhone 11, auf den Markt gekommen im Jahr 2019, entspricht der Rechenfähigkeit des besten Supercomputers aus dem Jahr 1993.[7] Jedoch sind beide nicht vergleichbar mit dem neugebauten ungarischen Supercomputer. Mit einer Rechenkapazität von 26 bis 28 Petaflops könnte er einer der leistungsstärksten europäischen Supercomputer werden. Ein Vergleich ist jedoch schwierig, da der Computer im Gegensatz zu den internationalen Pendants, die sich auf klassische wissenschaftliche Berechnun-

---

[7] https://www.top500.org/lists/top500/2021/11/, abgerufen am 28.8.2022, https://www.aljazeera.com/news/2022/1/14/infographic-visualising-race-build-world-fastest-supercomputers-interactive, abgerufen am 28.8.2022.

gen konzentrieren, speziell für die auf Künstlicher Intelligenz basierende Entwicklung konzipiert ist.

International boomt der Markt für Supercomputer. Allein in den bereits erwähnten japanischen Supercomputer Fugaku wurden mehr als 1 Milliarde Euro investiert und der Weltmarkt für Supercomputer soll bis zum Jahr 2026 14 Milliarden US-Dollar erreichen.[8] Der ungarische Supercomputer kostet hingegen nur 7,3 Milliarden ungarische Forint (etwa 20,3 Millionen Euro).[9] Während diese Summe auf einem globalen Level relativ klein ist, ist sie im ungarischen Kontext beeindruckend und soll für Ungarn auch entsprechend große Pläne verwirklichen.

Der KI-Supercomputer wird für verschiedene Projekte eingesetzt. Zurzeit wird der Computer für die Entwicklung eines selbstlernenden Modells der Künstlichen Intelligenz in ungarischer Sprache eingesetzt, das auf der einzigartigen GPT-3-Technologie (Generative Pre-Training Transformer 3) des Supercomputers basiert. Diese Technologie soll in der Lage sein, auf der Grundlage eines kleinen Musters von Eingabetext große Mengen von selbst generiertem Text zu erzeugen, in ungarischer Sprache zu sprechen und zu schreiben und damit die Sprache viel schneller zu verarbeiten als aktuelle Software. In der Endphase sollen die Ergebnisse veröffentlicht werden, damit Marktteilnehmer Modelle für andere Industriezweige entwickeln können.

Die Maßnahmen sollen insgesamt zu einer höheren Wettbewerbsfähigkeit des ungarischen Marktes führen, da sie sowohl eine schnellere Skalierung und Internationalisierung ungarischer Start-ups/Produkte als auch eine Reduzierung der Eintrittsbarriere für internationale Unternehmen und technologische Produkte ermöglichen. Das Projekt ist von großer Bedeutung, da für die Landessprache gegenwärtig nur minderwertige, fehlerhafte Sprachautomatisierungen verfügbar sind. Für Anbieter von Übersetzungs- oder Sprachverarbeitungsdiensten ist der ungarischsprachige Markt für Investitionen in die Sprachautomatisierung zu klein und unbedeutend. Angesichts dieses Desinteresses liegt es am ungarischen Staat und an wichtigen Marktteilnehmern, die Lücke zu schließen und die Technologie auf ein Niveau zu bringen, das eine wettbewerbsfähige Nutzung ermöglicht.

Die Entwicklung wird zu erheblichen Veränderungen in der Geschäftstätigkeit der OTP Bank und dem Bankensektor im Ganzen führen. Während die Kunden des Finanzinstituts in erster Linie in den Bereichen Kundenservice und Entscheidungsvorbereitung mit der Innovation in Kontakt kommen werden, wird die interne Änderung vom Er-

---

8   https://www.reportlinker.com/p05900382/Global-Supercomputers-Industry.html, abgerufen am 28.8.2022.

9   https://www.hepaoffice.gr/en/o-protos-ai-supercomputer-poy-anaptychthike-apo-to-itm-egkainiastike-stin-otp-bank/, abgerufen am 28.8.2022.

setzen kleinerer repetitiver Arbeiten bis hin zu reformierten Back-Office-Abläufen reichen. Das fertige Modell soll aus einem ungarischsprachigen Gespräch automatisch die Kundenabsichten erkennen und die passende Lösung anbieten, sodass ein personalisiertes Erlebnis entsteht.

Aufgrund der ausgedehnten internationalen Präsenz der OTP-Bank in 11 europäischen Ländern sollen viele der geplanten Funktionen auch in den Nachbarländern repliziert werden. Hierdurch können sich weitere Anwendungsbereiche, in denen eine KI Aufgaben übernehmen könnte, ergeben. Die Entwicklung ist bedeutsam, da zahlreiche mittel- und osteuropäische Sprachen am Rande der digitalen Entwicklung feststecken, weil große Unternehmen kein Interesse oder keinen Anreiz hatten, Kapazitäten auf einem wettbewerbsfähigen Niveau zu entwickeln. Folglich bewahrt das Projekt die sprachliche Integrität kleinerer Nationen in einer selbstständigen Weise und kann den lokalen Markt weltweit öffnen. Die Zukunft für solche Supercomputer ist ebenfalls vielversprechend. Selbstlernende KI kann Sprachbarrieren nahezu beseitigen und Ressourcen und Talente mit einem internationalen Publikum verbinden, während sie die Entwicklung kleinerer Märkte fördert und die europäische Landschaft insgesamt harmonisiert.

Aufgrund der Kooperationsvereinbarung werden zwei Drittel der Kapazitäten des Supercomputers von der Bank für die weitere Digitalisierung ihrer internen Prozesse genutzt. Das verbleibende Drittel wird für Projekte im öffentlichen und privaten Sektor sowie im Hochschulbereich verwendet werden. Insgesamt sollen mithilfe von KI schnellere und effizientere Dienstleistungen in der ungarischen öffentlichen Verwaltung, im Bildungswesen und in der Wirtschaft angeboten werden.

23.4   Fazit

Die ungarische KI-Strategie zeigt die Ziele des ungarischen Staates und die Schritte die dafür zu leisten sind auf, aber sie thematisiert in bemerkenswerter Weise ihre eigenen Grenzen und Unzulänglichkeiten Zum einen verfügt Ungarn im internationalen Vergleich nur über begrenzte finanzielle Mittel und einen kleinen Markt; deswegen muss es Prioritäten setzen und Ressourcen organisieren, um Erfolge zu erzielen. Zweitens gibt es in Ungarn stark fragmentierte und isolierte Forschungseinrichtungen. Folglich strebt die Strategie an, die Zusammenarbeit zwischen Forschern, Marktteilnehmern und Universitäten zu stärken und gleichzeitig vereinte Kooperationsprojekte mit EU-Parteien zu generieren. Drittens dienen umfangreiche Projekte wie die ZalaZONE und der KI-Sprachcomputer als Alleinstellungsmerkmale, die Ungarn im Wettbewerb mit anderen mitteleuropäischen Ländern einen Vorteil verschaffen. Diese sogenannten Leuchtturmprojekte verbinden wirtschaftliche und wissenschaftliche Partner und schaffen Kooperationsmöglichkeiten. Das erklärte Ziel ist es, hierdurch Wissen und

Netzwerke aufzubauen, die später in der Forschung und Wirtschaft genutzt werden können und Ungarn dadurch mittel- und langfristig besser positionieren.

23.5 Ausblick

In dem Wettlauf um die digitale Zukunft hat sich Ungarn dazu entschieden, seine Zukunft selbst in die Hand zu nehmen. Die angewendete Strategie bedeutet zweifellos einen guten Start und wird in den kommenden Jahren hoffentlich zu Erfolgen führen. Ungarn ist zwar keineswegs das erste Land, dass sich auf Künstliche Intelligenz oder maschinelles Lernen konzentriert, aber trotzdem ist es dem Land gelungen, noch vor den Nachbarländern wie Österreich oder Slowenien eine Strategie zu entwickeln und zu veröffentlichen, die erforderlichen Schritte für die digitale Veränderung aufzuzeigen, und es hat damit begonnen, die hierzu notwendigen Strukturen aufzubauen.[10]

ZalaZONE ermöglicht die Positionierung Ungarns als Innovationsstandort für die Automobilbranche und die hier erzielten Entwicklungen können auch große Auswirkungen auf andere Industriezweige wie die Informationstechnologie, intelligente Infrastruktur oder Stadtplanung haben. Die Anlage dient zudem als Anreiz für die Ansiedlung von neuen Forschungs- und Entwicklungsgebieten, wie z. B. ein geplantes Zentrum für Dronenentwicklung[11] und eine Teststrecke für Panzer und Offroad-Fahrzeuge.

Der Supercomputer selbst stellt einen Sprung in der Entwicklung der KI in Europa dar. Die Automatisierung der ungarischen Sprachverarbeitung und die konsequente Einbeziehung anderer europäischer Muttersprachen kann dazu beitragen, den Bereich der europäischen Künstlichen Intelligenz insgesamt weiterzuentwickeln und in die breitere europäische Strategie einzubinden. Angesichts der weit verbreiteten Anwendungen, für die Supercomputer in der Vergangenheit genutzt wurden, scheinen die Möglichkeiten für Ungarn als Akteur im Bereich der Künstlichen Intelligenz enorm und vielversprechend.

---

10 https://eaca.eu/news/national-ai-strategies-in-europe/, abgerufen am 28.8.2022.
11 https://www.kapost.hu/dronkutato-kozpont-zalaegerszeg/, abgerufen am 28.8.2022.

KI in den Branchen

24 Skalierbare und wertschaffende KI-Implementierung in der Luftfahrt

Von Dr.-Ing. Susan Wegner

Vielen Dank an das gesamte Lufthansa Industry Solutions Team für die inspirierenden Fallstudien und die motivierende Unterstützung.

Was Sie in diesem Kapitel erwartet

Künstliche Intelligenz wird zukünftig in allen Bereichen der Luftfahrt zum Einsatz kommen. Ob in der Wartung von Flugzeugen, beim Kundenservices, beim Controlling, in der gesamten Flugplanung oder im operativen Betrieb – die Technologie hat überall wachsendes Potenzial. Um das wirtschaftlich Potenzial heben zu können, sind zusätzlich zur Lösungsentwicklung auch die betriebsoptimierte Entwicklung, Skalierbarkeit und Wiederverwendbarkeit der Lösungen entscheidend. Der Buchartikel konzentriert sich auf die praktischen Erfahrungen in der Umsetzung von KI-Lösungen im Bereich der Flugzeugwartung und des logistischen Flugzeugangebotes anhand des Vorgehensmodells der Analytics Factory und »KI auf Knopfdruck« durch AI as a Service.

Das Kapitel zeigt dem Leser, dass für erfolgreiche und geschäftsrelevante KI-Lösungen nicht nur die eigentliche KI-Modellgenerierung entscheidend ist, sondern auch der Zugriff auf qualitative gute Daten, Tools, Technologien, aber auch die Organisation eine entscheidende Rolle spielt. Zusätzlich erhält der Leser einen Einblick in ganz unterschiedliche KI Anwendungsgebiete in der Luftfahrtindustrie.

24.1 Einleitung

In der Luftfahrtindustrie geht es – wie in vielen anderen Industrien – darum, Prozesse zu optimieren, um Effizienzvorteile zu realisieren. Dies ist ein ideales Anwendungsgebiet für KI-Anwendungen, um Aufgaben zu automatisieren und somit effizientere, weniger fehleranfällige und nachhaltigere Prozesse zu gestalten. Bekannte Anwendungsfälle sind unter anderem die Optimierung von Flugrouten, die automatische Analyse von Kommentaren der Fluggäste, sowie die Vorhersage, wann ein Flugzeug tatsächlich das Gate erreichen wird, um eine zeitnahe Versorgung wie das Tanken oder Catering zu ermöglichen. Aber auch die Bereiche der Flugzeugwartung, der Versorgung der Fluggäste und des logistischen Flugzeugangebotes bieten viel wertvolles Potenzial für KI-Applikationen.

Entscheidend für diese KI-Anwendungen ist nicht nur die für KI-Applikation benötigte Modellgenerierung, sondern auch der leicht zugängliche Zugriff auf Daten durch eine Datenbank, d. h. die Möglichkeit, Daten an einem Ort zu speichern, was die betriebsoptimierte Entwicklung, Skalierbarkeit, Wiederverwendbarkeit und Lösungen mit hoher geschäftlicher Relevanz für das gesamte Unternehmen ermöglicht. Ein Analytics-Factory-Vorgehen unterstützt dabei, Anwendungsfälle für KI und Datenanalyse schneller zu implementieren und die geschäftlichen Auswirkungen zeitnah zu realisieren. Bei der Analytics Factory handelt es sich um ein Modell, das folgende wichtige Erfolgsfaktoren gemeinsam adressiert:

1. Menschen und Organisation
2. Daten, Technologie und Tools und
3. AI as a Service.

Im Folgenden wird anhand von KI-Lösungen aus dem Bereich der Flugzeugwartung und der Luftfracht beschrieben, wie eine erfolgreiche Implementierung und deren betriebliche Aspekte in der Luftfahrt umgesetzt werden können.

24.2   Mensch und Organisation in der Analytics Factory

Diese Kapitel gibt eine Übersicht über die Aspekte der Einrichtung einer Analytics Factory als Single Point of Contact (SPOC) und der Anpassung der Budgetierung von KI-Projekten, um die Implementierung von hochwertigen KI-Anwendungsfällen zu beschleunigen.

Um das gesamte zukünftige KI-Potenzial in der Luftfahrtindustrie ausschöpfen zu können, muss sich – neben der Nutzung und dem weiteren Ausbau des bestehenden Talentpools – die Konzentration auf hochwertige Geschäftsanwendungsfälle sowie die Skalierbarkeit und Wiederverwendbarkeit von Komponenten und Lösungen richten. Auch wenn die verschiedenen Unternehmensgruppen unterschiedliche Geschäftsmodelle haben, zeigt sich, dass sie knappe Ressourcen gemeinsam nutzen könnten, wie z. B. Datenbestände, Implementierungen, Best Practices oder die Arbeitszeit von Mitarbeitern und Mitarbeiterinnen. Im Vergleich zu klassischen IT-Projekten ist der Ausgang von KI- und Data-Analytics-Projekten jedoch oft weniger sicher, da sie auf empirischen Daten beruhen, die für die Ableitung von Vorhersagen, Optimierungen und Weiteres verwendet werden. Diese Randbedingungen erfordern einen Prozess, der die kostengünstige und unkomplizierte Entwicklung von Prototypen im »Garagen«-Modus unterstützt, aber auch einen schnellen Übergang zu unternehmenstauglichen und oft geschäftskritischen Implementierungen sowie zum operativen Betrieb.

Abb. 1: Phasen innerhalb des Analytics Factory Modus

Die Geschäftsbereiche identifizieren in Zusammenarbeit mit Datenexpertinnen und Datenexperten hochwertige Anwendungsfälle und fügen diese kontinuierlich der Abarbeitungs-Pipeline der Analytics Factory hinzu. Besonders wichtig ist hierbei von Beginn an die Zusammenarbeit des Fach- und Datenpersonals. Nach einer kurzen Ideation und/oder Proof-of-Concept/Proof-of-Value-Phase, wird die Nutzbarkeit durch Minimal-Viable-Products (MVPs) verifiziert (Abbildung 1). Auf der Grundlage der MVP-Ergebnisse folgt eine detaillierte Planung eines Implementierungsprojekts zur Bereitstellung einer unternehmensfähigen Lösung. Dies ist der »Fabrik«-Modus bzw. die sogenannte Enterprise-Ready-Phase, die auf die Garagenphase folgt (Abbildung 1). Entscheidend für die schnelle Umsetzung ist, dass die Implementierung bereits in der MVP-Phase auf einer definierten Zusammenstellung von Technologien (u. a. Programmiersprache, Frameworks, Tools), dem sogenannten Technologie-Stack, und auf einer diesem Stack entsprechenden Analytics-Plattform erfolgt. Hintergrund ist, dass bei der Hinzunahme von zusätzlichen Technologie bei jedem MVP diese implementiert, geprüft sowie eventuell Schnittstellen angepasst werden müssen und die Betriebsphase jedes Mal erweitert werden muss. Das heißt, es müssen kostenintensiv weitere Technologien betrieben werden. Zusätzlich werden von Anfang an die betrieblichen Aspekte durch den Machine-Learning-Operations -MLOps)[1]-Prozess mit einbezogen. Hierfür beschreibt MLOps verschiedene Prinzipien, die den Prozess von der Entwicklung von lernenden Modellen aus einem historischen Datensatz (Machine Learning – ML) bis zur Überführung in das Produktionssystem unterstützen.

---

1   https://datasolut.com/wiki/was-ist-mlops/, abgerufen am 12.01.2022.

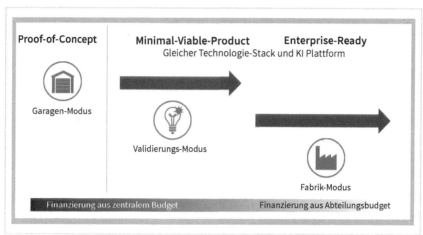

Abb. 2: Unterschiedliche Entwicklungsschritte vom Garagen- zum Fabrik-Modus

24.2.1   KI-unterstütze Flugzeugwartung durch effiziente Bildersuche

Zu Dokumentationszwecken werden für die Wartung von Flugzeugen alle auftreten-
den Schäden fotografiert und die Reparatur bzw. die benötigten Neukomponenten
beschrieben. Üblicherweise orientiert sich das technisches Fachpersonal bei neuen,
unbekannten Schäden am Schadenbild oder wendet sich mit der Frage an die Kollegen und Kolleginnen »Hattest Du schon einmal einen solchen Schaden?«. Falls dies
nicht der Fall ist, folgt meist eine langwierige textuelle Suche in der Datenbank. Durch
KI sollte das technische Personal nun die Möglichkeit bekommen, anhand des aktuellen Schadenbildes ähnliche Schäden zu suchen, d.h., im Prinzip sollte es wie eine
Google Bildersuche speziell für Flugzeugschäden funktionieren. Hierfür wurden während der Modellentwicklung historische Schadensbilder in einen numerischen Wert
überführt und charakteristische Repräsentationen der Schäden erlernt (Methodenbeschreibung: Image Embedding mit Deep Learning Methoden[2]). Für den konkreten
Schadensfall können dann Millionen von Bildern in wenigen Sekunden nach einer
ähnlichen Repräsentation durchsucht und nach ihrer Relevanz gruppiert werden. Das
erleichtert die Arbeit des technischen Personals erheblich und spart für jede Abteilung durchschnittlich über 1.000 Arbeitsstunden im Jahr[3].

---

2   Bjorn Barz, Joachim Denzler «Hierarchy-based Image Embeddings for Semantic Image Retrieval.«, IEEE
    Winter Conference on Applications of Computer Vision (WACV) 2019, https://arxiv.org/pdf/1809.09924.pdf,
    abgerufen am 12.01.2022.

3   Dr.-Ing. Susan Wegner, Didem Uzun »KI als Chance für das zukünftige Airline Geschäft« in Arbeitswelt und
    KI 2030, Herausforderungen und Strategien für die Arbeit von morgen, Editors: Inka Knappertsbusch, Kai
    Gondlach, 2022.

Diese Lösung konnte nach einem erfolgreichen POC und MVP von 6 Wochen innerhalb von 3 Monaten implementiert und in Betrieb genommen werden. Entscheidend war sowohl der agile Arbeitsmodus und das von Beginn an kontinuierliche Feedback des Fachpersonals als auch das Aufsetzen auf einer standarisierten Analytics-Plattform. Dies führte auch dazu, dass weitere Geschäftsbereiche diese Lösung für ähnliche Bilddatenbanken verwenden konnten.

24.2.2 KI-basierte automatische Auswertung von Wartungsprotokollen durch Textanalyse

Ganz ähnlich zur Schadensbildersuche können auch die textuellen Wartungsprotokolle durch automatische KI-Methoden effizient analysiert werden. Jede Wartung wird von dem technischen Personal mit fachspezifischen Termini und diversen Abkürzungen beschrieben. KI kann dann diesen Textpassagen ein Thema zuordnen und sie damit nahezu so interpretieren, wie es auch ein Mensch tun würde. Das sollte im konkreten Fall umgesetzt werden. Wichtig ist, dass auch die vielen im Fachjargon teilweise nicht immer vollständigen Sätze oder Wörter analysiert werden können, z. B. P/N 66020206-003 S/N1909678872, der Code für ein Ersatzteil. Die Wartungsprotokolle werden hierfür nach zentralen Informationen durchsucht und anhand dieser Informationen klassifiziert (Methodenbeschreibung: Named Entity Recognition mit bi-direktionalen Long-Short-Term-Memory Netzwerken[4]). So können zukünftige Schäden vorhergesagt werden und der technischen Fachkraft kann damit eine Hilfestellung geben werden, wann bestimmte Teile überholt bzw. ausgetauscht werden müssen.

Auch bei diesem Fall führte die enge Zusammenarbeit von Fach- und Datenpersonal zu einer erfolgreichen Implementierung innerhalb weniger Monate. Es zeigt sich aber auch, dass die Textanalyse für ganz unterschiedliche Bereiche in der Luftfahrt Prozessoptimierungen unterstützen und damit die Effizienz steigern kann. Dies umfasst beispielsweise die automatische Analyse von Kommentaren der Fluggäste, die Beantwortung von E-Mails der Fluggäste, aber auch die Kapitalflussanalyse, d. h., KI ermöglicht eine automatische Klassifikation aller Transaktionen zu Planungskategorien. Entscheidend ist auch hierfür die Verwendung einer Analytics-Platform oder sogar eines kompletten Serviceangebots als AI as a Service[5].

---

4   Min Zhang, Guohua Geng , Jing Chen: Semi-Supervised Bidirectional Long Short-Term Memory and Conditional Random Fields Model for Named-Entity Recognition Using Embeddings from Language Models Representations, https://www.mdpi.com/1099-4300/22/2/252, abgerufen am 12.01.2022.

5   Whitepaper: Artificial Intelligence as a Service (AIaaS), https://www.lufthansa-industry-solutions.com/de-de/studien/whitepaper-artificial-intelligence-as-a-service-aiaas?gclid=Cj0KCQiAq7COBhC2ARIsANs PATHSw9f4KVBuXxWqn6lT10dGVnamvy5dlBrkRQI_SBYn-ww_7bHM-10aAg8CEALw_wcB, abgerufen am 28.12.2021.

24.3 Analytics Factory (Daten, Technologie und Tools)

In diesem Kapitel geht es um einen einheitlicher Datenzugriff durch eine Analytics Platform, um schnell von KI-Proof-of-Concepts zu KI-Produktionssystemen überzugehen.

Komplexere KI-Dienste wie Empfehlungssysteme oder intelligente Agenten wie beispielsweise Siri benötigen eine qualitativ hochwertige Datenbasis, auf die sowohl die Fachabteilungen als auch die Technologieexperten und Technologieexpertinnen leicht zugreifen können.

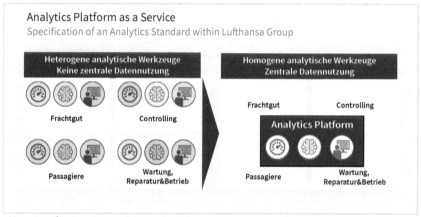

Abb. 3: Spezifikation eines Analysestandards durch eine Analytics Platform as a Service

Dies kann durch eine virtuelle Datenschicht (Abbildung 3) erreicht werden, d. h. mittels einer Plattform, die Daten an einer zentralen Stelle zugänglich macht, ohne sie zu duplizieren. Dies ermöglicht eine Datenintegration über die bestehenden Silos hinweg und generiert z. B. eine 360-Grad-Sicht auf alle vorhanden Daten im Unternehmen für die personalisierte Kundenansprache. Auch externe Daten (z. B. Rohstoffpreise, Wirtschaftswachstum, Partner usw.) können integriert werden. Damit die Geschäftsabteilungen die richtigen Daten zur richtigen Zeit finden können, kann durch eine weitere virtuelle Datenschicht ein Datenkatalog und eine Datensuchmaschine eingeführt werden. Zusätzlich kann diese Datenschicht den Datenzugriff ermöglichen und die Richtlinien für die Daten-Selbstbedienung vorgeben – und kann so die auf einem gemeinsamen Datenmodell basierende Zusammenarbeit fördern.

Um schnell von POCs und MVPs zu unternehmensfähigen KI-Lösungen zu gelangen, muss eine flexible Analytics-Plattform eingerichtet werden. Neben standarisierten Technologien und vortrainierten Modellen ist dies notwendig, da der Betrieb von KI-Systemen heutzutage viel anspruchsvoller ist als z. B. die Bereitstellung von Schnittstellen. Machine Learning Operations (MLOps)[1] ist ein Oberbegriff für bewährte

Verfahren und Leitprinzipien rund um das maschinelle Lernen zur Optimierung des End-to-end-Lebenszyklus. Es handelt sich nicht um eine einzelne technische Lösung, sondern um eine Reihe von Praktiken, die Softwareentwicklung (Dev) und IT-Betrieb (Ops) kosteneffizient und sicher miteinander verbinden. Ziel ist die Beschleunigung der Systementwicklung und die Bereitstellung einer hohen Softwarequalität durch standarisierte Trainings, eine Versionierung und Bereitstellung von Machine-Learning-Methoden.

Darüber hinaus ermöglicht eine Analytics-Plattform die Überwachung der Ergebnisse von KI-Systemen beispielsweise im Hinblick auf Gerechtigkeit, Modellveränderungen oder Angriffe durch böswillige Akteure. Zusätzlich wird die Erklärbarkeit der KI-Ergebnisse immer wichtiger, um Fachbereichen die notwendige Transparenz und Interpretierbarkeit von Ergebnissen zu ermöglichen. Diese wird von Fachabteilungen und zukünftig auch durch die EU-Verordnung »Artificial Intelligence Act«[6] zunehmend gefordert und steht in direkter Verbindung mit der Akzeptanz von KI. Eine Analytics-Plattform bietet diese gesamte Funktionalität und ermöglicht somit die effiziente, skalierbare Implementierung von KI-Lösungen.

So beruht beispielsweise die Unterstützung der Wertschöpfungskette der Luftfracht durch KI-Applikationen auf einer Cloud-basierten Analytics-Plattform mit standardisiertem Technologie-Stack und unter Anbindung produktiver Daten aus sämtlichen Fachbereichen. Dies ermöglicht eine skalierbare Entwicklungs- und Betriebsumgebung zur schnellen Realisierung von Proof-of-Concepts bis zu Enterprise-Ready-Lösungen, von denen einige nachfolgend beispielhaft beschrieben werden.

Buchungen

Um die Flugzeuge optimal beladen zu können, ist es entscheidend zu wissen, welche zukünftigen Flüge noch freie Kapazitäten haben und ob diese bis zum Abflug noch Buchungsanfragen erhalten. Beispielsweise könnten dann Preise angepasst oder frühzeitig zusätzliche Kapazitäten geschaffen werden. Um eine optimale Flugauslastung zu gewährleisten, werden Flüge mit lang- oder kurzfristig freien Kapazitäten auf Basis historischer Buchungsdaten bis zu acht Tage im Voraus prognostiziert und bewertet. Da sich die Buchungsdaten ständig ändern, ist ein regelmäßiges Trainieren der Modelle auf Basis von MLOps notwendig. Die Vorhersage freier Kapazitäten mit einem relativen Fehler von 6-9 % ermöglicht eine gezielte und frühzeitige Vermarktung von unausgelasteten Flügen.

---

6   https://digital-strategy.ec.europa.eu/en/policies/european-approach-artificial-intelligence, abgerufen am 12.01.2022.

Dynamische Preisbildung

Für die Kundenanfrage spielen zwei Aspekte eine entscheidende Rolle: Welcher Preis kann für eine bestimmte Verbindung verlangt werden und wie schnell kann diese Information für die Kundin und den Kunden ermittelt werden. Gerade während der Coronakrise ist es von größter Bedeutung, die vermehrte Anzahl an weltweiten Versandanfragen schnell und effizient bearbeiten zu können

Eine Künstliche Intelligenz lernt aus vergangenen Verkaufspreisen und wendet die trainierten Modelle auf neue Anfragen an. Die Kundin und der Kunde erhalten eine schnellere Antwort auf die Anfrage und die Mitarbeiter und Mitarbeiterinnen im Vertrieb können sich auf individuellere Anfragen konzentrieren. Die Modelle können regelmäßig neu trainiert werden, um aktuelle Geschäftstrends zu berücksichtigen und die Leistung der Modelle kann unter Zuhilfenahme von MLOps in der Retrospektive überwacht werden.

24.4   AI as a Service

Der folgende Abschnitt gibt einen Überblick über die Möglichkeit, maßgeschneiderte KI-Lösungen »auf Kopfdruck am Fließband« zu produzieren, um KI im Unternehmen mit geschäftsgenerierenden Ergebnissen einzusetzen.

Gerade in der Luftfahrt gibt es in den unterschiedlichen Bereichen sehr spezifische Prozesse, die durch individuelle KI-Lösungen automatisiert und beschleunigt werden können. Selbst mit den Analytics-Plattform-Ansätzen können häufig potenzielle KI-Lösungen nicht in vollem Umfang oder mit der nötigen Geschwindigkeit umgesetzt werden. Denn dazu bedarf es oftmals einer hohe Investitionssumme, Zeit der Fachbereiche und eines KI-Know-hows. Der Aufwand einer KI-Neuentwicklung ist vielfach so hoch, dass er für viele eigentlich sinnvolle Anwendungen betriebswirtschaftlich nicht zu rechtfertigen ist.

Eine Lösung bieten Konzepte wie »AI as a Service«. Dabei werden vortrainierte KI-Programme genutzt, die leicht auf die spezifischen Bedürfnisse angepasst werden können. Gerade wiederkehrende KI-Aufgaben in der Verarbeitung natürlicher Sprache und der Bildverarbeitung lassen sich standarisieren. Beispiele in der Luftfahrtindustrie sind die automatische Analyse von Kommentaren der Fluggäste sowie der Pilotinnen und Piloten, Wartungsprotokollen, die Beantwortung von E-Mails der Fluggäste sowie die Kapitalflussanalyse.

AI-as-a-Service-Konzepte bieten eine Programmierschnittstelle direkt aus der Cloud für schlüsselfertige KI-Programme. Fachspezifische Anwenderinnen und Anwender können durch einfache Programmierschnittstellen die komplette Leistung der vortrainierten KIs nutzen und von der neuen Technologie profitieren, ohne eine einzige Zeile Code schreiben zu müssen. Im Vergleich zu einer Eigenentwicklung ergeben sich dadurch Kostenreduktionen im fünfstelligen Bereich. Die Software kann schnell geliefert werden und ist sofort einsatzbereit, bei höchsten Standards der Informationssicherheit und des Datenschutzes, d. h., die DSGVO-Konformität ist erfüllt. Zusätzlich wird der komplette Betrieb per Service-Level-Agreement (SLA) abgedeckt.

Durch die Cloud Lösung wird nur für das bezahlt, was auch genutzt wird: Wird ein KI-Service nur einmal am Tag verwenden, wird auch nur dieser Zeitraum abgerechnet. Flexibel ist das Konzept ebenso in anderer Hinsicht: AI as a Service lässt sich je nach Bedarf und Wachstum in jede Richtung skalieren, ohne dass dafür ein weiteres Team von Fachkräften sowie eine komplexe Infrastruktur mit hoher Rechenleistung und Speicherkapazität aufgebaut werden müssen. AI as a Service bietet beispielsweise für die Textanalyse die Möglichkeit, KI zu nutzen, ohne vorher über Entwicklung, Trainieren und Nach-Trainieren, oder aber auch über den Support nachdenken zu müssen – ein Rundum-sorglos-Paket, mit Up-to-date-KI-Lösungen. So entsteht schnell ein echter Mehrwert durch

- die schnellere und einfachere Bereitstellung von KI-Services,
- die Möglichkeit, mithilfe von Cloud-Angeboten erste Erfahrungen mit KI zu sammeln,
- den überschaubaren finanziellen Aufwand sowie
- die Flexibilität und Skalierbarkeit der Anwendungen.

24.5   Fazit und Ausblick

Die kurz skizierten KI-Anwendungen in der Luftfahrt zeigen, dass bereits heute durch KI-Systeme vielfache Effizienzen gehoben werden können. Dieser Trend wird sich weiter verstärken und KI-Lösungen werden sich in allen Bereichen eines Luftfahrtunternehmens wiederfinden. Solche Lösungen sind beispielsweise die Emotionserkennung für einen besseren und individualisierten Service an Bord, die Gesundheitsüberprüfung, um im Notfall das richtige Personal frühzeitig zu informieren, aber auch die automatische Erkennung von verdächtigen Gegenständen an Flughäfen. Das Analytics-Factory-Vorgehen gibt einen kleinen Leitfaden dazu, wie sichergestellt werden kann, dass diese Lösungen effizient entwickelt und betrieben werden können. AI as a Service bietet gerade für nicht KI-affine Fachbereiche, die zwar über das Fach- aber nicht über ausreichendes KI-Know-how verfügen, bereits heute eine schnelle und einfache Bereitstellung von KI-Services und das nicht nur für die Luftfahrt.

25   KI bei Lufthansa Technik

Von Dr. Kevin Poole und Dr. Eike Schlieckau

Was Sie in diesem Kapitel erwartet

Die Einführung und Nutzung von Künstlicher Intelligenz in Unternehmen ist nicht nur eine technologische, sondern auch eine organisatorische Herausforderung. In diesem Beitrag wird gezeigt, wie die Lufthansa Technik AG Künstliche Intelligenz einsetzt, welche Fragen hierbei wichtig sind und welche Lösungsansätze zum Einsatz kommen. Anhand von Anwendungsbeispielen wird aufgezeigt, wie die Künstliche Intelligenz bei Lufthansa Technik, einem Unternehmen für die Wartung, Reparatur und Überholung von Verkehrsflugzeugen, konkret eingesetzt wird.

Die Leser lernen die für Unternehmen wichtigen Fragen hinsichtlich KI kennen. Insbesondere werden konkrete KI-Anwendungsfällen bei Lufthansa Technik betrachtet und die Leser erfahren dabei, welche Lösungsansätze gewählt und welche Erfolgsfaktoren daraus abgeleitet wurden.

25.1   Einleitung

Die Lufthansa Technik AG ist ein weltweit führendes Unternehmen für die Wartung, Reparatur und Überholung von Verkehrsflugzeugen und deren Komponenten. Als Unternehmen in der Luftfahrtbranche unterliegt sämtliches Handeln naturgemäß den engen Regularien des Luftrechts und erfolgt primär »Hands-on« am Flugzeug und an den Komponenten. Doch einhergehend mit der Digitalisierung spielt nun auch die Künstliche Intelligenz (KI) mehr und mehr eine wichtige Rolle im Unternehmen.

In diesem Beitrag wird exemplarisch aufgezeigt, welche Rolle Künstliche Intelligenz bei Lufthansa Technik spielt, wie sie derzeit entwickelt wird und perspektivisch genutzt werden kann. Dabei wird insbesondere auch die Zukunftsvision beschrieben, wie sie bei Lufthansa Technik entwickelt wurde, welche Strategien zur Umsetzung daraus abgeleitet wurden und welche organisatorischen Veränderungen damit einhergehen.

25.2   KI-Vision und Einsatzgebiete

Zunächst stellt sich die Frage, warum Lufthansa Technik überhaupt auf Künstliche Intelligenz setzt und mit welchem Ziel. Hieraus ergeben sich eine Vision für den Einsatz von Künstlicher Intelligenz und konkrete Anwendungsbeispiele, von denen eines im Detail beschrieben wird.

25.2.1   Warum setzt Lufthansa Technik Künstliche Intelligenz ein?

Zugegebenermaßen werden eher die großen, amerikanischen Technologiekonzerne (Alphabet, Amazon, Apple, Meta und Microsoft) und zunehmend auch die chinesische Industrie (Alibaba, Baidu, Tencent), die durch staatlich gesteuerte Ausbildungs- und Wirtschaftsinitiativen sehr schnell aufholt, als Treiber bei der Entwicklung und Anwendung der Künstlichen Intelligenz wahrgenommen. Auf den ersten Blick haben sie auch viele Vorteile wie gewaltige finanzielle und personelle Ressourcen, riesige, von Nutzern generierte Datenmengen und einfachere regulatorische Voraussetzungen. Doch es bieten sich auch für europäische und deutsche Unternehmen, wie Lufthansa Technik, viele neue und interessante Möglichkeiten, Künstliche Intelligenz im Unternehmen Gewinn bringend einzusetzen, auch wenn man sich hier in eher engeren Regularien (DSGVO[1], betriebliche Mitbestimmung oder auch branchenspezifischen Regeln und Vorschriften) bewegen muss.

Einen sehr wichtigen Beitrag dazu, dass Künstliche Intelligenz auch bei Lufthansa Technik im Einsatz ist, liefern genau die erstgenannten amerikanischen Technologiekonzerne. Diese wissen, dass die großen Fragen im Bereich der Künstlichen Intelligenz nicht von einem Unternehmen alleine beantwortet werden können, weshalb diese eine sehr offene Agenda im Umgang mit Künstlicher Intelligenz leben und fördern. Dies führt dazu, dass sie ihre Erkenntnisse sowohl auf der theoretischen Ebene in Form von Publikationen veröffentlichen als auch auf praktischer Ebene in Form von Code oder sogar fertigen KI-Modellen zum Download bereitstellen, so dass auch sie selber von einer so erfolgenden gemeinschaftlichen Entwicklung profitieren. Durch diese Offenheit kann somit die Künstliche Intelligenz auch bei Lufthansa Technik einfach eingesetzt, angepasst und weiterentwickelt werden. Genau hier liegt auch der Fokus im Einsatz der Künstlichen Intelligenz bei Lufthansa Technik. Im Sinne der Technologieadaption[2] von KI als Ganzem bewegt sich Lufthansa Technik im Feld zwischen »Early Adopter« und »Early Majority«; im Sinne des Einsatzes von KI im Luftfahrtumfeld bewegt sich das Unternehmen klar noch davor im Bereich, der sich zwischen »Innovator« und »Early Adopter« bewegt. So werden bei Lufthansa Technik die aktuellen Entwicklungen und Veröffentlichungen im Bereich der Künstlichen Intelligenz aufmerksam verfolgt, um dann bereits entwickelte Technologien der Künstlichen Intelligenz im Umfeld der Luftfahrt zum Einsatz zu bringen. Damit können dann bestehende Probleme erstmalig gelöst oder auch völlig neue Produkte ermöglicht werden.

---

1   DSGVO: Europäische Datenschutz-Grundverordnung.
2   Technology adaption life cycle: Wikipedia Artikel, https://en.wikipedia.org/wiki/Technology_adoption_life_cycle, abgerufen am 12.04.2022.

25.2.2   Vision für den Einsatz Künstlicher Intelligenz bei Lufthansa Technik

Künstliche Intelligenz wird in der Zukunft in allen Anwendungen, in allen Prozessen und in allen Funktionsbereichen bei Lufthansa Technik zum Einsatz kommen und eine wichtige Rolle einnehmen. Dies startet mit kleinen Ergänzungen in bestehenden Anwendungen, wo beispielsweise bei einem Formular, das Nutzer ausfüllen müssen, mithilfe Künstlicher Intelligenz Auswahlvorschläge für noch offene Felder gemacht werden oder diese sogar automatisch vorausgefüllt werden auf Basis der bereits gefüllten Felder. Dies geht weiter über Prozesse, die mit Künstlicher Intelligenz teilweise oder vollständig automatisiert werden können. Einige Prozesse bzw. Bereiche der Lufthansa Technik können durch Künstliche Intelligenz auch komplett revolutioniert werden, wie die Optimierung von Flugzeug-Überholungen, wo im Sinne eines »Smart Workplace« beispielsweise Mechaniker die passenden Werkzeuge zur richtigen Zeit automatisch durch einen selbstfahrenden Roboterschrank an ihren Arbeitsplatz am oder im Flugzeug geliefert bekommen. Am Ende der Skala stehen völlig neue Möglichkeiten und Produkte, die überhaupt erst durch Künstliche Intelligenz ermöglicht werden und die vorher undenkbar waren, wie beispielsweise eine umfängliche prädiktive Instandhaltungsstrategie.

25.2.3   Anwendungsbeispiel KI: Prädiktive Instandhaltung von Flugzeugen

Ein Verkehrsflugzeug ist so konzipiert, dass der Flug auch bei Ausfall von Komponenten oder Systemen weiterhin sicher fortgeführt und beendet werden kann. Dies wird durch das Prinzip der Redundanz sichergestellt und gehört zu den Grundphilosophien der Flugzeugentwicklung. Das ist sehr wichtig, da technische Komponenten trotz regelmäßiger Wartung ausfallen können, sei es durch Verschleiß oder äußere Einflüsse. Da ein solcher Ausfall nun jedoch eine Verminderung der Redundanz bedeutet, ist eine zeitnahe Instandsetzung vorgeschrieben. Häufig ist dadurch bereits der nächste geplante Abflug erst nach dem Tausch der betroffenen Komponente möglich.

Das Problem von ausfallenden Komponenten oder Systemen liegt also weniger in der Sicherheit, sondern vielmehr in der Verfügbarkeit des Flugzeugs: Steht dieses nicht oder nur verspätet für den nächsten Abflug bereit, sind Flugverspätungen oder gar Annullierungen die Konsequenz. Dies ist nicht nur für die Passagiere sehr ärgerlich, sondern auch für die Fluggesellschaft mit hohen Kosten verbunden. Aus diesem Grund liegt ein Fokus der Flugzeugwartung zunehmend in der sogenannten »prädiktiven Instandhaltung«. Dies ist ein Bereich, in dem Künstliche Intelligenz eine Schlüsselrolle einnimmt.

Idee der prädiktiven Instandhaltung ist der proaktive Wechsel von Flugzeugkomponenten, die kurz vor einem Ausfall stehen. Es ist das Ziel, die oben beschriebenen

Kosten zu vermeiden, bei gleichzeitig optimaler Ausnutzung der Lebenszeit der Komponenten, da ein früherer Wechsel der Komponente nur zu höheren Kosten führen würde, ohne die Sicherheit zu erhöhen. Voraussetzung hierfür ist ein Verständnis des aktuellen »Gesundheitszustandes« der einzelnen relevanten Flugzeugkomponenten im Betrieb.

Anhand von Messdaten an geeigneten Stellen in den Systemen des jeweiligen Flugzeugs lassen sich sogenannte »Systemzustände« (z. B. die Temperatur eines Triebwerks oder der Druck in einem Hydrauliksystem) erfassen. Dies kann an sehr vielen verschiedenen Stellen im Flugzeug erfolgen. Die Idee ist nun, dass sich bei einer Verschlechterung des Gesundheitszustandes einer bestimmten Komponente einige Messwerte gegenüber dem Normalzustand ändern. Die Aufgabe besteht also darin, die relevanten Messwerte zu identifizieren und ein Entscheidungssystem zu entwickeln, das anhand dieser Messwerte auf den Gesundheitszustand der Komponente schließt.

Dies ist eine Aufgabe, die aufgrund der Komplexität einen Menschen sehr fordern würde. Zudem müsste dies kontinuierlich für eine große Zahl von Flugzeugen und deren Komponenten erfolgen. Genau dies ist aber die Stärke der Künstlichen Intelligenz: Ihr werden im Rahmen des »maschinellen Lernens« eine große Zahl an Beispielen von Messwerten präsentiert, die für Komponenten sowohl im normalen als auch im fehlerhaften Zustand aufgenommen worden sind. Die KI sucht dabei einerseits genau die Messwerte heraus, welche relevant sind. Andererseits bildet sie ein Modell, das anhand von gegebenen Messwerten den Gesundheitszustand der jeweiligen Komponente schätzt.

Dieses Modell kann nun verwendet werden, um die entsprechende Komponente im Betrieb zu überwachen. Verschlechtert sich der Gesundheitszustand der Komponente um ein bestimmtes Maß, so lässt sich eine Warnung generieren und den proaktiven Wechsel der Komponente für den nächsten geeigneten Zeitpunkt einplanen.

25.3 Organisatorische Veränderungen

Die Entwicklung und Nutzung von Künstlicher Intelligenz sind nicht nur ein reines IT-Problem. Vielmehr bedarf es, um hierbei erfolgreich zu sein, organisatorischer Veränderungen im gesamten Unternehmen. Es ist dabei wichtig, alle Beschäftigten mitzunehmen und eine Akzeptanz zu erreichen.

25.3.1 KI als neues Teammitglied

Was beutetet KI für mich im Arbeitsalltag? Macht KI uns alle überflüssig? Häufig ist KI mit solchen oder anderen Unsicherheiten behaftet, wenn nicht klar ist, was Künstliche

Intelligenz kann und wofür sie im Unternehmen eingesetzt werden soll. Hier sind Informationen und die Einbeziehung aller besonders wichtig.

Künstliche Intelligenz, wie sie aktuell bei Lufthansa Technik eingesetzt wird, kann jeweils nur die Aufgaben übernehmen, für welche sie konzipiert wurde. Dies sind Aufgaben, welche eine reine Routinearbeit darstellen oder zu komplex oder zu zeitaufwändig für Menschen sind. Sie dient als ein Assistenzsystem für Menschen und entlastet so von ermüdenden Routineaufgaben, analysiert komplexe Zusammenhänge und lenkt den Fokus auf wesentliche Entscheidung, für welche der Mensch maßgeblich ist.

Die Arbeit der Menschen wird also durch Künstliche Intelligenz nicht überflüssig, sondern wertschöpfender. Gerade hinsichtlich des vorherrschenden Fachkräftemangels ist dies ein wichtiger Aspekt, da die Künstliche Intelligenz so die benötigte Kapazität zur Erledigung aller Aufgaben schafft. Zudem ergeben sich mit der Künstlichen Intelligenz auch neue Rollen auch in den Fachbereichen wie der fachliche Betrieb eines KI-Systems.

25.3.2 Aufbau von KI-Kompetenz im Unternehmen

Insgesamt stellen Entwicklung und Betrieb von KI-Systemen neue Herausforderungen dar, sowohl für die IT als auch die Fachbereiche eines Unternehmens. Es bedarf also einer KI-Kompetenz, um den Weg in Richtung Künstliche Intelligenz überhaupt gehen zu können.

Diese KI-Kompetenz wird nicht nur bei einer zentralen Abteilung eines Unternehmens benötigt. So besitzt Lufthansa Technik eine entsprechende Struktur aus dezentralen (in den Fachbereichen angesiedelten) Teams und einem zentralen Team für Künstliche Intelligenz im IT-Bereich (siehe Abbildung 1). Keimzellen der dezentralen Teams waren häufig die dedizierten Innovationsteams der Fachbereiche. Diese Teams hatten von vornherein die Aufgabe, befreit vom Tagesgeschäft, Innovationspotentiale zu identifizieren und mittels Projekte zu heben.

Durch die Nähe zu den jeweiligen Unternehmensprozessen und deren Herausforderungen sowie entsprechenden Daten werden dort vielfach Anwendungsfälle für Künstliche Intelligenz entwickelt und zusammen mit Fachexperten zumindest als »minimal wertstiftendes Produkt« (es wird häufig von einem »Minium Viable Product« (MVP) gesprochen), umgesetzt. Bezüglich der benötigten Expertise hinsichtlich Künstlicher Intelligenz können die dezentralen Teams vielfach auf eigenes Know-how zurückgreifen. Sehr wesentlich ist aber auch der unternehmensweite Austausch zwischen den Teams und der Koordinierung und Unterstützung durch das zentrale KI-Team. Letzteres führt auch maßgeblich die Auswahl und Bereitstellung benötigter IT-Werkzeuge durch, insbesondere die benötigte Infrastruktur zum Betrieb sowie Wartung und Weiterentwicklung der Lösung, über das MVP hinaus.

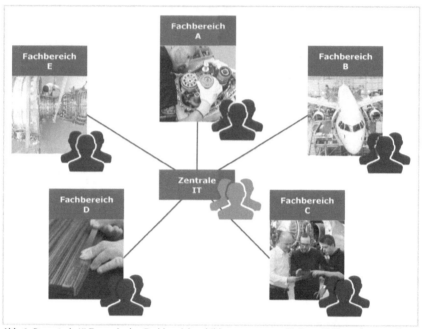

Abb. 1: Dezentrale KI-Teams in den Fachbereichen bilden zusammen mit einem KI-Team der zentralen IT die KI-Kernstruktur im Unternehmen

25.3.3 KI bedeutet Teamarbeit

Das zuvor genannte Zusammenspiel aller beteiligten Teams hat sich als entscheidender Faktor herausgestellt. Unternehmensweit wurden mehrere Formate geschaffen, um über die Funktionsweisen und Möglichkeiten moderner Künstlicher Intelligenz aufzuklären, um Verständnis und Akzeptanz zu schaffen, Inspirationen für den Einsatz von Künstlicher Intelligenz zu geben und Synergien durch fachlichen Austausch zu schaffen.

Dabei bildet die »KI-Community« den Rahmen, in welchem alle interessierten Mitarbeitende des Unternehmens unverbindlich mitwirken können. Die »KI-Community« lebt von verschiedenen Formaten von Meetings in welchen verschiedenen KI-Projekt vorgestellt und diskutiert werden, über Experten-Diskussionsrunden zu bestimmten KI-spezifischen Fragestellungen bis hin zu offenen Fragestunden zu allen Themen rund um die Künstliche Intelligenz.

25.3.4   Wege, um Akzeptanz zu schaffen

Die Entwicklung von KI-Lösungen ist mit großen Aufwänden hinsichtlich Zeit, Perso-naleinsatz und letztlich Geld verbunden. Verwendet man den Begriff »KI« oder »Künst-liche Intelligenz« im Zusammenhang mit Projekten, so werden damit automatisch große Erwartungen geschürt. Es werden schnelle Ergebnisse erwartet (man spricht hier gerne von der »digitalen Ungeduld«[3]), bei einer möglichst kleinen Investition. Ein Dilemma ergibt sich, wenn die benötigten Daten nur mit hohem Aufwand verfügbar gemacht werden können oder gar erst gesammelt werden müssen, was wiederum hohe Investitionen mit sich führen würde.

Hier hat es sich als vorteilhaft erwiesen, mit kleinen, agilen Projekten mit großem potenziellen Nutzen zu startet. Solche »Leuchtturmprojekte« sind gut geeignet, den tatsächlichen Nutzen der Künstlichen Intelligenz für das Unternehmen zu beweisen. Mit solchen Projekten lässt sich zum einen Vertrauen in die Technologie aufbauen mit dem Effekt, dass sich die Kosten für die benötigte IT-Infrastruktur und größere Fol-geprojekte besser argumentieren lassen. Zum anderen lässt sich so eine Akzeptanz von künstlicher Intelligenz im gesamten Unternehmen erlangen, wodurch häufig auch erst Ideen für weitere potentielle Anwendungsfälle entstehen.

25.4   Fazit

Im Rückblick betrachtet lief die Einführung der Künstlichen Intelligenz bei Lufthansa Technik gerade in der Anfangsphase iterativ in mehreren Schritten. Aus heutiger Sicht hat das Unternehmen dabei die entsprechende Lernkurve erfolgreich durchlaufen und von daher viele damit verbundene Erfolgserlebnisse erfahren.

25.4.1   Erfolgsfaktoren für den KI-Einsatz bei Lufthansa Technik

KI-basierte Projekte beruhen auf Daten. Dies wurde recht schnell erkannt und mit all den damit einhergehenden Herausforderungen akzeptiert. Den damit verbundenen Unsicherheiten hinsichtlich Budget- und Zeitplanung konnte häufig mit einer agilen Herangehensweise an die Projekte begegnet werden. Insbesondere der Einsatz des – vor allem in der IT verbreiteten – agilen Rahmenwerks »Scrum« hat sich bewährt. Zu-dem wurden die Volumina der Projekte groß genug angesetzt, sodass diese realistisch zu Ergebnissen führen können.

---

3   Sasha Lobo: S.P.O.N. – Die Mensch-Maschine: Digitale Ungeduld. Kolumne, Spiegel Online, 13.07.2011,
    https://www.spiegel.de/netzwelt/web/s-p-o-n-die-mensch-maschine-digitale-ungeduld-a-774110.html,
    abgerufen am 28.8.2022.

Letztlich ist es aber die Zusammenarbeit aller beteiligten Teams, Rollen und Personen, die für einen erfolgreichen Einsatz von Künstlicher Intelligenz in Unternehmen maßgeblich ist. Die entsprechende Struktur hat sich mit der Zeit »organisch« entwickelt und lebt von dem Engagement aller.

25.4.2 Handlungsempfehlungen für die erfolgreiche Einführung von KI

Die Verwendung von Künstlicher Intelligenz im Unternehmen ist ein wichtiger Bestandteil der digitalen Transformation, die viele Unternehmen vorantreiben. Hiermit verbunden ist häufig eine hohe Erwartungshaltung und eine »digitale Ungeduld«.

Richtig eingesetzt, kann die Künstliche Intelligenz zu einem Zugpferd der Transformation werden, insbesondere dann, wenn KI »von innen heraus« im Unternehmen eingeführt wird. Damit das funktioniert, ist eine KI-Kompetenz im Unternehmen erforderlich, die nicht nur zentral in der Unternehmens-IT etabliert ist, sondern auch in dezentralen Teams in den Fachbereichen existiert. Ein gewisses Grundverständnis der Künstlichen Intelligenz sollten darüber hinaus nicht nur leitende Personen besitzen, sondern auch alle Mitglieder des Unternehmens. Nur so lassen sich Einsatzpotenzial der Künstlichen Intelligenz identifizieren und effizient umsetzen. Um dies zu erreichen ist es ratsam,

- zuzulassen und zu ermöglichen, dass auch dezentrale Teams die KI-Entwicklung vorantreiben können,
- sich früh auf agile »KI-Leuchtturmprojekte« zu konzentrieren, um die Potenziale der künstlichen Intelligenz im Unternehmen aufzuzeigen,
- Formate zu etablieren, in denen man sich zu Künstlicher Intelligenz austauschen kann, damit das unternehmensweite Verständnis der Künstlichen Intelligenz gestärkt und weitere Anwendungsfälle gefunden werden können,
- in finanzielle Vorleistung zu gehen hinsichtlich der Infrastruktur zur Entwicklung, Wartung und Ausführung von KI-Modellen – sowohl für den firmeninternen Gebrauch als auch ggf. den externen Gebrauch, um digitale Produkte zu schaffen.

26 KI in der Verwaltung – Anwendungsbeispiele & rechtliche Grundlagen

Von Dennis Hillemann und Christine Charlotte Fischer

Was Sie in diesem Kapitel erwartet

Künstliche Intelligenz kann auch für die Verwaltung ein wichtiges Instrument sein, um schnell, effektiv und in Zeiten des demografischen Wandels komplexe Aufgaben zu bewältigen. Doch gleichzeitig bestehen noch Bedenken gegen diese Technologie, insbesondere in verwaltungspraktischer oder rechtlicher Hinsicht. Dabei gibt es in der Praxis zahlreiche positive Anwendungsfälle für KI – und auch das deutsche und europäische Recht lassen die Anwendung zu. Der Beitrag zeigt auf, wie sich die Verwaltung dem Einsatz der Technologie tatsächlich und rechtlich systematisch annähern kann.

Anhand verschiedener Anwendungsbeispiele wird der Leser ein Gespür für das Potenzial eines KI-Einsatzes innerhalb der Verwaltung entwickeln. Ferner wird der Rechtsrahmen nach den Aspekten betrachtet, welche KI-Technologien rechtlich eingesetzt werden können und warum einige Systeme keine Anwendung in der Verwaltung finden dürfen.

26.1 KI in der Verwaltung – Einsatzmöglichkeiten und Anwendungsbeispiele

Bereits ein flüchtiger Blick auf die Verwaltung lässt erahnen, welches Potenzial der breitflächige Einsatz von KI mit sich bringt. Denn noch immer gibt es Verwaltungsvorgänge mit Hunderttausenden von Anträgen, die manuell bewertet werden. Beispiel: Im Jahr 2020 bezogen 465.543 Studierende BAföG-Leistungen.[1] Die Anträge auf Leistungsbewilligung müssen einzeln von dem zuständigen Amtswalter gelesen, bearbeitet, bewilligt oder abgelehnt werden. Zumeist handelt es sich um Routinearbeiten, die in ihrer Summe aber immense Kapazitäten binden. KI scheint daher prädestiniert zu sein, solche massenhaften Verwaltungsvorgänge, die nach festgelegten Kriterien zu bewerten sind, effektiv zu bewältigen.

---

1   J. Rudnicka, BAföG beziehende Studierende in Deutschland bis 2020, in: https://de.statista.com/statistik/daten/studie/219/umfrage/anzahl-der-bafoeg-gefoerderten-studenten/, 24.01.2022, abgerufen am 11.04.2022.

Dies zeigt sich bereits jetzt an nationalen sowie internationalen Anwendungserfolgen, in denen der Staat durch die Nutzung von KI entlastet werden konnte. Aber es besteht auch darüber hinaus großes Potenzial für einen umfassenderen Einsatz von KI.[2]

Bei generalisierender Betrachtung lassen sich vier grundlegende Einsatzfelder ermitteln, in denen KI innerhalb der Verwaltung eingesetzt werden kann. Diese lassen sich vereinfacht in folgender Grafik darstellen:

Abb. 1: Die Sphären der Einsatzmöglichkeiten von KI in der Verwaltung

Nachfolgend sollen diese Bereiche beschrieben und anhand konkreter Beispiele erläutert werden:

26.1.1   Kommunikation mit Bürgern und Unternehmen

In einer sich rasant entwickelnden Gesellschaft entstehen stetig neue Rechtsregeln, die von ihren Adressaten erfasst und durchdrungen werden müssen. Daneben gibt es Rechtsnormen, die aufgrund ihrer Komplexität und ihres Umfangs kaum handhabbar sind, weder für Adressaten noch für die Anwenderinnen in der Verwaltung. Ein gutes

---

2   Vgl. Mergel/Ulrich/Kuziemski/Martinez, Scoping GovTech dynamics in the EU, 2022, https://publications.jrc.ec.europa.eu/repository/handle/JRC128093, S. 22 ff; ferner Kuziemski/Mergel/Ulrich/Martinez, GovTech Practices in the EU, 2022, https://publications.jrc.ec.europa.eu/repository/handle/JRC128247, S. 17 ff; Etscheid/Lucke/Stroh, Künstliche Intelligenz in der öffentlichen Verwaltung, 2020, https://publica.fraunhofer.de/eprints/urn_nbn_de_0011-n-5777085.pdf, S. 22 ff., abgerufen am 11.04.2022.

Beispiel hierfür sind die zwölf Bände des Sozialgesetzbuches mit unzähligen Paragrafen, die den Bereich der Sozialverwaltung betreffen. Bürger sowie Unternehmen sind aufgrund des zunehmenden Regelungsgehalts gerade in der Leistungsverwaltung immer mehr auf eine Beratung oder Aufklärung angewiesen.

Daher entwickelte der Gesetzgeber für bestimmte Verwaltungsbereiche Auskunfts- und Beratungspflichten.[3] Ein Beispiel findet sich in der eben schon erwähnten Sozialverwaltung (§ 13 SGB I).

Dies führt dazu, dass die erläuternde und aufklärende Kommunikation außerhalb von konkreten Verwaltungsverfahren inzwischen zum Tagesgeschäft einer jeden Behörde gehört. Man spricht insofern vom »Front-Office«. Allerdings gelingt es Behörden durch einen Einsatz von KI im Publikumsverkehr inzwischen, Ressourcen einzusparen und für die Bürger sowie Unternehmen eine effiziente Klärung ihrer Anliegen zu gewährleisten.

Eine der bekanntesten Anwendungsmöglichkeiten, die auch bereits von einigen Behörden genutzt wird, ist der Einsatz von Chatbots. Dabei handelt es sich um Dialogsysteme, mit denen Bürger oder Unternehmen über natürliche Sprache kommunizieren können, um z. B. die zuständige Behörde für das jeweilige Anliegen zu finden.[4] So beantwortete der Chatbot »Nordi« der Stadt Norderstedt bereits mehr als 20.000 Anfragen der Norderstedter. Die Stadt Karlsruhe ging noch einen Schritt weiter und testet derzeit ein vollkommen digitales Bürgerbüro. Beispielsweise lassen sich die KfZ-Zulassung, die Beantragung eines polizeilichen Führungszeugnisses oder das Anmeldung eines Hundes dort vollständig digital abwickeln.[5]

Das Bundesamt für Wirtschaft und Ausfuhrkontrolle zeigt, dass die Nutzung von Chatbots noch eine Stufe weitergedacht werden kann: Bei einem Antrag zur Begrenzung der EEG-Umlage müssen alle wichtigen Unterlagen fristgerecht vor dem Ablauf einer Ausschlussfrist vorliegen. Wird diese Frist verpasst, droht stromkostenintensiven Unternehmen die unkorrigierbare Ablehnung des Antrags und damit die Zahlung der vollen EEG-Umlage. Die Frist ist auch dann verpasst, wenn die Antragsunterlagen unvollständig eingereicht wurden und trotz wiederholter Aufforderung durch das Bundesamt für Wirtschaft und Ausfuhrkontrolle nicht vervollständigt wurden.

---

3   Näher dazu Hase, in: Rolfs/Giesen/Kreikebohm/Meßling/Udsching (Hrsg.) Beck'scher Online-Kommentar zum Sozialrecht, 63. Edition, Stand 01.03.2019, § 13 SGB II Rn. 1-4.

4   Die Kommunikation erfolgt innerhalb dieser Dialogsysteme in frei geschriebener Sprache, also nicht anhand von vorgefertigten Textbausteinen oder Sätzen.

5   Stadt Norderstedt, 2020, https://www.norderstedt.de/Quicknavigation/Startseite/Chatbot-Nordi-beantwortet-jetzt-auch-beim-Betriebsamt-viele-Fragen.php?object=tx,3223.5&ModID=7&FID=3224.3855.1, abgerufen am 28.03.2022; Stadt Karlsruhe, https://www.karlsruhe.de/b4/buergerdienste/dbb, abgerufen am 28.03.2022.

Mithilfe von KI wird daher in den über ein Portal hochgeladenen Antragsunterlagen automatisch nach Unvollständigkeiten gesucht. Wenn die KI feststellt, dass möglicherweise unvollständige Unterlagen hochgeladen wurden, gibt sie dem Nutzer Bescheid und fordert zur Korrektur oder Ergänzung auf.[6] Gerade für die betroffenen Unternehmen ein unschätzbarer Mehrwert.

26.1.2   Entscheidungsvorbereitung und -überprüfung

Vor jeder verbindlichen Entscheidung der Behörde steht naturgemäß die Entscheidungsfindung. Insbesondere in einer immer komplexer werdenden Welt mit einer Vielzahl an Daten, kann KI Abhilfe bei der Entscheidungsvorbereitung und -überprüfung leisten und damit im Ergebnis eine effizientere und rechtmäßige Entscheidungsfindung ermöglichen.

Für die Verwaltungspraxis ist dabei das *data mining* von großer Attraktivität. Beim Datamining werden große Datenmengen von einer KI analysiert und ein Amtswalter muss nicht mehr Antrag für Antrag und Beleg für Beleg sichten. Durch den Einsatz solcher Systeme konnten zuletzt die Coronahilfen für Unternehmen deutlich effizienter gewährt werden. Eine algorithmusbasierte Vorabsortierung der Antragsdaten machte dies möglich.

Andererseits könnten auch intelligente Risikomanagementsysteme z. B. in der Finanzverwaltung voraussagen, bei welchen Steuererklärungen eine genauere Prüfung der Belege durch eine Amtswalterin zu erfolgen hat und unauffällige Erklärungen könnten direkt zur Entscheidung freigegeben oder beschieden werden.

Inzwischen konnte KI auch bei präventiver Polizeiarbeit eingesetzt werden (*predictive policing*). Algorithmenbasierte Systeme berechnen anhand historischer Kriminalitätsdaten die Wahrscheinlichkeit bestimmter Straftaten, sodass bereits in zahlreichen Bundesländern die Effizienz der Streifenpolizei gesteigert werden konnte.

26.1.3   Entscheidungsautomatisierung

Der Einsatz von KI ist jedoch nicht nur auf die Kommunikation und Entscheidungsvorbereitung sowie -überprüfung beschränkt. Vielmehr ist es inzwischen faktisch und rechtlich (s. unter 26.1.2) möglich, dass KI-Systeme auch autonome hoheitliche Ent-

---

6   Franz Kögl, Behörden Spiegel – Erfolgreiche Digitalisierung durch KI, 22.03.2021, https://www.behoerden-spiegel.de/2021/03/22/erfolgreiche-digitalisierung-durch-ki/, abgerufen am 28.03.2022.

scheidungen treffen – ein Gebiet, das auch trotz aller technischer Unterstützung historisch betrachtet ausschließlich von Menschen ausgefüllt wurde.[7]

Vorreiter für die Entscheidungsautomatisierung wird voraussichtlich die Steuerverwaltung sein. Die Bearbeitung von Steuererklärungen bis hin zur automatischen Erstellung des Steuerbescheids kann aufgrund von § 155 Abs. 4 der Abgabenordnung (AO) zum Teil vollständig durch Algorithmen übernommen werden, sofern kein Anlass für eine Einzelfallüberprüfung durch einen Amtswalter besteht. Dadurch wird sich auch das Tätigkeitsprofil vieler Amtsträgerinnen und Amtsträger in der Steuerverwaltung ändern, die ihre Aufmerksamkeit vermehrt auf atypische oder ermessensbehaftete Prozesse richten können.

Einen großen Schritt ging auch die Bundesanstalt für Straßenwesen. Sie bedient sich intelligenter Verkehrsbeeinflussungsanlagen, die Verkehrs- und Wetterdaten auswerten und darauf basierend Überholverbote oder Geschwindigkeitsbegrenzungen anordnen. So kann die Verwaltung in Echtzeit auf unterschiedlichste Verkehrslagen reagieren und die Infrastruktur dadurch stärken.[8]

26.2 Rechtliche Grundlagen für die Anwendung von KI in der Verwaltungspraxis

Die vielfältigen Anwendungsbeispiele zeigen auf, wie unterschiedlich der Einsatz von KI in der Verwaltung ist und welche Potenziale ein umfassenderer Einsatz noch entfalten kann. Jedoch unterliegt der Staat beim Einsatz von KI besonderen Anforderungen. Im deutschen und auch im europäischen Rechtssystem gibt es eine Vielzahl an einfachgesetzlichen Vorschriften und grundrechtlichen Prinzipien, die den Rahmen für die Anwendung von KI bilden. Zudem bahnt sich von europäischer Seite aus eine Verordnung an, die umfassende Rechtsregeln bereithält und die Praxis in Zukunft maßgeblich beeinflussen wird.

26.2.1 Rechtliche Grundlagen der Entscheidungsautomatisierung

Das Treffen einer hoheitlichen Entscheidung oblag historisch betrachtet ausschließlich dem Menschen. Entscheidungen durch KI zu automatisieren, stellt daher den größten

---

7   Zahlreiche anregende Beispiele finden sich bei Etscheid/Lucke/Stroh, Künstliche Intelligenz in der öffentlichen Verwaltung, 2020, https://publica.fraunhofer.de/eprints/urn_nbn_de_0011-n-5777085.pdf, abgerufen am 28.03.2022; näher dazu Ebers/Heinze/Krügel/Steinrötter, Künstliche Intelligenz und Robotik, 1. Auflage 2020, § 20 Regierungs- und Verwaltungshandeln durch KI, Rn. 25 f.

8   Bundesanstalt für Straßenwesen, Verkehrsbeeinflussung auf Bundesfernstraßen, https://www.bast.de/DE/Publikationen/Berichte/unterreihe-v/2022-2021/v347.html?nn=1830074, abgerufen am 28.03.2022.

Schritt in der Verwaltungsmodernisierung dar, da in diesem Bereich naturgemäß am intensivsten in die Grundrechte der Bürger und Unternehmen eingegriffen wird.

Um die Rechtsstaatlichkeit zu wahren, war der Gesetzgeber daher bei der Entscheidungsautomatisierung angehalten, konkrete einfachgesetzliche Regelungen zu schaffen. Mit dem Erlass von § 35a des Verwaltungsverfahrensgesetzes (VwVfG) gab der Gesetzgeber am 18.07.2016 den Startschuss für die Entscheidungsautomatisierung. Der Wortlaut der Vorschrift lautet wie folgt:

§ 35a VwVfG

Ein Verwaltungsakt kann vollständig durch automatische Einrichtungen erlassen werden, sofern dies durch Rechtsvorschrift zugelassen ist und weder ein Ermessen noch ein Beurteilungsspielraum besteht.

Hierbei zeigen sich zwei wichtige gesetzgeberische Entscheidungen für den Einsatz von KI:

1. Die vollständige autonome Entscheidung durch KI bedarf einer ausdrücklichen Zulassung durch Rechtsvorschrift. Dies liegt am verfassungsrechtlichen Demokratie- und Rechtsstaatsprinzip. Beide Prinzipien verbieten es, dass eine KI unabhängig von gesetzlichen (und damit letztlich menschlichen) Vorgaben über Verwaltungsvorgänge entscheidet.
2. KI-Systeme dürfen nicht autonom entscheiden, wenn ein Beurteilungsspielraum oder eine Ermessensentscheidung besteht, also dem Amtswalter bei der Entscheidung von Gesetzes wegen Spielräume verbleiben.

Verwandte Regelungen zu § 35a VwVfG finden sich in der Steuerverwaltung (§ 155 Abs. 4 AO) und der Sozialverwaltung (§ 31a SGB X).

26.2.2   Künstliche Intelligenz und das Grundgesetz

Neben einfachgesetzlichen Normen stellt auch das Grundgesetz seinerseits Anforderungen an den Einsatz von KI.[9]

Gerade bei der Kommunikation sowie der Entscheidungsvorbereitung und -überprüfung, bei denen Vorschriften wie der § 35a VwVfG fehlen, nimmt das Grundgesetz (GG) eine besondere Bedeutung ein. Denn nach Art. 1 Abs. 3 GG ist die Verwaltung an die Grundrechte gebunden. Dies gilt selbstverständlich auch, wenn die Verwaltung Amtsträgerinnen durch KI ersetzt oder unterstützt.

---

9   Näher dazu Guggenberger, Einsatz künstlicher Intelligenz in der Verwaltung, in: Neue Zeitschrift für Verwaltungsrecht, 2019, S. 844 ff.

Als verfassungsrechtliche Faustformel für den KI-Einsatz gilt: Je stärker der Einsatz von KI durch die Verwaltung in die Grundrechte der Bürger und Unternehmen eingreift, desto höheren rechtlichen Anforderungen unterliegt der Einsatz. Transparenz, Verlässlichkeit, Verständlichkeit und Überprüfbarkeit der algorithmischen Systeme unterliegen in grundrechtssensiblen Bereichen dann besonders hohen Maßstäben.[10] Denn unter keinen Umständen darf der Mensch gem. Art. 1 Abs. 1 GG zum bloßen Objekt staatlichen Handelns herabgewürdigt werden.

Die Verwaltung muss in diesem Bereich dann beispielsweise durch stichprobenartige Kontrollen der Algorithmen oder Einflussnahme auf die Codierung gewährleisten, dass die KI die ethischen Standards wahrt. Insbesondere vor dem Hintergrund von Art. 3 Abs. 1 GG gilt: Alle Menschen sind vor dem Gesetz gleich. Genau wie der Amtswalter muss auch die KI alle Bürger und Unternehmen gleich behandeln.

26.2.3   Rechtspflicht zum Einsatz von KI

Im Vergleich zur Privatwirtschaft fehlt in der Verwaltung ein vergleichbarer Wettbewerbsdruck als treibender Faktor für Innovationen. Sind daher Unternehmen und Bürger vom guten Willen der jeweiligen amtierenden Regierung abhängig? Oder ist die Regierung nicht sogar von Rechts wegen verpflichtet, die Verwaltung mit KI auszurüsten?

Ein Blick auf Art. 41 der Charta der Grundrechte der Europäischen Union (EUGrCH) lässt eine Rechtspflicht nicht abwegig erscheinen. Nach diesem in der Vorschrift verbürgten »Recht auf eine gute Verwaltung« hat jede Person ein Recht darauf, dass ihre Angelegenheiten von den Organen, Einrichtungen und sonstigen Stellen der Union unparteiisch, gerecht und innerhalb einer angemessenen Frist behandelt werden.

Können also Algorithmen bestimmte Aufgaben viel schneller, einfacher und damit effektiver erledigen und droht ohne ihren Einsatz eine ineffizientere Verwaltung, könnte Art. 41 EuGrCh die Einführung von KI sogar gebieten.

---

10   S. Ebers/Heinze/Krügel/Steinrötter, Künstliche Intelligenz und Robotik, 1. Auflage 2020, § 20 Regierungs- und Verwaltungshandeln durch KI, Rn. 51 ff; so auch die Strategie der Künstlichen Intelligenz der Bundesregierung, Fortschreibung 2020, Stand: Dezember 2020, https://www.bmwi.de/Redaktion/ DE/Publikationen/Technologie/strategie-kuenstliche-intelligenz-fortschreibung-2020.pdf?__ blob=publicationFile&v=12, S. 23, abgerufen am 28.8.2022.

26.2.4   Europäisches Recht: Insbesondere die KI-Verordnung

Neben europäischen datenschutzrechtlichen Bestimmungen, die im Kapitel 22 dieses Praxishandbuchs thematisiert werden, zeigen sich von europäischer Seite aus auch Bestrebungen die Nutzung von KI innerhalb der EU zu harmonisieren. Unter der politischen Leitlinie »eine Union, die mehr erreichen will« entwarf die Europäische Kommission einen Verordnungsvorschlag für Künstliche Intelligenz (KI-VO). Diese Verordnung will die Anwendung von KI im Einzelfall regulieren.[11]

Es sei darauf hingewiesen, dass bei Drucklegung dieses Praxishandbuchs die KI-VO noch nicht verabschiedet war. Es können daher im Detail noch Änderungen erfolgen.

Sollte die Verordnung in ihrer jetzigen Fassung hingegen in Kraft treten, bedeutet dies für die Verwaltung konkret: Immer, wenn eine Behörde KI-Systeme anbietet (in den Verkehr bringt) oder auch die von Dritten zur Verfügung gestellten KI-Systeme nutzt, muss sie die Verordnungsvorgaben einhalten.

In der Praxis hat die Verwaltung daher in Zukunft zu prüfen, wie grundrechtssensibel die KI-Anwendung ist und ob Schutzvorkehrungen getroffen werden müssen. Die Risiken werden zu diesem Zweck von der KI-VO in Stufen eingeteilt: KI-Systeme mit inakzeptablen Risiken sind überwiegend verboten, solche mit hohem oder geringem Risiko unterliegen entsprechenden Beschränkungen.[12]

Die Beschränkungen reichen von verpflichtenden Risikomanagementsystemen bis zum gezielten KI-Training mit Testdatensätzen (Art. 9 f. KI-VO). Ferner müssen KI-Systeme so konzipiert werden, dass Menschen effektiv die Aufsicht über das System führen können (Art. 14 KI-VO).

Die aus der KI-VO resultierende Rechts- und Planungssicherheit wird ein neuer Ansporn für Innovationen innerhalb der Verwaltung werden. Um den umfassenden und hier nur überblicksartig skizzierten Anforderungen der Verordnung in der Praxis zu genügen, wird die Verwaltung aber auch Zeit benötigen. Die Europäische Kommission hält nach aktueller Planung 24 Monate nach Inkrafttreten der Verordnung für ausreichend. Daher besteht noch ein hinreichender Spielraum, den die Verwaltung nun bereits nutzen kann, um sich auf die Verordnungsvorgaben vorzubereiten und den »KI-Standort Deutschland« weiter auszubauen.

---

11 S. den detaillierten Verordnungsvorschlag COM (2021) 206 final, 21.04.2021, Vorschlag für eine Verordnung des Europäischen Parlaments und des Rates zur Festlegung Harmonisierter Vorschriften für Künstliche Intelligenz.

12 Ausführlich dazu Ebert/Spiecker, Der Kommissionsentwurf für eine KI-Verordnung der EU, in: Neue Zeitschrift für Verwaltungsrecht, 2021, S. 1188 ff.

26.3   Fazit und Handlungsempfehlung

Anhand der anfänglichen Beispiele zeigt sich, welches enorme Potenzial Künstliche Intelligenz für die Verwaltung entfalten kann. Dabei liegt das besagte Potenzial nicht nur in der viel diskutierten Entscheidungsautomatisierung. Ein zukünftiger sowie breitflächiger Einsatz von KI, gerade bei der Entscheidungsvorbereitung und der Kommunikation, wird einen hohen Beitrag dazu leisten, Deutschland zu einem führenden KI-Standort zu entwickeln.

Wie sich gezeigt hat, lassen sowohl der nationale als auch der internationale Rechtsrahmen bereits einen breitflächigen Einsatz solcher Technologien zu. Auf der anderen Seite hemmt die rechtsstaatliche Gesetzesbindung der Verwaltung an vielen Stellen den häufig (notwendigerweise) experimentellen Einsatz von KI-Systemen.

Gerade in grundrechtssensiblen Bereichen stellt das Recht hohe Anforderungen an das jeweilige System. Die Verwaltung muss, für einen rechtlichen und ethisch einwandfreien Einsatz, daher die Integrität des konkreten KI-Systems jederzeit gewährleisten. Als Teil der Staatsgewalt hat sie bei diesem Prozess eine Vorbildrolle einzunehmen.

Geltende rechtliche und ethische Standards müssen daher bereits bei der Codierung des KI-Systems berücksichtigt werden. Die Anwendung muss anhand stichprobenartiger Kontrollen überprüft und die Transparenzvorschriften müssen geschaffen werden. Ein diesbezüglicher Handlungsbedarf besteht nicht erst mit Geltung der europäischen KI-Verordnung, sondern bereits jetzt.

27 »Public AI« – Die digitale Transformation der öffentlichen Verwaltung mit KI

Von Alois Krtil

Was Sie in diesem Kapitel erwartet

Die Digitalisierung der Wirtschaft schreitet weltweit rasant voran. Transformationsprojekte sind in allen klassischen Industrien und Wirtschaftszweigen auf der Tagesordnung. Die Verwaltung hinkt teilweise noch hinterher, obwohl das Potenzial für eine Optimierung der internen Prozesse und Dienstleistungen sehr hoch ist. In diesem Beitrag werden erfolgreiche Beispiele für Digitalisierungsoffensiven von Verwaltungen gezeigt und die wesentlichen Treiber, aber auch Herausforderungen identifiziert.

Der Leser lernt Strategien und praktische Beispiele der Digitalisierung der Verwaltung kennen und erfährt, wie Digitalpionier Estland eine Vorreiterrolle in diesem Bereich eingenommen hat.

27.1 Digitale Transformation – vom Hype zur Realität

Begriffe wie »Digitale Transformationen«, »Digitalisierung und Disruption« sind in aller Munde und prägen seit Jahren die Berichterstattung aus der Wirtschaft. Zahlreiche Veranstaltungen und Kongresse über alle Branchen und Themenbereiche hinweg befassen sich mit diesen Themen. Es wird viel über die Notwendigkeit der Digitalisierung für die einzelnen Branchen und den Nachholbedarf in deutschen Unternehmen öffentlich und in den jeweiligen Strategieabteilungen diskutiert. Der anfängliche »Hype«, der zu Beginn mit Begriffen wie die Vierte Industrielle Revolution assoziiert wurde, entwickelt sich zu einem in der Realität angekommenen Maßnahmenkanon, der die Unternehmen unter Zugzwang bringt. Wer seinen digitalen Reifegrad nicht erhöht, läuft Gefahr, im internationalen Wettbewerb abgehängt zu werden. Auf der anderen Seite ergeben sich für Unternehmen, die sich frühzeitig und intensiv mit Daten, Algorithmen und Prozessautomatisierung befasst haben, große Chancen, Optimierungspotenziale im Kerngeschäft, aber auch in den Supportprozessen zu erzielen und Produkt- und Dienstleistungsinnovationen auf den Markt zu bringen. Der »Gartner Hype-Cycle« (siehe Abbildung 1), der regelmäßig veröffentlicht wird und als Technologie-Radar dient, das den Reifegrad der wichtigsten technologischen Entwicklungen *trackt*, zeigt, welche Technologien sich inzwischen vom anfänglichen Hype in die Realität bewegt und einen entsprechenden Reifegrad in den Märkten erlangt haben.

Insbesondere Technologien, die im Zusammenhang mit Künstlicher Intelligenz (KI), *Big Data, Edge Computing, Robotic Process Automation* (RPA), *Distributed Ledger Technolo-*

gies (DLT), *Edge Computing*, *Internet of Things* (IoT) und Sensorik stehen, entwickeln sich zu breit einsetzbaren Werkzeugen. Werden diese Werkzeuge kombiniert und synergetisch eingesetzt, ergeben sich große Optimierungs- und Innovationspotenziale in der Forschung, Produktentwicklung, Produktion oder Dienstleistungserbringung und sie können zum *Game-Changer* für ganze Industrien und die Dienstleistungswirtschaft werden.

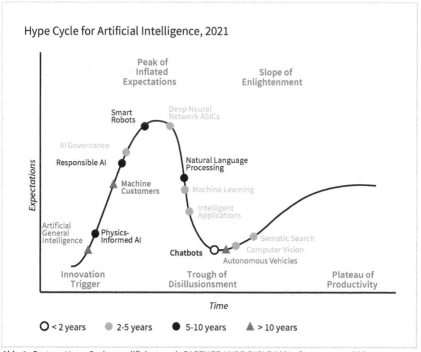

Abb. 1: Gartner Hype-Cycle, modifiziert nach GARTNER HYPE CYCLE 2021, Gartner.com, 2021

Ein Bereich, der vor einer ebenso gewaltigen Transformationsaufgabe wie die deutsche Wirtschaft steht, ist die öffentliche Verwaltung in Deutschland. Viele der Dienstleistungen und Verwaltungsprozesse haben immer noch einen sehr hohen Anteil an manuellen Tätigkeiten und können den heutigen Nutzeranforderungen nicht mehr gerecht werden. Auch hier können digitale Technologien wie KI, Big Data und RPA sinnvoll zum Einsatz kommen und die Nutzerfreundlichkeit der Services enorm verbessern.

27.2   Transformation in der Verwaltung – von Medienbrüchen zu modernen Systemen

Die digitale »Transformationswelle« hat inzwischen auch die deutsche Verwaltung erreicht und einen Handlungsdruck erzeugt. Mit dem Onlinezugangsgesetz (OZG) soll bspw. die Interaktion zwischen Bürgerinnen, Bürgern und Unternehmen mit der

Verwaltung in Zukunft deutlich schneller, effizienter und nutzerfreundlicher werden. Das Gesetz zur Verbesserung des Onlinezugangs zu Verwaltungsleistungen verpflichtet Bund, Länder und Kommunen, bis Ende 2022 ihre Verwaltungsleistungen über Verwaltungsportale auch digital anzubieten. Insgesamt wurden knapp 600 gemäß OZG zu digitalisierende Verwaltungsleistungen (sogenannte OZG-Leistungen) identifiziert.

Grund ist, dass viele Prozesse in der Verwaltung noch einen hohen Anteil an manuellen Tätigkeiten voraussetzen und noch nicht digital zur Verfügung stehen. Einerseits liegt das an veralteten monolithischen IKT-Systemen, zum anderen an der Regulatorik, die komplexe Anforderungen an Prozesse und Verantwortlichkeiten stellt und innovative Lösungen daher erschwert. Durch das OZG werden Vorgaben gemacht, die die digitale Transformation der deutschen Verwaltung auf eine gesetzliche Grundlage stellen und somit den Wandel beschleunigen sollen.

Aufgrund des großen Digitalisierungspotenzials im Bereich öffentliche Verwaltung, hat sich weltweit die sogenannte GovTech(*Government Technologies*)-Branche entwickelt, die für diese Einsatzbereiche Software- und Hardwarelösungen entwickelt und die Verwaltung als Zielkunden hat. KI spielt in den aktuellen und zukünftigen Lösungen der GovTech-Branche eine wichtige Rolle. Zahlreiche Start-ups konzentrieren sich dabei auf unterschiedliche Anwendungsbereiche, die von der inneren Verwaltung über öffentliche Versorgung, Steuern und Finanzdienstleistungen, Gesundheit und Soziales bis hin zu den konkreten Schnittstellen zu Bürgerinnen und Bürgern bzw. Organisationen reichen. KI und Big Data als Technologiekomponenten sind in den meisten Ansätzen inzwischen vorhanden.

Öffentliche Verwaltungen reagieren auf diese globalen Entwicklungen und gehen u. a. Kooperationen mit Start-ups ein, um von den schnellen Entwicklungszyklen der GovTech-Akteure zu profitieren. Dabei sind regulatorische und juristische Fragen auf der Tagesordnung. Die Zusammenarbeit zwischen Start-ups und der öffentlichen Verwaltung gestaltet sich zum Teil schwierig. Aus diesem Grund hat zum Beispiel die Hamburger Verwaltung eine eigene GovTech-Einheit mit dem Namen GovTecHH ins Leben gerufen, die die Zusammenarbeit zwischen den beiden »Welten vereinfachen und intensivieren soll (https://digital.hamburg.de/digitale-stadt/govtechh-11008).

Hamburg gehört in Deutschland zu den Vorreitern im Bereich »KI und Verwaltung«. Bereits 2018 hat die Tagung »Algorithmen und künstliche Intelligenz in der Verwaltung« stattgefunden, in der internationale Experten die unterschiedlichen Herausforderungen, Lösungsansätze und den rechtlichen Gestaltungsspielraum beim Einsatz von KI diskutiert haben. Hieraus entwickelten die maßgeblichen Initiatoren Friedrich-Joachim Mehmel und Prof. Dr. Wolfgang Schulz neun Thesen, die die Ergebnisse des

Diskurses für die Verwaltung im Umgang mit der Schlüsseltechnologie KI zusammen-fassen und Handlungsstränge aufzeigen. Der Standort Hamburg knüpft auch weiterhin an diese frühe Initiative an und befasst sich in diversen Pilotprojekten, beispielsweise zu Chatbots, Bürgerbriefen, Dokumentenmanagement und Prozessoptimierung mit der Implementierung von KI-Lösungen in der Verwaltung. Auch die Polizei, das LKA und die Wasserschutzpolizei befassen sich mit KI-Pilotprojekten. Initiativen und Ins-titutionen, wie die aus der Open Data Bewegung entstandene »Urban Data Plattform Hamburg«, aber auch Innovationsprojekte, die mit anderen Städten gemeinsam er-probt werden, wie bspw. »Digitale Zwillinge für die digitale Stadtplanung« und »Smart City Weiterentwicklung«, finden sich in der Metropolregion und begünstigen den Ein-satz von KI durch die Bereitstellung einer großen Datengrundlage. Öffentliche Institu-tionen wie das »DigiLab« des Landesbetriebs Straßen, Brücken und Gewässer (LSBG) zeigen beispielhaft die klaren Digitalisierungsbestrebungen der Hansestadt, in denen KI eine entscheidende Rolle spielt. So wurde beispielsweise im »DigiLab« ein inter-aktiver Planungstisch entwickelt, um die Baustellen- und Verkehrsplanung digital zu erfassen und mithilfe von KI-Algorithmen optimieren zu können (bspw. durch Stau-vorhersagen und Verkehrssimulationen).

Betrachtet man die noch zu hebenden Digitalisierungspotenziale aus ökonomischen Gesichtspunkten, aber auch aus Sicht der Bürgerinnen und Bürgern als Nutzer (d.h. unter Service-Aspekten), so liegt es auf der Hand, dass es neben lokalen Digitalisie-rungsoffensiven, neuen Gesetzen und Pilotprojekten auch eine ganzheitliche Strate-gie für die digitale Transformation der Verwaltung geben muss. Föderale Strukturen mögen sicherlich Vorteile in gewissen Bereichen mit sich bringen, erweisen sich aber in Hinblick auf eine flächendeckende Digitalisierung Deutschlands als große Heraus-forderung.

Um eine ganzheitliche Digitalisierungs- und KI-Strategie für die Verwaltung umzu-setzen, benötigt man ein solides *Governance*- und Technologiekonzept, das nach modernen Prinzipen entwickelt wird und insbesondere die veralteten monolithi-schen »Legacy«-Systeme ablöst. Idealerweise sollte die digitale Infrastruktur modu-lar, interoperabel und *layer*-basiert konzipiert werden. Dies bietet die Möglichkeit, verteilte Mikroservicekomponenten (unabhängige entkoppelte Dienste) und Schnittstellen bereitzustellen, sodass die digitale Infrastruktur erweiterbar ist und neuen Entwicklungen offensteht. Wichtig für die Implementierung von (KI-gestütz-ten) Services sind technologische Basiskomponenten, sogenannte *Building Blocks*, die wiederverwendbare Grundfunktionalitäten abbilden und essenziell für das Ge-samtsystem und alle Services sind. Dazu gehören beispielsweise eine eindeutige digitale Identität (vergleichbar mit der Steuer-ID in Deutschland), manipulationssi-chere (staatliche) Register, dezentrale Datenbanken und Trust- und Broker-Services, die die Transaktionen überwachen und signieren. Diese Grundfunktionalitäten können dann von allen Diensten und Komponenten des Gesamtsystems genutzt werden, ohne dass es zu Redundanzen und damit zu einem unnötigen Komplexitätsanstieg kommt.

Derartige moderne verteilte IT-Architektur-Ansätze werden u. a. in EU-weiten Initiativen wie beispielsweise »GAIA-X« und »X-Road« entwickelt und sind in vielen Fällen sogar unter *Open Source* Lizenzen verfügbar. Das heißt, die IT-Referenzarchitekturen müssen nicht neu erfunden werden, sondern stehen in einem hohen Reifegrad öffentlich in sogenannten *Public Repositories* (z. B. https://github.com/nordic-institute) zur Verfügung. Eine inzwischen weltweite Community nutzt diese Referenzarchitekturen und entwickelt sie modular weiter; d. h. die Systeme veralten nicht, sondern wandeln sich mit den technologischen Fortschritten, insbesondere im Bereich der Sicherheit (*Cyber Security*).

27.3   Ein Blick nach Estland

»X-Road« ist eine *Open-Source*-Entwicklung aus Estland und bereits seit 2001 in der estnischen Verwaltung erfolgreich im Einsatz. Es ist ein von und zunächst für die Regierung von Estland in Zusammenarbeit mit estnischen Forschern, Programmierern und Firmen entwickeltes System aus IT- und Servicekonzepten, Rechts- und Verfahrensvorschriften, technischen Standards und Regeln, einer Vielzahl dezentraler Datenbanken und Sicherheitsservern. Es stellt die Basis der digitalen Services der Verwaltung dar, auf deren Grundlage stetig neue Services entwickelt und implementiert werden können. Heute sind auf dem *e-Government* System bereits mehr als 3.000 digitale Services aktiv, 52.000 Organisationen nutzen diese Services und ca. 1.5 Mrd. Transaktionen pro Jahr laufen über das System. Unter anderem können alle Steuerangelegenheiten vollständig digital abgebildet werden. Ein Service, der von 95 Prozent der estnischen Bevölkerung bereits genutzt wird (Quelle: https://e-estonia.com/wp-content/uploads/e-estonia-facts-dec2021.pdf).

Ein solches System ist für die Implementierung von neuen KI-gestützten Services prädestiniert, denn es stellt viele Standardkomponenten, Sicherheitsfeatures und Daten- und Transaktionsfunktionalitäten standardisiert bereit, die ansonsten immer wieder neu entwickelt werden müssten. Auch außenstehenden privaten Anbietern steht das System offen und bietet eine standardisierte Daten- und Schnittstellen-Plattform, um eigene digitale Dienstleistungen zu entwickeln und anzubieten.

Zukunftsweisende Ansätze wie »X-Road« haben Estland inzwischen zu einem weltweit beachteten Digitalpionier gemacht. Estland hat schon in den 1995er-Jahren angefangen, Digitalisierung in relevanten Bereichen zur Chefsache zu machen und zu priorisieren. Daraus ist über die Jahre eine beachtliche *Roadmap* und Implementierungsagenda entwickelt worden, die weltweit Anerkennung findet. Beispiele sind die »Digitale Identität« (*e-Identity*), die fast von der gesamten estnischen Bevölkerung genutzt wird, um sich im Internet zu verifizieren und Dienstleistungen und Behördenangelegenheiten digital abzuwickeln. Ferner gibt es eine digitale Residenz (*e-Residency*), die beantragt werden kann, um Geschäfte in/über Estland auch aus dem Ausland zu machen, und das digitale Wählen (*i-Voting*), das bereits seit 2005 im Einsatz ist. 99 Prozent aller Behördenvorgänge lassen sich über das Internet von zu Hause oder von unterwegs aus erledigen und die Esten nutzen dies auch in hohem Maße. Nur bei der Heirat, der Ehescheidung und bei Immobiliengeschäften wird noch die persönliche Anwesenheit gefordert.

Da es in Estland eine integrierte langfristige, aber auch eine dynamische Digitalisierungs- und KI-Strategie der Verwaltung gibt, ist dieses Land ein gutes Beispiel, das zeigt, welche Potenziale mit KI in Verwaltungsapparaten genutzt werden können und wie groß die Akzeptanz der Bevölkerung für solche Lösungen sein kann.

Neben »X-Rod« stellt insbesondere das aktuelle »KRATT«-Programm der estnischen Regierung einen weiteren Digitalisierungsmeilenstein dar. Hinter »KRATT« verbirgt sich Estlands KI-Strategie, die auf den bisherigen Plattform- und Service-Gedanken fußt. In diesem KI-Programm, das für die Jahre 2019 bis 2021 in Form einer partizipativen Roadmap erarbeitet wurde, sind KI-Ziele und Maßnahmen hinterlegt, die die breite Anwendung von KI in der estnischen Verwaltung und darüber hinaus in der estnischen Wirtschaft durch Kooperationen zwischen dem öffentlichen Sektor und der Privatwirtschaft forcieren. Bereits 2020 konnte das Ziel, mindestens 50 öffentliche KI-Services operativ lauffähig zu haben, erreicht werden. Heute, Stand Februar 2022, sind mehr als 80 KI-Services im Einsatz und 35 weitere werden aktuell entwickelt.

In diesem Portfolio finden sich beispielsweise praktische Dienstleistungslösungen, die der Verwaltung, aber insbesondere auch den Bürgerinnen und Bürgern das Leben vereinfachen sollen. Dazu gehören smarte Chatbots, die sich an die Sprache des Nutzers selbstständig anpassen können und somit die Interaktion vereinfachen, Informationsassistenten, die die öffentlichen Quellen durchsuchen und verifizierte Informationen ausgeben können, z. B. zu Fragen der aktuellen Covid-Einreiseregelung oder zu individuellen Fragen über Steuerbelange. Der Nutzer kann mit diesen Services schriftlich oder per Stimme interagieren, um die Einstiegshürde der Bedienung so einfach wie möglich für alle Zielgruppen zu machen. Estlands Verwaltung setzt außerdem KI ein, um die Arbeitslosenentwicklung besser zu analysieren und zu verstehen und Menschen wieder in einen Job zu vermitteln. Aber auch das KI-gestützte Aufdecken von Steuerhinterziehung soll mittels *smarter* Algorithmen einfacher werden.

Andere Beispiele, welche die Verwaltung intern effizienter machen, sind digitale Bots, die die Anfragen der Bevölkerung automatisch klassifizieren und teilautonom beantworten können und in Zukunft die gesamte Kommunikation mit den Bürgerinnen und Bürgern übernehmen, sodass die Antworten und Vorfälle in Echtzeit bearbeitet werden können. Administrative Vorgänge wie z. B. die Verlängerung des Reisepasses oder das Ummelden des PKW können heute schon über das Handy sicher und in wenigen Sekunden durchgeführt werden. Unter dem Projektnamen »BÜROKRATT« wird ein erweiterter KI-Kommunikations-Service für die Anfragen und Anliegen von Bürgerinnen und Bürgern von drei staatlichen Einrichtungen seit Mitte 2021 implementiert. Ziel ist es, den Nutzern über einen Kommunikationskanal die Möglichkeit zu bieten, mit der Verwaltung zu interagieren. Auch an einer sogenannten »Consent-Plattform« wird seit 2021 gearbeitet – ein Service, der die persönlichen Daten der Bürgerinnen und Bürger schützt und diese gleichzeitig gezielt (bei Einwilligung) freigeben kann, um die Servicequalität für den Einzelnen zu steigern oder die Nutzung spezieller Services überhaupt erst zu ermöglichen.

Ein weiterer KI-basierter Ansatz wacht automatisch, durch die Analyse von Satellitenbildern, über die Einhaltung der Vorgaben zur Umsetzung estnischer Agrarsubventionen. Erst wenn eine Nichteinhaltung durch die KI-basierte Auswertung von Satellitenbildern festgestellt wird, folgen Vor-Ort-Kontrollen. Bisher wurde per Stichprobe nach dem Zufallsprinzip kontrolliert, was sehr personalintensiv und kostspielig war. Eine ähnliche Technologie wird verwendet, um die Ausbreitung von Krankheiten und Unregelmäßigkeiten in Wäldern zu monitoren; auch hier können persönliche Inspizierungsfahrten in signifikantem Umfang eingespart und außerdem kann ein besser Gesamtüberblick erzielt werden.

Die entwickelten KI-Dienste und -Komponenten werden allesamt in einem »Public Repository« zur Verfügung gestellt; mit dem Ziel der Wiederverwendung und des gemeinsamen Lernens durch die einbezogenen Communities aus der ITK-Branche, den Start-ups und der Wissenschaft. Zu den Basiskomponenten, die heute schon verfügbar sind und wiederverwendet werden können, zählen u. a. KI-basierte Text-Analyse-Komponenten, Spracherkennung und -synthetisierung sowie Klassifizierungsmodelle zum Einsatz im Bereich der Kundenpflege (siehe Abbildung 2). So wird von vornerein darauf abgezielt, die modular entwickelten Systeme auf dem aktuellen Stand des Wissens zu halten und weiterzuentwickeln, anstatt ein geschlossenes, monolithisches System zu pflegen, das schnell veraltet. Die Maßstäbe, die man an neue Softwareentwicklungsprojekte seitens der Verwaltung setzt, knüpfen an der modularen und standardisierten Plattformstrategie an und erweitern somit Estlands digitales Service Ökosystem. Die estnische Regierung nennt das »e-Government-as-Service« und knüpft dabei an den gut bekannten Begriff aus der Softwareentwicklungswelt *Software-as-a-Service* (SaaS) an.

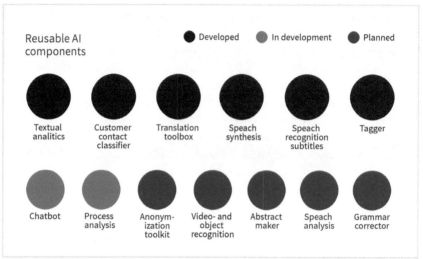

Abb. 2: Wiederverwendbare KI-Komponenten, modifiziert nach Ott Velsberg, Building the next Generation e-Government, 2021

Durch den Erfolg der KI-Lösungen im Bereich des *e-Government* wurde kürzlich eine Entwicklungs- und Anwendungskooperation zwischen Finnland und Estland geschlossen und im »KRATT«-Programm arbeiten die beiden Länder gemeinsam an bestehenden und neuen Lösungen.

Zusammenfassend lässt sich festhalten, dass der Digitalpionier Estland, komplementär zu seiner Digitalisierungsstrategie, eine ganzheitliche und dennoch sehr agile KI-Strategie entwickelt und erfolgreich pilotiert hat. Die Effizienzgewinne und die Nutzungsintensität durch die Zielgruppen sind enorm: Mindestens 2 Prozent des staatlichen Bruttoinlandsprodukts werden nach Angaben der estnischen Regierung jährlich eingespart allein durch die kollektive Nutzung digitaler Signaturen. Der elektronische Datenaustausch über »X-Road« hat bisher zu einer Ersparnis von mehr als 1.000 Jahren Arbeitszeit beigetragen (Quelle: https://e-estonia.com/wp-content/uploads/e-estonia-facts-dec2021.pdf). Komponenten wie die bereits sehr frühe schulische Ausbildung im Bereich Digitalisierung und KI stützen Estlands Digitalstrategie und ermöglichen eine nachhaltige Weiterentwicklung. Durch die modulare und open-source-basierte IT-Architektur hat Estland großes Potenzial entfaltet und weltweit für Interesse gesorgt.

27.4 Fazit und Ausblick

Insgesamt hat das Thema KI in der Verwaltung ein enormes Potenzial, Prozesse effektiver zu gestalten und außerdem allen Nutzern und Zielgruppen eine einfache Bedienung, Nutzerfreundlichkeit und hohe Geschwindigkeit bei der Bearbeitung von behördlichen Aufgaben zur Verfügung zu stellen. Neben der gesteigerten Effizienz in Verwaltungsprozessen und einer besseren Servicequalität für die Bürgerinnen und Bürger hat die Digitalisierung auch positive Einflüsse auf die Resilienz der Verwaltung unter Krisenbedingungen. Diejenigen Staaten und Länder mit einem höheren Digitalisierungsgrad können besser auf kritische Ereignisse reagieren und funktionsfähig bleiben. Dennoch tun sich viele Verwaltungen schwer, ihre Digitalisierungsbestrebungen um- und flächendeckend einzusetzen. Vor diesem Hintergrund bleibt es abzuwarten, wann andere Länder nachziehen und ihre Digitalisierungs- und KI-Strategien für die Verwaltung entwickeln und umsetzen.

28 Der Einzug von Technologie in das Einkaufsgeschehen

Knowledge4Retail: Künstliche Intelligenz und Robotik im stationären Einzelhandel

Von Luisa Strelow, Dr. Vanessa Just und Andreas Wulfes

Was Sie in diesem Kapitel erwartet

Die zunehmende Verbreitung des Onlinehandels verdeutlicht die Dringlichkeit der Digitalisierung des stationären Einzelhandels, damit dieser wettbewerbsfähig bleiben kann. In diesem Beitrag wird das Projekt Knowledge4Retail (K4R) vertiefend vorgestellt, das zum Ziel hat, eine Open-Source-Plattform zu schaffen, die bei der Entwicklung von Anwendungen der Künstlichen Intelligenz (KI) und Robotik für den stationären Einzelhandel unterstützt. Die Grundlage der Plattform bilden sogenannte »semantische digitale Zwillinge« (semdZ) von Einzelhandelsfilialen, die durch die »K4R-Plattform« einfach nutzbar gemacht werden.

Damit richtet sich dieser Beitrag vor allem an Personen, die am Einsatz von KI im Einzelhandelssektor sowie am Wandel von Geschäftsmodellen durch Open-Source-Lösungen interessiert sind. Verfügbarkeit und vor allem der intelligente Nutzen von Daten im Handel – das sind die Herausforderungen und Chancen, die im Nachfolgenden näher beleuchtet werden.

28.1 Einführung

Shoppingerlebnisse finden immer öfter digital statt, was einer der Gründe ist, weshalb auch der stationäre Einzelhandel einem Wandel unterliegt. Doch obwohl das Bedürfnis nach bequemen Lösungen steigt, ist der Bedarf nach haptischen Erlebnissen weiter vorhanden. Die reine »Entweder-online-oder-stationär«-Entscheidung ist für Verbraucher und damit auch für Unternehmer keine Option – die Zukunft des Einzelhandels liegt in der konsequenten Verbindung von analoger und digitaler Welt.[1]

Individuelle Beratungen und Services, Nachhaltigkeit, Transportketten und Klimaschutz – das sind nur einige der Themen und Wünsche, die Verbraucher in hohem Maße beschäftigen. Aufgrund des starken Bedürfnisses nach Datenschutz müssen

---

[1] Fünf Trends für den Supermarkt der Zukunft – Handel 2020: Trendbarometer – FAZ, https://www.faz.net/asv/handel-2020-trendbarometer/fuenf-trends-fuer-den-supermarkt-der-zukunft-16630210.html, abgerufen am 25.02.2022.

Mehrwerte für Endkunden klar aufgezeigt werden, um die Bereitschaft zu erhöhen, persönliche Daten zu teilen. Im Einzelhandel werden die meisten strategischen Entscheidungen aufgrund des Kaufverhaltens der Kunden getroffen. Durch die Erfassung der Warenein- und -ausgänge können das Produktangebot und die Preise angepasst werden, um Verkaufszahlen und Umsätze zu erhöhen. Was bisher nur sehr wenig erfasst wird, jedoch hohes Potenzial birgt, ist die Analyse des konkreten Verhaltens von Kunden in den Filialen selbst. KI kann und soll hier Licht in die »Black Box« Einzelhandelsfiliale bringen. Im Rahmen des vom Bundesministerium für Wirtschaft und Klimaschutz geförderten Projektes »Knowledge4Retail« (K4R), das in diesem Kapitel vorgestellt und erläutert wird, werden erstmalig gezielt Daten auf einer Plattform zusammenführen.

Mit der Plattform bringt K4R die Entwicklung und Nutzung von KI sowie den Einsatz von Servicerobotern im Einzelhandel voran. Dabei dienen sogenannte »semantische digitale Zwillinge« (semdZ) von Filialen als Grundlage für alle Anwendungen. Händler erhalten mit dieser Technologie die Möglichkeit, ihr Sortiment noch besser an den Wünschen ihrer Kunden auszurichten und die Verbindung von On- und Offline-Shopping effektiver zu gestalten. So können Services etwa das Kundenverhalten in den Läden analysieren und darauf basierend die Platzierung von Waren hinsichtlich Sichtbarkeit und Erreichbarkeit optimieren. Andere Services sollen die automatisierte Inventur und Regalbefüllung mithilfe von Servicerobotern ermöglichen. So wird der stationäre Einzelhandel langfristig gestärkt.

Im Folgenden wird zunächst der aktuelle Stand der Wissenschaft und Technik beleuchtet, bevor ein Überblick über die konkreten Anwendungsfälle des Projektes gegeben wird. Zwei dieser Fälle werden vertiefend vorgestellt. Darüber hinaus wird die grundsätzliche Relevanz der Open-Source-Plattform dargelegt und schließlich werden Handlungsempfehlungen für die Praxis abgeleitet.

28.2   Plattformökosystem und digitale Zwillinge – treibende Kräfte für den stationären Einzelhandel

Denkt man über die Zukunft des Einzelhandels nach, dann sind die User- oder Customer Experience Dreh- und Angelpunkt. Die Themen des Einkaufserlebnisses und der Prozessqualität sind dabei als zentrale Erfolgsfaktoren im E-Commerce wie auch im stationären Handel erkannt worden.[2]

---

2   Handelsblatt Journal, Sonderveröffentlichung zum Thema »THE FUTURE OF RETAIL« | Oktober 2021, Seite 5.

Die nachfolgende Abbildung gibt einen Überblick über das Einkaufsverhalten der Deutschen und die zunehmende Verschmelzung der Online- und Offlinewelt im Rahmen des Shoppingerlebnisses. Daten und Technologie sind dabei nicht nur Wegbereiter, sondern mitunter auch Voraussetzung:

Zahlen & Fakten zur Digitalisierung

72% der Handelsunternehmen sehen in der Digitalisierung eine Chance

56% haben durch die Digitalisierung neue Kunden gewonnen

36% wollen Echtzeitinfos über lagernde Ware

8% der Händler nutzen bereits KI

65% der Händler schreiben KI Potenzial zu

62% sehen Einsatzpotenziale für Robotik z. B. im Lager

Quellen: Bitkom-Studienbericht "E-Commerce und stationärer Handel: So digital shoppen die Deutschen", 2020; Bitkom-Research-Befragungen, 2018-2020; Telekom-Digitalisierungsindex Mittelstand 2019/2020. © Mittelstand-Digital

Abb. 1: Zahlen und Fakten zur Digitalisierung des Einzelhandels[3]

Angesichts der in Abbildung 1 dargestellten Fakten werden intelligente Konzepte im Handel entwickelt, um den Anreiz für das vernetzte Einkaufen zu steigern und einen positiven Einfluss auf die Kundenzufriedenheit zu nehmen. Digitale Instrumentarien wie z. B. Virtual Reality, aber auch der Einsatz von Künstlicher Intelligenz sind hier zu nennen.[4]

Dabei aber nur über das Einkaufserlebnis des Kunden nachzudenken, greift zu kurz – die fortschreitende Digitalisierung und Technologisierung führen auch zu veränderten Geschäftsmodellen und Prozessen. Künstliche Intelligenz kann dabei als Enabler und Treiber für Prozessoptimierung u. a. für Einkauf, Logistik und Geschehnisse im Markt genannt werden.[5]

3　Handelsblatt Journal, Sonderveröffentlichung zum Thema »THE FUTURE OF RETAIL« | Oktober 2021, Seite 22.
4　Fünf Trends für den Supermarkt der Zukunft – Handel 2020: Trendbarometer – FAZ, https://www.faz.net/asv/handel-2020-trendbarometer/fuenf-trends-fuer-den-supermarkt-der-zukunft-16630210.html, abgerufen am 25.02.2022.
5　Handelsblatt Journal, Sonderveröffentlichung zum Thema »THE FUTURE OF RETAIL« | Oktober 2021, Seite 7 f.

Das im Rahmen dieses Beitrags vorgestellte Projekt Knowledge4Retail will eine neue Generation von Informationssystemen für den Handel und dessen Supply Chains als digitale Innovationsplattform und Ökosystem bundesweit und international etablieren. Das Vorhaben adressiert den Anwendungsbereich des intelligenten Handels und verbindet Online- und stationären Handel, dient dem strategischen Marketing und nutzt u. a. auch Chatbots für einen individuellen Kundenservice. Die Grundlage bieten digitale Abbildungen aller physischen Gegebenheiten in stationären Einzelhandelsfilialen – wir nennen sie semantische digitale Zwillinge (semdZ). semdZ modellieren Unternehmensressourcen im Hinblick auf Informations- und Entscheidungsprozesse für Umgebungen wie Supermärkte, Logistikketten und Lager.

Das Schlüsselelement von semdZ ist eine Erweiterung vorhandener Informationssysteme und deren Technologien um die realistische Bildsynthese von modellierten Handelsumgebungen und die Simulation von darin physikalisch durchgeführten Aktionen wie zum Beispiel die Regalbestückung. Das geschieht durch die Kombination von Umgebungsmodellen als symbolische Wissensbasen mit zukunftsweisenden Big-Data-Datenbasen, Data-Science- und Data-Analytics-Technologien sowie Virtual-Reality-Simulationen. Im Ergebnis schafft das Informationssysteme – mit einem innovativen Repertoire der Informations- und Wissensvisualisierung – Informations-Interaktionsmöglichkeiten in einem bisher nicht erreichbaren Detaillierungsgrad und einer Realitätsnähe, die nicht nur an Rechnern, sondern auch auf Smartphones, Tablets, mit Datenbrillen, bei Augmented-Reality-Anwendungen und virtuellen Umgebungen erreichbar wird. Da diese Informationssysteme auf standardisierten und offenen Wissensformaten basieren und offene Software Libraries zum maschinenlesbaren Zugang von Daten und Wissen nutzen, schaffen sie die Grundlage für ein nachhaltiges und zukunftsweisendes wissensbasiertes Ökosystem für die nutzenden Unternehmen und tragen so maßgeblichen zum Wandel im Einzelhandel bei.

Grundlage der Plattform sind semantische digitale Zwillinge – digitale Modelle von realen Geschäften, die verschiedene Daten einer Einzelhandelsfiliale in sich vereinen. Dafür wird im Projekt ein Datenformat für die digitale Darstellung vom Aufbau sowie von den Prozessen von Einzelhandelsgeschäften entwickelt. Innovativ ist hierbei, dass für die Modelle nicht nur entsprechende Daten gesammelt werden, sondern diese Daten zudem semantisch miteinander verknüpft werden. Als Grundlage für die digitalen Zwillinge dienen zum Beispiel Daten aus Sensoren der Filialen oder von ERP-Systemen, die mit weiteren Informationssystemen, wie digitalen Produktkatalogen, angereichert werden. Ergänzt werden die Daten aus verschiedenen Datenquellen des Filialumfelds wie z. B. Geokoordinaten konkurrierender Unternehmen, um ein breites Angebot an KI-Anwendungen zu ermöglichen. In dem Projekt werden erste Pilotanwendungen von Entwickelnden konzipiert und bereitgestellt. Durch die Standardisierung ist ein Zusammenspiel von Datenlieferanten und Lösungsanbietern möglich. Auf

Grundlage dieses entstehenden Ökosystems können Entwickler ihre KI-Anwendungen weiter verbessern oder mit Anwendungen anderer Anbieter zu neuen KI-Anwendungen kombinieren.

Zudem können Händler ihre semantischen digitalen Zwillinge zur einfachen Integration von autonomen Servicerobotern nutzen. Diese navigieren dann auf Grundlage der digitalen Modelle eigenständig in den Filialen. Die virtuelle Umgebung erlaubt es, die von Menschen in diesen Filialen durchgeführter Aktionen aufzunehmen und zu interpretieren. Die Roboter speisen gleichzeitig wieder neue Sensorinformationen an die Plattform zurück.

Betrachtet man einzelne Tätigkeiten, erkennt man bereits das erhebliche wirtschaftliche Potenzial von semdZ für den Handel:

Die digitalen Zwillinge erlauben es dem Filialleiter, Fragen wie »Wo sind Null-Bestände?« oder »Wo sind Produkte falsch platziert oder ausgezeichnet?« jederzeit zu beantworten.

- Die Mitarbeitenden im Supermarkt erhalten Antworten zu Fragen wie »Wo sollte ich das nachgelieferte Produkt einsortieren?«, »Wo stehen ähnliche Produkte?«.
- Kunden erhalten Antworten auf Fragen wie »Wo finde ich mein gesuchtes Produkt?« oder »Wie sieht der kürzeste Weg zur Abarbeitung meiner Einkaufsliste aus?«. Für Regionalmanager können Fragen wie »Worin weicht die Regalstruktur vom Standard ab?« oder »Welcher Supermarkt hat am meisten ausverkaufte Produkte?« beantwortet werden.
- Logistikverantwortliche bekommen Fragen wie »Wie viel Platz ist in dem Supermarkt für ein bestimmtes Produkt?« oder »In welcher Reihenfolge sollten Produkte palettiert werden, um das Entladen und Nachfüllen der Regale so effizient wie möglich zu machen?« beantwortet.
- Marketingspezialisten können mit semdZ Layouts vergleichen und bewerten sowie beurteilen, wie unterschiedliche Produktpositionierungen Verkaufszahlen beeinflussen.

Knowledge4Retail liefert mit dem semdZ die treibende Kraft für den regalgebundenen Einzelhandel. Mit semdZ könnten autonome mobile Greifroboter Aufgaben direkt erfassen und aufgrund einer hinterlegten Parametrierung ausführen. Die Bestückung von Paletten lässt sich unter Einbeziehung des Supermarktlayouts so optimieren, dass eine Zwischenlagerung in dem Filiallager entfallen kann. Ziel der Softwarearchitektur ist es, verschiedenartige Roboter individuell zu nutzen oder zu heterogenen Teams zusammenstellen zu können, die bei Bedarf kooperativ eine Aufgabe bearbeiten. Die zentrale Steuerung kann von den jeweilig unterschiedlichen Fähigkeiten der einzelnen Systeme Gebrauch machen und diese als Team, aber auch individuell gewinnbringend einsetzen. Dies ermöglicht die Automatisierung der einleitend genannten Prozesse. Darüber hinaus bietet Knowledge4Retail weitere deutliche Mehrwerte, beispielsweise bei der optimalen Planung von Transportprozessen und -wegen. Um softwaretechnisch keine Insellösung zu schaffen oder Nutzern bestimme Software aufzudrängen, ist der Grundgedanke, dass es sich um offene Systeme mit definierten Schnittstellen handelt. Diese ermöglichen Dritten, eigene Software anzubinden und die Funktionalitäten des Frameworks zu nutzen.

Wie konkrete Anwendungsszenarien aussehen, wird im Folgenden näher beschrieben.

28.2.1   Einblick in die Plattform-Architektur

Wie bereits eingangs beschrieben, ist die Open-Source Knowledge4Retail-Plattform das zentrale Ergebnis des Projekts. Dabei stellt die Integration unterschiedlichster Technologien und Informationsmodelle die zentrale Herausforderung dar. Darüber hinaus entstehen durch die Vielzahl an Anwendungsfällen ständig neue Anforderungen an die Datenstruktur.

Im Rahmen der Konzeptionsphase wurden verschiedene Open-Source-Komponenten evaluiert und hinsichtlich einer technischen Eignung und Akzeptanz sowie unter sicherheits- und datenschutzrelevanten Aspekten bewertet. Das Ziel bestand in der Identifikation einer Kombination von etablierten, offenen und lizenzkostenfreien Technologien. Man hat sich schließlich für einen Technologie-Stack bestehend aus Docker/Kubernetes, PostgreSQL, Apache Kafka, KnowROB, Keycloak, Java/Springboot sowie Python entschieden (vgl. Abbildung 2). Neben der Wahl eines geeigneten Technologie-Stacks wurde zudem ein Datenschutzkonzept entwickelt, damit die K4R-Plattform DSGVO-Anforderungen gerecht wird und somit praxistauglich ist.

Die Praxistauglichkeit der einzelnen K4R-Komponenten wurde bisher hauptsächlich durch die dm-drogerie markt GmbH + Co. KG als Projektpartner evaluiert. Im Laufe des Projekts sind zudem viele Gespräche mit weiteren Einzelhandelsunternehmen geführt worden, um die Kompatibilität der Plattform mit verschiedenen Systemlandschaften zu prüfen.

Die große Anzahl an Projektpartnern ist essenziell und sehr wertvoll, jedoch entsteht dadurch auch die Herausforderung, alle Partner angesichts des anspruchsvollen Projektvorhabens kontinuierlich auf einem Stand zu halten. Dafür wurden Vorgehensweisen definiert, um partnerübergreifend Aspekte der Informationssicherheit und robusten Softwareentwicklung zu berücksichtigen.

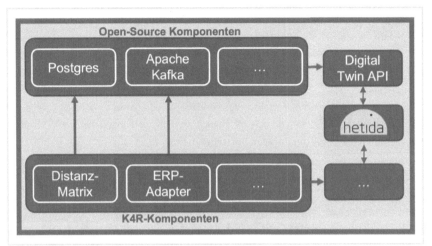

Abb. 2: Einblick in die Plattformarchitektur, eigene Darstellung

Es wurde eine Entwicklungsumgebung für die Plattformentwicklung bereitgestellt. Darüber hinaus wurde ein zentrales Monitoring implementiert. Außerdem wurde eine Komponente entwickelt, die das Anbinden weiterer Komponenten an die K4R-Plattform ermöglichen soll. Natürlich wurden ferner Unit- und Integrationstests geschrieben und es wurde eine Schnittstellendokumentation erstellt. Das Datenmodell ist in Form von UML-Diagrammen dokumentiert worden, wird kontinuierlich erweitert und verdeutlich damit einmal mehr die große Dynamik des Projektverlaufs.

Eine besondere Komponente der K4R-Plattform bildet auch die sog. »Sandbox«. Dabei handelt es sich um eine Simulationsumgebung, die auf der fotorealistischen Unreal Engine basiert. Diese Sandbox soll dazu genutzt werden, den aktuellen Zustand in der Filiale durch eine Schnittstelle zu dem semdZ abbilden zu können und Verkaufsräume mit Regalen und Produkten programmatisch in der Simulationsumgebung zu erstellen. Darüber hinaus bietet die Sandbox die Möglichkeit, robotische Anwendungen zunächst virtuell zu testen und gerade in frühen Phasen von Projekten den häufig langen Weg bis zur Genehmigung eines Tests in einer realen Filiale zu umgehen.

Außerdem wurde die im Rahmen des Forschungsprojekts REFILLS[6] entstandene Ontologie[7] für K4R spezifiziert. Diese Ontologie dient dazu die Semantik der in der Plattform enthaltenden Daten explizit und maschinenverständlich zu machen. Dazu ist eine Formalisierung dieser Semantik notwendig. So werden bspw. Anwendungsfälle möglich, bei denen Endkunden Fragen wie »Welches Shampoo in dieser Filiale enthält

---

6   http://www.refills-project.eu, abgerufen am 13.03.2022.
7   System von Informationen mit logischen Beziehungen.

kein Mikroplastik?« oder »Welches Gemüse in dieser Filiale ist gerade in Saison?« beantwortet werden.

Aktuell sind in bei verschiedenen Einzelhandelsunternehmen stark heterogene Systemlandschaften zu finden. Aus diesem Grund wird einer Standardisierung der Datenspeicherformate eine hohe Bedeutung zugeschrieben, denn nur so kann das Ziel einer offenen, erweiterbaren Plattform erreicht werden. Dafür wurde eine JSON-Struktur für alle durch die APIs abgedeckten Daten definiert.

28.2.2 Ausgewählte Anwendungsbeispiele

Innerhalb der Projektlaufzeit von Knowledge4Retail, die Ende Dezember 2022 endet, werden bereits exemplarische Lösungen für vier verschiedene Anwendungsfälle konzipiert und implementiert. Dies dient dem Aufzeigen der Leistungsfähigkeit sowie des wirtschaftlichen Nutzens der Plattform für die Stakeholder des K4R-Ökosystems. Im Rahmen dieses Beitrags werden nachfolgend zwei von den insgesamt vier Anwendungsfällen näher beschrieben.

Anwendungsbeispiel 1 – Intelligente Intralogistik im Handel
Bei diesem Anwendungsfall geht es um die Verbindung von Künstlicher Intelligenz und Robotik. Die Basis bildet dabei das Wissen aus dem semdZ. Das Ziel dieses Anwendungsfalls besteht darin, den intralogistischen Ablauf der Warenbewegung durch intelligente Algorithmen auf der K4R-Plattform unter Verwendung vieler verschiedener Datentöpfe zu optimieren. Dies ist ein für Einzelhändler potenziell sehr interessanter Anwendungsfall, da die Prozesse der Intralogistik häufig hohe finanzielle und zeitliche Aufwände bedeuten.

Auf Basis des durch den semdZ zur Verfügung stehenden Wissens zum exakten Filialaufbau unterstützen KI-Anwendungen die Mitarbeitenden z. B. bei einer effizienteren Verräumung, sodass sich diese verstärkt dem Kundenservice widmen können. Zu diesen Prozessen gehört auch das sog. »Click & Collect«, wobei die Mitarbeitenden bei den Bestellzusammenstellungen im Rahmen des Omnichannel-Retailings unterstützt werden. Neben KI wird die Arbeit der Mitarbeitenden zudem durch den Einsatz von Wearables (z. B. Google Glass) erleichtert. Im Zuge von Knowledge4Retail wurde dazu ein Algorithmus entwickelt, durch den Mischpaletten so vorsortiert werden können, dass sie entlang der Route durch die Filiale sukzessive abgeladen und die Artikel in den Regalen verräumt werden.

Die Mitarbeitenden sollen aber nicht nur durch den Einsatz von Wearables, sondern auch durch eine modulare Scheinwerferlösung unterstützt werden. Dabei zeigt der Scheinwerfer Artikelstandorte präzise an, was die Orientierungszeit vor dem Regal minimiert. Insbesondere bei Regalen, in denen bspw. Baby-Brei in den verschiedensten Variationen stehen, besteht das Potenzial, die Verräumzeiten bedeutend zu verringern.

Anwendungsbeispiel 2 – Optimaler Filialaufbau

Dieser Anwendungsfall beschäftigt sich mit der Optimierung des Filialaufbaus. Dabei werden durch den Einsatz von KI auf der Filialebene Listungen und Platzierungen von Artikeln optimiert, wodurch lokale Kundenbedürfnisse verstärkt berücksichtigt werden. Dazu wurden relevante Datenarten und -quellen (z. B. Bondaten, Sensorik zur Erkennung von Kundenbewegungen) identifiziert und entsprechend in die K4R-Plattform integriert. Durch die KI-Modelle werden die Auswirkungen von unterschiedlichen Platzierungen in verschiedenen Filialen transparenter. Die Ergebnisse sollen Mitarbeitende dabei unterstützen, das Regallayout bestmöglich zu gestalten.

Durch den semdZ ergeben sich zudem große Potenziale für die Überprüfung von in Planogrammen festgelegten und tatsächlichen Produktplatzierungen, die in der Realität häufig voneinander abweichen. Diese Abweichungen können sich bspw. durch bauliche Gegebenheiten in einzelnen Filialen ergeben. Durch die K4R-Plattform besteht die Möglichkeit, dass Planogramme nicht länger generalisiert und manuell generiert werden, sondern individuell auf die Bedürfnisse der Kunden und baulichen Gegebenheiten angepasst werden. Zudem wird durch den semdZ die Datengrundlage für die Berechnung logistischer Kennzahlen (z. B. Regalkapazität) sowie für Analysen (z. B. Qualität von Planogrammen) verbessert.

28.3 Handlungsempfehlungen und Inspirationen für die Praxis

Bereits in anderen Projekten[8] konnten mit semdZ in den vergangenen Jahren durchschlagende Erfolge erzielt werden, als gezeigt wurde, dass Roboter vollständige Informationen zum Bestand in einer realistischen Einzelhandelsumgebung mit über 95 % Genauigkeit autonom erfassen konnten. Mit den entstandenen Funktionsmusters lassen sich Inventuren tagesaktuell durchführen und semdZ für Einzelhandelsgeschäfte mit strikter Regalstruktur erstellen. Dies schafft die Grundlage, um vor allem für mittelständische Unternehmen Lösungen für beliebige Einzelhandelsgeschäftsumgebungen zu entwickeln und ihnen anzubieten. Damit können semdZ eine substanzielle und durchschlagende Veränderung im stationären Handel bewirken und die Brücke zum Onlinehandel schlagen. Sie machen die bisherigen – aus der Informationsperspektive betrachteten – Blackboxes »Einzelhandelsgeschäfte« bezüglich des konkreten Waren-

---

8   Vgl. http://www.refills-project.eu, abgerufen am 13.03.2022.

bestandes und dessen Verteilung transparent und zugänglich. Einzelhandelsketten haben oft nur geringes und vielfach überholtes Wissen bezüglich der individuellen Regalorganisation und -bestückung sowie des aktuellen Bestandes im spezifischen Supermarkt. Hier ändert Knowledge4Retail die bisher geltenden Spielregeln: Als eine digitale Innovationsplattform, auf der verschiedene Akteure mit vielfältigen Technologien und semantischen, realistisch ausschauenden Modellen arbeiten, können diese Modelle gemeinsam entwickelt, geteilt und genutzt werden.

Für die Logistik, das Marketing und die Geschäftsführung entscheidungsrelevante Informationen werden so tagesaktuell zugänglich und nutzbar und bieten die Basis dafür, dieses Wissen mit dem Endkunden zu teilen, und ihm damit zu ermöglichen, zwischen dem Angebot des stationären Handels und des Onlinehandels informiert zu wählen. Die in nachfolgender Abbildung dargestellte Kernidee der semdZ erlaubt es, die einzelne Ansicht eines Regals in einem spezifischen Supermarkt mit den darin erfassten Produkten und Daten sowie den zugehörigen Informationen aus dem Warenwirtschaftssystem (ERP) zu verbinden. Der linke Teil in der Abbildung zeigt die materielle Organisation und Struktur des Regalsystems und seines Inhalts mit Barcodes und Preisen sowie deren Verbindung zum Hintergrundwissen aus dem Warenwirtschaftssystem. Der rechte Teil zeigt die verschiedenen Informationsquellen zum Produkt einschließlich der Daten aus dem ERP-System (Enterprise Resource Planning), dem enzyklopädischen Wissen über Produkte, den CAD-Modellen oder Abbildungen der Produkte aus Webshops usw., sodass perspektivisch zahlreiche anknüpfende Anwendungsfälle ermöglicht werden.

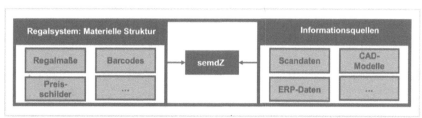

Abb. 3: Kernidee semdZ, eigene Darstellung

In Hinblick auf die Verwertungsperspektive der vorhandenen KI-basierten Technologien lässt sich ein positives Fazit ziehen. Zum einen beziehen sich diese auf die vertikale Verbreitung zur internen Logistik, dem Marketing und Vertrieb in Verbindung mit dem Onlinehandel.

Zum anderen lassen sich neben dem Einzelhandel weitere andere Marktsegmente wie Elektronikmärkte, Baumärkte u. v. m. adressieren. Hier eröffnet sich eine volkswirtschaftliche Perspektive, indem der stationäre Handel dem Endkunden durch die Bereitstellung von Informationen zum aktuellen Bestand unter ökologischen wie ökonomischen Gesichtspunkten die Wahlmöglichkeit bietet zwischen einer direkten Beschaffung vor Ort als Alternative zum Versand durch den Onlinehandel.

Das Projekt bietet zusätzlich die Chance, vor allem mittelständischen IT-Unternehmen aufzuzeigen, wie sie für ihre Kunden individuelle Lösungen, die auf neuester Open-Source- und Open-Data-KI-Technologie basieren, realisieren können. So entsteht, ausgehend von der Knowledge4Retail-Plattform, ein Ökosystem aus Softwareanbietern, IT-Dienstleistern und Handelsunternehmen mit dem Potenzial zur Auflösung des Konflikts zwischen stationärem Handel und Onlinehandel bei voller Wahrung des Endkundennutzens.

28.4   Fazit und Ausblick

Kundenzentrierung, -präferenzen und sich wandelnde Trends – das sind Themen, die mittels Vernetzung und Daten unterstützt und getrieben werden können. Somit ist die Investition in Datenmanagement eine Investition in die Zukunft des Einzelhandels. Mittels Datensammlung, -analyse und -interpretation können die jeweiligen Kaufentscheidungen von Kunden transparenter gemacht, nachvollzogen und mitunter beeinflusst werden. Daten sind hierbei auch die Voraussetzung für ein verbessertes Einkaufserlebnis und die Personalisierung von Werbung und Angebot. Datenmanagement ist somit kein optionales Feature, sondern wird im Rahmen der Sicherung der Zukunftsfähigkeit als zentraler und integraler Bestandteil der Geschäftsstrategie verstanden.[9]

Das übergeordnete Ziel des Projekts besteht in dem Aufbau der Open Source Knowledge4Retail-Plattform, die als Kern für komplexe KI-Anwendungen der Planung sowie Robotik-Anwendungen in Einzelhandelsfilialen dient und damit die Grundlage für technologischen Wandel und Fortschritt im Einzelhandel legt. Die Plattform stellt als leistungsfähige Datenbasis »semantische digitale Zwillinge« von Einzelhandelsfilialen als Grundlage für KI- und Robotik-Anwendungen verschiedener Anbieter bereit. Dadurch reduzieren sich zum einen für Einzelhandelsunternehmen die Rüst- und Aufbauzeiten sowie die Kostenbarrieren bei der Einführung von KI-Lösungen. Zum anderen sinken die Eintrittsbarrieren für KMU der IT-Branche, die sich auf einzelne KI-Anwendungen spezialisiert haben. Sie erhalten über die offenen Standards der Plattform einen einfachen Zugang zu der IT-Infrastruktur von Handelsunternehmen, um darüber ihre Lösungen anzubieten und so zum nachhaltigen Wandel des Einzelhandels beizutragen.

---

9   Fünf Trends für den Supermarkt der Zukunft – Handel 2020: Trendbarometer – FAZ, https://www.faz.net/asv/handel-2020-trendbarometer/fuenf-trends-fuer-den-supermarkt-der-zukunft-16630210.html, abgerufen am 25.02.2022.

Die bereits entwickelten Lösungen von Knowledge4Retail basieren auf umfangreichen Vorarbeiten der Projektpartner. Sie sind modular und herstellerunabhängig und bieten über Schnittstellen Raum für individuelle Weiterentwicklungen und weitere interessante Usecases. semdZ bieten den Stakeholdern der digitalen Innovationsplattform viele unternehmerische Optionen. So liefert die virtuelle Karte des Supermarkts auch Informationen für mögliche Smartphone-Anwendungen. Durch Personalisierung lassen sich Interaktionsangebote für Mitarbeitende wie Kunden und Menschen mit Einschränkungen vielfältig entwickeln. Auch Service-Roboter benötigen spezifisches Wissen, das in semdZ gespeichert ist.

Potenzielle Stakeholder und Nutzer der Knowledge4Retail-Plattform sind somit Angestellte, Verkäufer, Logistikmanager, CAD-Modellierer, Roboter Programmierer, Roboter und vor allem Endkunden.

29   Bilderkennung in der Krebsdiagnostik mit KI

Von Dr. Tobias Lang, Dr. Ralf Banisch und Sebastian Springenberg

Was Sie in diesem Kapitel erwartet

Bilderkennung ist ein wichtiger Bestandteil der Medizin. Histopathologische Gewebeschnitte werden in der Krebsdiagnostik visuell beurteilt. Der Einsatz von Künstlicher Intelligenz bietet großes Potenzial, um Analysen präzise, reproduzierbar und effizient durchzuführen sowie neuartige diagnostische Gewebemuster zu entdecken. Im Vergleich zum herkömmlichen KI-Forschungskontext gelten für die Anwendung von KI zur Bilderkennung in der Pathologie verschiedenartige Herausforderungen. Das zeigt sich darin, dass erst vor kurzem das erste KI-System in den USA in den praktischen Einsatz in der pathologischen Primärdiagnostik gelangt ist.

Dieser Beitrag zeigt den Nutzen und die möglichen Anwendungsfälle von Bilderkennung mit KI in der histopathologischen Krebsdiagnostik auf. Methodische Grundlagen und besondere Herausforderungen werden diskutiert sowie Lösungsansätze und Handlungsempfehlungen für die Entwicklung praxistauglicher KI-Systeme dargestellt.

29.1   Einführung

Bilderkennung spielt in der medizinischen Diagnostik eine zentrale Rolle. Dies gilt neben der Radiologie insbesondere für die Krebsdiagnostik: Sie basiert zu einem erheblichen Teil auf der visuellen Beurteilung von histopathologischen Gewebeschnitten. Heutzutage wird diese Aufgabe von menschlichen Expertinnen gelöst. Dabei nehmen repetitive Standardanalysen, die trotz ihrer Häufigkeit ein hohes Maß an Genauigkeit und Konzentration erfordern, einen großen Teil des Arbeitsalltags ein.

Künftig werden die zunehmenden Anforderungen an die histopathologische Krebsdiagnostik nicht von Menschen alleine zu lösen sein: Weltweit steigen die Zahlen von Krebserkrankungen infolge alternder Gesellschaften, während die Anzahl an Expertinnen stagniert. Gleichzeitig bieten kommende individualisierte Therapieformen bessere Erfolgsaussichten, verlangen aber mehr diagnostische Beurteilungen pro Patient.

Der Einsatz von KI ist ein wichtiger Schlüssel, um diesen Herausforderungen zu begegnen. Bilderkennung mit KI kann Expertinnen in der klinischen Diagnostik maßgeblich unterstützen: Beispielsweise können mit KI Tausende Gewebezellen genau lokalisiert und klassifiziert (vgl. Abbildung 1), Metastasen in Lymphknoten automatisch gefunden und Krankheitsverläufe etwa durch KI-gestützte Quantifizierung von Lymphozyteninfiltration besser prognostiziert werden.

Darüber hinaus können mittels KI neuartige diagnostische Muster in Gewebeschnitten gefunden werden, die bisher noch nicht bekannt sind oder für das menschliche Auge heutzutage häufig erst mithilfe aufwendiger Spezialfärbungen sichtbar werden. Solche neuartigen Biomarker könnten die Krebstherapie deutlich verbessern.

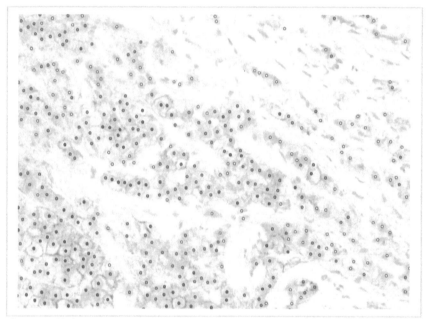

Abb. 1: KI-Bilderkennung zum präzisen und schnellen Bestimmen von Tumorzellen; Quelle: Mindpeak

Abbildung 1 zeigt: Die KI erkennt fünf Tumorzellklassen (markiert mit Punkten unterschiedlicher Farben) und unterscheidet sie von gefundenen Nicht-Tumorzellen (nicht markiert) in einem Gewebeschnitt von Brustkrebs (invasivem Mammakarzinom). Verschiedene Anzahlen des Rezeptors HER2 auf den Zellmembranen sind immunhistochemisch hervorgehoben und anhand der Brauntöne zu erkennen.

Aufgrund seines Potenzials beherrscht das Thema KI in der Pathologie Konferenzen, Fachjournale und Unternehmensselbstdarstellungen. Fachfremden kann es erscheinen, als hätte die KI bereits breiten Einzug in die medizinische Praxis erhalten. Dies ist nicht der Fall. Bei der KI-Bilderkennung in der Histopathologie gelten, im Vergleich zum sonstigen Forschungskontext, besondere anspruchsvolle Herausforderungen im Hinblick auf die Methodik. So ist es einzuordnen, dass beispielsweise erst im Dezember 2021 in den USA das erste KI-Produkt für die Primärdiagnostik in der Routinebefundung in den Einsatz gelangte. Auch in Europa ist die Zahl der tatsächlich in der Praxis eingesetzten KI-Bilderkennungssysteme noch sehr begrenzt. In diesem Artikel werden die damit verbundenen Herausforderungen und davon abgeleitete Handlungsempfehlungen beleuchtet.

29.2 Bilderkennung mit KI

Methoden des KI-Teilgebiets maschinelles Lernen (ML) haben in den vergangenen zehn Jahren die computergestützte Bilderkennung revolutioniert. In traditionellen Verfahren der Bilderkennung geben menschliche Experten dem Computer Regeln vor. Beispielsweise definiert ein Programmierer, welche Größe Tumorzellen haben. Dies funktioniert in der Praxis jedoch selten in ausreichender Güte: Für menschliche Experten ist es meist unmöglich, ihre eigene visuelle Erkennungsleistung in vollständigen und präzisen Regelsystemen abzubilden. Händisch definierte Regeln sind zudem meist nicht adaptiv genug, um Robustheit gegenüber dem Abwechslungsreichtum von Bildern in der Praxis zu erlangen.

Im Gegensatz dazu erlernt ein ML-System Regeln eigenständig ohne menschliche Hilfe anhand von Beispielen. Es erkennt statistisch komplexe diagnostische Muster und kann so anspruchsvolle Bilderkennungsaufgaben lösen. Die wichtigste moderne ML-Methode für die Bilderkennung ist das Deep Learning, das zumeist auf sogenannten tiefen neuronalen Netzen basiert. Dies sind mehrschichtige Berechnungseinheiten, sehr vage inspiriert vom menschlichen Gehirn, die in einer Kaskade von mathematischen Operationen zunehmend abstraktere Bildmerkmale und schließlich das finale Analyseergebnis ermitteln.

Die aktuelle Forschung wird dominiert von Problemstellungen der Bilderkennung auf Alltagsfotos von Menschen, Produkten oder Verkehrsszenen, wie sie sich aus den Anwendungsfeldern im Onlinemarketing etwa der großen Internetwerbeunternehmen wie Google und Meta und aus dem autonomen Fahren ergeben. Bilder von Gewebeschnitten mit vielen Tausend Zellen haben dagegen oftmals andersartige Herausforderungen, wie wir im nächsten Kapitel aufzeigen werden.

Ein ML-System wird für eine bestimmte Anwendung trainiert, indem man im Rahmen von überwachtem Lernen (supervised learning) in Beispielbildern gewünschte Zielstrukturen vorgibt. Zur Entwicklung eines Zellerkennungssystems kann man beispielsweise Gewebebilder mit markierten Beispielzellen bereitstellen. ML hat dabei eine herausfordernde Eigenschaft: Es ist sehr datenhungrig und braucht je nach Anwendung viele Tausend annotierte Beispielbilder. Dies ist nicht unproblematisch, da Datenannotation zeitaufwendig ist und gerade in der Pathologie oftmals nur von Experten umgesetzt werden kann.

An alternativen Lernansätzen, die mit weniger Beispielannotationen auskommen, wird in den letzten Jahren daher verstärkt geforscht. Im so genannten schwachen überwachten Lernen wie dem Multiple Instance Learning wird ein gröberes Lernsignal bereitgestellt: Für ein Gewebebild wird etwa nur global festgelegt, ob sich darauf Tumor befindet oder nicht; einzelne Tumorzellen werden hingegen nicht markiert. Für diese Lernform ist ein Vielfaches an Beispielbildern im Vergleich zum normalen überwachten Lernen erforderlich.

Ein vielversprechender weiterer Ansatz ist das selbstüberwachte Lernen. Hier wird gänzlich auf ein vorgegebenes Lernsignal verzichtet. Die Bilderkennungs-KI lernt stattdessen allgemeine Regelmäßigkeiten in Beispielbildern, etwa typische Strukturen von Zellen. Technisch wird dies durch allgemeingültige Stellvertreteraufgaben erreicht, beispielsweise durch die Aufgabe, zu erkennen, dass ein Bild und seine Rotation zusammengehören. Darauf basierend genügen im Anschluss einige wenige Beispiele im überwachten Lernen, um eine Zielaufgabe zu lösen.

Zunehmende Aufmerksamkeit erfährt die Erklärbarkeit von KI (»Explainable AI«). Zwar sind neuronale Netze nicht vollends interpretierbar, doch können Entscheidungen und Analysen nachvollziehbar gemacht und plausibilisiert werden. In Bildern können hierfür die Bereiche markiert werden, die für die KI-Entscheidung maßgeblich sind, oder ähnliche Trainingsbilder zum Vergleich herangezogen werden.

29.3   Herausforderungen in der Histopathologie

Bilderkennungsaufgaben in der Medizin können verschiedene Zweckbestimmungen haben: diagnostisch zur Feststellung von Krankheiten, prognostisch zur Vorhersage von Krankheitsverläufen sowie therapeutisch zur Empfehlung von Therapieentscheidungen. Die zugehörigen konkreten Analysen lassen sich methodisch in verschiedene Formalisierungen unterteilen: Segmentierung »Wo auf dem Gewebeschnitt verläuft die Grenze zwischen Tumor und gesundem Gewebe?«); Klassifikation (»Welchen Schweregrad hat ein Prostatatumor?«); Objekterkennung (»Wie viele Krebszellen gibt es auf diesem Gewebeausschnitt?«); Objektlokalisierung (»Wie groß ist ein Prostatatumor?«).

Grundlegend in der Krebsdiagnostik ist dabei das Erkennen von Tumorzellen (vgl. Abbildung 2). Dafür gibt es zwei verschiedene Informationsquellen: zum einen die morphologischen Merkmale einzelner Zellen wie Größe, Färbung und Form, zum anderen den Zellkontext. In gesundem Gewebe bilden Zellgruppen funktional ausdifferenzierte Strukturen wie Brustdrüsen, während in krebsbefallenem Gewebe diese Ausdifferenzierung verloren gehen und Zellen durcheinandergewürfelt angeordnet sein können. Zur Bestimmung der morphologischen Zellmerkmale ist eine hohe Bildvergrößerungsstufe notwendig. Dagegen können Gewebeverbände besser auf einer mittleren Vergrößerungsstufe beurteilt werden. Daher ist ein KI-Forschungsschwerpunkt in der Krebsdiagnostik das systematische Zusammenführen von Analysen auf verschiedenen Vergrößerungsstufen in einem Modell.

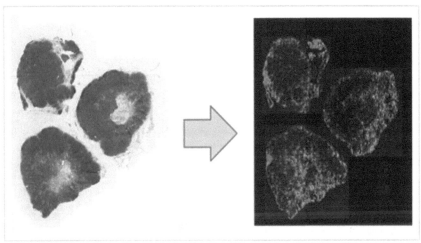

Abb. 2: Mit KI-Unterstützung können Tumorzellen in großflächigen Gewebebildern effizient gefunden werden; Quelle: Mindpeak

Im von der Abbildung 2 dargestellten Beispiel werden auf einem H&E-Lymphknoten-Schnitt (links) in einer Wahrscheinlichkeitskarte (rechts) die Gewebebereiche hervorgehoben, in denen die KI mit hoher Konfidenz eine große Anzahl an Tumorzellen gefunden hat. Die KI-Bilderkennung findet auf einem erheblich vergrößerten Bild statt, das ausgedruckt mehreren Metern entspräche.

Eine grundlegende Herausforderung bildet die Bildgröße histopathologischer Gewebeschnitte (sogenannte Whole-Slide-Images). Diese sind häufig 10.000-mal größer als in der sonstigen Bilderkennungsforschung und enthalten Zehntausende von kleinen Zielstrukturen, nämlich die Zellen. Das Gesamtbild in viele kleine Teilausschnitte («Patches») zu zerlegen, kann rechenintensiv sein und erfordert Überlegungen hinsichtlich dessen, wie die Teilergebnisse bestmöglich zusammengeführt werden, insbesondere wenn sich Zellverbände über mehrere Ausschnitte erstrecken. Daher werden Methoden zur Vorauswahl geeigneter Teilgebiete für die rechenintensiven Bildanalyseschritte erforscht.

Ein Problem, das in der Krebsdiagnostik lange Zeit unterschätzt wurde, ist die große Vielfalt an Bilddaten. Sie prägt die reale Welt der pathologischen Praxis aufgrund unterschiedlicher Gewebeaufbereitungsschritte, verschiedener Färbereagenzien und Scanning-Hardwaresysteme. Tatsächlich zeigt sich oft, dass ein KI-System aus wissenschaftlichen Studien in der Breite der praktischen Anwendung nur selten eine hinreichende Erkennungsgüte erreicht. Vergleichbar ist das etwa mit dem Unterschied zwischen autonomem Fahren auf einem Parkplatz oder autonomem Fahren in unbekanntem Offroad-Gelände. Neuartige Architekturen von neuronalen Netzen, eine heterogene hochqualitative Datenannotation und die Übertragung neuester Forschungserkenntnisse – wie z. B. aus dem Bereich des selbstüberwachten Lernens – auf die Pathologie können helfen, robuste ML-Systeme für die Breite zu entwickeln.

Für das Training der KI müssen Gewebebilder annotiert werden, etwa indem Tumorregionen eingezeichnet werden. Im Gegensatz zu anderen Domänen erfordern Annotationen in der Medizin Expertenwissen. Somit ist es schwierig und teuer, Daten zu erhalten, da hierfür eine Vielzahl an Spezialisten erforderlich ist. Die Kompetenz der Annoteure muss durch Eignungstests gewährleistet werden, etwa mittels eines vorgehaltenen Test-Datensatzes, für den von Experten die Grundwahrheit eindeutig bestimmt wurde. Der Annotationsprozess muss eindeutig definiert und überwacht werden, um eine dauerhafte konsistente Güte der Daten zu erzielen.

Eine grundlegende Herausforderung in der Krebsdiagnostik ist das oftmalige Fehlen einer eindeutigen Grundwahrheit. Nicht immer ist es eindeutig zu bestimmen, ob eine Zelle eine Tumorzelle ist. Inter- und Intraobserver-Varianzen, die aussagen, wie sehr die Meinungen verschiedener Experten (inter) bzw. desselben Experten über die Zeit (intra) voneinander abweichen, sind nicht gering. Die Datensammlung muss solche Ungenauigkeiten abbilden.

29.4   Handlungsempfehlungen

Vor Aufnahme eines KI-Projekts zur Lösung einer medizinischen Diagnostikaufgabe gilt es zu klären, ob Deep Learning (DL) ein geeigneter Ansatz ist. Zuvorderst müssen Daten ausreichend verfügbar und repräsentativ für die spätere Anwendung sein. In der Pathologie ist DL deshalb besonders geeignet für die Analyse häufiger Tumorarten. Es muss möglich sein, die Zieldiagnose mit der erwünschten Genauigkeit allein aus den Bilddaten zu erstellen, ohne dass Kontextwissen mitzuberücksichtigen ist. Für den praktischen KI-Einsatz muss die notwendige technische Infrastruktur im medizinischen Kontext umsetzbar sein (Rechenleistung, Austausch von Daten, Schnittstellen zu Laborsystemen).

Zu Projektbeginn ist eine klare quantitative Zieldefinition für das KI-System notwendig. Dafür sind Metriken wie Genauigkeit oder Sensitivität zur Beurteilung der Erkennungsleistung festzulegen. In der Praxis gibt es hierbei oftmals subtile Effekte: Bestimmte Diagnosefehler wie falsch-negative Ergebnisse können aus Anwendersicht unerwünschter sein als andere; oder nicht alle Tumorzellklassen haben die gleiche Wichtigkeit in der späteren Anwendung. Ein hochqualitativer Testdatensatz ist unverzichtbar, um die Erkennungsleistung verschiedener Entwicklungsversionen des KI-Systems verlässlich zu beurteilen. Insgesamt bilden Testdaten und Evaluationsmetriken die Grundlage, von der sich die gesamte weitere KI-Entwicklung ableitet.

Messungen von Inter- und Intraobserver-Varianzen von menschlichen Expertinnen helfen, die im praktischen Einsatz zu erzielende Mindestgenauigkeit des KI-Systems festzulegen und allgemein eine Abschätzung der Schwierigkeit des Lernproblems und der zugehörigen Datensammlung zu erhalten.

Zu Projektbeginn ist es ratsam, mit einer allgemein etablierten Wahl der Problemformalisierung und der Architektur des neuronalen Netzes zu starten. Eine solche «Baseline» hilft als Referenzmodell bei der späteren Exploration komplexerer Verfahren. Die Baseline-Entwicklung erweist sich oftmals als anspruchsvoller als erwartet. Sie zeigt erste Herausforderungen in Form einer mangelnden Datenqualität und von Lücken im Problemverständnis. Es ist ein häufiger Fehler, bei anfänglich schlechten Ergebnissen zu voreilig auf einen komplexeren Ansatz zu wechseln, ohne ein hinreichendes Problemverständnis entwickelt zu haben.

Bei der Wahl eines geeigneten komplexeren Ansatzes kann die große Anzahl an KI-Publikationen in der Krebsdiagnostik verwirren. Dabei ist davon auszugehen, dass infolge der hohen Datenvarianzen ein großer Teil der in der Literatur beschriebenen Ansätze mit den eigenen Daten nicht ohne Weiteres funktionieren wird. Für Anfänger kann es hilfreich sein, verstärkt Ansätze und Ideen in den Blick zu nehmen, für die mehrere unabhängige Autorengruppen erfolgreiche Ergebnisse erzielen konnten.

Erfolgreiche KI-Entwicklung ist »hypothesengetrieben« (Andrew Ng). Sie bedarf der »Scientist«-Fähigkeiten, die zum Berufsbild des Data Scientists gehören. Unerfahrene KI-Entwicklerinnen experimentieren häufig eher zufällig mit einer Vielzahl unterschiedlicher Architekturen in der Hoffnung, dass einer der Ansätze ihr Problem lösen wird, oder sie setzen auf eine Vergrößerung des Datensatzes ohne Systematik in der Sammlung. Stattdessen ist es für eine erfolgreiche KI-Entwicklung unerlässlich, sich zielgerichtet dem Problemverständnis im Kern zu nähern. Dazu muss man Hypothesen über die eigenen Annahmen zum Lernproblem und seine Lösung aufstellen und diese systematisch validieren. Beispielsweise kann man untersuchen, weshalb bestimmte Zellklassen besonders schlecht erkannt werden, welche Auswirkungen das Weglassen der Bilder einer Bildquelle hat oder wie Lernratenparameter die Optimierung einzelner Module des neuronalen Netzes beeinflussen.

Eine datenzentrische KI-Entwicklung (»Data-centric AI«) ist in der Krebsdiagnostik von grundlegender Bedeutung. Dabei werden die Bilddatensätze systematisch und kontinuierlich weiterentwickelt, anstatt unsystematisch nur die Bildsammlung stets weiter zu vergrößern. Die Qualität von Annotationen wird regelmäßig überprüft und Lücken im Datenbestand etwa für bestimmte Tumorarten werden geschlossen. Der Aufwand für diese Arbeit wird in der Regel unterschätzt. Bei vielen erfolgreichen Projekten ändern sich die Architekturen von neuronalen Netzen eher selten, die Daten aber kontinuierlich. Um mit der Herausforderung einer fehlenden Grundwahrheit umzugehen, kann es empfehlenswert sein, Bilder von mehreren Experten annotieren zu lassen und nur solche mit Übereinstimmungen zu verwenden. Um die Annotationsqualität regelmäßig zu überprüfen, können in den Annotationsprozess Bilder mit bereits bekannter Grundwahrheit eingestreut werden.

Ein wichtiges Werkzeug für eine erfolgreiche KI-Entwicklung sind Tools und Softwares zur Versionsverwaltung von Datenbeständen, Reproduzierbarkeit von Experimenten und Veröffentlichung der KI-Modelle als Produkte. Während die Versionsverwaltung für Softwarecode etabliert ist, entwickeln sich sogenannte «MLOps»-Tools erst seit einigen wenigen Jahren. Die Auswahl und Einrichtung wirksamer Werkzeuge ist aufwendig, aber essenziell für zielgerichtete und effiziente KI-Entwicklung.

29.5 Fazit und Ausblick

Der Einsatz von KI-Unterstützung in der Bilderkennung kann die histopathologische Krebsdiagnostik effizienter und reproduzierbar werden lassen und somit die Patientenversorgung vor dem Hintergrund der stark steigenden Zahl von Diagnosen verbessern und beschleunigen. Interessanterweise verfügen Mensch und KI über komplementäre Stärken. Während der Mensch über Kontextwissen verfügt, kann die KI klar abgegrenzte Arbeiten ohne Konzentrationsverlust in großer Zahl ausführen. Die Verbindung von Pathologin und KI kann hierbei mehr Nutzen schaffen, als für jede allein möglich wäre. Gleichermaßen kann die Grundlagenforschung in der Pathologie von KI durch die Entdeckung neuartiger klinisch relevanter histopathologischer Muster profitieren.

Bei der Entwicklung von robuster und leistungsstarker KI gibt es besondere Herausforderungen, die in der allgemeinen KI-Forschung nur wenig Berücksichtigung finden. In den nächsten Jahren sind hier durch vermehrte Forschungsanstrengungen große Fortschritte zu erwarten. Für die KI-Anwenderin ist dabei immer ein gesundes Maß an Skepsis gegenüber publizierten Ergebnissen geboten. Letztlich werden umfangreiche Validierungsstudien und der praktische Einsatz über die Geeignetheit von KI-Systemen in der Krebsdiagnostik entscheiden.

30 KI in der Bauwirtschaft

Von Dr. Jan Onne Backhaus und Svenja Lauble

Was Sie in diesem Kapitel erwartet

Externe Einflüsse, eine hohe Fragmentierung und der Unikat-Charakter von Bauprojekten erschweren eine standardisierte Beschreibung und Klassifizierung digitaler Daten. Künstliche Intelligenz kann dabei helfen, diese Daten aufzubereiten, um mit ihnen treffende Voraussagen zu berechnen. In diesem Kapitel werden die maschinellen Lernmethoden künstliche neuronale Netze und Natural Language Processing als Lösungsmöglichkeiten für die Erfassung von visuellen Daten und von Textdaten vorgestellt. Anhand eines Anwendungsbeispiels wird die Komplexität für numerische Vorhersagen in Bauprojekten aufgezeigt. Es wird ferner erläutert, wie mit maschinell aufbereiteten Daten unter Verwendung von evolutionären Algorithmen Baustellenabläufe optimiert werden können. Generell zeigen die vorgestellten KI-Methoden, welche Potenziale der Umgang mit den komplexen Datenstrukturen für die Bauwirtschaft hat.

30.1 Ausgangslage Bauwirtschaft

Der Bausektor ist, gemessen an seinem Umsatz und den in ihm beschäftigten Menschen, einer der größten Industriesektoren der Welt. In Deutschland hatte die Bauwirtschaft im Jahr 2020 einen Anteil von 6,1 % am gesamten Bruttoinlandsprodukt und hat mit der hohen Nachfrage nach Bauwerken die Gesamtwirtschaft auch während der Coronakrise gestützt[1]. Deshalb ist es zunächst verwunderlich, dass die Bauindustrie im Vergleich zu anderen Industrien mit der Digitalisierung hinterherhinkt[2]. Dies ändert sich aktuell. In den vergangenen Jahren sind viele Start-Ups entstanden, die mit digitalen Lösungen die Bauwirtschaft umkrempeln möchten. Um zu verstehen, warum der Bau sich mit der Digitalisierung bisher so schwertut, müssen einem die Besonderheiten der Bauindustrie im Vergleich zur stationären Industrie bewusst sein.

Der Bau zählt zu den instationären Industrien. Es gibt hier keine Werkhallen. Das Produkt wird nicht über ein Fließband durch die Fabrik geführt. Vielmehr müssen Materialien, Menschen und Maschinen zu, um und durch das Produkt transportiert werden. Dies hat zur Folge, dass sich die Arbeitsumgebung ständig ändert. Zudem spielt auch das Wetter eine wesentliche Rolle. Dies erschwert die Datenerfassung. Hinzu kommt,

---

1   Bauindustrie (2022), »Bedeutung der Bauwirtschaft«, www.bauindustrie.de/zahlen-fakten/bauwirtschaft-im-zahlenbild/, abgerufen am 07.04.2022.

2   McKinsey (2017), »Reinventing Construction: A route to higher productivity«, McKinsey Global Institute.

dass in der Regel Unikate gebaut werden. Keine Brücke gleicht der anderen und wenn zwei Wohnhäuser auch äußerlich gleich aussehen mögen, so unterscheidet sich doch in der Regel der Baugrund. Deshalb sind Baufirmen meist auf ein Gewerk spezialisiert. 88% der Unternehmen im Bauhauptgewerbe haben weniger als 20 Mitarbeiter[3]. An einem Bauprojekt sind deshalb hoch spezialisierte Menschen bzw. Organisationen wie Architekten, planende Ingenieure, Materialhersteller, Logistiker, Bauunternehmen, Prüfstellen und Projektsteuerer beteiligt.

Diese hohe Fragmentierung der beteiligten Firmen führt daher häufig zu Informations- und Schnittstellenverlusten zwischen Organisationen, Projekten und Softwareprodukten. In Folge entstehen verteilte Datenbanken, fehlende Standards oder zumindest starke Variationen in der Dokumentation und häufig auch geringe Datenbestände. Eine aktuell typische Situation für ein Bauunternehmen ist, dass es einen 2D-Plan von einem Architekten erhält und diesen zur Weiterverwendung mit seinen eigenen Softwareprogrammen nachbauen muss. Dabei können die Symbole, die auf dem 2D-Plan sind, von jedem Architekten unterschiedlich definiert sein. Um Verwirrung zu vermeiden, fügt man handschriftliche Kommentare hinzu. Häufig werden Materialbestellungen dann auf Basis solcher handschriftlich erweiterter 2D-Pläne durch händisches Auszählen der einzelnen Elemente durchgeführt. Das Resultat: Im Bau existieren kaum Daten, und die vorhandenen Daten sind dann maschinell nur sehr ungenau lesbar. Baut man seine Entscheidungen auf diesen Daten auf, kann dies zu Nacharbeit, Planabweichungen, Änderungen oder sogar Unfällen führen.

Darüber hinaus unterliegen Bauprozesse in ihrer Art und Dauer großen Schwankungen. Dies ist eine große Herausforderung für die Automatisierung, deren Stärke es ja gerade ist, immer das gleiche sehr häufig, sehr schnell und mit großer Genauigkeit zu tun.

Eine Lösung könnte Künstliche Intelligenz sein. Wir verstehen KI als digitale Werkzeuge und Methoden, die basierend auf gemachten Erfahrungen, das heißt auf historischen Daten, intelligente und vorausschauende Entscheidungen treffen. Aktuell finden sich nur Methoden der schwachen KI-Anwendung in der Praxis. Das heißt, es gibt nur Entscheidungen, für die KI mit einer sehr großen Menge historischer Daten trainiert wurde. Will man beispielsweise Bagger auf Bildern erkennen, muss man der KI bereits viele Bilder mit Baggern gezeigt haben. Anschließend erkennt Sie dann jedoch einzig einen Bagger. Fremde Objekte, wie z. B. Kräne oder Lastwagen, können nicht auf dem Bild erkannt werden.

---

3   ebd.

Mithilfe von KI-Methoden können Daten jedoch aufbereitet und strukturiert werden. Auch ist KI in der Lage, schwache Zusammenhänge in komplexen Datenstrukturen zu erkennen und aus den Fehlern und Erfahrungen der Vergangenheit zu lernen. So besteht die Hoffnung, dass zukünftig Systeme entwickelt werden, die sich an die Unwegsamkeit einer Baustelle anpassen können und damit Baubeteiligte entlasten. So bleibt mehr Raum für das eigentliche Bauen, was die Attraktivität der Baubranche für viele Berufseinsteiger erhöhen dürfte. Dies ist ein wichtiger Faktor, denn laut einer Umfrage des Deutschen Industrie- und Handelskammertages[4] nannten 77 % der Unternehmen im Baugewerbe den Fachkräftemangel als Risiko für die eigene wirtschaftliche Entwicklung.

In den folgenden Kapiteln stellen wir beispielhaft eine Möglichkeit vor, diesen Herausforderungen mit KI zu begegnen.

30.2 Erkennen des Ist-Zustandes

In größeren Bauunternehmen wird bereits die Methode Building Information Modeling (BIM) für Bauwerke eingesetzt. BIM beschreibt eine Arbeitsmethode für die vernetzte Planung, die Realisierung und den Betrieb von Bauwerken mithilfe von Software. Dabei werden alle relevanten Bauwerksdaten digital modelliert, sodass das Bauwerk auch als virtuelles Modell visualisiert wird. BIM bietet mit seiner standardisierten Datenstruktur einen wichtigen Lösungsansatz für KI-basierte Entscheidungen. BIM wird jedoch in der Praxis aktuell nur begrenzt genutzt. Insbesondere kleine und mittelständische Unternehmen tun sich noch schwer mit den organisatorisch-technischen Hürden bei der Einführung von BIM. Lediglich 5 % der KMU arbeiten mit BIM[5]. Daher sind neben BIM weitere Datenformate zu berücksichtigen, die aktuell bereits in Bauunternehmen existieren und maschinell aufbereitet werden müssen. Zu diesen Datenformaten gehören u. a. Texte aus Word-Dokumenten, Excel-Tabellen oder Terminplänen, Bilder, Videos, 3D-Scans, oder PDF-Dateien.

Auf Basis von Texten können durch KI beispielhaft:
- frühzeitige Kosten- oder Terminüberschreitungen in Plandaten erkannt werden,
- Prozessabfolgen eines Bauprojektes vorausgesagt und damit die Terminplanung unterstützen werden,
- Mängel klassifiziert, Abhängigkeiten erkannt und neue Mängel vorhergesagt werden.

---

4 Deutscher Industrie- und Handelskammertag (2020), »DIHK-Fachkräftereport 2021«, abgerufen am 07.04.2022.
5 LuFG Baubetrieb und Bauwirtschaft – BIM Institut (2017), »BIM-gestützte Arbeitsplanung in KMU – Auswertung der Umfrageergebnisse«, Dezember 2017. Bergische Universität Wuppertal.

Die Herausforderung dabei ist, dass Texte im Bau meistens keiner standardisierten Sprache unterliegen. Jede Bauleiterin formuliert Sätze in Textdokumenten anders. Dies erschwert eine direkte Vergleichbarkeit und Analyse der Texte. Die Lösung könnte Natural Language Processing (NLP) sein. Mit NLP-Algorithmen wird versucht, die natürliche Sprache zu verstehen und zu analysieren. Sie sind bei digitalen Sprachassistenten wie Alexa, der Diktierfunktion in WhatsApp oder bei Übersetzern wie Google Translate eingebunden. Hier existieren unterschiedliche Ansätze und Methoden. So kann beispielsweise ein Text über seine Sätze, in Wörter zerlegt, Füllwörter und Satzzeichen entfernt und die Wortstämme als Vektoren in einer Matrix dargestellt werden. Entfernungen in der Matrix zeigen Zusammenhänge zwischen einzelnen Wörtern auf. So wird unter anderem erkennbar, dass in einem Terminplan auf den Erdbau der Rohbau folgt oder im Bautagesbericht das Wort »Trockenbauwand nass« dem Wort »feuchte Trockenbauwand« sehr ähnelt. Texte werden so trotz unterschiedlicher Formulierungen vergleichbar. Mit den aufbereiteten Daten können jetzt Vorhersagen getroffen werden, wie »wenn Mangel X auftritt, dann tritt auch Mangel Y auf«.

Visuelle Daten, wie Bilder oder Videos, stellen eine weitere große Klasse von Daten in der Bauwirtschaft dar. Durch die Analyse dieser Daten, können u. a.:

- Elemente in PDF-Architekturplänen identifiziert werden, um automatisiert Objekte in Bestandsgebäuden zu erkennen und diese auszuzählen.
- Objekte in Bildern erkannt werden, um durch einen Abgleich mit den geplanten Soll-Daten den Baufortschritt zu erfassen und damit frühzeitig Abweichungen am Bauprodukt zu erkennen.
- Frühzeitig Sicherheitsrisiken erkannt werden, um Unfälle zu verhindern.
- Baumaschinen überwacht werden, um ihre Fahrwege zu optimieren.
- Schäden erkannt werden, um den Wartungsbedarf (z. B. von Brücken) zu bestimmen.
- Lieferzettel ausgewertet und in das Materialmanagementsystem übertragen werden, um administrative Prozesse zu unterstützten.

Zur Aufnahme dieser Daten können mit Drohnen automatisiert Luftaufnahmen des Bauwerks gemacht werden. Auch stationäre Baustellenkameras für die Gebäudehülle oder Helmkameras eignen sich zur Datenerfassung.

In den aufgenommen visuellen Daten können durch einen Menschen einzelne Objekte, wie z. B. ein »Bagger« oder eine »Trockenbauwand« identifiziert werden. Eine Maschine kann dies nicht ohne vorheriges Training. Wird die KI mit markierten Objekten in Bildern gefüttert, können die gleichen Objekte in neuen Bildern erkannt und lokalisiert werden. Diese hier stark abstrahierte Methode wird auch künstliches neuronales Netz (KNN) genannt. Häufig wird hierfür eine Vielzahl an Daten mit dem gleichen

Objekt aus unterschiedlichen Blickwinkeln benötigt (meistens mehr als 1.000 Bilder). Nach dem Erkennen und Lokalisieren von Objekten, können dann Aussagen über das Bauprojekt getroffen werden. So ist es z. B. möglich, erkannte Objekte in Bildern mit den Plan-Daten im BIM-Modell abzugleichen und damit den Baufortschritt aufzunehmen.

Neben der Analyse komplexer Datenstrukturen mit KI-Modellen, gehört ebenfalls der Themenbereich Robotik zur KI. Hierzu zählen u. a. autonom oder teilautonom arbeitenden Baumaschinen, wie beispielsweise eine Asphaltiermaschine, die kontinuierlich die Qualität der eigenen Arbeit optimiert. Oder die Datenaufnahme durch Baustellenroboter mit dem Ziel der Baustellenüberwachung. Abbildung 1 zeigt einen Baustellenroboter von Boston Dynamics, mit dem autonom Bilder und Laser Scans auf Baustellen aufgenommen werden können.

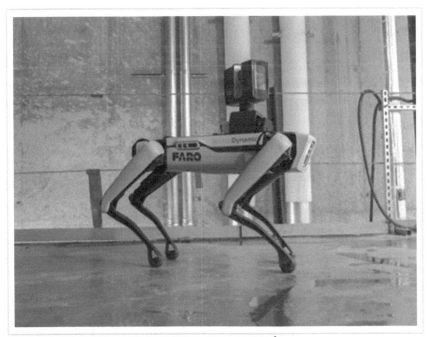

Abb. 1: Der Boston Dynamics zur Bauüberwachung, Quelle: FARO®[6]

Zu beachten ist, dass durch den allgegenwärtigen Schmutz auf Baustellen sowie auf dem Boden lagernde Materialien der autonome Einsatz von Robotern auf Baustellen sehr erschwert wird.

---

6 Faro (2022), »Faro Trek 3D Laser Scanning Integration«, https://www.faro.com/en/Products/Hardware/Trek-3D-Laser-Scanning-Integration, abgerufen am 07.04.2022.

Neben der Auswertung von Texten mit NLP-Algorithmen, der Auswertung visueller Daten mit KNNs und dem Themenbereich Robotik, können weitere Werkzeuge und Methoden der Künstlichen Intelligenz auf Baustellen gefunden werden. Im Folgenden wird ein konkreter Anwendungsfall von KI näher erläutert.

30.3 Berechnen von Handlungsempfehlungen

Damit eine KI einen Vorschlag für eine bessere Lösung berechnen kann, muss man ihr zunächst beibringen, was »besser« bedeutet. Ein typisches Ziel für Bauprojekte ist es, die Kosten bei gleichzeitiger Minimierung der Ausführungsdauer, zu minimieren. Es ist daher wichtig, dass die KI versteht, wie sie aus den ihr zur Verfügung stehenden Daten sowohl die Dauer als auch die Kosten eines Bauprojektes abschätzen kann. Die Funktionen, mit denen diese sogenannten Zielgrößen berechnet werden, nennt man Zielfunktionen. In Bauprojekten können die Zielfunktionen sehr kompliziert werden. Das liegt daran, dass es sehr viele Eingabeparameter gibt und dass deren Einfluss auf die Lösung oft schwer vorherzusagen ist. So resultiert aus einem großer Eingabewert nicht automatisch auch ein großer Ausgabewert. Beispielsweise führt das Erhöhen der Anzahl von Baumaschinen dazu, dass zunächst die Bauzeit kleiner wird, dafür werden die Baukosten jedoch steigen ... jedenfalls meistens. Hat man so viele Maschinen auf der Baustelle, dass sich diese gegenseitig behindern, dann steigt die Dauer plötzlich zusammen mit den Baukosten. An diesem Punkt gilt: Viele Köche verderben den Brei bzw. eine Reduzierung der eingesetzten Maschinen führt sowohl zu einer Reduktion der Baukosten als auch der Ausführungsdauer.

Das hier vorgestellte Beispiel ist Backhaus[7] entnommen. Dort wird eine Methode beschrieben, mit der die Bauzeiten und Baukosten einer Injektionsbaustelle des Projektes Stuttgart 21 berechnet werden können. Dafür misst ein von der Renesco GmbH und der eguana GmbH entwickeltes System die Zeitdauer, die jede Maschine für jede Tätigkeit auf der Baustelle benötigt. Vereinfacht gedacht ergäbe die Summe aller gemessenen Tätigkeitsdauern die Gesamtdauer des Projektes. Leider liefert eine solche Überlegung nur sehr ungenaue Ergebnisse, denn Bauprozesse unterliegen großen Schwankungen. An Regentagen hat feuchter Boden ein größeres Volumen, sodass ein Bagger seine Schaufel öfter füllen muss. Oder Fehlfunktionen von Maschinen führen zu ungeplanten und zeitaufwendigen Reparaturen. Nicht zuletzt kann auch einmal alles gut gehen, das schöne Wetter hebt die Stimmung und die Arbeiter sind motiviert, so dass es schneller geht als angenommen.

---

7   Backhaus, J. O. (2021), »A Methodology for the Numeric Time-Cost Forecast and Pareto Optimization of Large Injection Projects in Tunneling«, Promotion, Institut für Geotechnik und Baubetrieb, Technische Universität Hamburg.

Um diese Fälle abzudecken, bedient sich das System einer umfangreichen Statistik. Anstatt die Dauer eines Prozesses nur einmal zu messen und ihn von da an als wahr anzunehmen, werden die Prozessdauern kontinuierlich erfasst. Hieraus kann die Veränderung der Prozessdauer über die Zeit ermittelt und analysiert werden. Beispielsweise arbeiten Menschen schneller, sobald sie sich eingearbeitet haben. Es existieren zudem Abhängigkeit der Prozessdauer von anderen Variablen wie dem Wetter. Je länger wir also Messen, umso mehr lernt die KI, wie sich die Baustelle und deren Prozesse in unterschiedlichen Situationen verhalten. Dieses Wissen wird dann verwendet, um Prognosen für die Zukunft zu erstellen. Eine solche Prognose könnte lauten: Wenn wir einen Bagger ab dem 5. März und einen weiteren Bagger ab dem 15. April einsetzen, dann ist unser Projekt mit einer Wahrscheinlichkeit von 95 % am 5. Juli fertig und kostet X Euro. In den seltensten Fällen hat man es jedoch mit so wenigen Eingabeparametern zu tun.

Auch reicht es häufig nicht, nur die Prozessdauern aller Prozesse zu summieren. Da sich die Baustelle durch das Baugeschehen ständig verändert, müssen Bauzwischenzustände mit in die Betrachtung einbezogen werden. Dies kann beispielsweise über aufwendige Bauablaufsimulationen realisiert werden. In diesen fahren die Baufahrzeuge in einem digitalen Modell auf der Baustelle herum und verändern ihre Umgebung, was wiederum dazu führt, dass sich das Verhalten der Baufahrzeuge anpassen muss. Beispielsweise könnte eine Straße, die im ersten Bauschritt verwendet wurde, im zweiten nicht mehr existieren. Solche Simulationen im Rahmen dieses Beitrags im Detail zu beschreiben, ginge zu weit. An Simulationen interessierten Leserinnen sei an dieser Stelle Banks[8] ans Herz gelegt.

Die Folge des Einsatzes komplexer Simulationen ist, dass das Berechnen der Bauzeit bzw. Baukosten sehr lange dauern kann. Sehr lange wäre in diesem Fall bereits 30 Sekunden Berechnungszeit für eine Simulation. Der Grund ist, dass es in Bauprojekten sehr viele mögliche Kombinationen für die Eingabeparameter der Simulationen gibt. Hat man nur 2 Bagger, die an jedem Tag des Jahres mit der Arbeit beginnen können, erhält man bereits über 130.000 mögliche Kombinationen für die Startdaten der Bagger. Bei 30 Sekunden pro Simulation wären das mehr als 40 Tage Berechnungszeit – offensichtlich viel zu lange, um für die Managerin einer Baustelle von Nutzen zu sein.

---

8   Banks, Jerry (1998), »Handbook of Simulation«, John Wiley & Sons, Inc., New York, NY.

Abb. 2: Ein interessierter Doktorand lässt sich von einem Mitarbeiter der Renesco GmbH die Messtechnik einer Injektionsbaustelle des Stuttgart 21 Projektes erklären (Quelle: Eigene Darstellung).

Ferner ist bei Baukosten und Ausführungsdauer nicht immer klar, welche Lösung besser ist. Ist es beispielsweise von Vorteil, die Baukosten zu senken, wenn man dafür eine Erhöhung der Ausführungsdauer in Kauf nimmt? Dieses Dilemma kann umgangen werden, indem nicht eine optimale Lösung berechnet wird, sondern viele optimale Lösungen. Man spricht in diesem Fall auch von pareto-optimalen Lösungen. Diese liegen auf einer Linie, der sogenannten Pareto-Front. Alle Lösungen auf der Pareto-Front haben gemeinsam, dass sich die eine Lösungsdimension (z. B. Kosten) nicht weiter verbessern lässt, ohne dass sich die andere Dimension (z. B. Dauer) verschlechtert. Dies ist in Abbildung 2 beispielhaft dargestellt.

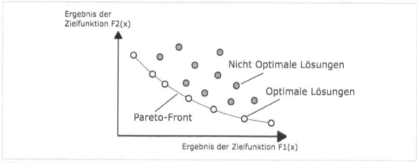

Abb. 3: Die Pareto-Front enthält all jene Lösungen bei denen die Verbesserung einer Lösungsdimension (z. B. F1) zu einer Verschlechterung einer anderen Lösungsdimension (z. B. F2) führen würde (Quelle: Eigene Darstellung).

Zusammenfassend müssen also sehr viele Lösungen berechnet werden, was sehr lange dauern kann. Es sollen nicht alle möglichen Lösungen durchprobieren werden. Deshalb muss die KI in der Lage sein, abzuschätzen, welche Parameter wie verändert werden müssen, um das Ergebnis der Zielfunktion für die Ausführungsdauer und Baukosten, zu verbessern. So könnte man nur sinnvolle Parameterkombinationen ausprobieren und solche, die keine Hoffnung auf geringe Kosten und niedrige Bauzeit haben, links liegen lassen. Dies leisten sogenannte genetische Optimierungsalgorithmen. Auch wenn die Mathematik hinter solchen Algorithmen sehr kompliziert erscheint, ist das Grundprinzip leicht verständlich, denn Evolutionäre Algorithmen sind von der biologischen Evolution abgeleitet. Vereinfacht werden bei dieser die Eigenschaften der anpassungsfähigsten Individuen einer Population miteinander kombiniert. Das Ergebnis ist eine neue Population von der wiederum die stärksten Individuen ausgewählt und deren Eigenschaften miteinander kombiniert werden. Mit der Zeit entstehen so immer stärkere Individuen.

Übertragen auf den Bau fungiert ein Parametersatz, der die Baustelle beschreibt, so wie die Gene, die ein Lebewesen beschreiben. Genetische Algorithmen erzeugen zunächst eine Population mit einer vorgegebenen Anzahl von genetischen Individuen. In anderen Worten: Es werden beispielsweise 100 zufällige Parameterkombinationen für die Baustelle berechnet. Im zweiten Schritt werden die Zielfunktionen für diese 100 Baustellen ausgewertet, sodass die Ausführungsdauer und die Baukosten bekannt sind. Jetzt werden die stärksten Individuen ermittelt. Das sind alle Parameterkombinationen, deren Lösungen auf der Pareto-Front liegen. Mit diesen kann dann die nächste Population berechnet werden. Hierfür werden die Parameter der stärksten Individuen miteinander kombiniert. Von hier an beginnt der Zyklus von neuem. Die Zielfunktionen für die neuen Parameterkombinationen der Baustellen werden ausgewertet, die Stärksten Individuen identifiziert und deren Parameter zum Erzeugen einer besseren Folgegeneration miteinander kombiniert. Dieser Vorgang wird so lange wiederholt, bis sich das Ergebnis nicht mehr merklich verbessert.

Folgt man strikt diesem Ablaufschema, dann kann es passieren, dass sich die Population in eine genetische Sackgasse hinein entwickelt. Um dies zu verhindern, implementieren genetische Algorithmen einen weiteren Mechanismus der Natur: Mutation. Hierfür werden ein paar der Parameter von zufällig ausgewählten Individuen zufällig verändert. Der gewünschte Effekt ist, dass die Vielfalt der entstehenden Individuen über einen längeren Zeitraum größer bleibt. Dies soll ein Beispiel veranschaulichen. Hätte der evolutionäre Algorithmus durch einen unglücklichen Zufall im ersten Schritt ausschließlich Baustellen ohne Bagger erzeugt, dann hätten die Folgegenerationen auch keine Bagger, weil Bagger nie in den Genen der Baustelle angelegt waren. Nur das zufällige Verändern der Anzahl der Bagger während der Mutationsphase würde

Baustellen mit Baggern einführen. Der Effekt ist vergleichbar mit dem Kreuzen von schwarzen Pudeln. Ohne die Anlage von weißen Pudeln im Erbgut der Pudel, wären die Folgegenerationen der Pudel immer schwarz. Erst eine zufällige Mutation der Haarfarbe würde hellere Pudelvertreter hervorbringen.

Es bleibt festzuhalten, dass die vorgestellte Methode zwar sehr gute, jedoch nicht zwangsweise die besten Parameterkombinationen findet. Evolutionäre Algorithmen raten sich jedoch sehr geschickt in die Richtung einer optimalen Lösung. Die Genauigkeit dieser nahezu optimalen Lösungen reicht für die Anwendung im Bau meistens aus.

30.4   Zusammenfassung

Mit der Zunahme digitalisierter Daten in der Bauwirtschaft steigt auch das Interesse an digitalen Lösungen, die Baubeteiligte in ihren alltäglichen Arbeitsprozessen unterstützen. Die Rahmenbedingungen eines Bauprojektes erschweren jedoch eine standardisierte Datenaufnahme. Das Wetter, die Zusammenarbeit mit immer anderen Organisationen oder der Unikat-Charakter eines Projektes erfordern sehr intelligente Modelle und sehr viele Daten.

KI-Modelle in der Bauwirtschaft zeigen bereits in einzelnen Anwendungsfällen erste Potenziale. So werden in dem vorgestellten Anwendungsfall die Baukosten und die Ausführungsdauer optimiert. Hier beschreibt ein Parametersatz die Baustelle. Wird dieser mit der Zielfunktion ausgewertet, erhält man die Baukosten und die Ausführungsdauer. Um nicht alle möglichen Lösungen berechnen zu müssen, können evolutionäre Algorithmen die vielversprechendsten Parameterkombinationen identifizieren. Das Ergebnis sind nahezu optimale Parameterkombinationen. Diese können bereits heute als Empfehlung für die täglichen Entscheidungen von Baumanagern auf der Baustelle verwendet werden. Neben diesem Anwendungsbeispiel existieren weitere Anwendungsfälle, die mit KI-Methoden realisiert werden, um intelligente Entscheidungen in Bauvorhaben treffen zu können. So können u. a. bauspezifische Texte analysiert werden, um Prozessabfolgen vorauszusagen, Mängel zu klassifizieren oder Gefahren auf Bildern zu erkennen.

Mit Blick auf die Zukunft sind die Segel in Richtung Digitalisierung gesetzt. Erste KI-gestützte Anwendungen, wie beispielsweise die robotergestützte Zustandserfassung von Baustellen, liefern bereits vielversprechende Ergebnisse. Die gewonnenen Zustandsdaten können schön heute durch KI-gestützte Entscheidungsmodelle gelesen und ausgewertet werden. Auf dem Weg zur autonomen Baustelle gilt es zwar, noch viele, spannende Probleme zu lösen, sie scheint jedoch zumindest in greifbarer Nähe. Wie nah genau hängt insbesondere von dem Mut der Baufirmen ab, neue Technologien auf den eigenen Baustellen zu erproben und ihre Daten mit anderen zu teilen. Denn nur durch das kontinuierliche Erproben und das damit verbundene Scheitern beim Realsieren, können die Systeme optimiert werden. Und nur durch das Teilen der Daten können ausreichend umfassende Datensätze erzeugt werden, um die KI bis zur Marktreife zu trainieren.

31 Intelligente Gebäudeautomation –
Arbeiten und Wohnen in Smart Buildings

Von Prof. Dr. Markus H. Dahm, Jonas Schröder und Boris Ulmer

Was Sie in diesem Kapitel erwartet

Der vorliegende Beitrag thematisiert die Symbiose aus Künstlicher Intelligenz, Gebäudeautomation und vernetzter Haustechnik. Die dabei entstehenden Potenziale für den Wohn- und Arbeitsalltag werden anhand von zwei Best-Practice-Beispielen verdeutlicht. Der Fokus richtet sich zum einen darauf, inwieweit der ökologische Fußabdruck und Ressourcenverbrauch reduziert werden kann. Zum anderen werden Möglichkeiten zur individuellen Bedürfnisbefriedigung der Gebäudenutzer erläutert, die zur Steigerung des allgemeinen Wohlbefindens und der Leistungsfähigkeit von Menschen beitragen können. Zudem wird ein Blick in die Zukunft von smarten Immobilien gewährt.

Die Lesenden erhalten einen Überblick über die Möglichkeiten des Einsatzes von Künstlicher Intelligenz in der Gebäudeautomation. Es werden neue Impulse für die Anwendung und Umsetzung intelligenter Gebäudeautomation gegeben. Durch die Betrachtung der Auswirkungen intelligenter Gebäudeautomation wird eine differenzierte Sichtweise auf das Thema gewährleistet. Neue Entwicklungen und Innovationen zeigen die Potenziale für den Arbeits- und Wohnalltag der Zukunft auf.

31.1 Einleitung

Die Begrifflichkeiten Künstliche Intelligenz und Digitalisierung sind heutzutage ein allgegenwärtiges Thema. Durch den Gigatrend Digitalisierung bietet KI eine Vielzahl von Einsatzmöglichkeiten, unter anderem in der Gebäudeautomation. Ferner ermöglicht die Digitalisierung den stetigen Zuwachs an Gerätevernetzung über das Internet der Dinge, das sogenannten IoT[1]. Voraussichtlich werden im Jahr 2025 ca. 75 Mrd. Geräte über das IoT miteinander verbunden sein. Dies wäre ein Zuwachs von fast 277 % im Vergleich zum Jahr 2019.[2] Die damit einhergehende Zunahme an generierten Daten durch die Vernetzung der Geräte ergibt sich zwangsläufig. Mittels des Einsatzes von Künstlicher Intelligenz ist es jedoch möglich, große Datenmengen effektiv zu verarbeiten und einen Mehrwert daraus zu ziehen. KI findet sich ferner in Bereichen digitaler

---

1   IoT bezeichnet die globale Infrastruktur, die es ermöglicht, physische und virtuelle Objekte miteinander zu vernetzen und sie durch Informations- und Kommunikationstechniken zusammenarbeiten zu lassen.

2   Vgl. Statista, Internet of Things (IoT) and non-IoT active device connections worldwide from 2011 to 2025, Hamburg: Statista, 2019.

Dienstleistungen, in smarten Maschinen und Geräten wieder und wird zunehmend Teil des Arbeits- und Privatlebens. Das vermehrte Umweltbewusstsein in der Gesellschaft sowie die Zunahme des ressourceneffizienten und nachhaltigen Wirtschaftens sind neben der Vernetzung von Geräten weitere Faktoren, die den Einsatz von Künstlicher Intelligenz in der Gebäudeautomation fördern.

Im Jahr 2020 betrug die gesamte CO_2-Emission in Deutschland 739 Tonnen. Der Gebäudebereich verantwortete einen Anteil von 16 % der Gesamtemissionen und reihte sich somit an die vierte Stelle der größten CO_2-Emittenten des Landes ein. Zudem verursacht das Bewirtschaften von Gebäuden 30 % der gesamten in Deutschland für die Strom- und Wasserbereitstellung anfallenden CO_2-Emissionen.[3] Durch intelligente Gebäudeautomation kann jedoch der ökologische Fußabdruck und der Ressourcenverbrauch der Gebäudewirtschaft merklich reduziert werden. Andererseits verbringen Menschen den Großteil ihrer Lebenszeit in geschlossenen Räumlichkeiten. Integration von KI in Gebäudeautomation ermöglicht es, dem Trend der individuellen Bedürfnisbefriedigung gerecht zu werden und zur Steigerung des allgemeinen Wohlbefindens sowie der Leistungsfähigkeit der Menschen beizutragen

31.2   KI in der Gebäudeautomation – die Ausgangssituation

Laut einer aktuellen repräsentativen Studie wird Künstliche Intelligenz von Menschen und Unternehmen in Deutschland größtenteils als ein Mehrwert angesehen. Dabei nutzen nur 9 % der Unternehmen KI, 14 % befinden sich in der Planungsphase und weitere 28 % beschäftigen sich mit dem Thema, ohne konkrete Pläne vorweisen zu können. Über die Innovationskraft der Künstlichen Intelligenz sind sich die Unternehmen jedoch bewusst, sowohl im Handel, in der Industrie, in Dienstleistungsbereichen als auch im Rahmen von Prozessautomatisierungen. Durch den Einsatz von Künstlicher Intelligenz bieten sich Möglichkeiten, neue Geschäftsmodelle zu entwickeln und bestehende Wertschöpfungsprozesse zu optimieren.[4] Gleichzeitig ist das Thema KI und ihre Auswirkung sowie ihr Nutzen auf dem Gebiet der Gebäudeautomation ein präsentes Thema, vor allem hinsichtlich der wirtschaftlichen Vorteile, die durch ihren Einsatz entstehen können. Aber die Vielzahl von Entwicklungsmöglichkeiten und Synergieeffekten geht auch mit unterschiedlichsten Fragen einher, wie zum Beispiel Fragen zu Haftungsregelungen, zu einheitlichen Rahmenbedingungen, Sicherheit und Vertrauen gegenüber den Systemen. Ebenso gilt es zu berücksichtigen, inwieweit KI

---

3   Vgl. BMUV, Klimaschutz in Zahlen: Fakten, Trends und Impulse deutscher Klimapolitik, Ausgabe 2021, Berlin: BMUV, 2021.

4   Vgl. Geretshuber, D., Reese, H., Künstliche Intelligenz in Unternehmen, Eine Befragung von 500 Entscheidern deutscher Unternehmen zum Status quo – mit Bewertung und Handlungsoptionen von PwC, München: PwC, 2019.

im Rahmen der intelligenten Gebäudeautomation eingesetzt werden kann, um Prozesse effizienter und effektiver zu gestalten, und in welchem Maße sich dies auf den Ressourcenverbrauch von Gebäuden auswirkt.

31.3   Merkmale und Einsatzbereiche von Gebäudeautomation

Die Basis von Gebäudeautomation bilden Elektroinstallationen, elektronische Gerätschaften und Anlagen eines Gebäudes. Darüber hinaus zählen Wasser-, Abwasser-, Gas- und Fernwärmeanschlüsse sowie Telefon-, Internet- und Fernsehleitungen dazu. Die automatische Steuerung, Regelung, Überwachung, Optimierung und Bedienung der technischen Gebäudeausstattung sind die Hauptaufgabe der Gebäudeautomation. Um automatisierte Prozesse zu gewährleisten, ist jedoch eine bestehende Verknüpfung und Vernetzung der Gebäudeausstattung mittels Sensoren und elektronischen Antriebselementen erforderlich.[5]

Die Anwendungsbereiche von Gebäudeautomation sind mannigfaltig. Unter anderem ist es möglich, herkömmliche Alarmanlagen anhand von Einbruchsensoren an Fenstern und Türen inklusive einer Videoüberwachung an das System anzuschließen, das bei Gefahr einen festgelegten Automatismus auslöst. Zudem kann das Brandrisiko reduziert werden, indem das System die Gebäudeelektrik überwacht und gegebenenfalls defekte Geräte ausschaltet. Anhand von Sensoren ist es möglich, Wasser- und Feuchtigkeitseinbrüche frühzeitig zu erkennen und somit auch Schimmelbefall entgegenzuwirken. Weitere Möglichkeiten bieten sich hinsichtlich der effizienten Nutzung von Ressourcen, vor allem in den Bereichen Wärmeerzeugung und Stromverbrauch. Das automatisierte Absenken von Heizleistungen bei Abwesenheit und bzw. oder bei geöffneten Fenstern und Türen sowie tarif- und temperaturgesteuertes Heizen können den Energieverbrauch reduzieren. Ferner kann anhand von Lichtautomatik, die unter anderem die Lichtverhältnisse der jeweiligen Tageszeit und Alltagssituation der Gebäudenutzer berücksichtigt, der Stromverbrauch ressourcen- und bedarfsgerecht gesteuert werden.

Die genannten Anwendungsmöglichkeiten der Gebäudeautomation tragen auch zur Komforterhöhung bei. Grundlegend verschaffen automatisierte Prozesse dem Gebäudenutzer Zeit und können ihm physische wie auch psychische Arbeit abnehmen. Dazu zählen Lichtautomatik sowie eine personenbezogene Klimaautomation der Räumlichkeiten und das wetterabhängige Schließen von Fenstern und Markisen bei Regen oder das individuelle Herablassen von Jalousien bei Sonneneinstrahlung. Türschlösser, die sich zu vorprogrammierten Zeiten öffnen oder schließen, erhöhen zudem nicht nur

---

5   Vgl. VDI, Gebäudeautomation (GA): VDI-Richtlinien zur Zielerreichung, Düsseldorf: VDI, 2018.

den Komfort im Arbeits- und Wohnalltag, sondern leisten gleichzeitig einen Sicherheitsbeitrag. Außerdem können durch die Anbindung von Multimediageräten akustisch und visuell passende Raumatmosphären für Gebäudenutzer geschaffen werden. Ebenso denkbar ist der Zugang zu Entertainment- und Assistenzfunktionen über die gebäudeeigene Internetverbindung.

31.4 KI als Evolutionstreiber intelligenter Gebäudeautomation

Die Grundlage für den Einsatz Künstlicher Intelligenz sind große Datenmengen. Intelligente Gebäudeautomation greift einerseits auf Daten von Sensoren zurück und nutzt andererseits Daten über Gewohnheiten der Gebäudenutzer. Sensoren erzeugen und messen relevante Informationen wie Temperatur, Bewegung und Luftfeuchtigkeit. Der Mehrwert Künstlicher Intelligenz besteht im Ergänzen der ursprünglichen Daten mit neu erlernten Zusammenhängen und Prognosen zum zukünftigen Nutzerverhalten. KI trägt hierdurch zu einer Automatisierung von Prozessen bei, die bisher durch manuelle Tätigkeiten des Nutzers vollzogen wurden. Dies birgt eine Vielzahl von Chancen in den Bereichen Komfort, Sicherheit und Ressourceneffizienz des Gebäudes.

Durch die Kombination von Künstlicher Intelligenz, Gebäudeautomation und vernetzter Haustechnik wird ein Gebäude zum sogenannten Smart Building. Im Zentrum stehen das Optimieren von Prozessautomationen und die Steuerungen elektronischer Gebäudesysteme vor einem betriebswirtschaftlichen Hintergrund. Das Ziel ist, eine positive Energie- und CO_2-Bilanz zu erreichen und den Bedienkomfort zu steigern. Der Begriff Smart Home wird in diesem Zusammenhang oftmals irrtümlich als Synonym für den Begriff Smart Building verwendet. Der Unterschied liegt in den Haushaltsgeräten, die Teil des Begriffes Smart Home sind, in der Begrifflichkeit des Smart Buildings jedoch keine Rolle spielen. Sowohl Smart Homes als auch Smart Buildings nutzen das IoT. Dies führt zur Vernetzung innerhalb einzelner Subsysteme und bringt eine Effizienzsteigerung mit sich.

31.4.1 The Edge – nachhaltiges Bürogebäude

Ein Gebäude, das umfangreich KI einsetzt und als nachhaltigstes Bürogebäude der Welt ausgezeichnet wurde, ist das 2014 errichtete »The Edge«[6] (siehe Abbildung 1).

---

6   Vgl. Randall, T., The Smartest Building in the World: Inside the connected future of architecture, New York: Bloomberg Businessweek, 2015.

Abb. 1: The Edge, Foto© Ronald Tilleman

Das mehrstöckige Bürogebäude in Amsterdam nutzt rund 28.000 Sensoren, die sich innerhalb von LED-Leuchten befinden und über das gesamte Gebäude verteilt sind. Die Sensoren erfassen Temperatur, Helligkeit, Bewegungen, Luftfeuchtigkeit und die CO_2-Konzentration. Die Daten werden in Echtzeit an eine Datenzentrale weitergeleitet, die das Herzstück des Gebäudes darstellt und sowohl das IT- als auch Facility Management beinhaltet und zusammenführt. Mithilfe der gesammelten Daten werden die Klimatisierung, die Lichtsteuerung und der Austausch der Luft autonom gesteuert. Weiterhin lässt sich anhand der Bewegungsdaten die Auslastung von Bürobereichen erkennen. Um Ressourcen zu sparen, können bei geringer Auslastung ganze Räume und Etagen abgeschaltet werden. Am Ende eines Arbeitstages greifen auch die autonomen Reinigungsroboter auf die gesammelten Daten zurück. Sie wissen, welche Gebäudebereiche stark beansprucht wurden, und konzentrieren sich während der Reinigung auf ebendiese.

Eine gebäudeeigene App ermöglicht Mitarbeitenden das Anpassen ihrer Arbeitsumgebung. Sowohl Klimatisierung als auch Beleuchtung können individuell am ausgewählten Arbeitsplatz eingestellt werden. Die App lernt die Bedürfnisse ihrer Nutzerinnen kennen und ist in der Lage, den Arbeitsplatz nach den Vorlieben der Benutzer automatisch anzupassen. Sie kann zudem mit standortbezogenen Daten den Nutzer durch das Gebäude navigieren, um Meetingräume, Parkplätze oder Kollegen auf dem schnellsten Weg zu erreichen.

Auch am Mittagstisch findet sich KI wieder. Die Anzahl und Art der Mittagsmenüs hängen von der bisherigen Nachfrage, dem aktuellen Verkehr und dem Wetter ab. Auf Basis dieser Daten wird die tagesaktuelle Nachfrage an Mittagsmenüs berechnet und dadurch werden Lebensmittelabfälle reduziert. Im Bereich der Sicherheit werden autonome Security-Roboter eingesetzt, die das gesamte Gebäude abfahren. Kommt es zu einem Alarm, können die Roboter den betreffenden Bereich selbstständig aufsuchen. Mithilfe von Kameras können verdächtige Personen identifiziert werden. Die erfassten Informationen werden in Echtzeit an den Security-Dienst weitergeleitet, der weitere Maßnahmen ergreift.

Das Konzept der intelligenten Gebäudeautomation wurde auf Upgrades ausgelegt, um The Edge auch in Zukunft mit innovativen Ideen und Technologien versorgen zu können.[7]

31.4.2 Huf Haus – digitales und vernetztes Zuhause

Huf Haus ist ein mittelständischer Fachwerkhaushersteller, der zusammen mit dem IT- und Beratungsunternehmen IBM das Musterhaus »Ausblick« (s. Abbildung 2) entwickelte.

Abb. 2: Huf Haus – das Musterhaus »Ausblick«

---

7   Vgl. EDGE Olympic, The Edge, Amsterdam: EDGE Olympic, 2017.

Das im Jahr 2018 fertiggestellte Wohnhaus wurde mit Künstlicher Intelligenz ausgestattet, die auf der Software IBM-Watson basiert. Die KI ist mit der Hausautomation des Musterhauses verknüpft und zielt auf komfortables und ressourcensparendes Wohnen ab. Durch automatisierte Prozesse wird der Energieverbrauch gesenkt. Anhand konkreter Parameter und des Nutzungsverhaltens der Bewohner werden elektrische Geräte automatisch ein- und ausgeschaltet. Weiterhin werden einzelne Räume unter Berücksichtigung benutzerspezifischer Parameter regelmäßig und kontrolliert gelüftet. Mittels Lichtszenarien wird der Wohnkomfort weiter erhöht. Durch die Position der Außenjalousien sowie der Intensität und Farbe des Lichtes kann den Bewohnerinnen beim Betreten der Wohnung das gewünschte Ambiente geboten werden. Über fest verbaute Bedienelemente und das eigene Smartphone kann das Multimediasystem im gesamten Haus angesteuert und programmiert werden. Ein Sicherheitssystem sorgt dafür, dass das Haus beim Verlassen automatisch verriegelt wird und Sicherheitsvorkehrungen wie die Alarmanlage aktiviert werden.[8]

Das Hausautomationssystem ist mit allen verbauten Sensoren und der KI-Software IBM-Watson verknüpft. Der Verbund dieser drei Komponenten stellt die Grundlage für die Anwendung Künstlicher Intelligenz dar. Aktivitäten und Verhalten der Hausbewohnerinnen werden von der KI erkannt und als Verhaltens- und Bewegungsmuster gespeichert. Durch diese Daten ist die KI in der Lage, die Gewohnheiten der Bewohner zu erlernen. Betritt eine Person zum ersten Mal das Gebäude, werden charakteristische Merkmale gescannt und in einem neu angelegten Nutzerprofil abgelegt. Von nun an wird das Verhalten der Person beobachtet und registriert. Hierzu zählen neben Bewegungsmustern auch die Einbeziehung technischer Geräte und Anlagen. Die Berechnung der KI bedient sich zudem an externen Datensätzen wie zum Beispiel der Prognose des Wetters, um das Verhalten der Bewohnenden vorherzusagen und die richtigen Schlussfolgerungen für das Hausautomationssystem zu ziehen. Ein wichtiger Faktor der KI ist die Anpassungsfähigkeit an Veränderungen. Ändert sich das Verhaltensmuster eines Nutzers, wird dies von der KI erkannt und das Nutzerprofil wird dynamisch angepasst.[9]

31.4.3   Soziale, umweltbezogene und wirtschaftliche Auswirkungen

Das Verhalten von Gebäudenutzern wird durch den KI-Einsatz zunehmend transparenter und damit vorhersehbar sowie kalkulierbar. Intelligente Gebäudeautomation kann vorsorgliche Maßnahmen zum Wohle der Nutzer und hinsichtlich des Ressourcenverbrauchs in den Bereichen Wärme- und Kälteerzeugung, Nutzung von Licht-

---

8   Vgl. Kreif, F., KNX und Gebäudeautomation von Divus setzen modernes Fachwerk in Szene, in smart homes, (5), Düsseldorf: Plugged Media GmbH, 2015

9   Vgl. Huf Haus, Architektur in ihrer intelligentesten Form, Hartenfels: Huf Haus GmbH & Co. KG, 2021.

quellen sowie Stromverbrauch treffen. Es besteht jedoch die Möglichkeit, dass es dahingehend zu Fehlinterpretationen des vorangegangen Nutzerverhaltens kommt, was wiederum negative Auswirkungen auf die genannten Bereiche nach sich ziehen kann. Es muss darum sichergestellt sein, dass der Mensch zu jeder Zeit die intelligente Gebäudeautomation selbstständig steuern und die KI abschalten kann. Ebenso geht mit der Nutzung von KI und der dadurch produzierten Datenmenge die Verantwortung einher, datenschutzrechtliche Richtlinien personenbezogener Daten einzuhalten und zu gewährleisten.

Darüber hinaus darf nicht vergessen werden, dass der Ressourcenverbrauch eines Gebäudes durch die Nutzung von KI zwar effizienter ausgelegt werden kann, allerdings nur so weit, dass die Gebäudenutzer die Optimierungen durch ihre individuellen Bedürfnisse nach Komfort nicht gegenteilig beeinflussen. Der sogenannte Rebound-Effekt beschreibt genau solches Verhalten. Beispielsweise können durch intelligente Gebäudeautomation die Stromkosten einzelner Verbraucher gesenkt werden. Die Gefahr besteht jedoch darin, dass dadurch mehr Verbraucher verwendet werden und der gesamtheitliche Stromverbrauch steigt.[10] Zudem können die KI-Rechnerleistung und auch eine zunehmende Komplexität und Vernetzung von Geräten untereinander den Energieverbrauch deutlich erhöhen, wie eine Studie des Bund für Umwelt und Naturschutz Deutschlang zeigt.

Insofern darf die mit wachsender Datenmenge zusammenhängende Steigerung der KI-Rechenleistung nicht unberücksichtigt bleiben. KI sollte in der Lage sein festzustellen, inwieweit sie durch ihre Aktivität Ressourcen einspart und zu welchem Zeitpunkt sie sich in einen Standby-Modus schalten sollte. Das würde den ökologischen Fußabdruck intelligenter Gebäudeautomation nachhaltig senken. Sollte es angedacht sein, KI im Rahmen intelligenter Gebäudeautonation zu nutzen, ist es erforderlich, angesichts vielfältiger Einsatzmöglichkeiten und hoher Kosten nicht nur eine präzise Investitionsplanung zu erstellen, sondern auch über die tatsächlich benötigten Leistungen nachzudenken und diese detailliert festzulegen. Es sind zudem regelmäßig anfallende Wartungs- und Reparaturkosten der intelligenten Systeme miteinzukalkulieren und der individuelle Lebenszyklus des Gebäudes sowie die damit verbundene beschränkte KI-Nutzungsdauer sind zu berücksichtigen. Mit Blick auf die beabsichtigte kostenoptimierende Wirkung intelligenter Systeme auf den Ressourceneinsatz im Bereich kommerziell genutzter Immobilien und privater Wohngebäude ist eine Amortisation der relativ hohen Investitionskosten aus heutiger Sicht kaum zu erwarten. Zu diesem Ergebnis kommt eine vom Bundesministerium für Wirtschaft und Energie beauftragte

---

10 Vgl. Müller, C., Rolle der Digitalisierung im Gebäudebereich. Eine Analyse von Potenzialen, Hemmnissen, Akteuren, und Handlungsoptionen., Berlin: BMWI, 2018.

Studie aus dem Jahr 2018.[11] Sowohl die stetige Weiterentwicklung intelligenter Systeme als auch staatliche Förderungen sind jedoch Ansätze, um diesem entgegenzuwirken.[12]

31.5   Potenzial zur Entwicklung des Arbeits- und Wohnalltags

Die technische Infrastruktur sowohl des The Edge als auch des Huf Hauses bietet eine solide Grundlage zur Erweiterung der KI-gesteuerten Gebäudeautomation. Eine wesentliche Erneuerung des Arbeitsalltags im The Edge ist, dass Mitarbeiter keinen festen Arbeitsplatz haben, sondern individuell nach Bedarf ihren Platz tagtäglich aussuchen. Durch eine Erweiterung der hauseigenen App, die mit der KI zusammenarbeitet, wäre es möglich, den Mitarbeitern anhand ihrer regelmäßigen Arbeitsplatzwahl und -anforderungen sowie sozialen Interaktionen eine tägliche Empfehlung des für sie optimalen Shared Desk anzuzeigen. Darüber hinaus könnten die Bewegungsmuster der Mitarbeiter durch die bereits installierten Sensoren aufgezeichnet werden, um weitere Erkenntnisse über die Gebäudeauslastung zu erhalten. In pandemischen Lagen wäre es somit denkbar, dass durch die KI-gestützte Auswertung der Daten Interaktionsmuster aufgezeigt, Infektionsherde frühzeitig ermittelt und entsprechende Präventionsmaßnahmen eingeleitet werden könnten. Außerdem wäre es sowohl für das The Edge als auch für das Huf Haus eine Innovation, die intelligenten Systeme mit dem Netzwerk der städtischen Strom- und Wasserversorgung zu verbinden, um den Ressourcenverbrauch zu optimieren. Zudem könnte eine durch Künstlicher Intelligenz gesteuerte Photovoltaikanlage die Energieversorgung nachhaltig positiv beeinflussen.

Hinsichtlich des Wohnkomforts und der Gesundheit der Bewohner des Huf Hauses ist eine Verbindung von Wearables wie Smartwatches mit der KI-gesteuerten Gebäudeautomation vorstellbar. Das System könnte anhand personenbezogener Vitaldaten, Raumtemperatur, Lichtverhältnisse oder auch Multimedia-Einstellungen nach entsprechend hinterlegten Sollwerten anpassen. Weiteres Potenzial bietet eine Vernetzung von Kraftfahrzeugen mit dem Haus. Die KI könnte dadurch die Ankunftszeit der Bewohnerinnen ermitteln und zimmerabhängig die jeweiligen Wohlfühleinstellungen vornehmen. Darüber hinaus könnte die Künstliche Intelligenz durch einen Gesichtsscanner an der Hauseingangstür eine Haushaltshilfe oder Handwerker identifizieren und ihnen Zugang zu bestimmten Räumlichkeiten gewähren.

---

11   Vgl. Hintemann, R., Hinterholzer, S., Smarte Rahmenbedingungen für Energie- und Ressourceneinsparungen bei vernetzten Haushaltsprodukten, Berlin: BUND, 2018.
12   Vgl. Müller, C., Rolle der Digitalisierung im Gebäudebereich. Eine Analyse von Potenzialen, Hemmnissen, Akteuren, und Handlungsoptionen., Berlin: BMWI, 2018.

31.6   Schlussbetrachtung und Ausblick

Die Einsatzmöglichkeiten von KI im Rahmen von intelligenter Gebäudeautomation sind vielfältig. Komfort, Sicherheit und Ressourcenmanagement sind die wichtigsten Anwendungsbereiche und Treiber neuer Ideen. Die Anzahl technischer Geräte und deren gleichzeitige Vernetzung führt zu immer größeren Datenmengen, die es zu nutzen gilt. Wie derartige Daten genutzt werden können, verdeutlichen die Best-Practice-Beispiele The Edge und Huf Haus. Die Symbiose aus moderner Gebäudeautomation und Künstlicher Intelligenz weist neue Möglichkeiten für den Wohn- und Arbeitsalltag auf. Beide Anwendungsbeispiele sind innovativ und gewähren einen Blick in die Zukunft. Das vorhandene Potenzial wurde allerdings nicht vollständig ausgeschöpft.

KI kann den Ressourcenverbrauch von Gebäuden deutlich senken, benötigt aber gleichzeitig viel Energie, um die komplexen Berechnungen der Lernprozesse ausführen zu können. Dem Menschen werden dabei zunehmend Aufgaben, aber auch Entscheidungen abgenommen. Der Gigatrend Digitalisierung wird weiterhin ein Treiber Künstlicher Intelligenz und ihres Einsatzes im Rahmen intelligenter Gebäudeautomation sein. Wachsende Datenmengen durch die zunehmende Vernetzung von Geräten bilden unter anderem die Grundlage für KI. Dabei nimmt die Relevanz von Privatsphäre und Datenschutz im Kontext der Gebäudenutzung zu. Parallel hierzu steigt auch das Bedürfnis nach Komfort und umweltfreundlichem Wohnen sowie Arbeiten. Die Künstliche Intelligenz im Rahmen der intelligenten Gebäudeautomation wird ein fester Bestandteil unseres zukünftigen Zuhauses und Arbeitsplatzes sein und führt zu einem tiefgreifenden Wandel in der Wahrnehmung und Interaktion der uns umgebenden Gebäude. Sobald jedoch der Mensch in diesen Prozess integriert ist, muss er als Individuum gesehen werden, da das binärcodeähnliche Charakteristikum der Digitalisierung nicht auf den Menschen übertragen werden kann.

32 KI in der Landwirtschaft

Von Carolin Werth und Nils Urbanek

Was Sie in diesem Kapitel erwartet

Der Beitrag zeigt auf, dass die Landwirtschaft vor einer Reihe von Herausforderungen steht und zielorientierte Lösungen gefunden werden müssen. Künstliche Intelligenz kann dabei an vielen Anwendungspunkten Abhilfe schaffen. So können Landwirte die Abhängigkeit von externen Umweltfaktoren reduzieren und durch Künstliche Intelligenz eine Art Sicherheit bei Ernte und Ertrag zurückgewinnen. Natürlich stehen hier die teilweise hohen Investitionskosten gegenüber, die von Landwirten im Regelfall nicht alleine getragen werden können. Daher ist hier zwangsläufig auch die Politik mit entsprechenden Entlastungen und Subventionen gefragt. Zusammenfassend ist festzuhalten, dass die Künstliche Intelligenz fortlaufend in der Landwirtschaft an Bedeutung gewinnen und die konventionelle Landwirtschaft somit entlasten und bereichern wird. Voraussichtlich wird dieser Prozess jedoch verhältnismäßig langsam geschehen, da eine flächendeckende Infrastruktur für mobile Daten geschaffen werden muss und die Investitionshürden gegenwärtig noch hoch sind.

Mit diesem Beitrag erfahren die Leserinnen und Leser, welche Möglichkeiten Künstliche Intelligenz in Zeiten der Digitalisierung, des Klimawandels und der demografischen Veränderungen im Bereich der Landwirtschaft bietet. Im Fokus stehen dabei zwei erfolgreiche Beispiele aus der Praxis.

32.1 Die gegenwärtige Relevanz von KI

Auch wenn Algorithmen oftmals nicht sichtbar sind, begleiten sie uns täglich. Sei es in sozialen Medien, bei smarten Haushaltshelfern oder Assistenzsystemen im Auto. So ist es keine Überraschung, dass die Künstliche Intelligenz mittlerweile auch Einzug in einer der wichtigsten Wirtschaftssektoren auf der ganzen Welt genommen hat: der Landwirtschaft.

Obwohl die Landwirtschaft in ihrer Entwicklungszeit lange ohne digitale daten- und internetbasierte Dienste, Prozesse und Technologien ausgekommen ist, wird die Landwirtschaft in den letzten Jahren durch digitale Prozesse, Algorithmen und Big Data revolutioniert. Besonders durch die wachsende Weltbevölkerung, die begrenzte Verfügbarkeit fossiler Energiequellen, die hohen Mengen Treibhausgase oder durch den Klimawandel ist die Agrarwirtschaft weltweit zum digitalen Wandel regelrecht gezwungen. Dabei ist festzustellen, dass insbesondere der Einsatz von KI langfristig eine entscheidende Rolle spielen wird. So werden intelligente Technologien für nachhaltige ökologische und ökonomische Prozesse und eine damit angestrebte Effizienzsteigerung in der Agrarwirtschaft bereits eingesetzt – Tendenz steigend. Auf der einen Seite ist die Landwirtschaft einem enormen Preisdruck von Supermärkten und Verbrauchern ausgesetzt, gleichzeitig soll der Output ertragreich und im besten Fall ökologisch nachhaltig sein. Dieser Spagat zwingt die Landwirtschaft dazu, sich in den kommenden Jahren zu einem modernen, nachhaltigen und produktiven Wirtschaftssektor zu entwickeln.

Werden allein die Hitzesommer der letzten Jahre betrachtet, zeigen diese, welche Auswirkungen der Klimawandel auf das Ökosystem und die Landwirtschaft haben kann. Über Monate anhaltende Hitze und Trockenheit führen zu einer stagnierenden Entwicklung der Ernte bis hin zur Knappheit von Produkten. Darüber hinaus kann einigen internationalen Studien, wie dem jährlichen Klima-Risiko-Index von Germanwatch, entnommen werden, dass die großflächigen Hitzewellen in kürzeren Zeitabständen auftreten und die Wahrscheinlichkeit für extreme Hitze zunimmt. Dieser Index zeigt für das Vorjahr sowie rückblickend auf die vergangenen 20 Jahre, wie stark Länder von Überschwemmungen, Stürmen, Hitzewellen oder Dürren betroffen sind. Deutschland landete dabei im Bewertungszeitraum von 2000-2019 auf dem 18. Platz der am meisten betroffenen Länder weltweit.[1] Darüber hinaus erreichen die Pegel vieler Gewässer bei Trockenheit Rekordtiefstände – mit verheerenden Auswirkungen auf das Gedeihen der Pflanzen, für deren Entwicklung die Bodenfeuchte entscheidend ist. Gleichzeitig droht die Gefahr von Starkregen. Hier ist an die massiven Überschwemmungen im Sommer 2021 in Deutschland zu denken.

Neben der daraus resultierenden Bedrohung für die Natur und die Gesundheit von allen Lebewesen könnte auch die Ernährungslage kritisch werden. Sind weite Regionen der Landwirtschaft von Hitze, Dürre oder Starkregen betroffen, ist dies deshalb nicht nur aus ökonomischer Sicht für die Landwirte und Endkonsumenten kritisch. Es entsteht die ernsthafte Gefahr von Lebensmittelengpässen in einer Welt, die immer mehr Menschen zu versorgen hat.

Auch abseits des Klimawandels müssen Landwirte ständig Maßnahmen ergreifen, um ihre Ernte zu sichern. So gilt es beispielsweise, die Qualität ihrer Böden und des Grundwassers zu kontrollieren oder ihre Ernteprodukte vor externen Einflüssen wie den aktuellen Wetterbedingungen und vor Krankheiten zu schützen. Diese notwendigen Arbeitsabläufe können durch die Verwendung von smarten Technologien unterstützt werden.

---

1   https://www.germanwatch.org/sites/default/files/Zusammenfassung%20des%20Klima-Risiko-Index%20
     2021_2.pdf, abgerufen am 25.02.2022.

32.2   Wie KI bereits heute eingesetzt wird

Auf dem Weg zur smarten Landwirtschaft wird bereits heute Künstliche Intelligenz eingesetzt. Anhand von zwei Beispielen beschreiben wir, wie smarte Technologien und vertikales Farming eingesetzt werden und welche Vorteile diese für eine smarte, nachhaltige Landwirtschaft bringen.

32.2.1   Smarte Landwirtschaft durch den Einsatz von Sensoren

Das Unternehmen Bosch hat eine Technologie entwickelt, die dabei hilft, eine smarte Landwirtschaft zu erzeugen. Angesichts dessen, dass die Weltbevölkerung stetig wächst, während die weltweite Verfügbarkeit der Agrarflächen pro Kopf sinkt, braucht die Landwirtschaft einen geeigneten Pflanzenschutz und technische Innovationen, um die Ernte nachhaltig sicherzustellen. Erfrorene Erdbeeren? Kranke Tomaten im Gewächshaus? Oder andere Probleme bei der Erzeugung von Nahrungsmitteln? Durch Sensoren können diese Ausfälle vermieden werden. Zusätzlich können Kosten gesenkt und Erträge gesteigert werden. Diese Technologie hilft nicht nur Landwirten, sondern langfristig gesehen auch einer wachsenden Bevölkerung.

Zusammen mit dem Unternehmen Bayer hat Bosch eine sogenannte Smart-Spraying-Technologie entwickelt. Nutzpflanzen konkurrieren mit Unkräutern um den Platz auf den Agrarflächen, woraus oftmals schlechte Ernten resultieren. Um diese Situation zu bekämpfen, werden aktuell großflächige Pestizide eingesetzt. Diese verunreinigen das Grundwasser und zerstören Nutzpflanzen und Ackerböden. Bosch und Bayer haben daher eine Technologie entwickelt, die mithilfe von Sensoren eine nachhaltige und effiziente Landwirtschaft ermöglicht. Sie unterscheidet Unkraut von Nutzpflanzen und kann das Unkraut gezielt mit Pflanzenschutzmittel besprühen.[2]

Das von Bosch gegründete Start-up Deepfield Robotics entwickelt autonome Landmaschinen und überwacht mittels Sensoren den Zustand der Pflanzen oder Gemüse. Das Sensor-System misst Wachstumsbedingungen wie die Bodenfeuchte, Lufttemperatur und Luftfeuchtigkeit und informiert den Landwirt per App über den Zustand der Felder. Über die App kann erkannt werden, ob sich die Werte im Sollbereich befinden. Vor dem Einsatz dieser Sensoren kam es teilweise bei über der Hälfte der gesäten Samen zu einem Ernteverlust durch Frost oder zu mangelhaften Nährwerte der Böden. Neben einer optimalen Ernte, weniger Kosten und höheren Erträgen wird durch Smart Farming ein zusätzlicher positiver Effekt erzeugt: Musste der Landwirt vorher bei Frost

---

2   Vgl. https://www.digitalbusiness-cloud.de/mehr-intelligenz-auf-dem-acker-smart-spraying-im-pflanzenschutz/, abgerufen am 25.02.2022.

dutzende Male in der Nacht auf das Feld, wird diese Arbeit heute autonom und digital erledigt.

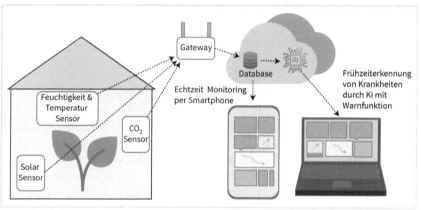

Abb. 1: Durch den Einsatz von Sensoren zur smarten Landwirtschaft, Quelle: in Anlehnung an https://www.bosch-presse.de/pressportal/de/de/landwirtschaft-der-zukunft-101824.html

Neben Witterungsbedingungen und Umwelteinflüssen stellen Krankheiten ein hohes Risiko für die Ernte dar. Bosch hat mit Plantect einen Service auf den Markt gebracht, der durch Sensoren mit über 90% Genauigkeit vorhersagen kann, ob bei Gewächshaustomaten eine Krankheit auftritt. Sensoren messen Faktoren wie Temperatur, Blattnässe und Sonnenlicht im Gewächshaus. Diese Faktoren werden mittels KI analysiert, mit Wettervorhersagen verknüpft und als Risikomeldung via App an den Landwirt versendet.

In einem weiteren Beispiel für Precision Farming setzt Bosch ein intelligentes Bewässerungsmanagement auf einer Olivenplantage in der Nähe von Sevilla in Spanien ein. Anhand von kabellosen Sensoren auf den Olivenbäumen werden Echtzeitdaten erfasst und der Wasserbedarf ermittelt. Über die App kann der Landwirt den Wasserbedarf und Wasserverbrauch kontrollieren. Mit diesem smarten System kann der Verbrauch reduziert, der Wasserbedarf auf die Wetterlage abgestimmt und der Ertrag der Plantage gesteigert werden.

32.2.2   Vertikales Farming für maximale Raumeffizienz

Wie zu Beginn beschrieben, muss die Industrie für eine wachsende Anzahl von Menschen Lebensmittel bereitstellen, ohne dass sie dabei auf eine Vielzahl neuer horizontaler Anbauflächen zurückgreifen kann. Dieser Problematik begegnet das vertikale Farming, ein Teil des Mega-Trends Smart Farming: Dabei werden neue Anbauflächen gewonnen, indem der Anbau vertikal stattfindet. Mithilfe von effizienten und individuell einstellbaren LED-Leuchten und intelligenten Technologien kann in Hochhäusern, Lagerhallen, alten Parkhäusern und ähnlichen Großraum-Anlagen Ackerbau ohne natürliches Sonnenlicht und mit weniger Wasser stattfinden. Durch die Automation von Licht, Temperatur und Bewässerungssystemen übertrifft die Produktivität einer vertikalen Farm den Output einer konventionellen Outdoor-Farm. Sie arbeitet ohne fossile Brennstoffe effizienter, da keine schweren Maschinen wie Traktoren eingesetzt werden. Da Pflanzen zum Wachstum durch Licht nur bestimmte Wellenlänge im blauen und roten Bereich benötigen, können diese gezielt durch effiziente LED-Leuchten ausgesteuert werden, wodurch das Wachstum beschleunigt und der Geschmack intensiviert wird. Laut dem Hersteller Osram kann die Ernte durch smarte LED-Beleuchtung um 25 % gesteigert werden, während die Energiekosten um bis zu 50 % gesenkt werden können.[3] Der Anbau und die ertragreiche Ernte finden in kürzeren Abständen statt und dies direkt in den Städten und bei den Konsumierenden. Schätzungen zufolge werden bis zum Jahr 2050 zwei Drittel der gesamten Weltbevölkerung in Städten leben, während der traditionelle Ackerbau außerhalb der Städte stattfindet.[4] Unter diesen Umständen kann das industrielle Farming auf vertikaler Ebene den Transportweg zwischen Produktionsstätte und Endkunden deutlich senken und Emissionen einsparen.

So funktioniert auch das System des Berliner Start-ups Infarm. Das Unternehmen hat ein System entwickelt, das Kräuter und Gemüse in Glasschränken auf Basis von Algorithmen heranwachsen lässt und cloudbasiert durch einen Algorithmus den Anbau kontinuierlich optimiert. Die Technologie sorgt für die korrekte Temperatur, das richtige Licht sowie die notwendige Nährstoffdichte. Durch Infarm können Restaurants, Supermärkte, Verteilerzentren oder Privatpersonen direkt vor Ort die gewünschten Kräuter und Pflanzen anbauen, wobei ein erheblicher Teil der Lieferkette wegfällt und eine schnelle Verfügbarkeit entsteht. Das Berliner Start-up bietet derzeit Lösungen für den Anbau verschiedener Kräuter wie Minze, Basilikum, Dill, Lavendel, Rucola oder Wasabi an. Namhafte Partner wie EDEKA, Metro oder Amazon Fresh arbeiten zum Teil bereits mit Infarm zusammen. In teilnehmenden Märkten oder Restaurants sind Infarm Kräuterhäuser installiert, aus denen die erzeugten Produkte direkt vor Ort geerntet und verkauft werden können.

Auch das amerikanische Start-up AeroFarms arbeitet an vertikalen Indoor-Plantagen und verwendet LED-Leuchten, die für jede Pflanze eine spezifische und individuelle Intensität und Frequenz auf Basis von KI einstellen. Durch die Technologie können die Pflanzen in ihrer Form, Größe, Farbe, Textur und ihrem Geschmack beeinflusst und gesteuert werden, wodurch es dem Unternehmen zufolge jährlich 390-mal höhere

---

3   Vgl. https://www.osram.de/cb/anwendungen/horticulture/index.jsp/, abgerufen am 25.02.2022.
4   Vgl. https://www.fr.de/wirtschaft/vertikale-landwirtschaft-neue-hype-11054844.html/, abgerufen am 25.02.2022.

Ernteerträge pro Quadratmeter gibt, als es auf ursprünglichen Anbauflächen möglich wäre.[5]

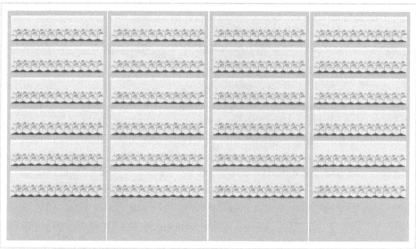

Abb. 2: Vertical Farming – warum die Kräuter nun im Supermarkt wachsen, Quelle: in Anlehnung an https://www.faz.net/aktuell/wirtschaft/unternehmen/infarm-laesst-kraeuter-und-salat-im-supermarkt-wachsen-16223088.html.

32.3 Rahmenbedingung für die Integration von KI in die Landwirtschaft

Für eine erfolgreiche Transformation der Landwirtschaft durch die Integration von KI in den Betriebsalltag sind im Vorfeld einige wichtige Parameter durch die Landwirte, aber auch durch die Unterstützung der Politik, zu erfüllen.

Damit die Landwirte flächendeckend die Landwirtschaft 4.0 mit dem Einsatz von Künstlicher Intelligenz in ihren Betrieben nutzen können, muss zum einen die Politik die entsprechende digitale Infrastruktur schaffen und subventionieren. Eine notwendige Maßnahme sind der Breitbandausbau sowie der Ausbau des Mobilfunkstandards 5G. Das muss schnellstmöglich vorangetrieben werden. Auch ist die Politik gefordert, Landwirten durch finanzielle Subventionen bei der Digitalisierung der Betriebe zu helfen. Durch die notwendigerweise strengere Klimapolitik der Bundesregierung klagen Landwirte bereits über sinkende Gewinne, wodurch auch weniger Kapital für Investitionen in neue Technologien, wie in die KI, zur Verfügung steht. Die produzierende In-

---

5   Vgl. https://www.fr.de/wirtschaft/vertikale-landwirtschaft-neue-hype-11054844.html/, abgerufen am 25.02.2022.

dustrie von KI-basierten Lösungen ist ebenfalls angehalten, an preiswerten Lösungen zu arbeiten, damit auch kleinere und mittelständische Betriebe diese erwerben können. Langfristig darf Künstliche Intelligenz auf dem Weg zur Landwirtschaft 4.0 nicht Investitionen in mehrstelliger Millionenhöhe auslösen, sondern muss bezahlbar sein.

Für einen erfolgreichen Wandel sind zum anderen auch die Landwirte in der Pflicht, Veränderungen durchzuführen. Da aktuell nur 50 % der Landwirte in Deutschland auf digitale Lösungen im Sinne der Landwirtschaft 4.0 zurückgreifen, besteht bei der anderen Hälfte hierbei noch ein großes Potenzial – und es herrscht gleichzeitig die Gefahr, den Anschluss im Wettbewerb zu verpassen. Hier müssen bei den betroffenen Landwirten dringend Überprüfungen des Geschäftsmodells und seiner Prozesse stattfinden. Es muss über eine mögliche Digitalisierung nachgedacht werden, denn die Digitalisierung von Prozessen und der Einsatz von KI spart Kosten, Zeit und steigert die Effizienz. Landwirte müssen umdenken und fehlendes Know-how erlernen beziehungsweise sich nachschulen. Aktuelle analoge Arbeitsabläufe sollten hinterfragt und dahin gehend analysiert werden, ob hier Einsparungspotenzial durch die Verwendung von KI besteht. Dies ist wichtig, um den Anschluss an den Wettbewerb nicht zu verlieren. Neben der Weiterbildung ist eine generelle Offenheit gegenüber der Landwirtschaft 4.0 ausschlaggebend. Landwirte sollten bereits heute versuchen, in digitale Systeme zu investieren, um langfristig Kosten zu sparen und wettbewerbsfähig zu bleiben. Dies können auch Investitionen in satellitenbasierte Assistenzsysteme für Mähdrescher zur Effizienzsteigerung durch die Einsparung von Diesel und Arbeitszeit sein. Nicht immer müssen es zu Beginn Anschaffungen von beispielsweise robotergestützten Maschinen sein.

Die Landwirtschaftsbranche ist aber nicht nur zur Effizienzsteigerung durch Künstliche Intelligenz angehalten, sie sollte drüber hinaus ganz allgemein für mehr Nachhaltigkeit durch den Einsatz von KI werben. Ein Fokus sollte hierbei auf der hohen Qualität der Erzeugnisse liegen. Neben der Produktion von Nahrungsmitteln sind Landwirtschaftsbetriebe auch zunehmend Träger von sozialen Aufgaben im ländlichen Raum: Sie schaffen Arbeit und übernehmen Bildungsaufgaben für Menschen. Auch einer möglichen Unwissenheit und den daraus resultierenden Ängsten von Verbrauchern gegenüber Smart beziehungsweise Vertical Farming muss begegnet werden. Die Ängste sollten durch Aufklärungsarbeit abgebaut werden. In diesem Zusammenhang könnte aufgezeigt werden, dass durch smarte Prozesse weniger Dünger, Pflanzenschutzmittel sowie Arzneimittel in der Tierzucht verwendet werden, wovon der Kunde wiederum profitiert.

32.4   Ist Künstliche Intelligenz also auch hier die Zukunft?

Beim Kongress Farm & Food 4.0 im Januar 2019 kündigte die damalige Bundesministerin für Ernährung und Landwirtschaft, Julia Klöckner, an, bis zum Jahr 2022 insgesamt 60 Millionen Euro für das Bundesprogramm »Digitalisierung in der Landwirtschaft« bereitzustellen. Klöckner betonte, dass die Landwirte Vorreiter der Digitalisierung seien, es jedoch noch viele Aufgaben im Bereich der Datensicherheit, des Netzausbaus und der Entwicklung von dezentralen Softwarelösungen gibt.[6] Doch was hält die Zukunft für die Landwirtschaft bereit? Wie bei jeder neuen Technologie gilt auch in der Landwirtschaft: Wer modernste Technik will, muss investieren. Doch können sich kleinere Betriebe das leisten? Diese gilt es, nicht aus dem Blickwinkel zu verlieren. Darüber hinaus stellen wohl die Funknetze die größte Hürde für die Digitalisierung der Landwirtschaft dar. Gerade in ländlichen Regionen werden sie oft nur schleppend ausgebaut. Vergleicht man den Ausbau des Netzes europaweit, hinkt Deutschland weit hinterher, was die 4G-Abdeckung im Inland betrifft.[7] Neben dem flächendeckenden Netzausbau und der finanziellen Unterstützungen der Landwirte seitens der Politik bleibt weiterhin die Frage des Datenschutzes offen. Die Künstliche Intelligenz verändert die Landwirtschaft, doch die Daten müssen weiterhin bei den Landwirten bleiben. Auch dies gilt es, zukünftig politisch zu regulieren.

Klimawandel, Ernährungssicherheit und Nachhaltigkeit – das sind die großen globalen Herausforderungen der Landwirtschaft. Diesen zu begegnen und Lösungen anzubieten wird die Aufgabe aller Akteure sein. Künstliche Intelligenz kann eine technologische Herangehensweise sein, die mit innovativen Maßnahmen zu optimalen betriebsökonomischen Ergebnissen und einem nachhaltigen Ökosystem beitragen kann, sofern die gesellschaftlichen, politischen und rechtlichen Rahmenbedingungen berücksichtigt werden.

---

6   Vgl. https://www.topagrar.com/panorama/news/digital-ist-die-landwirtschaftliche-zukunft-10266114.html, abgerufen am 26.02.2022.

7   Vgl. https://www.handelskraft.de/2019/05/landwirtschaft-4-0-die-digitalisierung-von-schrot-und-korn/, abgerufen am 26.02.2022.

33 Mit maschinellem Lernen zur Eigenverbrauchsoptimierung auf Haushaltsebene

Von Lukas Lenz

Was Sie in diesem Kapitel erwartet

Der Wandel der elektrischen Energieversorgung von einer vertikalen Versorgungsstruktur hin zu einer zunehmend dezentralen Erzeugung (erneuerbare Energien) beeinflusst maßgeblich die Verbrauchs- sowie Einspeisecharakteristik auf der Verteilnetzebene und steht somit im Fokus der Energiewende[1]. Fallende Preise von dezentralen Anlagen bedingen neben der Dezentralisierung der Erzeugung auch eine Veränderung der Lastprofile in der Niederspannungsebene aufgrund einer vermehrten Installation in Haushalten. Der Einsatz von Photovoltaik-Anlagen (PV-Anlagen), Blockheizkraftwerken (BHKW), Speichern, Elektromobilität und Smart-Metern bietet Verbrauchern das Potenzial, Energiemanagementsysteme wirtschaftlich zu nutzen und ihren Eigenverbrauch zu optimieren. Insbesondere aufgrund der aktuell steigenden Energiekosten – wegen steigender Gas-, Öl- und Strompreise – gewinnt das Thema der Eigenverbrauchsoptimierung an Relevanz.

Die Leserinnen gewinnen in diesem Kapitel einen ersten Eindruck davon, inwiefern Verfahren aus dem Bereich des maschinellen Lernens im Hinblick auf Energiemanagementsysteme den Endkunden unterstützen könnten. Gerade im Zuge der Installation von Smart-Metern im Haushaltsbereich werden zukünftig derartige Verfahren für den Endkunden relevanter und können langfristig die eigenen Energiekosten verringern.

33.1 Einleitung

Im Rahmen des im Folgenden beschriebenen Anwendungsfalls wird eine Methodik zur Eigenverbrauchsoptimierung im Zusammenhang mit den Ausbaumöglichkeiten dezentraler Energieanlagen (bspw. Wärmepumpen oder Photovoltaik-Anlagen) auf Haushaltsebene vorgestellt. Hierbei wurden geeignete Methoden aus dem Bereich des maschinellen Lernens (ML) identifiziert und zur Lösung des Optimierungsmodells angewendet. Das Optimierungsmodell dient der Eigenverbrauchsoptimierung von Haushalten. Dies betrifft beispielsweise Photovoltaik-Anlagen und die hieraus resul-

---

1   Energiewende: Übergang von fossilen Energieträgern (Öl, Gas, Kernenergie) zu einer Erzeugung aus erneuerbaren Energien (Sonne, Wind).

tierende Stromeinspeisung, die Kosten derartiger Anlagen und das Verbrauchsverhalten des Haushalts selbst. Schließlich wird der Haushalt über das Zusammenspiel verschiedenster Anlagen kostentechnisch optimiert. In diesem Beitrag wird gezeigt, wie dieses Problem mit maschinellem Lernen gelöst werden kann. Der Fokus wurde insbesondere auf die Rechenlaufzeit des Algorithmus und Anwendbarkeit der verschiedenen Methoden gelegt, um mögliche weitere Anwendungsmöglichkeiten, u. a. Apps auf mobilen Endgeräten, zu identifizieren.

Ziel eines Anwendungsfalls war es, einen Algorithmus zu identifizieren, der hinsichtlich der Rechenlaufzeit optimiert wurde, und anschließend eine Entscheidungshilfe bzgl. des Ausbaus dezentraler Anlagen für die Endverbraucherin – basierend auf der Eigenverbrauchsoptimierung – zu geben. Daraus resultiert eine schnellere Energieberatung für den Endkunden, beispielsweise mit Apps o. Ä. Hieraus können zudem neue Lastprofile in Abhängigkeit zu den Ausbaupfaden generiert werden, die schließlich auf rechenbare, exemplarische Verteilnetze angewandt und mit denen zukünftige Engpässe im elektrischen Netz identifiziert werden können.

Der Einsatz dezentraler Erzeugungsanlagen in Privathaushalten verändert zukünftig das Last- und Einspeiseverhalten und beeinflusst somit die Leistungsbilanz auf der Niederspannungsebene[2]. Dieser steigende Einsatz dezentraler Anlagen wird insbesondere bei Endverbrauchern durch steigende Strom- und sinkende Anlagenpreise incentiviert. Der im Zuge der Eigenverbrauchsoptimierung gewählte Einsatz dezentraler Anlagen (beispielsweise PV-Anlagen, Wärmepumpen, E-Autos usw.) ermöglicht es, den Eigenbedarf kostenoptimal zu decken. Aufgrund neuartiger Verbraucher und Technologien verändert sich zudem das elektrische Verhalten und der Verbrauch von Haushalten. Dies bedeutete, dass Haushalte zukünftig nicht nur Strom aus dem elektrischen Netz beziehen, sondern auch in stetig steigendem Maße Strom in das Bestandsnetz einspeisen. Dadurch gewinnt die Analyse der Auswirkungen der Eigenverbrauchsoptimierung von Haushalten auf die Verteilnetze für Netzbetreiber an Bedeutung.

Die Untersuchung des kostenoptimalen Einsatzes von dezentralen Anlagen kann anhand eines »Optimierungsproblems« beschrieben werden. Mithilfe des eingangs erwähnten Optimierungsmodells wird der kostenoptimale Ausbau dezentraler Anlagen haushaltsscharf bestimmt. In Abhängigkeit zum Ausbau generiert das Optimierungsmodell den dazugehörigen Anlagenfahrplan, der regelt, zu welchem Zeitpunkt die Anlagen beispielsweise Strom oder Wärme erzeugen. Der Anlagenfahrplan kann schließlich verwendet werden, um neuartige Lastprofile der Haushalte zu generie-

---

2   Die Niederspannungsebene ist der Teil des elektrischen Netzes, in dem höchstens mit einer Spannung von 1000 Volt gearbeitet wird. In diesem Spannungsbereich sind i. d. R. normale Haushalte angeschlossen.

ren. Lastprofil bedeutet in diesem Zusammenhang, zu welchem Zeitpunkt ein Haushalt elektrische oder thermische Energie verbraucht. Mittels dieser Lösungen des genannten Optimierungsproblems können bereits im Vorhinein geeignete Test- und Trainingsdaten zur Anwendung von Algorithmen aus dem Bereich des maschinellen Lernens generiert werden. Die folgende Abbildung 1 stellt die allgemeine Arbeitsmethodik aus dem Bereich des maschinellen Lernens dar.

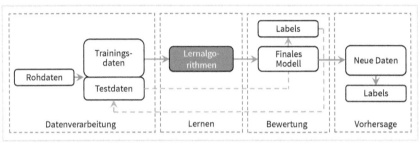

Abb. 1: Grundprinzip maschinelles Lernen

33.2   Konzept der Eigenverbrauchsoptimierung

Durch Smart-Meter-Technologien im Haushalt und dem daraus resultierenden besseren Monitoring des Verbrauchs und der Einspeisung elektrischer sowie thermischer Energie, gewinnt die Thematik der Eigenverbrauchsoptimierung an Bedeutung. Durch eine verbesserte Handhabung von Daten haben Haushalte die Möglichkeit, ihren Eigenverbrauch zu optimieren und somit kostenoptimal zu handeln. Dies kann durch einen potenziellen Einsatz von dezentralen Erzeugungsanlagen (DEA) wie z. B. Batteriespeicher, Photovoltaikanlagen oder Wärmepumpen (WP) geschehen. Diesbezüglich ist es notwendig, die kostenoptimale Entscheidung in Bezug auf den Eigenverbrauch und den potenziellen Einsatz neuer Technologien zu bestimmen.

Mit dem Einsatz von DEA wird der Grad der Autarkie in Bezug auf das elektrische Versorgungsnetz erhöht, woraus neue Lastzeitreihen resultieren. Auf Verteilnetzebene und somit auch auf Haushaltsebene wird nicht mehr nur Energie entnommen, sondern – wie bereits erwähnt – auch eingespeist. Unvorhergesehene Belastungen können durch die erhöhte Einspeisung auf Niederspannungsebene hervorgerufen werden und Störungen im elektrischen Versorgungsnetz verursachen. Folglich ist es notwendig, das Betriebsverhalten der eingesetzten Anlagen in Abhängigkeit zur Eigenverbrauchsoptimierung zu untersuchen.

Mittels maschinellem Lernens wird die individuelle Problematik der Eigenbedarfsdeckung des jeweiligen Haushalts mit dem Ziel der Kostenminimierung für den Endverbraucher gelöst. Darauf aufbauend werden neuartige Lastprofile generiert und die daraus resultierenden Auswirkungen auf das elektrische Netz untersucht. Abbildung 2 veranschaulicht die Gesamtmethodik:

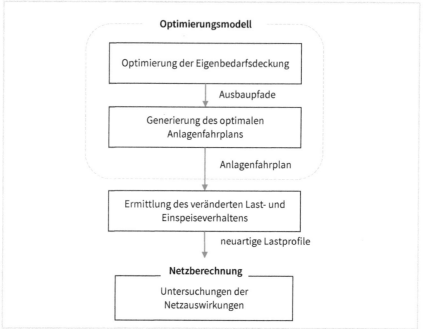

Abb. 2: Modellübersicht

Mithilfe des Optimierungsmodells wird auf Grund der zugekauften Anlagen und der berechneten Fahrpläne der thermische und elektrische Energiebedarf des Haushaltskunden kostenoptimal gedeckt und zugleich wird der daraus abgeleitete Anlagenfahrplan zur weiteren Verwendung generiert. Dazu gehört auch, dass Energie durch klassische Energieträger erzeugt wird, wodurvh Kosten entstehen, die in Abhängigkeit vom Gas-, Öl- oder Strompreises mit in das Modell eingerechnet werden. Hierzu ermittelt das Modell zunächst das optimale Anlagenportfolio zur Deckung des Eigenbedarfs. Daraufhin wird ein zeitlich untergliederter Anlagenfahrplan generiert. Hieraus wird wiederum ermittelt, wann der Haushalt Leistung aus dem Netz bezieht oder in das Netz einspeist. Abschließend werden die Auswirkungen auf das elektrische Netz mit den neuen Lastprofilen untersucht.

Ausgehend von einer Preisdegression von DEA auf Haushaltsebene werden folgende mögliche Investitionen in energieerzeugende Anlagen (Ausbaupfade) angenommen:
- Blockheizkraftwerke (elektrisch und thermisch),
- Batteriespeicher,
- Thermischer Speicher,

- Wärmepumpe,
- Photovoltaik-Anlage
- (Gas-)Heizung.

Es ist darauf hinzuweisen, dass die oben genannten Anlagen auch miteinander kombiniert werden können.

Die Zielfunktion des Optimierungsmodells beschreibt die Kostenstruktur für den Endverbraucher. Diese setzt sich aus den Betriebskosten, den Erlösen und den Investitionskosten der DEA zusammen. Die Erlöse werden als negative Kosten definiert, womit die Deckung der elektrischen und thermischen Last mit einem minimalen finanziellen Aufwand durchgeführt wird.

Da, wie oben bereits beschrieben, ein Optimierungsalgorithmus vorliegt, mit dem Trainingsdaten für KI-Algorithmen erstellt werden können, wurden Ansätze aus dem Bereich des überwachten Lernens (maschinelles Lernen) weiterverfolgt. Insbesondere Methoden zur Klassifizierung und sequenziellen Vorhersage werden untersucht. Zur Klassifizierung werden gängige Algorithmen wie Entscheidungsbäume (Abbildung 3), der k-Nächste-Nachbarn-Algorithmus (Abbildung 4) oder neuronale Netze (NN) verwendet. Der Fokus liegt verstärkt auf der Anwendbarkeit verschiedener Arten von neuronalen Netzen. Neuronale Netze erzielen aufgrund ihrer Fähigkeit, Muster zu erkennen und große Datenmengen zu verarbeiten, insbesondere bei komplexeren Strukturen Erfolge. Rekurrente neuronale Netze sind wiederum in der Vorhersage sequenzieller Probleme erfolgreich. Rekurrente Neuronale Netze sind Algorithmen, die in gewisser Weise eine Art Gedächtnisspeicher besitzen und somit zusammenhängende Strukturen erkennen und erlernen können. Im Alltag begegnen uns derartige Algorithmen beispielsweise in der Sprachkorrektur auf dem Smartphone oder in Übersetzungsprogrammen.

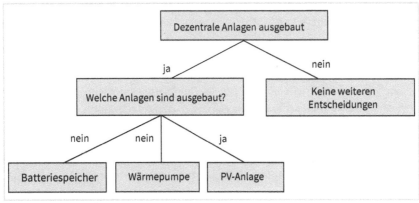

Abb. 3: Entscheidungsbaum

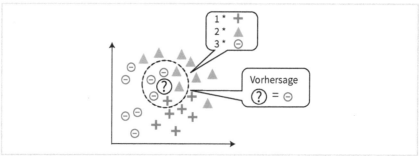

Abb. 4: k-Nächste-Nachbarn

Modelle aus dem Bereich des maschinellen Lernens stellten sich bereits als Alternativen zu Standardlösungsverfahren für Optimierungsprobleme heraus und erzielten brauchbare Lösungen für die jeweiligen Optimierungsprobleme. Im Gegensatz zu den Lösungsansätzen aus dem Bereich ML leiden die Standardlösungsverfahren unter langsamer Konvergenz (Lösungsannäherung) und damit unter längeren Rechenzeiten und höherem Rechenaufwand.

Das hier vorgestellte Verfahren dient zur Lösung des Problems der Eigenverbrauchsoptimierung mittels Methoden des Maschinellen Lernens und wird in Abbildung 3 veranschaulicht.

Das Ziel des Optimierungsproblems ist zum einen die Vorhersage möglicher Ausbaupfade (Klassifizierung) und zum anderen die Zeitreihenvorhersage (kontinuierliche Werte) des optimalen Anlagenfahrplans. Die Vorhersage von Anlagenfahrplänen und die Vorhersage der Ausbauentscheidung werden im Optimierungsmodell endogen behandelt. Für die Methoden des Maschinellen Lernens bietet sich jedoch eine Separierung der beiden Teilprobleme aufgrund verschiedener Zielvariablen an. Folglich wurden zur Adaptierung des Optimierungsproblems zwei Teilmodelle entwickelt.

Als Eingangswerte für das Optimierungsproblem sowie der dazugehörigen ML-Methodik dienen Photovoltaik- und Lastzeitreihen. Die PV-Einspeiselinie sowie die Lastzeitreihe liegen unter der Betrachtung des Zeithorizonts einer Woche in viertelstündlicher Auflösung vor und gehen als Input mit jeweils 672 Werten in das Optimierungsmodell sowie in die entwickelten Prognosemodelle ein. Mittels verschiedener Inputparameter werden verschiedene Lösungen des Optimierungsproblems generiert. Diese werden anschließend zusammengetragen und Trainingsdatensätze generiert. Jedem PV- und Lastprofil wird mittels Klassifizierung eine optimale binäre Lösung (0,1) sowie mittels Zeitreihenvorhersage eine optimale Lösung des zugehörigen Anlagenfahrplans (1/4h-Werte) zugeordnet. Orientierend an der allgemeinen Vorgehensweise von ML (Abbildung 1) wird der Datensatz in einen Test- und einen Trainingsdatensatz aufgeteilt. Mittels des Trainingsdatensatzes werden die ML-Algorithmen angelernt und anschließend mit dem Testdatensatz validiert.

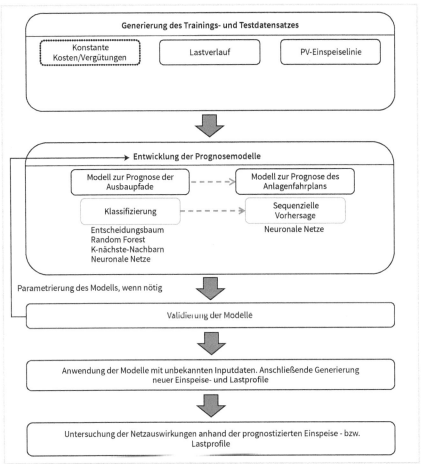

Abb. 5: Übersicht der Methodik

Die beiden Teilmodelle werden mit unterschiedlichen Verfahren angelernt. Die Prognose der Ausbaupfade wird mittels gängigen Klassifizierungsalgorithmen modelliert. Hierzu wird ein Vergleich zwischen Standardalgorithmen wie Entscheidungsbäumen und Neuronalen Netzen durchgeführt. Zur Prognose des dazugehörigen Anlagenfahrplans werden wiederum verschiedene Arten von Neuronalen Netzen verwendet. Diesbezüglich werden Feed Forward Neuronale Netze und Rekurrente Neuronale Netze angewandt und verglichen. Mit dem generierten Anlagenfahrplan wird schließlich ein neuartiges Lastprofil bestimmt.

Darüber hinaus wird das entwickelte Modell mit unbekannten Daten angewandt und mit der Lösung des gemischt-ganzzahligen Optimierungsproblems verglichen. Mögliche Fehlprognosen des entwickelten Modells zur Prognose der Ausbaupfade werden zusätzlich aus kostentechnischer Sicht und hinsichtlich der resultierenden Investitionsveränderung für den Endverbraucher analysiert. Zusätzlich werden die aus dem Anlagenfahrplan resultierenden Lastprofile exemplarisch auf reale Verteilnetze angewandt und deren Einfluss auf das elektrische Energieversorgungssystem ermittelt.

33.3   Praxisempfehlungen

Das entwickelte Prognosemodellwurde exemplarisch anhand eines neuen Last- sowie PV-Profils für einen Haushalt angewandt. Zur Prognose der Ausbaupfade wird ein Entscheidungsbaum benutzt. Im Anschluss wird ein rekurrentes neuronales Netz für die Prognose der Einspeiseleistung sowie der Bezugsleistung verwendet. Schließlich wird aus der Differenz der Prognosen das neuartige Lastprofil gebildet. Unter diesem Aspekt wird der zeitliche Aufwand des Modells bestimmt und dem ursprünglichen Optimierungsalgorithmus gegenübergestellt.

Die folgende Abbildung 6 zeigt den Vergleich zwischen dem mit maschinellem Lernen prognostizierten Lastprofil und dem mit dem klassischen Optimierungsmodell generierten, optimalen Lastprofils. In Summe weicht das Ergebnis des Algorithmus aus dem Bereich des maschinellen Lernens etwas mehr als 12 % von der optimalen Lösung ab. Dies ist ein durchaus gutes Ergebnis. Das Lastverhalten an sich, also zu welcher Tageszeit Strom benötigt wird oder Energie eingespeist wird, verhält sich dabei sehr ähnlich (siehe Abbildung 6).

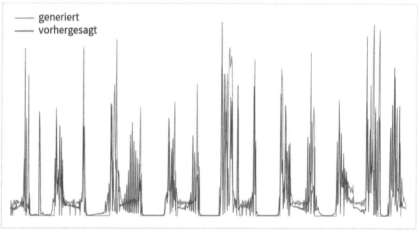

Abb. 6: Vergleich ML vs. echte Lösung

Das hier vorgestellt Modell kann konkret für den Kunden angewendet werden, beispielsweise in Form einer App. Diese benötigt lediglich das haushaltsscharfe Lastprofil, das zukünftig von Smart Metern zur Verfügung gestellt werden kann. Dieses Lastprofil kann dann mit dem Algorithmus verwendet werden, um dem Kunden eine Empfehlung für den Zubau einer oder mehrerer elektrischer Anlagen zu geben. Beispielsweise könnte die Empfehlung sein, eine 6 kW Photovoltaik-Anlage mit Batteriespeicher 4 kWh zu installieren, um den Eigenbedarf möglichst kostenoptimiert zu decken. Außerdem würde der Algorithmus noch bestimmen können, wie lange es dauert, die verbauten Anlagen wieder zu amortisieren und wie hoch der Investitionsbedarf überhaupt wäre.

Der Netzbetreiber würde in diesem Fall ein verändertes Lastprofil erhalten und kann so präventiv Ausbaumaßnahmen im elektrischen Netz planen.

33.4 Fazit und Ausblick

Durch den vermehrten Einsatz von DEA in der Niederspannungsebene verändert sich zunehmend die Versorgungsstruktur von Haushalten. Aufgrund steigender Strom- und sinkender Anlagenpreise nutzen Haushalte vermehrt neue Technologien wie u. a. Batteriespeicher, um ihren Eigenverbrauch kostenoptimal zu decken. Die Folge des Einsatzes derartiger DEA sind veränderte Lastprofile. Dies muss in Bezug auf die Versorgungssicherheit untersucht werden.

Als Untersuchungsgrundlage dieser Arbeit diente ein gemischt-ganzzahliges Optimierungsproblem zur Optimierung des Eigenverbrauches von Haushalten. Die Lösung des Optimierungsproblems stellt ein kostenoptimales Ausbauszenario von DEA für Haushalte und den hieraus resultierenden, kostenoptimalen Anlagenfahrplan dar. Aufgrund langer Rechenlaufzeit klassischer Lösungsverfahren von gemischt-ganzzahligen Optimierungsproblemen wurde in diesem Beitrag die Umsetzung des Optimierungsmodells mit Methoden des maschinellen Lernens untersucht. Hierzu wurde das Optimierungsproblem zunächst analysiert und die Anwendbarkeit von ML-Methoden bewertet. Anschließend wurde das Problem mittels des überwachten Lernens adaptiert. Dazu wurden zunächst Datensätze generiert und für die verschiedenen Methoden und Algorithmen aufbereitet. Schließlich wurden Trainings- und Testdaten für die Modelle erstellt, um eine Validierung mit unbekannten Daten zu ermöglichen.

Zur Prognose der Ausbaupfade sowie des Anlagenfahrplans wurden zwei Modelle entwickelt. Die Prognose der Ausbaupfade ist eine Klassifizierungsaufgabe, während die Prognose des Anlagenfahrplans eine sequenzielle Vorhersage ist. Das Klassifizierungsproblem sowie die Prognose kontinuierlicher Werte wurden schließlich mit verschiedenen Algorithmen aus dem Bereich des ML gelöst und die Ergebnisse wurden verglichen.

Als Resultat des Anlagenfahrplans können prognostizierte Lastprofile mit den ursprünglich generierten Lastprofilen verglichen werden. Diese werden aus der Differenz zwischen der Prognose der Bezugsleistung des Hauses und der Prognose der Einspeiseleistung in das elektrische Netz gebildet. Folglich waren zwei neuronale Netze zur Prognose des Lastprofils nötig.

Die vorliegende Methodik zeigt, dass das gemischt-ganzzahlige Optimierungsproblem der Eigenbedarfsdeckung mit Methoden aus dem Bereich ML gelöst werden kann und somit dem Endkunden eine Entscheidungshilfe hinsichtlich des Ausbaus dezentraler Anlagen gibt. Im Anschluss wurde das entwickelte Modell exemplarisch anhand neuer Inputdaten angewendet und es wurden die Netzauswirkungen des neuen Lastprofils auf reale Verteilnetze untersucht. Dabei stellte sich heraus, dass wie erwartet das elektrische Netz höher belastet wurde. Dies kann zukünftig dazu führen, dass das elektrische Netz an definierten Stellen erweitert und/oder ausgebaut werden muss.

Das vorliegende Modell bietet eine Grundlage für weitere wissenschaftliche Untersuchungen. Ausgeglichenere und größere Datensätze unterstützen das Erlernen der zugrundeliegenden Situation. Zudem können die Datensätze erweitert werden. Beispielsweise können durch ein Variieren der Kosten weitere Sensitivitäten bezüglich des Ausbaus und die dementsprechende Erweiterung an Technologien berücksichtigt und untersucht werden. Das Modell bietet auch für Ansätze aus dem Bereich der Hyperparameteroptimierung (Modelloptimierung) eine solide Grundlage. Diese Ansätze bieten Möglichkeiten, die Struktur der Algorithmen selbst zu optimieren.

Weitere Ergebnisse und Handlungsempfehlungen:
- Endverbraucher sollten aufgrund steigender Energiepreise ihren Haushalt kostentechnisch optimieren.
- Ein Energiemanagement inklusive der Installation neuer Anlagen wie Wärmepumpen und Photovoltaik kann mittel- und langfristig zu einer Kostenminimierung für den Endkunden führen.
- Der Ausbau dezentraler Anlagen wird den Netzausbau stark beeinflussen und die Betriebsweise des elektrischen Netzes, folglich die Arbeitsweise der Netzbetreiber, verändern.
- Ein Ausbau der elektrischen Netze führt längerfristig gesehen jedoch zusätzlich zu einem erhöhten Strompreis, sodass sich der frühzeitige Ausbau von DEA noch lohnender macht und sich die Anlagen aufgrund steigender Strompreise schneller amortisieren.

34 KI in der Immobilienwirtschaft

Von Prof. Dr. Andreas Moring

Was Sie in diesem Kapitel erwartet

Die Immobilienwirtschaft ist verantwortlich für einen Großteil der CO_2-Emissionen. Dazu kommen noch sogenannte »graue Energien« und weitere Aspekte der Nachhaltigkeit, die unbedingt verbessert und optimiert werden müssen. Das geht zum großen Teil über Data Science und KI. Denn der größte Effekt liegt im Immobilienbetrieb und in der Immobiliennutzung. Das Problem: Datensilos. Mit der Lösung »Real Analytics« wird dieses Problem umgangen. Nicht die Daten müssen zur Analyse gebracht werden, sondern die Analyse kommt zu den Daten. Und das schafft ganz neue Möglichkeiten.

Ein neues KI-Prinzip »Federated Learning« revolutioniert die Nachhaltigkeitsmessung und Steuerung auch in der Immobilienwirtschaft. Dadurch werden die Ziele Nachhaltigkeit und Rendite von Gegnern zu Partnern. Das ist notwendig, denn der Druck durch Regulatoren und Investoren steigt. Schon jetzt lassen sich viele konkrete Use Cases hierfür definieren und umsetzen. Dieser Beitrag beschreibt, wie das geht.

34.1 Einleitung

Die Immobilienwirtschaft und das Immobilienmanagement stehen vor zwei Herausforderungen: die Digitalisierung und die stetig steigenden Anforderungen an Nachhaltigkeit in Bau und Betrieb gleichzeitig zu meistern. Die gute Nachricht: Das kann sich beides gegenseitig unterstützen. Die Digitalisierung – und hier insbesondere die Künstliche Intelligenz – ist sogar der Schlüssel zu mehr Nachhaltigkeit. Bisher war es immer eine Hürde für KI-Anwendungen, dass diese besonders viel Daten brauchen.[1]

Denn Digitale Geschäftsmodelle leben von Daten. Das gilt natürlich auch für die Immobilienwirtschaft. Doch sind ausreichend und ausreichend gute Daten meist Mangelware. Das liegt an den typischen Geschäftsmodellen und Lebenszyklen in der Immobilienwirtschaft. Doch eine neue Methode kann dieses Problem lösen und die Potenziale von Künstlicher Intelligenz für den Immobiliensektor erschließen. Das Ergebnis: verlässliche und quantitativ belastbare Systematiken, Kennzahlen und Messungen für die Steuerung und die Optimierung von Immobilien und des Facility Managements – ausgerichtet auf ESG-Ziele und Wirtschaftlichkeit zugleich.

---

1   Birgisdottir H., Moncaster A., Houlihan Wiberg A. et al. (2017). IEA EBC annex 57 ‹evaluation of embodied energy and CO2eq for building construction›. Energy and Buildings 154, 72–80.

34.2   KI und Nachhaltigkeit – das strategische Paar für die Immobilienwirtschaft

Künstliche Intelligenz und Nachhaltigkeit erschienen bisher zu Unrecht als unterschiedliche Welten. Ganz im Gegenteil: Sie passen zusammen, ja sie bedingen sich sogar gegenseitig. Warum ist das so? Künstliche Intelligenz kann in Datenmengen Muster, Korrelationen, Zusammenhänge und Anomalien erkennen und diese »lernen«. Das zeigt, wo die entscheidenden Ansatzpunkte und »Hebel« im Immobilienbetrieb für die Verbesserung und Optimierung der Nachhaltigkeit einer Immobilie und vor allem auch eines ganzen Bestandes oder Portfolios liegen. So können laufende Prozesse, Produkte, Organisationen, Portfolios und das gesamte Property- und Facility-Management nachhaltiger gestaltet und gesteuert werden.[2] Mit der Datenbasis und mit quantitativen KI-Methoden lässt sich zudem erstmals die Nachhaltigkeit messen und belegen. Immobilien sind nicht mehr »nur« Assets oder bewirtschaftete Objekte – sie werden zur strategischen Datenquelle zur Nachhaltigkeits-Optimierung.[3] Das ist ein entscheidender Fortschritt vor dem Hintergrund stetig steigender Anforderungen an die Nachhaltigkeit von Immobilien durch den Gesetzgeber, durch die Investoren und nicht zuletzt durch die Kunden und Nutzer der Immobilien.

Der Einsatz von KI für mehr Nachhaltigkeit im Immobilienmarkt adressiert in erster Linie die Treibhausgasemissionen im Betrieb von Immobilien, sowohl bei Wohn- als auch Gewerbeimmobilien aller Art. Der Gebäudesektor verursacht pro Jahr in Deutschland rund 120.000 Kilotonnen CO_2-Äquivalente. Bau und Betrieb von Immobilien sind für mehr als ein Drittel der Treibhausgasemissionen in Deutschland verantwortlich.[4] Der Großteil davon kommt aus dem sogenannten »Bestand«, also von existierenden Immobilien, die betrieben werden. Im Immobilienbetrieb liegt deshalb das mit Abstand größte Potenzial für den Klimaschutz, denn 98 % aller Gebäude in Deutschland zählen zum »Bestand«. Der Anteil der (Neu-)Bauten ist dagegen logischerweise extrem gering. Doch auch hier gibt es großes Potenzial für Klimaschutz und Ressourceneffizienz, da beispielsweise Zement und Beton sehr CO_2-intensiv produziert werden, rund die Hälfte des Müllaufkommens in Deutschland auf die Bauindustrie entfällt oder Cradle-to-Cradle-Ansätze bisher kaum konsequent berücksichtigt und umgesetzt werden. Cradle-to-Cradle bedeutet, dass alle genutzten Stoffe und Materialien auch einer Folgeverwertung zugeführt werden können. Die klimagerechte Modernisierung dieses

---

2   Braune, Anne (2015): Ökobilanz Benchmarks für Immobilien. Methode zur Entwicklung zukunftsorientierter Kennwerte für eine lebenszyklusbasierte Bewertung der ökologischen Nachhaltigkeit von Immobilien, Stuttgart.

3   Gründling, Heike; Schulz-Wulkow, Christian (Hrsg.) (2018): Next Generation Real Estate. Innovation und Digitale Trends, Frankfurt a. M.

4   DGNB Deutsche Gesellschaft für Nachhaltiges Bauen(2020): Bauen für eine bessere Welt. Wie Gebäude einen Beitrag zu den globalen Nachhaltigkeitszielen der Vereinten Nationen leisten, Stuttgart.

riesigen Immobilienbestandes ist notwendig – aber eben auch aufwendig, teuer und vor allem in Anbetracht der Masse an Immobilien sehr langwierig.

Mit Blick auf den gesamten Markt sind durchaus genug Daten vorhanden – irgendwo. Alle Gebäude produzieren beispielsweise Daten in allen Phasen des Planens, Bauens und Betreibens. Daten werden durch Einbauten, Geräte, Sensoren gemessen und gespeichert. Gleiches gilt für die Vielzahl an Prozessen im Bau oder der Instandhaltung oder Erneuerung, die täglich zu hunderten oder tausenden ablaufen. Zu vielen dieser Datenbestände fehlen jedoch noch digitale Applikationen, Use Cases und vor allem wirtschaftlich sinnvolle Geschäftsmodelle für Real Estate Unternehmen. Das liegt an mehreren Problemen, die in den Lebenszyklen und den Geschäftsmodellen von Immobilienunternehmen begründet liegen.[5]

34.3   Bisher nur Insellösungen und Einzelprojekte

Es gibt gleich mehrere Hürden, wenn man KI für mehr Nachhaltigkeit im Immobilienmanagement nutzen möchte. So ist die Immobilienwirtschaft von Datensilos und Einzelfällen geprägt. Das bedeutet, dass Daten zwar irgendwo im Unternehmen vorhanden sind, jedoch in unterschiedlichen Formen, Qualitäten und nicht miteinander kompatibel. So kommt man natürlich nur schwer auf eine kritische Masse, um aus Daten echten Nutzen – also Wissen – zu ziehen. Hinzu kommt noch, das (fast) jedes Gebäude ein Unikat ist und sozusagen ein Eigenleben führt. Alle Daten werden in erster Linie im und für das einzelne Objekt gesammelt und genutzt. Hier gibt es bereits Ausnahmen bei größeren Unternehmen, die ihre Daten verbinden und »poolen«. Auch Proptechs bieten hier in einigen Fällen Hilfe an. Doch es ändert nichts daran, dass die meisten Unternehmen selbst einfach nicht genug Daten haben und zu wenig vernetzen können. Im Standardfall erlauben die Datenbestände und technischen Lösungen die Überwachung, Steuerung und im günstigen Fall Prognosen für das jeweilige Objekt. Aber auch nicht mehr.[6]

Die Folgen: Genannte Datensilos erlauben weitgehend singuläre Analytics, aber keine Vernetzung und Synergieeffekte in digitalen Anwendungen und die Datenmengen sind zu geringe für sinnvolle KI-Anwendungen. Die Immobilienbranche ist im Vergleich zu anderen Branchen wie Industrie, Logistik oder Konsumgüter von relativ wenigen Projekten und langen Lebenszyklen geprägt. Der Vorteil im Facility-Management ist, verglichen mit dem Bau- oder dem Projektmanagement, dass es bei aller Unterschiedlichkeit der Immobilien viele ähnliche oder sogar strukturell gleiche Prozesse und

---

5   Poleg, Dror (2019): Rethinking Real Estate. A Roadmap to Technology's Impact on the world's largest Asset Class, New York.

6   Vornholz, Günter (2021): Digitalisierung der Immobilienwirtschaft, Berlin.

Abläufe im Facility-Management gibt, die sich auch regelmäßig wiederholen. So entstehen wertvolle Datenbestände, die sich per Data Analytics gezielt auswerten und auf definierte Ziele hin optimieren lassen.[7]

Eine weitere Herausforderung ist die Tatsache, dass Kooperationen und das Teilen von Daten zwischen Unternehmen der Branche genau nicht zum Standard im Markt gehören. Im Immobilienmarkt herrscht hoher Wettbewerbsgeist, es geht um sehr hohe Investitionssummen und finanzielle Risiken und es geht um Geschäftsgeheimnisse, die über das Zustandekommen oder Scheitern von Projekten entscheiden. Hinzu kommen noch Datenschutzvorschriften, die Unternehmen befolgen müssen, und strategisch wertvolle Geschäftsgeheimnisse, die Unternehmen natürlich nicht für andere zugänglich machen wollen. Es ist also durchaus verständlich, dass zwar gerne die Kooperation beschworen wird, das Offenlegen, Teilen und gemeinsame Nutzen von Daten aus Sicht der einzelnen Unternehmen aber nicht sinnvoll ist oder sogar als gefährlich eingeschätzt wird. Alle diese genannten Gründe tragen dazu bei, dass es aktuell weder technische Lösungen noch wirtschaftlich sinnvolle Szenarien für den Einsatz von Künstlicher Intelligenz und Machine Learning im Immobiliensektor gibt. Denn Machine Learning braucht ein zentralisiertes Training von Modellen auf Basis gesammelter und zentral gespeicherter Daten. Es funktioniert nach dem Motto: Bringe die Daten zum lernenden KI-System.

Bisher versuchen Immobilienbetreiber jeweils einzeln, die Klimabilanz ihrer Gebäude mit Datenauswertungen zu verbessern. Dazu werden in erster Linie Tabellenkalkulationen, (Power-)BI-Lösungen und eher selten auch ERP-Systeme verwendet. Data Science und KI werden bisher nicht eingesetzt, da die Digitalisierung in den meisten Unternehmen nicht weit genug entwickelt und eine ausreichend große Datenbasis dafür in den einzelnen Unternehmen alleine nicht gegeben ist. Zudem fehlen etablierte und akzeptierte Nachhaltigkeitskennzahlen und ESG-Systematiken in der Branche, an denen sich Immobilienbetreiber orientieren könnten. Bisher prägen also diverse Einzellösungen den Markt, mit jeweils wenig »Impact« auf die Nachhaltigkeit und den Klimaschutz im Immobilienbetrieb insgesamt.

Auch im Bereich der sogenannten »PropTechs« gibt es bisher jeweils Einzellösungen für die Optimierung und Steuerung einzelner Bereiche im Immobilienbetrieb, die an einzelnen Stellen die Klimabilanz von Gebäuden verbessern können. Aber auch diese Entwicklungen lösen nicht das bereits oben genannte Grundproblem von relativ kleinen und getrennten Datenbeständen und fehlenden Vergleichs- und Kennzahlen zur systematischen Orientierung in der Branche für eine Verbesserung der Klimabilanz sowohl einzelner Gebäude als auch ganzer Bestände beziehungsweise der Immo-

---

7   Poleg, Dror (2019): Rethinking Real Estate. A Roadmap to Technology's Impact on the world's largest Asset Class, New York.

bilienwirtschaft insgesamt. Zudem sind auch hier die einzelnen PropTech-Lösungen nicht vernetzt, sodass letztlich auch bei neuer Technologie weiter in Datensilos gearbeitet wird, ohne einen nennenswerten Gesamteffekt zu erzeugen.

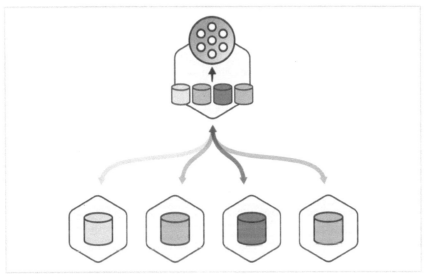

Abb. 1: Der klassische Machine-Learning-Ansatz »Bringe die Daten zur KI«

34.4   Federated Learning für Transparenz, Klarheit und Steuerung

Ein neues KI-Prinzip mit dem Namen »Real Analytics« auf der Basis des sogenannten Federated Learning ändert das. Entwickelt worden ist es von Experten der Unternehmen JuS.TECH und Adap an der University of Oxford und in Hamburg. Das traditionelle KI-Motto lautete: Bringe möglichst viele Daten zum KI-System. Real Analytics funktioniert nun nach dem Motto: Bringe das lernende KI-System zu den Daten. Das bedeutet, dass das Prinzip der Datenauswertung und der Analyse des KI-Systems auf die Datenquellen gespielt wird, auf denen sich die relevanten Daten befinden.

Föderiertes Lernen (FL) ist ein neuer Forschungsbereich im Gebiet des maschinellen Lernens, das darauf abzielt, ein gemeinsames Vorhersagemodell auf jedem Endnutzungsgerät zu erstellen, die lokalen Parameteraktualisierungen an einen zentralen Server zur Aggregation zu senden und den Empfang des aggregierten Modells für die nächste Runde der lokalen Aktualisierungen zu bearbeiten. So kann dann ein gemeinsames Vorhersagemodell trainiert werden, während die persönlichen und/oder internen Daten geschützt sind. Federated Learning kann als ein Zusammenspiel zwischen globalen und lokalen Berechnungen beschrieben werden. Die globalen Berechnungen werden auf dem Server ausgeführt. Lokale Berechnungen werden auf einzelnen

Clients ausgeführt und haben Zugang zu den Daten, die für das Training oder die Bewertung der Modellparameter verwendet werden.

Das sogenannte Flower Core Framework von Real Analytics implementiert die notwendige Infrastruktur, um diese Arbeitslasten in großem Umfang auszuführen. Auf der Serverseite sind drei Hauptkomponenten beteiligt: die FL-Schleife, der RPC-Server und eine (vom Benutzer anpassbare) Strategie. Die Clients verbinden sich mit dem RPC-Server, der für die Überwachung dieser Verbindungen und für das Senden und Empfangen von Flower-Protocol-Nachrichten zuständig ist. Die FL-Schleife ist das Herzstück des FL-Prozesses: Sie orchestriert den gesamten Lernprozess und stellt sicher, dass Fortschritte gemacht werden. Zusammengefasst bietet die FL-Schleife die Strategie, um die nächste Runde des Lernprozesses zu konfigurieren, sendet diese Konfigurationen an die betroffenen Clients über den RPC-Server, empfängt die resultierenden Aktualisierungen (oder Ausfälle) von den Clients über den RPC-Server und delegiert die Aggregation der Ergebnisse an die Strategie. Für das föderierte Training als auch für die föderierte Auswertung gilt derselbe Ansatz, mit der zusätzlichen Möglichkeit der serverseitigen Auswertung (wiederum über die Strategie). Die Client-Seite ist (architektonisch) einfacher in dem Sinne, als sie nur ihre eigene Verbindung zum Server verwaltet und auf die Nachrichten reagiert.

Das Training von KI-Modellen passiert also auf den einzelnen Immobilien bzw. den zugehörigen Datenbanken, auf verbauter Hardware oder sogar auf einzelnen Geräten oder Sensoren in den bestehenden Immobilien durch sogenanntes aggregiertes Lernen. Auf jedem Bestand wird mit den vorhandenen Daten sozusagen ein kleiner Teil des Ganzen gelernt. Die Erkenntnisse daraus, und eben nicht die Daten selbst(!), werden dann zueinander gebracht und sozusagen wie ein Puzzle zu einem einheitlichen, schlüssigen und verlässlichen Bild zusammengesetzt.

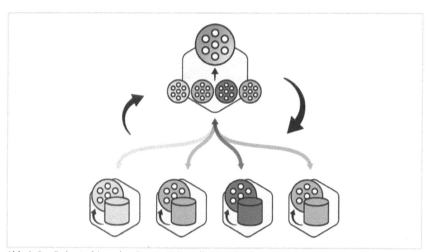

Abb. 2: Der Federated-Learning-Ansatz »Bringe die KI zu den Daten«

Die Vorteile dabei liegen klar auf der Hand: Es gibt weiter eine lokale Datenspeicherung und keine zentrale Sammlung, niemand muss seine Daten mit anderen teilen oder offenlegen. Es besteht garantierter Datenschutz, da die Daten die Server oder Geräte nicht verlassen und beim Zusammensetzen des Puzzles anonymisiert sind. Die KI interessiert nur die Menge und die Qualität der Daten, nicht woher sie kommen, wo sie genau liegen oder wem sie letztlich gehören. Vor allem die letztgenannte Frage »Wem gehören eigentlich die Immobiliendaten?« ist ja durchaus relevant und vieldiskutiert bei und zwischen Immobilienbesitzern, Betreibern, Dienstleistern und den Nutzern oder Bewohnern selbst. Gleichzeitig haben alle Parteien, die am Federated Learning teilnehmen, einen gesicherten Zugriff auf die Erkenntnisse aus den Datenbeständen und können diese, wie auch die trainierte KI, für eigene Zwecke nutzen. Und dafür brauchen die Partner, also die Unternehmen, auch keine neue Infrastruktur; die eigene vorhandene IT- und Datenlandschaft ist völlig ausreichend. Möglich sind also Berechnungen und Analysen auf lokalen Datenbeständen. Möglich sind verschlüsselte Ergebnisse, die mittels des sogenannten Secure Aggregation Protocol auch geheim bleiben. Das Verbinden, Aggregieren und Entschlüsseln der Ergebnisse erfolgt auf dem eigenen Server im Unternehmen oder auf einem gesicherten Server in der Cloud. Das Motto lautet hier also: »Share the knowledge, not the data!«

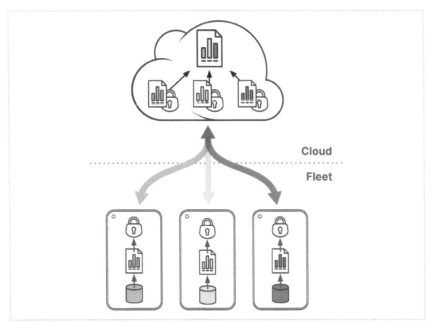

Abb. 3: Federated Analytics für Immobilien (Real Analytics) »Wissen teilen; nicht die Daten.«

34.5   Eindeutige Use Cases für mehr Nachhaltigkeit durch KI

Mit dem beschriebenen Ansatz lassen sich unter anderem die folgenden Use Cases definieren und realisieren und damit kann ein technikbasierter Beitrag zu mehr Nachhaltigkeit geleistet werden:

- Heizung
  Ineffizienzen und Verschwendung beim Heizen können anhand von Sensordaten der Heizung oder Wärmepumpen, aus Abrechnungen und Dokumentationen der Versorger erkannt und verhindert werden
- Lüftung
  Falsche Lüftung führt zu einem unnötigen CO_2-Effekt sowie zu einer Verschlechterung von Wohlbefinden, Lebensqualität und Produktivität. Anhand von Daten bspw. der Fenster bzw. Fenstersteuerung, von Sensordaten im Raum (Sauerstoffkonzentration, Temperatur) und evtl. von Kamerabildern kann KI hier gegensteuern.
- Sanitär
  Beim Verbrauch von Wasser und Hygieneartikeln wie Papier, Handtücher, Seife u. ä. kommt es zu Ressourcenverschwendung und hohen Kosten. Mit Daten zum Wasserverbrauch und Stromverbrauch (Licht, Handtrockner etc.) sowie mit Sensordaten aus Armaturen und Räumen, aus Abrechnungen und Dokumentationen von Versorgern kann KI hier gegensteuern.
- Kälte/Klimatechnik
  Hohe Kosten, Überhitze/Unterhitze, unnötige CO_2-Effekte, die Verschlechterung des Wohlbefindens, der Lebensqualität, Produktivität sind die Folgen von falscher und ineffizienter Klimasteuerung. Mit Daten zur Nutzung und zum Betrieb von Kühl- und Klimaanlagen, mit Sensor-/Betriebsdaten der Anlagen und Geräte kann KI hier gegensteuern.
- Reinigung
  Typische Fälle könne sein: Unnötige Reinigung von Flächen, Geräten, Möbeln etc., obwohl diese nicht benutzt wurden. Die Folgen sind Ressourcenverschwendung, unnötiges Abfallaufkommen, unnötiger Energieverbrauch, unnötiger Einsatz von Reinigungsmitteln, unnötiger Arbeits- bzw. Zeitaufwand, ineffiziente Abläufe und Wege, hohe Kosten. Mit folgenden Daten kann KI für mehr Nachhaltigkeit sorgen: Welche Flächen, Geräte, Möbel etc. waren in Benutzung? Wie sieht der Standardprozess der Reinigung aus? Was sagen die Nutzungs-/Betriebsdaten von elektronischen Geräten? Welche Daten gibt es zur Dokumentation der Reinigungsprozesse?
- Entsorgung
  Typische Fälle können sein: Zu wenig Müllentsorgung bei hohem Aufkommen, zu viel Entsorgungsaufwand bei geringem Aufkommen. Die Folgen sind Ressourcenverschwendung durch unnötige Wege/Fahrten, unnötige CO_2-Effekte, ineffiziente

Wege und Abläufe, hohe Kosten. Mit folgenden Daten kann KI für mehr Nachhaltigkeit sorgen: Wann fällt wie viel Müll an? Wann und wie wird der Müll abgeholt? Was sagen die Sensordaten aus Mülltonnen und Mülleimern? Erlauben Daten eine indirekte Berechnung anhand des Nutzungsgrades der Immobilie? Gibt es Daten aus der Dokumentation und/oder Abrechnung des Entsorgers?

- Energiemanagement & Gebäudeleittechnik
  Zu hoher Energieverbrauch in Bezug auf die Nutzung und Belegung der Immobilie, Bezug von »fossilem Strom« für die (Grund-)Versorgung der Immobilie, obwohl »grüner Strom« aus anderen Quellen verfügbar wäre: KI kann eingesetzt werden zum Erkennen von Mustern und Korrelationen im Hinblick auf den Energiebedarf und die Nutzung der Immobilie, mit dem Ziel, das Energiemanagement auf Nachhaltigkeitskennzahlen hin zu optimieren.

- Property Management
  Im Kontext des Property Managements gibt es verschiedene Ansatzpunkte: Immobiliencontrolling (Kostenplanung und -kontrolle, Budgetierung, wertorientierte Steuerung). Optimierung der Objektstrategie(n) auf Nachhaltigkeitsziele und Nachhaltigkeitsrisiken mithilfe von Data Science und KI. Internes und externes Benchmarking nach Kosten- und Nachhaltigkeitskriterien.

- Stadtplanung und Quartiersmanagement.
  Auch heir gibt es eine Reihe von Möglichkeiten: Systemische Nachhaltigkeitsmessung und Nachhaltigkeitsbilanzierung; Integration von unterschiedlichen öffentlichen und privaten Datenquellen für Primär- und Sekundärdaten; Nachhaltigkeitssteuerung im Quartiersmanagement; Kreislaufmodellierung.

Der konkrete Nutzen für Immobilienbetreiber sowie das Property- und Facility-Management durch »Real Analytics« lässt sich klar benennen. Mit Federated Learning können Unternehmen Erkenntnisse und Wissen zu ihren Immobilien und im Vergleich zum Gesamtmarkt gewinnen, was mit klassischen Analysemethoden nicht erreichbar ist. Allein das ist schon ein enormer Fortschritt für die Wettbewerbsfähigkeit wie auch die Nachhaltigkeit. Zudem liefert der föderierte Ansatz klare Kennzahlen und damit eine Systematik für die Steuerung, den Betrieb und die Optimierung von Immobilien(-portfolios) auf Nachhaltigkeit und Rendite. Das Property- und Facility-Management bekommt damit eine quantitative Datenbasis und eine objektive und zugleich erklärbare und verständliche Methode als Nachweis und Beleg darüber, dass und wie die ESG-Anforderungen und Nachhaltigkeitsvorgaben gesteuert, nachgehalten und erfüllt werden, die vonseiten des Gesetzgebers und der Regulatorik, vonseiten der Finanzwirtschaft und Investoren und nicht zuletzt vonseiten der eigenen Kunden und Nutzer gestellt werden. Die scheinbar getrennten Welten von Künstlicher Intelligenz und Nachhaltigkeit im Immobilienmanagement kommen genau hier zusammen. Und das nützt nicht nur dem Klima, sondern vor allem auch innovativen Unternehmen.

34.6   Fazit

Zusammengefasst ergeben sich mit Real Analytics also folgende Vorteile:

- Größter Hebel für Kosten, Effizienz und Nachhaltigkeit
- Vergleichbare Abläufe, Prozesse und Aufgaben trotz unterschiedlicher und individueller Gebäude
- Optimierung des Portfolio Managements und zielgerichtete Steuerung durch aussagekräftige, verlässliche und aktuelle Zahlen, Daten und Benchmarks
- Gezielte Gebäudesteuerung in Hinblick auf Anforderungen von Regulatorik, Investoren und Kunden an Nachhaltigkeit im Immobilienbetrieb
- Win-Win für alle Beteiligten, da Exklusivität gesichert ist; Transparenz wird garantiert, ohne dass jemand einen Nachteil erleidet; der eigene Betrieb und das Portfolio können verbessert und optimiert werden
- Datenbasis kann der Argumentation der eigenen Preisstruktur gegenüber Kunden und Partnern bzw. Zulieferern und Dienstleistern dienen.
- Real Analytics geben Orientierung und Benchmarks für die eigene Steuerungs- und Optimierungsstrategie.

Real Analytics und seine Ergebnisse sind zudem hoch skalierbar. Bestandsimmobilien machen 98 % aller Immobilien in Deutschland aus. Besonders im Betrieb von Immobilien gibt es eine Vielzahl von gleich gearteten und damit vergleichbaren Prozessen und Abläufen, die sich zudem regelmäßig und oft wiederholen, auch und obwohl die einzelnen Immobilien selbst unterschiedlich sind. Damit lassen sich die im Rahmen des Projekts gewonnenen Erkenntnisse sehr gut auf andere Anwendungsfälle übertragen. Zudem ist der Großteil des Immobilienbestandes in Deutschland und in anderen Regionen bisher noch nicht digitalisiert. Die Erkenntnisse aus dem Projekt lassen sich grundsätzlich auch auf diesen »rein analogen« Bestand übertragen, selbst wenn von ihm keine eigenen Daten vorliegen.

In der mittel- und langfristigen Perspektive können mittels des »Real Analytics«-Ansatzes nicht nur einzelne Immobilien oder Immobilienbestände nachhaltiger und klimafreundlicher betrieben werden, sondern auch ganze Viertel, Quartiere oder Städte als Gesamtsystem. Hier spielt der Zugang zu Daten der öffentlichen Hand eine entscheidende Rolle.

Autorinnen und Autoren

Der Herausgeber

 **Prof. Dr. Markus H. Dahm**, MBA befasst sich mit Künstlicher Intelligenz seit über 10 Jahren. Er ist Berater für Geschäftsprozessoptimierung und Organisational Change Management sowie die Digitale Transformation von Organisationen. Ferner lehrt und forscht er an der FOM Hochschule für Oekonomie & Management in den Themenfeldern Digital Management, Business Consulting und agile Organisationsgestaltung. Er publiziert regelmäßig zu aktuellen Management- und Leadership-Fragen in wissenschaftlichen Fachmagazinen, Blogs und Onlinemagazinen sowie der Wirtschaftspresse. Er ist Autor und Herausgeber zahlreicher Bücher. Herr Dahm kocht leidenschaftlich gerne. Die Bergwelt der Alpen hat es ihm ausserdem angetan: Skifahren im Winter und ausgedehnte Wanderungen im Sommer sind seine größten Hobbys.

Die Autorinnen und Autoren

Dr. Jan Onne Backhaus, MBA, war nach seinem Studium zum Bauingenieur zunächst im Bereich der Forschung und Entwicklung eines Hamburger Ingenieurbüros tätig. Nach einem mehrjährigen Ausflug ins Management zog es ihn zurück an die Universität, wo er numerische Unterstützungssysteme für den Baubetrieb erforschte und 2021 eine Promotion am Institut für Geotechnik und Baubetrieb der Technischen Universität Hamburg abschloss. Heute geht Herr Dr. Backhaus seiner Leidenschaft für Technik und Management als Standortverantwortlicher für die Entwicklung von Lean Construction Management in Norddeutschland bei der Drees und Sommer SE in Hamburg nach.

Dr. Ralf Banisch ist Spezialist für maschinelles Lernen und mathematische Modellierung. Nach einem Mathematikstudium an der University of Cambridge und der TU Dresden hat er an der FU Berlin im Fach Mathematik mit Schwerpunkt Dynamische Systeme und geometrische Datenanalyse promoviert. An der University of Edinburgh und der University of California Los Angeles (UCLA) hat er den Einsatz von ML in Moleküldynamiksimulationen erforscht. Nach verschiedenen Tätigkeiten als Data-Science-Experte in Deep-Tech-Start-ups setzt er seine Kenntnisse seit 2021 in der Krebsdiagnose als Senior Data Scientist bei Mindpeak ein.

Antonia Blunck ist derzeit Projektmanagerin bei der Beratungsfirma Blucron in Ungarn, wo sie Unternehmen in Mittel- und Osteuropa bei Ihren Investitionen berät. Zusätzlich arbeitet sie als Associate Researcher für das Artificial Intelligence Centre Hamburg (ARIC), wo sie technologie- und marktbezogene Forschungsinhalte erstellt. Zuvor studierte Antonia Business Management am King's College London und schloss ihr Studium 2021 mit First Class Honours ab. Ihre beruflichen Interessen umfassen Künstliche Intelligenz, Technologiestrategie und Verhaltenswissenschaften, in denen sie Berufserfahrung und einen Master-Abschluss anstrebt.

Werner Bogula ist ein Computerlinguist, der als AI Enabler am Artificial Intelligence Center in Hamburg (ARIC) arbeitet. Neben der Beratung von Kleinen und Mittleren Unternehmen beim Ersteinsatz von KI, kümmert er sich um den kreativen Einsatz von KI in Kultur und Bildung. Dabei hilft ihm seine langjährige Erfahrung als internationaler Technologieconsultant und Start-up-Gründer.

Katharina Büttner schloss 2008 ihr Abitur in Hamburg ab und begann direkt im Anschluss eine Ausbildung als Bankkauffrau bei der Commerzbank AG Hamburg. Seit dem Abschluss ihrer Ausbildung im Jahr 2010 arbeitet sie bis heute in diesem Unternehmen. Im Laufe der Zeit konnte sie Erfahrungen im Vertrieb und bei der Betreuung von Kreditkunden sammeln. Außerdem übernahm sie als Führungskraft die Verantwortung für ein Team in der Kreditadministration und ist mittlerweile als Credit Officerin für die Portfolioüberwachung im Kreditgeschäft für Privatkunden tätig. Nebenberuflich begann sie 2015 das Bachelorstudium in BWL und Wirtschaftspsychologie an der FOM Hochschule für Oekonomie & Management. Mittlerweile steht sie kurz vor dem Abschluss ihres Masterstudiums in Digitalem Management und Unternehmensberatung ebenfalls an der FOM.

Als Global Head of Programmatic Consultancy verantwortet **Amanda Feodora Cohrs** seit Juli 2022 den Aufbau der Inhouse Consultancy Group »Programmatic Force« sowie das Business Development und die Strategie des zentralen programmatischen Teams der ShowHeroes Group, globaler Ad-Tech Anbieter für Videolösungen. Hier startete sie ihre Karriere bereits 2017 im Vertrieb. Darüber hinaus ist sie Moderatorin des Podcasts »Programanda powered by The Digital Distillery«. Aufbauend auf einem BWL-Studium (B. Sc.) absolviert sie einen berufsbegleitenden Master in Business Consulting & Digital Management (M. Sc.).

Steven Dehlan ist seit 2020 AI Projektmanager & Consultant beim Artificial Intelligence Center Hamburg (ARIC) e. V. Im Rahmen dessen betreut er diverse Forschungs- und Umsetzungsprojekte an der Schnittstelle zu Wissenschaft, Wirtschaft und Gesellschaft. Als studierter Wirtschaftsingenieur war er zuvor bereits im Bereich Wissens- und Technologietransfer tätig und hat Digitalisierungsaufgaben in einem mittelständischen Maschinenbauunternehmen begleitet.

Christine Charlotte Fischer ist Rechtsanwältin im Verwaltungs- und Verwaltungsprozessrecht und spezialisiert auf das Informationsfreiheitsrecht im Hamburger Büro von Fieldfisher. Sie berät unterschiedliche Institutionen im öffentlichen Sektor, wie Bundesministerien, oberste Bundesbehörden und Verfassungsorgane.

Der Schwerpunkt ihrer Tätigkeit liegt auf der Beratung und Vertretung ihrer Mandanten in Verfahren vor den Verwaltungsgerichten. Darüber hinaus erstellt Sie Gutachten zu öffentlich-rechtlichen Themen. Viele der von ihr betreuten Mandate betreffen Fragen des Rechts der Bundesländer, des Bundes und der Europäischen Union. Ihr Ziel ist es stets, für den Mandanten ein zufriedenstellendes Ergebnis herbeizuführen.

Carolin Frehse ist seit Oktober 2019 als Prozess- und Projektmanagerin bei der Dialog-Marketing Agentur a+s Dialog-Group beschäftigt. Carolin Frehse betreut Kundenprojekte im Bereich des Onlinemarketings und ist für die Verbesserung interner Prozesse für die Online-Unit zuständig. Sie studiert an der FOM Hochschule für Oekonomie & Management berufsbegleitend Digital Management & Business Consulting (M. Sc.). Den Titel Bachelor of Science erwarb Frau Frehse an der Hamburg School of Business Administration (HSBA) in Hamburg mit der Vertiefung im Bereich Sales und CRM.

Prof. Dr. Nick Gehrke ist Professor an der NORDAKADEMIE – Hochschule der Wirtschaft im Fachbereich Informatik. Nach dem Studium der Betriebswirtschaftslehre war er als wissenschaftlicher Mitarbeiter am Institut für Wirtschaftsinformatik an der Universität Göttingen tätig. Anschließend folgte eine 5-jährige Tätigkeit in der prüfungsnahen Beratung bei der PricewaterhouseCoopers AG in Hamburg. Dort legte er das Steuerberaterexamen ab und qualifizierte sich zum Certified Information System Auditor (CISA). Nick Gehrke ist Co-Founder und Data Scientist bei der zapliance GmbH und Vorstand des ARIC e. V. (Artificial Intelligence Center Hamburg).

Dr. Yasar Goedecke ist bei der Lufthansa Technik AG als »Head of Analytics & Artificial Intelligence« verantwortlich für alle Themen rund um den Bereich Data Science und Künstliche Intelligenz. Dies umfasst die Einführung und Nutzbarmachung von Künstlicher Intelligenz in unterschiedlichen Unternehmensbereichen, Prozessen und Applikationen, die Evaluierung und Etablierung neuster KI-Technologien, die Schaffung und Pflege einer unternehmensweiten AI-Community und die strategische Planung im Zuge von Innovationen und der digitalen Transformation. Vor seinem Einstieg bei der Lufthansa Technik AG war der promovierte Physiker seit 2015 bei der Lufthansa Industry Solutions als Berater für Big Data und Data Science Projekte tätig.

Carsten Hagemann ist seit Juli 2016 selbstständiger Unternehmensberater und Experte für Digitalisierung. Zuvor war er lange Jahre Gesellschafter und Geschäftsführer eines mittelständischen Beratungsunternehmens. In dieser Funktion verantwortete er u. a. den Bereich Digitale Transformation, zu dem beispielsweise auch die Digitale Fabrik gehörte. Zuvor war er Bereichsleiter bei einem Softwareunternehmen und verantwortete dort den Bereich Automotive. Bereits während seines Informatikstudiums entwickelte er 1987 Expertensystem für die Werkzeugkonstruktion.

Oliver Hammerstein ist seit 2014 CEO der Silpion IT-Solutions GmbH und verantwortet und entwickelt die Silpion-Firmengruppe wirtschaftlich und strategisch. Als partnerschaftlicher, integrierter und digitaler Gestalter deckt der Unternehmensverbund ganzheitlich die Wertschöpfung von der strategischen Beratung, Produkt- und Organisationsentwicklung bis hin zur Entwicklung maßgeschneiderter individueller Anwendungen ab. Seit 2019 ergänzt die von Oliver Hammerstein gegründete SAIL – Silpion AI Lab GmbH durch Data Engineering, Data Science und AI das Leistungsportfolio der Silpion-Familie.

Dr. Rainer Herzog ist wissenschaftlicher Mitarbeiter am Hamburger Informatik Technologie-Center e. V. (HITeC) der Universität Hamburg. Er studierte Informatik an der Universität Hamburg und promovierte auch dort im Themengebiet Bildverarbeitung auf historischen Dokumenten. Seitdem ist er in vielen Anwendungsbereichen der Bildverarbeitung tätig, darunter die Analyse von Videosequenzen im Verkehrs- und Sportbereich. Weiterhin war er in Anwendungsfeldern der Szenenerkennung tätig. Als Basis hierfür dienten neben Bilddaten auch Prozessdaten, wie sie im Umfeld der Industrie-4.0-Entwicklungen oder im Bereich der IT-Security anfallen.

Dennis Hillemann ist Partner im Verwaltungsrecht im Hamburger Büro von Fieldfisher und berät unterschiedliche Institutionen im öffentlichen Sektor, etwa im Bereich des Informationsfreiheitsgesetzes, aber auch bei Transaktionen, Technologieprojekten sowie im Beihilfe- und Fördermittelrecht.

Dennis Hillemann hat ein Faible für Technologie, insbesondere auch solche für den öffentlichen Sektor. Als Host zweier Podcasts (»Recht im Ohr« und »Law of the Future«) hat er sich zahlreichen Technologiethemen gewidmet. Als Anwalt berät und vertritt er Unternehmen, Bundes- und Landesministerien, Behörden, Hochschulen und Forschungseinrichtungen auf dem Gebiet des Öffentlichen Rechts.

Stephanie Hoh ist Qualitätsmanagerin eines Herstellers für KI-gestützte Softwarelösungen im Gesundheitsbereich. Sie ist 1993 in Hamburg geboren und absolvierte ihren Bachelor in Wirtschaft und Kultur Chinas an der Universität Hamburg. Während ihres berufsbegleitenden Masters in Business Consulting & Digital Management an der FOM Hochschule für Oekonomie & Management in Hamburg beschäftigt sie sich u. a. mit der Strategieentwicklung und Digitalisierung von Geschäftsprozessen sowie den Aspekten der Digitalen Transformation.

Dr. Lothar Hotz ist Geschäftsführer am Hamburger Informatik Technologie-Center e. V. (HITeC) der Universität Hamburg. Seine Forschungsthemen sind Künstliche Intelligenz (maschinelles Lernen, wissensbasierte Konfiguration, Wissensrepräsentation, Constraints, Diagnose, Szeneninterpretation, qualitative Simulation u. a.) sowie OpenData und Portale mit kulturellen Inhalten. Lothar Hotz führt regelmäßig Projekte im Bereich anwendungsbezogene KI-Systeme durch.

Prof. Dr.-Ing. Randolf Isenberg hat nach dem Studium an der RWTH-Aachen in der europäischen Forschung bei Philips in Künstlicher Intelligenz und Fabrikautomatisierung promoviert. Dann war er 9 Jahre als Hauptabteilungsleiter bei Airbus für die Prozessoptimierung in der Produktion und das Controlling der Langstreckenflugzeuge verantwortlich. Seit 1999 ist er Professor für Produktionsmanagement an der HAW Hamburg, als PPCI-Berater und seit 2021 als ARIC Ambassador in Forschung und Lehre tätig. Sein aktueller Schwerpunkt ist die Digitalisierung mit dem Menschen in Virtual Reality, Robotik und Künstlicher Intelligenz.

Jiří Janoušek ist tschechischer Rechtsanwalt und führt seine Kanzlei in Prag. Er ist Ambassador von ARIC Hamburg in Tschechien. Vor allem in den Fachgebieten länderübergreifende Erbschaft, Zivilstreitverfahren, Wohnungs- und Immobilieneigentum, Familien- und Scheidungsrecht berät er zahlreiche deutschsprachige Klienten. Sein besonderes Interesse gilt der Unterscheidung der tatbestandlichen Feststellung von der rechtlichen Würdigung im Zivilstreitverfahren, der er 2021 sein Rigorosum an der Karlsuniversität Prag gewidmet hat.

Jiří Janoušek ist an der Anwendung von KI im Rechtswesen, vor allem in der Praxis eines Rechtsanwalts und in der Rechtsprechung, interessiert. Er kooperiert seit längerer Zeit mit dem Artificial Intelligence Center Hamburg e. V. (ARIC), 2020 wurde er ARIC Ambassador in Tschechien.

Dr. Vanessa Just ist bei team neusta für die KI-Strategie zuständig und ist Gründerin und CEO der juS.TECH AG. Sie promovierte in nachhaltiger Automatisierung und Digitalisierung von Geschäftsprozessen. Neben der beruflichen Tätigkeit hält sie Vorlesungen an verschiedenen deutschen Hochschulen und Universitäten und ist im KI-Bundesverband e. V. Mitglied des Vorstands.

Galina Kaiser ist seit April 2021 Referentin im Underwriting Firmen Rechtsschutz in München und studiert seit September 2020 an der FOM Hochschule für Oekonomie & Management im Master Digital Management & Business Consulting. Sie ist für die Steuerung und Geschäftsentwicklung des Bereichs Mid-Corp sowie das dazugehörige Risikomanagement verantwortlich. Im Rahmen ihrer vorangegangenen Projekttätigkeit hat sie an der Digitalisierung und Prozessoptimierung der Mitarbeiterbetreuung in Hamburg mitgewirkt und ihren Bachelor an der HSBA Hamburg School of Business Administration mit dem Schwerpunkt Versicherungs- und Risikomanagement absolviert.

Bob Kartous ist seit Juli 2020 Direktor des Prague Innovation Institute. Dieses ist Partner für Bildung, Forschung, Business und öffentliche Institutionen.

Er ist professioneller »Provokateur« nicht nur tschechischer öffentlicher Diskussionen. Im Think Tank EDUin erarbeitete er das Konzept eines Audits des tschechischen Bildungssystems. Bob Kartous veröffentlichte zahlreiche Beiträge zum Thema Fehlinformationen in einer Reihe tschechischer Medien, regelmäßig kommentiert er Events im Bereich Bildungswesen.

Bob Kartous ist Autor von »No Future: Fahren wir die Kinder auf einer Dampflokomotive in die virtuelle Realität?«.

Johnny Kessler studiert Informatik an der Universität Hamburg und ist als Werkstudent im Bereich Data Science und Künstliche Intelligenz in einer großen weltweiten Wirtschaftsprüfungsgesellschaft tätig. Er ist mehrfacher Speaker bei den Brownbag-Sessions des in Hamburg ansässigen Artificial Intelligence Center (ARIC) und unterstützte von 2020-2022 als Mentor bei TechLabs Hamburg mehrere Studentengruppen beim Aneignen von Programmier- und Data Science Skills.

Alois Krtil ist studierter Wirtschaftsinformatiker und Ingenieur. Er leitet seit 2011 die Innovations Kontakt Stelle (IKS), eine gemeinsame Wissens- und Technologietransfer-Einrichtung der Stadt Hamburg und Handelskammer Hamburg. Seit 2020 ist er der Geschäftsführer und Gründer des Artificial Intelligence Centers (ARIC) Hamburg. Darüber hinaus ist er Dozent an der Universität Hamburg, FOM Hochschule für Oekonomie & Management und Mitglied in diversen Ausschüssen, Lenkungsgruppen und Beiräten.

Sebastian Krupp ist seit 2018 (Senior-)Berater Firmenkunden bei der Deutsche Bank AG und verantwortet die ganzheitliche Betreuung und Beratung eines Kundenportfolios mit schnellwachsenden Firmenkunden und Start-up-/Tech-Unternehmen. Dabei zählt die Erstellung von Finanzierungsangeboten sowie Risikoeinschätzungen entlang des gesamten Unternehmenslebenszyklus zu seinen Aufgabenfeldern. Neben einem berufsbegleitenden Master in Business Consulting & Digital Management (M. Sc.) absolvierte er zuvor ein duales Studium in Business Administration (B. Sc.) in Verbindung mit einer Bankkaufmannslehre.

Dr. Tobias Lang ist Experte für Künstliche Intelligenz. Nach seiner Promotion in Informatik mit Schwerpunkt auf Maschinellem Lernen an der FU Berlin entwickelte Lang eines der ersten Deep-Learning-Systeme für den praktischen Einsatz in Deutschland für den Konzern Zalando. Bei SCR Princeton und an der Universität Hamburg erforschte er Methoden des Maschinellen Lernens für die Bioinformatik und die Robotik. 2018 gründete Lang gemeinsam mit Felix Faber das Hamburger Start-up Mindpeak. Das Unternehmen bietet KI-Bilderkennungssysteme für die Krebsdiagnostik an und beschäftigt derzeit rund 25 Experten, darunter KI-Experten, Biologen und Mediziner.

Lukas Lange ist seit Dezember 2021 als Commercial Underwriter mitverantwortlich für die vertragliche Konzeption globaler Kreditversicherungsverträge eines Hamburger Finanzdienstleisters in der DACH-Region. Zuvor bekleidete er diverse Positionen im Bereich der Risikoanalyse, des Risikomanagements sowie des Account Managements. Aktuell treibt und verantwortet er ebenfalls Prozess- und Digitalisierungsinitiativen. Im Rahmen eines berufsbegleitenden Masterstudiums seit September 2020 beschäftigt er sich intensiver mit der digitalen Transformation und ihren Herausforderungen.

Svenja Lauble (ehem. Oprach), M. Sc., ist seit 2018 wissenschaftliche Mitarbeiterin am Institut für Technologie und Management im Baubetrieb (TMB) des Karlsruher Instituts für Technologie (KIT). Zudem ist sie Projektleiterin des Forschungsprojektes SDaC («Smart Design and Construction»), das sich mit der Entwicklung von KI-Anwendungen für kleine und mittelständische Bauunternehmen beschäftigt. In diesem Rahmen beschäftigt sie sich mit Herausforderungen, Potenzialen und Lösungsmöglichkeiten von KI für die Bauwirtschaft. Zuvor war die studierte Wirtschaftsingenieurin bei der BMW Group in der Bauherrenvertretung im Themenbereich Lean Construction tätig.

Lukas Lenz arbeitet seit September 2019 als Technischer Asset Manager der Stromnetz Hamburg GmbH (SNH) und ist zuständig für die strategische Unternehmensplanung. Damit ist er für die Steuerung, Instandhaltung und Bewirtschaftung des Hamburger Verteilnetzes durch die (SNH) im Sinne des Assetmanagement tätig. Zusätzlich treibt er durch seinen akademischen Hintergrund seiner Masterarbeit Digitalisierungsthemen aus dem Bereich Künstliche Intelligenz/Maschinelles Lernen im Unternehmen voran. Hinzu kommt die Tätigkeit im ARIC (Artificial Intelligence Center Hamburg e. V.) in Form eines AI Managers.

Flora Marki ist seit Oktober 2020 HR Business Partner der Generali Deutschland AG. In ihrer Tätigkeit ist sie Hauptansprechpartnerin für Führungskräfte zu personalrechtlich sowie personalwirtschaftlich relevanten Fragen. Hierbei verantwortet sie sowohl Rekrutierungs- und Einstellungsprozesse als auch Umstrukturierungsvorhaben oder das Trennungsmanagement. Vor ihrer Zeit bei der Generali Deutschland AG war Flora Marki, die einen Bachelorabschluss in Betriebswirtschaft & Wirtschaftspsychologie sowie einen kaufmännischen Abschluss als Kauffrau für Versicherungen und Finanzen hat, bei der Advocard Rechtsschutzversicherung AG in der Leistungsprüfung tätig.

Prof. Dr. Andreas Moring ist Professor für Digitalwirtschaft, Innovation und KI an der International School of Management ISM in Hamburg. Moring ist Gründer und Leiter des JuS.TECH Instituts für KI und Nachhaltigkeit und Gründer und Aufsichtsrat der JuS.TECH AG. Er forscht und publiziert zu den Themen KI und Nachhaltigkeit sowie Mensch-KI-Interaktion und hält zu diesen Themen verschiedene Keynotes, Workshops und Entwicklungsformate mit und für Unternehmen verschiedener Branchen. Moring gründete eigene IT-Unternehmen und arbeitete zuvor für eine Unternehmensberatung und einen Medienkonzern.

Carola Rebecca Müller wurde im Jahr 1995 in Herzberg am Harz geboren. Nach der Schulzeit studierte sie Betriebswirtschaftslehre an der Universität Augsburg. Derzeit absolviert sie ihren Master berufsbegleitend an der FOM Hochschule für Oekonomie & Management in Business Consulting & Digital Management am Standort Hamburg. Ihr Interesse für die Informationstechnologie führte sie schließlich in den Bereich der IT-Unternehmensberatung mit derzeitigem Schwerpunkt Softwaretesting. Während ihrer bereits absolvierten Studienzeit an der FOM war der Themenkomplex Künstliche Intelligenz in verschiedenen Seminararbeiten Hauptbestandteil.

Die Autoren, Politologen-Ehepaar und Unternehmer, sind Zukunftsforscher und beschäftigen sich mit ökonomischen Effekten des gesellschaftlichen Wandels.

Prof. Dr. Friederike Müller-Friemauth studierte in Köln, Frankfurt a. M., Berlin und New York und war nach ihrer Promotion zunächst mehrere Jahre in der Corporate Foresight bei Daimler (Berlin) tätig, leitete danach das Stadt- und Standort-Marketing der rheinischen Mittelstadt Leverkusen, übernahm die Trendforschung bei Sinus Sociovision (Heidelberg) und ist seit 2014 Professorin an der FOM Hochschule für Oekonomie & Management, Köln.

Dr. Rainer Kühn studierte in Münster (Blumenberg) und Berlin (Průcha), war nach der Promotion in der Erwachsenenbildung tätig (LZPolBg, Bildungswerk Berlin u. a.), zweiter Geschäftsführer einer Mediendienstleistungsagentur (Köln) und arbeitet als freier Publizist.

Die beiden forschen und beraten mit ökonomischem Schwerpunkt zu Technologie- und Innovationsfragen.

Uwe Neuhaus ist seit 2022 wissenschaftlicher Mitarbeiter am Seminar für Medienbildung der Europa-Universität Flensburg und entwickelt dort Konzepte und Umsetzungsstrategien zur Verankerung des Themas KI in der Lehrkräfteausbildung. Zuvor war er über ein Jahrzehnt Dozent und wissenschaftlicher Mitarbeiter an der NORDAKADEMIE Hochschule der Wirtschaft. Seine Schwerpunkte in Lehre und Forschung lagen in den Bereichen Algorithmen, Data-Mining und maschinelles Lernen. Zudem ist er Mitentwickler des 2021 gestarteten berufsbegleitenden Masterstudiengangs Applied Data Science. Vor seiner Tätigkeit an der NORDAKADEMIE war der studierte Informatiker für die FernUniversität Hagen und als Technical Trainer für ein IT-Unternehmen tätig.

Dipl.-Ing Frank Peters hat nach der Ausbildung zum Elektro-gerätemechaniker Produktionstechnik studiert. Während des Studiums bestand schon immer ein großes Interesse für die Programmierung und Entwicklung von Algorithmen für verschiedene Anwendungsbereiche. Derzeitige Tätigkeit: Er ist wissenschaftlicher Mitarbeiter und Dozent im Institut für Produkt- und Produktionsplanung an der HAW Hamburg mit dem Schwerpunkt Arbeitswissenschaft. Seit ca. 3 Jahren be-schäftigt er sich mit Maschine-Learning-Algorithmen und de-ren Anwendungen in Cyber Physischen Systemen.

Tjark Pichner arbeitet seit 2019 bei einer der weltweit größ-ten Wirtschaftsprüfungsgesellschaften. Aktuell ist er als As-sistant Manager im Bereich Deal Advisory – Transaction Services beschäftigt. Nach seinem Bachelor in Betriebswirt-schaftslehre an der Hochschule Wismar schloss er den be-rufsbegleitenden Masterstudiengang »Business Consulting & Digital Management« an der FOM Hochschule für Oekonomie & Management im Frühjahr 2022 ab.

Dr. Kevin Poole ist seit 2022 bei der Lufthansa Technik AG als »Senior Project Manager Data Science & Artificial Intelligen-ce« im Artificial Intelligence Team der Abteilung »Digital Transformation & Governance« der zentralen Unterneh-mens-IT tätig. In dieser Rolle verantwortet er sowohl inhalt-liche als auch organisatorische Aspekte rund um KI-bezogene Projekte. Zuvor, ab 2015, war er als »Senior Engineer Data Analytics« im Innovationsteam des Fachbereichs »Flugzeug-Komponenten Service« der Lufthansa Technik AG für den Aufbau des Themas Datenanalyse und KI zuständig sowie für die Umsetzung entsprechender Innovationsprojekte. Davor hat er an der Technischen Universität Hamburg im Ingenieurswesen zum Thema Zu-standsüberwachung von Verkehrsflugzeugen promoviert.

Branko Presic ist Marketingberater und Gründer von BU-REAU Paradiso. Als Werbe- und Mediastratege war er u. a. für Kunden wie Unilever, Mondelez, P&G, Philips, Beiersdorf, adidas und LVMH tätig. Als Dozent an der Miami Ad School und Brand University ist er glücklich, wenn ihn wissenshungrige Studenten auf neue Ideen bringen. Als Brand Ambassador des Artificial Intelligence Center Hamburg (ARIC) ist er glücklich, wenn er sich selbst wieder wie ein Student fühlen darf.

Als Magister der Philosophie und Psychologie hat er nie aufgehört, Fragen zu stellen. Die besten Antworten findet er zuhause in Hamburg mit Frau, Kindern und Hund.

Stephanie von Riegen ist wissenschaftliche Mitarbeiterin am Hamburger Informatik Technologie-Center e. V. (HITeC) der Universität Hamburg. Sie hat ihren Forschungs- und Entwicklungsschwerpunkt im Bereich der Szeneninterpretation, der Wissensrepräsentation, außerdem befasste sie sich mit Datenanalyse, Natural Language Processing und Maschine Learning. Sie war in einer Reihe von nationalen, sowie EU-Projekten tätig. Aktuell befasst sie sich mit den Möglichkeiten der Szeneninterpretation im Mobilitätsbereich und in autonom adaptierenden Produktionsanlagen im Industrie-4.0-Umfeld.

Jan Ruhnke ist seit 2020 Director of AI (CAIO) im Artificial Intelligence Center Hamburg (ARIC) e. V. und hat Technische und Angewandte Informatik für Verteilte Systeme studiert. Im ARIC ist er auch als Projektmanager tätig und ist spezialisiert auf Embedded Systems und Echtzeitsysteme im KI-Kontext. Er hat zwei Start-ups gegründet und erfolgreich verkauft. Bereits im Studium leitete er ein Forschungsprojekt für autonome vierbeinige Roboter. Vor dem ARIC war er einige Jahre in der Chemischen Branche tätig und zuletzt Head of Disrupt bei PwC.

Dr. Eike Schlieckau ist seit 2018 bei der Lufthansa Technik AG als «Lead AI Scientist« im Artificial Intelligence Team der Abteilung »Digital Transformation & Governance« der zentralen Unternehmens-IT tätig. In dieser Rolle verantwortet er sowohl inhaltliche als auch organisatorische Aspekte rund um KI-bezogene Projekte und hat die aktuell genutzten Technologien mit eingeführt und die bestehende Struktur des AI-Teams mit aufgebaut. Zuvor, ab 2015, war er als Berater für Analytics und Machine-Learning-Themen der Abteilung «Technology Innovation« der Lufthansa Industry Solutions tätig und hat dabei verschiedene Projekte für mehrere Kunden umgesetzt und betreut. Davor hat er an der Universität Hamburg in Physik promoviert und dabei bereits viele theoretische und praktische Erfahrungen mit Datenanalyse und Datenverarbeitung gesammelt.

Rechtsanwalt **Jan Schnedler**, LL. M. leitet die Kanzlei Schnedler für Technologietransfer und Startup-Recht und ist Co-Gründer und Chief Legal Officer beim Artificial Intelligence Center Hamburg (ARIC). Er ist Schiedsrichter beim Czech Arbitration Court, beim Asian Domain Name Dispute Resolution Centre und zertifizierter Datenschutzbeauftragter seit 2011. Er hat das im O‹Reilly Verlag erschienene Buch Startup-Recht und das Buch German Startup Law – Managing Director- geschrieben und unterrichtet an verschiedenen Universitäten.

Jonas Schröder wurde 1996 im südthüringischen Bad Salzungen geboren und schloss 2018 sein betriebswirtschaftliches Bachelorstudium ab. Er ist bei einer Berliner IT-Beratung tätig und vollendete 2022 sein berufsbegleitendes Masterstudium Business Consulting & Digital Management. In seinem Beruf steht die Einführung von ERP-Software und das Optimieren von Logistikprozessen im Mittelpunkt. Während seiner Freizeit fährt er gerne Rennrad und spielt Schlagzeug. Seine Begeisterung gehört neben Künstliche Intelligenz auch alternativen Mobilitäts- und Städtekonzepten.

Jan Skrovanek ist seit April 2022 als Account Manager bei Google in Dublin tätig. Vorher arbeitete er über zwei Jahre als Key Account Manager bei der Kellogg Company in Hamburg, wo er die Kunden im E-Commerce Bereich betreute. Er studiert an der FOM Hochschule für Oekonomie & Management berufsbegleitend Digital Management & Business Consulting (M. Sc.). Seinen Bachelor hat Jan Skrovanek an der HSBA Hamburg School of Business Administration in Hamburg absolviert, mit einer Spezialisierung auf den Bereich Digitalmarketing und E-Commerce.

Tim Soller ist bei der HEC GmbH tätig, die sich auf individuelle Softwarelösungen und Digitalisierung spezialisiert hat. Ein Branchenfokus der HEC GmbH liegt auf der Logistik. Dort verantwortet er seit Januar 2021 alle KI-Aktivitäten. Damit ist er für die Steuerung und Weiterentwicklung des Bereichs im Unternehmen verantwortlich. In diesem Rahmen treibt er auch die Digitalisierung seiner Kunden voran und agiert in verschiedenen (KI)-Projekten als Anforderungsmanager und Business Analyst. Vor seinem Einstieg bei der HEC GmbH studierte der ausgebildete Systementwickler Wirtschaftsinformatik an der Universität Bremen.

Sebastian Springenberg ist Experte für Bilderkennung mit Künstlicher Intelligenz. Sein Schwerpunkt liegt auf Techniken des unüberwachten und selbstüberwachten maschinellen Lernens, die im Gegensatz zu herkömmlichen Methoden keine Bildannotationen benötigen. In seinem Studium der Informatik und Kognitionswissenschaft an den Universitäten Osnabrück und Hamburg erforschte er maschinell erlernte Repräsentationen in Bild- und Audioerkennung. Seit 2020 wendet er dieses Wissen als Senior Data Scientist bei Mindpeak für die Entwicklung von Medizinprodukten in der Krebsdiagnose an.

Luisa Strelow ist seit 2020 bei team neusta in verschiedenen Data Science und KI-Projekten tätig. Eines dieser Projekte ist Knowledge4Retail, welches sie als Projektkoordinatorin unterstützt und in dessen Kontext sie ihre Masterarbeit verfasst hat.

Hanna Stüber ist seit einigen Jahren im Digitalisierungsumfeld tätig. Durch ihre Tätigkeit als Vorstandsreferentin in einem IT-Beratungshaus kennt sie die Herausforderungen der Digitalisierung in der deutschen Industrie. Zusätzlich studiert sie im Master Business Consulting und Digital Management an der FOM Hochschule für Oekonomie & Management. In der Praxis und Theorie eignet sie sich eine hohe Expertise im Feld der technologischen Entwicklungen und den daraus entstehenden neuen Möglichkeiten an. Weiterhin beschäftigt sie sich unter anderem mit Auswirkungen der Digitalen Transformation auf betriebliche Abläufe und die Tätigkeiten der Mitarbeitenden.

Marina Tcharnetsky ist Chief Business Development Officer sowie Ambassador des Artificial Intelligence Center Hamburg (ARIC) und seit über 20 Jahren in verschiedenen Funktionen und Bereichen der Wirtschaft tätig. Sie verfügt über langjährige Erfahrung in strategischer und operativer Führungsverantwortung in mittelständischen Unternehmen, börsennotierten Konzernen und technologie- und innovationsorientierten Start-ups. Flankiert wird dies durch ein langjähriges Engagement in verschiedenen ehrenamtlichen Tätigkeiten und Leitungsfunktionen in Non-Profit-Organisationen, u. a. als Vizepräsidentin des CeU (Club europäischer Unternehmerinnen).

Boris Ulmer lebt und arbeitet in der Finanzmetropole Frankfurt am Main. Er ist als Senior Consultant im Bereich Scouting and Akquisition für eine genossenschaftlichen Bank tätig. Berufsbegleitend hat er an der FOM Hochschule für Oekonomie & Management, Frankfurt, seinen Master of Science im Studiengang Business Consulting & Digital Management erworben. Nebenberuflich betreibt er eine B2B-Plattform für die Halbleiter- und Mikroelektronikbranche. Zudem ist er nicht nur leidenschaftlicher Radsportler, sondern begeistert sich in seiner Freizeit auch für die Themen Digitalisierung, Künstliche Intelligenz und Moderne Kunst.

Nils Urbanek, M. Sc., leitet als Head of Business Development B2C bei dem Bremer Unternehmen FUN FACTORY den Ausbau des digitalen B2C-Geschäftsbereiches. Im Rahmen seiner Abschlussarbeit an der FOM Hochschule für Oekonomie & Management am Studienstandort Hamburg beschäftigte er sich mit den Voraussetzungen und Rahmenbedingungen für eine nachhaltig erfolgreiche Implementierung und Anwendung von KI im E-Commerce.

Meik Vogler ist Geschäftsführer von Yours Truly, einer der führenden inhabergeführten Digitalagenturen in Deutschland. Die Agentur mit Standorten in Hamburg und Düsseldorf arbeitet für Unternehmen wie ERGO, TUI Cruises, Chupa Chups und Tchibo.

Seit über 20 Jahren berät Meik Vogler Unternehmen dabei, die digitalen Chancen für die eigene Marke zu nutzen. Vor seinem Einstieg be Yours Truly arbeitete er u. a. für Ogilvy, die Serviceplan Gruppe und Jung von Matt.

Meik Vogler ist KI-Enthusiast und Ambassador des Artificial Intelligence Center Hamburg (ARIC) e. V.

Dr.-Ing. Susan Wegner ist bei Lufthansa Industry Solutions verantwortlich für den Bereich Künstliche Intelligenz & Datenanalyse. Sie verfügt über mehr als 15 Jahre Erfahrung insbesondere in den Bereichen Künstliche Intelligenz und Plattform-/Software-Design bei der Deutschen Telekom und anderen Unternehmen. Darüber hinaus war sie seit 2013 in verschiedenen Positionen bei Motionlogic, einer Tochter der Deutschen Telekom Gruppe, tätig: Gründerin, CEO, Vorsitzende und Mitglied des Beirats. Aktuell ist sie Mitglied des Executive Committee des Quantum Technology & Application Consortium (Qutac).

Dr.-Ing. Susan Wegner, https://www.linkedin.com/in/dr-ing-susan-wegner-19755126/

Elisabeth Weißbecker ist seit Oktober 2021 Projektmitarbeiterin beim Artificial Intelligence Center Hamburg (ARIC) e. V. und beschäftigt sich dort schwerpunktmäßig mit dem Thema Responsible AI. In diesem Kontext betreut sie diverse Forschungs- und Umsetzungsprojekte, die darauf abzielen, den Einsatz von KI vertrauens- und verantwortungsvoll zu gestalten. Vor ihrer Tätigkeit beim ARIC war die studierte Volkswirtin seit 2019 als Digitalisierungsreferentin in der Handelskammer Hamburg tätig.

Carolin Werth, M. Sc., arbeitet als Produkt- und Projektmanagerin für das Bremer Wohnungsunternehmen GEWOBA. Sie entwickelt ein Geoinformationssystem für räumliche Analysen und ist in datenbasierten Projekten eingebunden. Der Einsatz von Geo- und Sensordaten sowie die Automatisierung von Prozessen sind dabei relevante Themen, mit denen sie sich auseinandersetzt.

Katharina Charlotte Wildau ist Managerin für digitales Marketing bei ZARA Deutschland, ein Unternehmen der Inditex Gruppe. Sie ist 1993 in Garbsen geboren und machte zunächst eine Ausbildung in einem hannoverschen Verlag, ehe sie ihr berufsbegleitendes Bachelorstudium in Medien- und Kommunikationsmanagement an der Hochschule Fresenius in Hamburg absolvierte. Parallel arbeitete sie als Digital Consultant in einer Hamburger Mediaagentur, ehe sie in die deutsche Marketingabteilung des schwedischen Textilherstellers Hennes & Mauritz wechselte. Im Rahmen ihres berufsbegleitenden Masterstudiums im Bereich Business Consulting & Digital Management an der FOM Hochschule für Oekonomie & Management in Hamburg beschäftigt sie sich u. a. mit der Strategieentwicklung und Digitalisierung von Geschäftsprozessen sowie mit Aspekten der Digitalen Transformation.

Marielena Winter arbeitet seit 2013 bei einer der führenden Linienreedereien der Welt und ist derzeit als Senior Managerin im Global Commercial Development tätig. Nach ihrem dualen Bachelorstudium an der Hamburg School of Business Administration schloss sie im März 2022 ihr berufsbegleitendes Masterstudium an der FOM Hochschule für Oekonomie & Management ab. Im Rahmen des Studiengangs »Business Consulting & Digital Management« beschäftigte sie sich mit Zukunftstechnologien wie Künstliche Intelligenz und verschiedenen Aspekten rund um die digitale Transformation.

Andreas Wulfes ist Projektkoordinator des vom BMWK geförderten Verbundprojekts Knowledge4Retail – Künstliche Intelligenz für den Handel. Er unterstützt seit 2017 in verschiedenen Rollen die Unternehmensentwicklung der team neusta Gruppe hinsichtlich Data Science und AI und ist Mitgründer der neusta data Intelligence GmbH.

Stichwortverzeichnis